21세기를 위한 교회교육 전략

New SS 혁신보고서

김만형

New report on Sunday School innovation
with it's worship, nurturing, evangelism & system

에듀넥스트

21세기를 위한 교회교육 전략

New SS 혁신보고서

New report on Sunday School innovation
with it's worship, nurturing, evangelism & system

| 프롤로그 |

부흥을 일구는 이론과 현장의 접붙임: 새로운 도전

「SS혁신보고서」가 처음 규장출판사를 통해서 출판되었을 때 당시 출판 담당자는 저에게 이런 말을 했습니다. "기독교 출판 역사상 가장 짧은 시간에 가장 많은 부수가 팔렸습니다. 솔직한 이야기지만 요즘 큰 교회 담임목사님들이 쓴 설교집은 팔려도 다른 책은 잘 팔리지 않습니다. 그런데 교육이라는 주제로 어린이·청소년 사역을 중심으로 쓴 책이, 담임목사님도 아닌 부목사님이 쓴 책이 이렇게 많이 팔린 것은 획기적입니다."

저는 그 말을 들으면서 '내가 책을 잘 써서 책이 많이 팔린 게 아니라, 그만큼 주일학교와 교회교육 분야에 영향을 줄 만한 책이 없었다는 이야기구나' 하는 생각을 가졌습니다. 당시 시중에 주일학교, 교회교육에 관한 책들이 없었던 것은 아니었지만 기독교교육의 본질을 파헤치며 현장과 이론을 접목한 책은 별로 없었습니다. 이런 상황에서 「SS혁신보고서」는 당시 많은 교회 목회자들과 어린이·청소년 사역자, 교사들의 관심을 집중시키기에 충분했습니다.

책이 출판된 후 많은 분들이 서평을 썼습니다. 격려와 찬사를 아끼지 않았습니다. 「SS혁신보고서」는 현장에서 만들어진 책으로, 한국교회교육의 돌파구를 마련한 책이라는 것이 주요 내용이었습니다. 한국교회의 주일학교와 교회교육 분야를 한 단계 업그레이드하는 중요한 역할을 했다고 강조했습니다. 특히 전통과 혁신의 조화가 잘 이루어졌다고 했습니다.

더욱 놀라운 일은 「SS혁신보고서」를 필두로 주일학교에서 함께 일하던 동료 교역자들이 계속해서 교회교육에 관한 책을 썼다는 점입니다. 한 교회의 주일학교 부서에서 네 권의 책이 출판되었다는 것은, 그것도 아주 유력한 출판사에서 출판되었다는 것은 한국교회 역사상 드문 일일 것입니다. 당시 주일학교 교회교육에 참여하는 사역자 중에 이 책의 영향을 받지 않은 사람이 거의 없다고 합니다. 저는 이런 평가 위에서 저도 모르는 사이에 한국교회의 주일학교와 교회교육을 혁신한 일세대가 되었습니다. 많은 분들의 사랑과 따뜻한 격려를 잊을 수가 없습니다. 모든 분들에게 감사를 드립니다.

처음 「SS혁신보고서」를 쓸 당시는 많은 분들이 교회 상황을 보며 크게 염려하던 때였습니다. 교회 성장이 멈추었을 뿐 아니라 자라나는 다음 세대들과 젊은이들이 점점 교회를 떠나고 교회를 멀리했기 때문입니다. 통계청 자료에 따르면, 1991-1994년 사이에 한국교회의 성장률은 1.4%에 그쳤습니다. 이는 연평균 0.4%에도 못 미치는 교인 증가율을 나타내는 것이었습니다.

당시 교회가 조사한 통계에 따르면, 기존 교인들 중에 신앙생활을 중도에 포기하고 교회를 떠나는 사람들이 많았습니다. 그들이 교회 안에 몸담고 있는 동안 올바로 배우지 못하여 신앙의 뿌리를 깊이 내리지 못했기 때문입니다. 이것은 신앙이 확실하게 성숙할 수 있도록 교회가 교육적인 측면에서 그들을 돕지 못했다는 뜻입니다.

오늘날 교회는 어떻습니까? 별로 다를 바 없는 것 같습니다. 얼마 전 통계청 자료에 따르면 한국교회의 교인 수는 800만 명을 조금 넘는 정도입니다. 교회들은 1000만 성도를 이야기하지만 현실은 그렇지 않습니다. 더불어 교회의 사회에 대한 영향력은 훨씬 더 줄었다는 것이 보편적인 인식입니다.

저는 처음 주일학교 교회교육이 제 역할을 하지 못하고 있다는 뼈아픈 각성을 안고 「SS혁신보고서」를 썼습니다. 변화 없이 지겨움만 안겨주는 주일학교, 아이들에게 어떤 영향력도 미치지 못하는 주일학교, 교육의 발전 없이 그 기능을 점점 상실해가는 주일학교를 바라보면서 자성하는 마음으로 책을 썼습니다. 교회교육의 변화를 시도하기 위해 새로운 모델을 만들어보려고 씨름하던 지난 세월의 흔적을 담아 쓴 것이었습니다.

저는 미국 유학 중에 주일학교의 새로운 모델을 만들기 위해 많은 전략을 세웠습니다. 그리고 제가 섬기던 사랑의교회 주일학교 현장에서 그 전략을 적용했습니다. 그 결과 주일학교 교육의 새로운 모델을 만들었습니다. 한국교회 상황에서 가장 적절한 모델이었습니다. 전통을 고수하면서 우리가 가지고 있는 좋은 점들을 더 잘 살리고, 부족한 부분을 혁신 보완하는 모델이었습니다.

저는 많은 교회와 단체에서 교회교육 세미나를 인도했습니다. 1996년부터는 '교회교육을 깨운다' 주일학교지도자세미나를 개최하며 국내 14회, 해외 3회에 걸쳐서 교회교육지도자들을 훈련했습니다. 여름성경학교 강습회를 제외하고 일반 교육 세미나가 그렇게 오랫동안 지속된 경우는 별로 없을 것입니다.

「SS혁신보고서」를 쓴 이후 더 많은 강의 요청들이 있었습니다. 그러나 당시 제가 부목사로 있었기 때문에 여러 가지 제한된 부분이 있어서 많이 도와주지 못했습니다. 하지만 최선을 다했습니다. 특별히 지방에 계신 분들은 교육의 혜택을 많이 받지 못한 상황이기에 더욱 애정을 갖고 도와주었습니다. 부목사의 소임을 다 감당하면서 틈틈이 저녁시간을 이용해 강의를 해야 했기 때문에 참으로 힘든 일이었습니다. 당시 저에게는 휴일이 거의 없었습니다. 한국교회교육을 깨우고자 하는 소명감이 없었다면 감당하기 어려웠을 것입니다.

여러 집회를 인도하면서 저는 많은 분들이 흥분하는 모습을 보았습니다. 제가 제안한 교회교육의 혁신 전략들에 반응을 보이는 것이었습니다. 우리의 교회교육 현장에 적용할 뾰족한 대안이 없어 씨름하던 분들이 들뜨기 시작했습니다. 침체되어 가고 있는 교회교육을 새롭게 할 수 있는 가능성을 보았다고 즐거워했습니다.

「SS혁신보고서」가 출판된 후 한국교회에 자라나는 다음 세대를 위해 한국교회가 투자해야 한다는 아름다운 운동이 일어났습니다. 1990년대 후반에 교계 지도자들은 모두 이구동성으로 그런 이야기를 했습니다. 이로 인해 1999년, 2000년 당시에 대부분의 한국교회는 주일학교 교회교육에 새롭게 관심을 기울이기 시작했습니다. 그래서 주일학교 교회교육에 많은 변화가 일어났습니다.

그런데 2000년 초반을 지나면서 저에겐 고민이 생기기 시작했습니다. 그것은 강의를 들은 많은 분들이 소외감을 느끼기 때문이었습니다. 많은 사람들이 강의를 듣고 나서 소망을 갖고 주일학교 교회교육을 위해 뭔가 역할을 해야겠다고 생각했지만 돌아서면서 낙담하는 것이었습니다. 그러면서 이렇게 말했습니다. "목사님, 우리 교회는 몇 명 안 되요. 목사님 교회는 크니까 사람 있고, 돈 있고, 원하는 대로 다 있는데 뭐든 못하겠어요. 하지만 우리 교회 같은 데서는 어려워요."

그분들의 말을 그냥 흘려들을 수가 없었습니다. 우리나라 대부분의 교회, 80-90%의 교회가 성인 교인 수 200명 이하라고 하는데 그런 교회는 어린이들이 많아야 50여 명, 청소년이 15명 정도입니다. 그런 가운데서 무슨 일을 어떻게 하겠느냐는 이야기였습니다. 강의를 할 때마다 저의 가슴을 치는 도전이 아닐 수 없었습니다.

또 다른 고민은, 1999년, 2000년에 일어난 주일학교 교회교육에 대한 관심이 점점 식어가고 있다는 것이었습니다. 다시 많은 교회들이 익숙했던 과거의 방식으로 돌아가기 시작했습니다. 아이들이 교회를 떠나갑니다. 그러면서 과거에도 그랬던 것처럼 여전히 뜻있는 많은 분들이 교회에서 자라난 다음 세대들이 제대로 된 신앙교육을 받지 못한 채 교회를 떠나가는 현실을 안타까워하고만 있습니다.

저는 제가 섬기던 교회를 2000년 말에 사임했습니다. 기독교교육 사역을 통해 좀더 한국교회를 잘 섬기고 싶어서 재단법인 에듀넥스트 교육개발원을 설립하고 수년간 기독교교육 사역에 전력을 기울였습니다. 그 와중에 현장과 계속 부딪히면서 다음과 같은 부담감을 갖지 않을 수 없었습니다.

'큰 교회를 위한 교육모델 말고 작은 교회들의 교회교육을 위한 모델이 절실히 필요한 것 아닌가! 한 명에서 주일학교를 시작해 수를 늘려가고 학생들을 잘 교육하고 양육하려면 실제로 필요한 것이 무엇인가? 내가 제안한 전략대로 성실하게 해보면 열매가 있을 텐데 사람들이 하지 않으니, 그렇다면 내가 직접 아무것도 없는 상태에서 시작해 그 전략들이 효과적이라는 것을 입증해 보여야 하지 않겠는가?'

결국 이런 부담이 저로 하여금 친구들교회를 시작하게 했습니다. 새로운 탐구를 위한 출발이었습니다. 2003년 친구들교회를 개척하고 이제 꼬박 5년이 지나면서 저는 예전에 보지 못한 것들을 발견했습니다. 작은 교회가 교회교육을 하는 데 있어서 유념해야 할 부분이 있었습니다. 큰 교회에서는 신경 쓰지 않아도 되지만, 작은 교회에서는 중요하고 소홀히 할 수 없는 부분들이 있었습니다. 친구들교회는 아직도 새로운 교회교육 주일학교 모델을 계발하기 위해 씨름하고 있지만, 이렇게 새롭게 발견한 것들을 토대로 「SS혁신보고서」 개정판을 써야겠다는 자극을 받았습니다.

교회를 개척하는 경험을 통해 새로운 인생을 살도록 도와주신 하나님께 감사합니다. 이 경험이 없었으면 어떻게 되었을까 생각해 봅니다. 많은 것을 배웠습니다. 어른이든, 어린이든, 청소년이든, 젊은이든 특별히 한 영혼을 품고 씨름할 수 있는 기회를 가진 것은 놀라운 영광이었습니다. 그동안 이른바 맨땅에서 헤딩한다는 말처럼, 밑바닥에서부터 한 단계 한 단계 교회를 세우기 위해 함께 애써준 사랑하는 친구들교회 식구들에게 진심으로 감사를 드립니다. 아울러 동역한 사역자들 서성민, 박교빈, 김추성, 이영식 목사, 임지연, 김정경 전도사에게 감사를 드립니다.

더불어 그동안 꾸준히 재단법인 에듀넥스트 교육개발원의 사역을 후원해주신 옥한흠, 장영춘, 길자연, 최홍준, 이동원, 안만수, 강경민, 고흥식, 권태진, 김요셉, 김윤기, 김주영, 김태우, 맹균학, 문성욱, 박삼열, 박성호, 박정식, 박중식, 배창돈, 소강석, 송태근, 오주환, 옥성석, 이권희, 이종식, 이종호, 이찬수, 임영섭, 정근두, 정기봉, 정삼지, 정안민, 정연철, 정우길, 정형교, 정화영, 조관식, 조봉희, 조 운, 채이석, 최석범 목사님과 해성산업의 단재완 회장님께 지면을 통해서나마 감사의 마음을 전합니다.

이 책이 나오기까지 수고하신 설철호 목사에게도 감사를 드립니다. 기도로 후원한 사랑하는 아내 성은과 교회교육의 혜택을 받고 이제 성인으로 잘 성장해준 지혜, 지효에게도 고마운 마음을 전합니다.

김만형 목사

CONTENTS

N・e・w・S・S・혁・신・보・고・서

| 목차 |

■ 프롤로그 _ 4

1부 현장에서 21세기로

1. 교회교육, 나로부터 다시 출발! _ 19
문제의식 없는 발전은 상상할 수 없습니다.
교회교육의 돌파구는 문제의식을 갖고 고민하고 씨름할 때 열립니다.

2. 교회교육, 현장에서 다시 출발! _ 37
교육은 교리와 교훈의 꽃.
우리가 알고 믿는 바가 과연 옳다면 현장에서 통하고 먹혀야 합니다.

3. 뛰는 교사 위에 나는 학생있다 _ 63
열성만으로 됩니까? 발로만 뛴다고 됩니까?
시대의 표징을 알아야 합니다. 우리가 가르치는 대상을 알아야 합니다.

2부 눈대중 교육은 가라

4. 교육철학 세우기, 뼈대에 칼슘을 넣어라 _ 87

주일학교, 왜 자꾸 변두리로 밀려납니까?
왜 액세서리 취급을 당합니까? 교육철학이 없어서입니다.

5. 기독교교육, 일반교육과 무엇이 다른가? _ 104

기독교교육과 일반교육의 차이점도 모르면서
과연 기독교교육을 한다고 할 수 있습니까? 개념부터 달라져야 합니다.

6. 축제로서의 예배 _ 154

기독교교육은 우선적으로 예배를 통해서 이루어집니다.
그러므로 예배가 살아야 교육이 삽니다. 빨리 예배를 갱신해야 합니다.

3부 노하우가 중요하다

7. 아이들 모으기 _ 207

아이들이 오지 않는다고 한탄과 자책만 하시겠습니까?
아이들을 모으는 데도 통하는 방법이 있습니다.

8. 방법론을 터득하라 _ 233

교육은 허공에서 이루어지지 않습니다.
여기 현장에서 통하는 단순명쾌한 교육 방법론을 소개합니다.

9. 소그룹이 살면 전체가 산다 _ 276

다시 시작해봅시다. 분반공부라는 소그룹이 살아나면
주일학교 전체가 살아나는 것은 시간문제입니다.

4부 모병에서 각개전투로

10. 교사가 서야 교육이 산다 _ 317

교사 모집과 훈련에도 특급 노하우가 있습니다.
주일학교의 꽃, 교사에 관한 모든 지침을 내놓습니다.

11. 행정은 동사무소에서? _ 348

평소에는 찬밥 취급하다가 아쉬울 때만 탓하는 행정.
막상 하려면 막막하고 번거롭기만 한 행정의 ABC.
여기에 공식이 있습니다.

12. 네가 교육 지도자냐? _ 379

교회교육 지도자가 교회에서 해야 할 역할과
여덟 가지 지도력 계발을 위한 요점을 정리해드립니다.

■ 부록

부록 1. 열린예배 논점 찾기 _ 408

부록 2. 주일학교 교육철학과 사역개요 샘플 _ 416

▶ 참고 문헌 _ 434

▶ 에필로그 I _ 442

▶ 에필로그 II _ 445

헌사 獻詞

자라나는 다음 세대를 위해서
오늘도 현장에서
땀 흘리며 수고하는
모든 사역자들과
선생님들께
이 책을 드립니다.

N·e·w·S·S·혁·신·보·고·서

1

현장에서 21세기로

● ● ● ●

열성만으로 됩니까? 발로 뛴다고 됩니까? 우리의 교육 현장이 어떤 곳인지 분명히 알아야 합니다. 시대의 표징을 알고 그 흐름을 읽어야 합니다. 교육은 선포와 다릅니다. 알아듣게 하려면 우리 학생들의 특성을 파악하고 그들의 생각과 필요에 초점을 맞추어야 합니다. 디지털 시대를 구가하는 학생에 아날로그 세대의 교사라…. 오늘 우리가 발 딛고 서 있는 사회, 교육 현장에 대한 정확한 인식 없이는 아등바등 거려봐야 헛수고입니다. 변화를 향한 첫 걸음은 현장에서 시작됩니다.

NewSS 혁신보고서

제1장

교회교육, 나로부터 다시 출발!

문제의식 없는 발전은 상상할 수 없습니다. 교회교육의 돌파구는 문제의식을 갖고 고민하고 씨름할 때 열리는 법입니다. 교회교육 안 된다고, 가진 게 없다고 불평하고 짜증내기 전에 나부터 돌아보기 바랍니다. '나는 진정 변화를 원하고 있는가? 교회교육이 나아지기를 원하는가? 그것이 바로, 주일학교 교회교육의 변화를 향한 첫 걸음입니다.

우리나라 교회교육 현장에는 자라나는 다음 세대들을 위해 평생을 헌신하고 노력하는 사역자나 교사들이 많지 않은 형편입니다. 그래서 다음 세대를 위해 고민하며 사역하는 분들을 대하면 얼마나 반갑고 감사한지 모릅니다. 이 책을 대하는 독자 여러분을 직접 뵙지는 못하지만, 여러분의 모습을 마음에 그려보면서 감사를 드립니다. 여러분을 생각할 때마다 교회교육의 한 부분을 맡아 일하는 사람으로서 참으로 든든함을 느낍니다. 여러분이 있는 한 한국교회는 소망이 있습니다.

이 책을 읽는 독자 여러분은 모두 현재의 주일학교 교회교육에 대한 고민을 가진 분일 것입니다. 뭔가 새로운 돌파구를 찾는 분들일 것입니다. 먼저 말씀드릴 것은, 이 책이 여러분의 모든 문제에 해답을 주는 책은 아니라는 사실입니다. 이 책은 다만 교회교육의 현장에서 씨름하는 우리의 고민을 함께 나누고, 해결해야 할 문제들을 위해서 부단히 노력한 내용을 담고 있습니다. 이 책을 통해 당면한 문제를 해결할 수 있는 통찰력을 얻으리라 확신합니다.

교육은 명쾌한 해답이 있는 분야는 아닙니다. 아마 현장에 참여해본 분이라면 교육이 얼마나 복잡하고, 염두에 두어야 할 것이 많은 분야인가를 이미 피부로 느낄 것입니다. 전 인격과 전 학문, 몸에 익힌 모든 기술들이 통합되어서 나타나는 것이 교육이기 때문입니다. 최근 교육계의 흐름을 보면, 그 동안 사람들이 주로 한 분야만 전문적으로 공부하는 까닭에 균형 잡힌 지식을 갖지 못했다는 평가가 나오고 있습니다. 그래서 교육에 새롭게 접근하는 노력이 나타나고 있습니다. 배운 모든 지식들을 통합해서 문제를 해결해 나가도록 훈련하는 것입니다. 최근의 수능시험은 이런 흐름을 잘 반영하고 있습니다. 학교에서 배운 모든 지식들을 통합해서 주어진 문제를 풀도록 문제를 내는 것입니다.

저는 이 책을 통해 교회교육과 연관된 다양한 분야와 내용, 이론과 실제 등을 적용하여 통합적인 교육의 아이디어와 통찰력, 새로운 접근 방법 등을 얻어내고자 했습니다. 이 책이 창조적인 고민을 하도록 여러분을 자극하리라 기대합니다. 현재 당면한 여러 고민들을 해결하는 데 도움이 되리라고 확신합니다. 이 책이 여러분 모두에게 격려가 되기를 바라고, 교육자로서 또 목회자로서 필요한 모든 준비와 발전의 토대로 쓰이기를 기대합니다.

나는 점점 나아지고 있는가?

저의 어린 시절을 돌아보면 주일학교 생활과 연관된 추억이 그리 많지 않습니다. 아주 어릴 때부터 교회에 다니긴 했지만 웬일인지 그 당시 교회의 겉모습만이 기억 저편에 남아 있을 뿐입니다. 제가 사는 동네 가까이에 세워진 그 교회는 아직 건축 공사가 덜 끝난 상태여서 바닥은 콘크리트 타설도 되어 있지 않는 흙바닥이었고, 벽돌을 몇 개 쌓아서 만든 양쪽 벽면에 통나무를 걸쳐놓은 것을 지붕 삼아 예배를 드렸습니다. 게다가 교회로 향하는 길은 비가 오면 질퍽거리는 진흙길이어서 늘 무겁게 발을 떼야만 했습니다. 그런 가운데서도 교회에서 연필과 공책을 받는 일이 즐거워 열심히 교회를 다녔습니다. 아마 주일학교를 다녔던 대다수가 이런 추억을 갖고 있을 겁니다.

저의 집은 원래 예수를 믿지 않는 가정이었기 때문에 저는 교회에 자주 갈 수 없는 형편이었습니다. 그러나 초등학교 5학년 무렵부터 공식적으로 교회에 다닐 수 있게 되었습니다. 형이 폐결핵으로 오랫동안 고생하던 차에 주위 사람들이 아버지께 교회에 다니도록 권유했기 때문이었습니다. 이때부터 가족이 모두 교회를 다니게 되었고, 그때 배웠던 노래며 율동, 그리고 주일학교 선생님은 지금도 기억 속에 선명하게 남아 있습니다.

그러던 중 중학교 3학년 겨울방학 때 예수 그리스도를 인격적으로 만나게 되었는데, 이때부터 청소년 시절의 주일학교 생활은 제 인생의 방향을 새롭게 하는 계기가 되었습니다. 하나님은 제게 좋은 친구들과 좋은 지도자를 만나게 해주셨고 덕분에 저는 많은 공부를 할 수 있었습니다. 그때 배운 모든 것들이 오늘날까지 제게 얼마나 많은 영향을 미치고 있는지 모릅니다. 이처럼 주일학교를 다니는 동안 예수님과 인격적인 만남을 갖는 것은 얼마나 귀한 일인지 모릅니다. 제가 주일학교 교육에, 특별히 청소년 교육에 애착을 갖는 것은 이 시기야말로 바른 인생관이나 세계관을 형성하기 가장 좋은 때이기 때문입니다.

그 후 신학교에서 공부하고 사역자가 된 지 벌써 30년이 넘었습니다. 그 많은 시간 동안 하나님은 저를 항상 교회교육 현장에 직접 참여하게 하시거나 교회교육과 연관된 사역을 하게 하셨습니다. 지금은 개척을 하여 교회를 담임하고 있지만 그럼에도 교회교육은 여전히 제 사역의 중요한 부분입니다.

처음 주일학교와 연관된 사역을 했던 곳은 어린이선교회 파이디온이었습니다. 파이디온선교회는 제가 총신대학교에 들어가던 해인 1976년에 세워졌습니다. 어린이를 무척 좋아하고 사랑하던 저는 함께 일하자는 선배의 권유에 따라 우연히 그곳에서 동역하게 되었습니다. 파이디온선교회와는 지금도 계속 동역관계를 맺고 있는데, 이 선교회를 통해 처음으로 교회교육 사역에 좀더 구체적으로 관심을 갖고 경험을 쌓을 수 있었습니다. 특히 주일학교 교사를 위한 강습회를 열고, 여름과 겨울이면 낙도 오지에 다니면서 어린이·청소년 전도 활동을 하던 일들이 가장 보람 있는 사역으로 기억됩니다. 그 모든 활동들이 오늘의 저를 만들었습니다.

그러다가 영등포구 양평동에 있는 협성교회라는 곳에서 처음 주일학교 전도사로 사역하게 되었습니다. 그 교회는 해태제과와 롯데제과가 있는 공장지대에 있어서 교회에 오는 양평동의 청소년들은 공장지대 근로자 자녀들이 대부분이었습니다. 그런 지역적 특성으로 인해 교회에는 더러 거친 청소년들이 있었습니다. 저는 그곳에서 중고등부 학생들을 지도했습니다. 청소년들과 부대끼며 좋은 추억을 만들어간 사역지였습니다. 가르쳤던 학생들은 이제 저와 거의 연배가 비슷한 어른들이 되었습니다.

두 번째 사역지는 군복무를 마치고 부임한 사랑의교회입니다. 그곳은 신학 공부를 본격적으로 하면서 섬기게 된 교회였습니다. 그곳에서 만 18년간 사역을 했습니다. 기간으로 보면 사랑의교회가 저의 유일한 사역지라고 해도 과언이 아닐 것 같습니다.

사랑의교회에 머무는 동안 저에게 큰 자각이 있었습니다. 신학교 시절부터 오랫동안 주일학교에 몸담아 오면서 한 가지 안타까운 사실을 발견하게 된 것입니다. 그 많은 세월 동안 교회교육에 전혀 변화가 없었음을 깨닫게 된 것입니다. 저 자신조차도 어떤 변화를 시도하려고 하지 않고, 늘 고정된 틀에서 벗어나지 못하고 있었습니다. 그러다보니 사역을 하면서 늘 스스로에게 물었던 '점점 나아지고 있는가? 이전보다 좀더 나아졌는가?' 하는 질문에 자신 있게 대답할 수 없었습니다.

아마 각 교회에서 주일학교 지도자로 섬기고 계신 분들이라면 자신이 경험한 주일학교 시절과 지금의 교회교육 주일학교를 비교해볼 때 그다지 큰 변화가 없다는 점을 인정할 수밖에 없을 것입니다. 그만큼 변화가 없는 곳이 주일학교 현장입니다. 1990년대 후반과 2000년대에 들어서면서 약간의 변화를 경험하지만 그것은 아주 미미한 수준에서 그치고 맙니다.

교회교육을 위한 씨름들

저는 1984년까지 주일학교 교회교육 현장에서 부서를 맡아 담당하고 학생들을 돌보면서 사역을 했습니다. 1985년부터는 부서를 맡지 않고 교육부서 교역자들을 지도하고, 교사들을 돌보며, 학생들에게 필요한 프로그램 만드는 일을 하게 되었습니다. 그때서야 저는 한 걸음 물러서서 주일학교 교육현장을 좀더 정확하게 보게 되었습니다.

자기가 일하는 현장에 있을 때는 현장의 형편을 정확히 보기가 힘든 법입니다. 그러나 나와서 보면 좀더 자세히 볼 수 있게 됩니다. 장기나 바둑을 둘 때 자신이 직접 두면 수가 잘 보이지 않지만 옆에서 보면 수가 보이는 것과 같습니다. 제가 발견한 것은, 주일학교의 교회교육이 기존의 프로그램과 방법 틀에서 벗어나지 못하고 오히려 뒷걸음질치고 있다는 것이었습니다.

사실, 앞서 언급했듯이 저는 파이디온선교회에 오랫동안 몸담고 있던 터라 그래도 교육 분야에서는 많은 정보를 가지고 새로운 시대에 걸맞는 프로그램을 도입하며 뒤지지 않는 교육을 한다고 생각하고 있었습니다. 그 당시 제가 공부하던 신학교도 규모가 그다지 크지 않은 덕에 서로 정보교환이 잘 되어 주일학교 학생들 역시 시대에 뒤떨어지지 않는 교육을 제공받고 있다고 믿었습니다.

그런데 문제는, 시간이 흐를수록 대부분의 주일학교 교역자들이 새롭게 프로그램을 계발하지 못한 채 그들이 과거 주일학교 시절에 경험한 프로그램 수준에 머문다는 것이었습니다. 여기에는 여러 가지 이유가 있습니다. 먼저는 본인들의 경험의 폭이 너무 좁아서 일정 수준을 넘어서지 못하는 것이고, 또 하나는 여러 형편상 다양한 정보를 얻기가 어렵다는 것입니다. 아울러 주일학교 사역자라 할지라도 교회교육에 헌신할 시간이 많지 않아 생각하고 연구할 만한 충분한 시간이 없다는 것입니다.

이런 모든 현상은 당시의 시대 상황과 밀접한 연관을 가집니다. 그것은 다름 아닌 신학교의 상황인데, 1980년대 중반을 전후해서 신학교의 문화가 많이 달라졌기 때문입니다. 그 전까지만 해도 정보교환이 잘 되던 신학교는 갑자기 비대해진 규모 때문에 그 흐름이 둔해지기 시작했습니다. 어느 교회에서 누가 성공적인 사역을 하는지, 주일학교 학생들에게 어떤 프로그램으로 다가가고, 어떤 영향을 미치고 있는지 등에 대한 의사소통이 이루어지지 않다보니 전체적으로 주일학교 교육이 정체되는 듯한 양상을 보이게 된 것입니다.

또한 신학교에 몸담고 있는 신학생들이 대부분 주일학교 교육을 담당하고 있는 교육전도사들이었는데, 이때부터 예전(1970년대와 1980년대 중반까지로 생각됨)과는 달리 학업의 짐을 크게 느끼게 된 것도 문제의 원인으로 지적할 수 있습니다. 공부보다는 사역에 비중을 두던 예전과는 달리 갑자기 많아진 신학 공부의 양 때문에 교육전도사들이 교회교육에 충분한 시간을 투자할 수 없게 된 것입니다.

이런 가운데 우리나라는 1988년을 지나면서 급격한 변화를 맞게 됐습니다. 서울 올림픽으로 인해 사회 구석구석이 변화되고 다양한 문명의 이기들이 사회 전반으로 퍼져나갔습니다. 이제 주일학교 교육은 상대적으로 점점 더 낙후되는 듯한 분위기가 깃들 수밖에 없었습니다. 이때 저의 마음속에는 이렇게 변화하는 사회 속에서 앞으로 교회가 어떻게 다음 세대를 품고 나갈 것인가 하는 문제의식이 싹텄습니다. "세상은 급속도로 변화하는데 교회는 이렇게 있을 것인가? 이렇게 간다면 앞으로 어떻게 될 것인가?" 고민한 것입니다. 당시만 해도 교회교육에 몸담고 헌신하는 사람들이 많지 않다보니 누군가 이 일에 헌신해야 할 필요성도 커졌고, 신학교에서 배우는 이론과 실제 교육 현장 간의 괴리도 커서 누군가 좀더 이 일을 집중적으로 연구하여 교회 발전에 이바지했으면 하는 바람도 가지게 되었습니다.

결국 내가 그 일을 하기를 하나님께서 원하시는 것은 아닐까 기도하던 터에, 마침 부목사로서 사역한 지 3-4년이 되어가는 저의 마음속에 큰 갈등이 생겨났습니다. 주일학교 지도자로서 교회교육을 계속할 것인지, 계속한다면 이런 식으로만 이어가도 되는 것인지 고민했습니다. 그때 저는 기도하면서 주일학교 사역에 헌신하기로 했습니다. 평생이 될지도 모르지만 한번 잘 해봐야겠다고 생각했습니다. 저는 사실 목회를 할 마음이 있었습니다. 신학교를 가는 사람 중에 목회를 꿈꾸지 않는 사람이 어디 있겠습니까? 그런데 하나님께서 저에게 들려주시는 말씀은 '네가 해야 되지 않 겠니? 그래도 네가 제일 많이 고민했으니까 그렇게 하는 것이 낫겠다' 는 것이었습니다.

저는 주일학교 사역에 본격적으로 뛰어들었습니다. 그런데 문제가 생겼습니다. 좀더 관심을 갖고 주일학교 사역에 뭔가 변화를 시도하려고 하니 제게 능력이 없는 것이었습니다. 여기서 능력이 없다는 것은 시중에 나와 있는 프로그램을 갖다 쓸 만한 실력이 없다는 의미가 아니라 저 스스로, 우리 교회 상황에 맞는 프로그램을 만들 만한 능력이 없다는 의미입니다. 그래도 한 분야에 평생을 헌신하기로 마음먹었으면 그 분야에서 뭔가 이바지해야 하지 않겠는가 하는 생각 끝에 유학을 결심하게 되었습니다. 그렇지 않으면 나중에 그 분야에 오래 있었다는 이유만으로 전문가라는 소리만 듣고, 이곳저곳 다니면서 강의하고 녹이나 받는, 실력은 없는 그런 사람이 될지 모른다는 생각이 들었기 때문입니다. 하나님께서 어떻게 인도하실지 몰랐지만 교회교육에 헌신하기로 하고 저는 유학길에 올랐습니다.

감사하게도 3년의 미국 유학 시절은 헛되지 않았습니다. 여러 학문들을 연마하면서 그간 교회교육 현장에서 접한 많은 고민들을 해결할 수 있는 아이디어를 찾았습니다. 석사 과정에서는 주로 교회교육에 중점을 두고 공부해나갔습니다. 어린아이들로부터 노년에 이르기까지 인생의 시기에 따라 어떤 특성이 있는가를 연구했고, 그들만의 특별한 필요, 그들에게 효과적으로 접근하기 위한 아이디어 등을 정리해나갔습니다.

교육철학, 교육원리, 교육심리학, 성경공부 방법 등의 다양한 분야에도 관심을 갖고 연구했습니다. 교회교육을 하면서 실제로 부딪히는 문제인 성도들과의 관계나 교사 모집, 교회의 자원봉사자들을 돕는 법, 모집한 이들을 잘 양육하고 그들과 좋은 관계를 맺는 법 등은 모두 교육행정과 관련된 문제들이기 때문에 리더십과 교육행정도 공부했습니다. 박사 과정에서는 이런 학문들을 좀더 이론적이고 체계적으로 심도 있게 연구하고 보완해나가는 차원에서 공부했습니다. 저는 석사 과정과 박사 과정 모두를 다른 사람에 비해 아주 짧은 시간에 마칠 수 있었는데 그것은 제가 무엇을 공부해야 하는지 명확히 알았기 때문이었습니다.

그렇게 유학을 마치고 돌아올 때 저에게는 이미 한국교회에 돌아가서 제가 섬기던 교회를 중심으로 한국교회를 이렇게 바꾸리라는 청사진이 있었습니다. 그러나 잘 알다시피 어떤 변화를 시도하기 위해서는 무엇보다도 변화의 대상을 잘 아는 것이 중요합니다. 현장에 대한 정확한 이해 없이는 정확한 대안을 마련할 수도 없습니다.

그래서 저는 제일 먼저 주일학교의 상황을 분석했습니다. 사실 저는 주일학교를 모르는 사람이 아닙니다. 그럼에도 현장 분석부터 다시 했습니다. 그것은 무엇보다 교육현장에 대한 이해는 교육의 효율성을 높이는 데 꼭 필요한 일이고, 예전의 경험으로 현재의 주일학교 교육을 기획한다면 정확한 진단을 내리지 못하고 헛짚을 가능성이 있기 때문이었습니다.

교회 개척으로 다시 출발!

1990년대의 주일학교 상황을 분석한 후 주일학교 교회교육의 혁신을 위해 10여 년의 세월을 보냈습니다. 많은 교회들이 주일학교 사역에 관심을 갖고 새롭게 노력하는 모습을 보면서 참으로 감사했습니다. 그런데 2003년에 저에게 또 다른 경험을 할 수 있는 기회가 왔습니다. 그것은 교회를 개척하는 것이었습니다. 교회를 개척하는 과정을 통해 저는 그동안 제가 알고 있던 것이 너무 제한적이라는 사실을 발견했습니다. 교회를 개척하면서 경험한 한국교회의 상황, 특히 주일학교 현장은 참으로 암울했습니다. 열정을 가지고 접근하지만 넘기 어려운 장애들이 너무 많이 있었습니다. 기존의 교회를 섬기면서는 전혀 경험할 수 없는 것이었습니다. 아마 개척의 길을 먼저 가본 많은 선배 사역자들은 개척교회와 작은 교회의 상황이 얼마나 참담한지 잘 알 것입니다.

저는 본래 교회를 개척하고자 하는 마음이 없었습니다. 교육사역을 통해 한국교회에 이바지하고 싶은 바람뿐이었습니다. 저는 섬기던 교회를 사임하고 교수 사역과 연구원 사역에 전념하고 있었습니다. 신학교의 교수 사역과 제가 세운 재단법인 에듀넥스트 교육개발원의 연구 사역을 통해서도 한국교회의 기독교교육 발전에 충분히 이바지할 수 있으리라고 생각했습니다.

그런데 많은 한국교회와 여러 연합회를 위한 세미나와 집회들을 다니면서 마음에 변화가 생겼습니다. 사람들이 제 강의를 들으면서 하는 말이 도전이 되었습니다. "목사님, 우리 같은 작은 교회라면 어떻게 하시겠어요? 목사님 교회는 크니까 돈 있고, 사람 있고, 부족한 것이 없잖아요. 마음만 먹으면 다 할 수 있잖아요. 하지만 우리 교회 같은 데는 어려워요." 이런 말을 들으면서 제 마음에 부담이 생겼습니다. 사실 한국교회의 80-90%는 출석하는 성인 교인 수가 200명 이하의 교회라고 합니다. 그런 교회는 어린이가 많아야 40-50명, 청소년은 15명 내외로 모입니다. 그런 상황에서 어떻게 하겠느냐는 것입니다. 제가 제안한 것들이 자신들의 상황에는 맞지 않는다는 말이었습니다.

그들은 교회에 학생들이 많아야 뭔가 다른 사역을 할 수 있다고 생각한 것 같습니다. 똑같은 원리로 꾸준히 노력하면 변화를 일으킬 수 있는데, 정서상 그 사실을 받아들이지 못하는 것입니다. 그때 저의 마음속에 든 생각이 있었습니다. '그렇다면 또 다른 모델, 곧 중소형 교회들을 위한 모델이 필요하지 않겠는가? 그렇다면 내가 한번 교회를 개척해보아야 하지 않겠는가? 아무것도 없이 시작해서 아이들을 모으고 훈련시켜서 키워가는 과정을 거쳐야 하지 않겠는가?' 이런 생각 끝에 저는 개척의 길로 들어서게 되었습니다.

당시 저에게는 제가 섬기던 교회를 사임했을 때부터 '목사님, 교회하셔야 합니다'라면서 어떤 분이 전세로 들어 있던 장소를 사용하도록 내준 공간이 있었습니다. 그 공간을 한 2년 동안 쓰지 않고 그대로 두었는데 그곳과 관련해 하나님께서 뭔가 뜻하는 것이 있지 않은가 하는 생각이 들었습니다. 그래서 개척을 하기로 했습니다. 학생들이 하나도 없는 상태에서 주일학교가 조금씩 성장해가는 과정을 살펴보고, 학생들을 전도해서 그들의 믿음을 키워가는 과정을 연구하면서 교회교육에 가장 중요한 것이 무엇인가를 찾고 싶었던 것입니다.

제가 교회를 개척하게 된 또 다른 이유가 있습니다. 그것은 자라나는 후배 목회자들에게 도전을 주고 싶었기 때문입니다. 저는 신학교에서 목회자 후보생들을 가르치면서 2000년대 초반 한국 기독교의 또 다른 현장을 접할 수 있었습니다. 그것은 신학생들이 교회를 섬기고자 하는 꿈이 별로 없다는 것이었습니다. 그들은 대부분 '앞으로 어떻게 목회를 할 수 있겠느냐'면서 신세타령을 하고 있었습니다.

당시에 한국교회에 문제가 되었던 사건이 있었습니다. 여러 대형교회들이 담임목사직을 세습하는 것이었습니다. 방송에서 이런 문제들을 이슈화해서 크게 다루기도 했습니다. 이런 모습을 보던 신학생들은 자기들에게 목회의 기회가 별로 오지 않을 것이라고 생각한 것입니다. 그들은 모여서 어떻게 하면 황태자 그룹에 들 것인가를 이야기했습니다. 황태자 그룹에 든다는 것은 담임목사의 가족이 되는 것입니다. 담임목사의 아들이 되든지, 사위가 되든지 해야 앞으로 목회를 할 수 있는데 어떻게 그런 그룹에 들 수 있느냐 신세타령을 하는 것이죠. 당시에 다른 신학교에서는 진골, 성골이라는 말도 유행했습니다. 진골은 목사의 자녀를 말하고, 성골은 장로의 자녀를 말하는 것이었습니다. 목사의 자녀가 되든지, 아니면 최소한 장로의 자녀가 되어야 앞으로 목회를 할 수 있다는 것이었습니다. 그러면서 많은 신학생들이 어떻게 하면 큰 교회에 들어가 약간의 지원이나마 받아서 교회를 개척할까를 생각했습니다.

이런 신세타령을 하는 제자들을 보면서 마음이 아팠습니다. 어떻게 하면 저들에게 힘을 줄 수 있을까? 저의 마음속에 든 생각은 '내가 한번 아무것도 없는 상황에서 개척의 길을 가보면 어떨까' 하는 것이었습니다. 그래도 한국교회에서 대우나 지명도에서나 가장 화려한 부목사 생활을 했다는 제가, 밑바닥으로 내려가 인력과 재정 지원 하나 없이 교회를 개척하는 그 길을 가볼 필요가 있다고 느낀 것입니다.

누구나 40대 초반까지는 자신을 준비할 수 있다고 생각합니다. 그러나 교회 개척을 하고자 한다면 여러 가지 측면을 고려했을 때 40대 초반을 넘기지 않는 것이 좋다고 봅니다. 저는 40대 후반이 되어 늦게 개척을 시작했습니다. 늦은 나이에 특별한 재정이나 인력 지원 없이 교회를 개척한다는 것이 부담이 되었지만, 제자들이나 후배들과 동일한 선상에서 아무것도 없이 시작하는 모습에 그들이 '나도 할 수 있겠다'는 용기를 얻으리라 생각했습니다. 아직은 교회를 세워가는 중에 있지만, 그 과정이 제자들과 후배들에게 격려가 되었으면 합니다.

마지막 개척의 동기는 목양을 제대로 해보고 싶은 마음이었습니다. 섬기던 교회를 사임한 후 신학대학원에서 교수로 섬기고, 에듀넥스트 교육개발원을 운영하면서 아무래도 전보다는 좀 여유 있는 시간을 보내고 있었는데 어느 날 하나님께서 저에게 말씀하셨습니다. "너 그렇게 있다가 나에게 올래?" 이 음성이 저의 머리를 꽝 때렸습니다. 저는 지난날들을 돌아보게 되었습니다. 교회에서 여러 사역을 감당했지만, 목양의 일은 많이 못한 것 같았습니다. 심방사역도 하고, 제자훈련도 하고, 가르치는 사역도 많이 했지만, 참으로 한 영혼을 위해 울며 씨름하던 순간이 별로 없었던 것 같았습니다.

'아! 이러다 어떻게 하나님 앞에 설까? 그래도 목사가 되려고 했을 때 목회를 생각했는데…. 이렇게 하나님 앞에 서면 너무 부끄러운 것이 아닌가?' 하는 생각이 들었습니다. 그래서 좀 늦었지만, 목회를 하는 것이 좋겠다고 생각했습니다. 몸이 따라줄지 모르고 건강이 걱정되었지만 몸이라는 것은 아낀다고 안 써도 나이가 들면서 쇠퇴하는 것이기에 주어진 시간 동안 최대한 쓰는 것이 좋겠다는 생각이 들었습니다. 그래서 좀 힘들어도 개척을 하기로 했습니다.

최악의 목회 조건

처음 교회를 시작할 때 개척 멤버가 아무도 없었습니다. 제 가족들과 함께 일할 교역자뿐이었습니다. 개척 멤버를 모으기가 힘들었습니다. 한 교회에 18년간 있었기 때문에 다른 곳에서 함께 교회를 시작할 사람들을 부를 수 없었습니다. 전혀 생각하지 않다가 교회를 시작했기 때문에, 섬기던 교회에서 함께 개척을 하자고 부탁할 만한 사람도 없었습니다. 교회에서 보내주지 않는데 개척하러 나오라고 이야기하는 것은 목회 양심이 허락지 않았습니다. 개척을 위해 제가 준비한 것은 하나도 없었습니다.

무조건 창립예배부터 드리고 교회를 시작했습니다. 창립예배에 많은 분들이 동참했지만, 그 중에 저의 교인은 아무도 없었습니다. 한 주 한 주 과연 누가 올까를 걱정해야만 하는 시간들이었습니다. 내 교인이 한 명도 없는 상황에서 어떻게 해야 하나, 이것이 저의 고민이었지만 감사하게도 하나님은 30명 정도가 모여 예배를 드리도록 도와주셨습니다. 사람들이 돌아가면서 예배에 함께해준 것이었습니다.

당시 친구들교회가 개척된 여건은 최악이었습니다. 교회를 개척한 지역은 이미 신도시가 개발되고 나서 14년이 넘어가는 상황이었습니다. 보통 아파트 단지에서 교회를 개척하려면 아파트에 사람들이 입주할 때 같이 해야 한다고 합니다. 그렇지 않으면 성공하기가 어렵다는 것입니다. 교회가 다른 지역에 있다가 이사를 가거나, 다른 큰 교회가 사람들을 보내어 교회를 개척해주는 것과 같은 특별한 여건이 아닌 한 그것은 사실입니다.

제가 교회를 세웠을 때, 그곳 사람들은 교회가 전도하는 것을 식상하게 여기고 있었습니다. 전단지를 주며 전도를 해도 전혀 반응을 보이지 않았습니다. 분당에 신도시가 들어서고 지난 14년 동안 열심 있는 성도들이 너무 많이 전단지를 뿌리고 집을 방문하는 바람에 사람들의 마음이 닫혀버린 것 같았습니다.

게다가 교회가 자리를 잡은 곳은 상가 건물의 지하였는데, 그 동네 사람들이 하는 말이 '개척교회, 특히 지하교회는 가지 말라'는 것이었습니다. 사실 그렇지 않습니까? 주변에 이미 지어진 교회, 시설이 좋은 큰 교회도 많은데 구태여 이제 개척된 지하 교회에 갈 사람이 있겠습니까? 저만 해도 일단 교회 안에 들어오면 분위기가 좋은데, 밖에서 교회로 들어오는 동안에 지하에서 올라오는 곰팡이 냄새를 맡으면 기분이 좋지 않았습니다. 실제로 어떤 분들은 지하에 들어오면 호흡이 어렵다고 했습니다. 이런 상황에서 새로운 신자를 얻기란 쉬운 일이 아니었습니다.

아울러 당시 상황은 제가 전에 섬기던 교회의 프리미엄을 다른 후배 교역자들이 이미 다 누린 후였습니다. 제가 교회를 개척하기 1년 전, 그리고 3-4년 전에 이미 후배 교역자들이 주변에서 교회를 개척했습니다. 그래서 제가 이전에 섬기던 교회에서 움직일 사람들은 이미 그런 교역자들과 함께 교회를 시작한 형편이었습니다.

한 가지 더 말하자면, 도시가 이미 안정적으로 자리를 잡은 상태여서 유동인구가 별로 없었습니다. 주변의 교회들은 이미 안정적으로 자리를 잡고 조직망을 이루었고 청년기를 맞아 역동적으로 움직이고 있었습니다. 그래서 일부 사람들이 이사를 오더라도 개척교회가 그들에게 접촉할 가능성은 희박했습니다. 이미 조직망을 갖춘 기존의 교회들이 접근해버리기 때문입니다. 이런 부분은 모든 개척교회들이 겪는 어려움일 것입니다. 차라리 신도시, 새로 입주하는 곳들은 다 똑같은 입장이니 어려움이 좀 덜 한데, 이미 자리를 잡은 도시에서는 쉽지 않은 부분입니다.

이런 상황들은 교회를 개척하는 데 있어 최악의 조건이라고 해도 과언이 아닙니다. 다른 곳으로 옮기고 싶은 마음도 있었습니다. 교회를 개척하는 데 중요한 요소 중의 하나가 입지라고 할 만큼 장소 선택이 중요한데 친구들교회는 그렇지 못했기 때문입니다. 그러나 사실 옮길 만한 돈도 없었습니다. 그래서 하나님께서 이곳으로 보내신 데는 특별한 이유가 있지 않겠는가 생각하고 그대로 머물렀습니다.

여러분, 이런 여건에서 주일학교를 생각해보시기 바랍니다. 기존의 교인이 없는데 주일학교가 가능할까요? 저는 처음부터 학생 한 명 한 명을 전도해야만 주일학교를 만들 수 있는 상황에서 시작한 것입니다.

어린이나 청소년 사역, 모두 어려운 영역이었습니다. 교회가 자리한 지역의 특성상 부모들의 감독이 심한 형편이라 어린이를 전도하기가 어려웠습니다. 전도를 해서 연락처를 받아도 전화를 해보면 틀린 전화번호입니다. 낯선 교회 사람들이 전도하고 전화번호를 가르쳐 달라면 전화번호 끝자리를 틀리게 가르쳐주라고 부모들이 아이들에게 교육한 것입니다. 많은 전도 리스트가 있었지만 전화 연결이 되지 않았습니다. 가끔 전도가 되어서 연락이 되어도 부모가 자녀들을 주일 아침에 보내주지 않았습니다.

청소년들은 약간의 가능성이 있었습니다. 청소년들은 부모들로부터 어느 정도 자유로웠기 때문에 부모가 교회를 다니지 않는다 하더라도 주일 오전에 그들을 불러낼 가능성이 있었습니다. 그래서 청소년을 전도하고 청소년 사역을 키워가는 데 어느 정도 성공을 거두었습니다. 그러나 학생들이 너무 거칠었습니다. 자기들끼리 서로 싸우면서 아옹다옹해서 지도하기가 몹시 어려웠습니다.

한 사람이 중요하다

저는 이 모든 과정들을 통해 어린이와 청소년들을 위한 교회교육 사역이 얼마나 거칠고 힘들 수 있는가를 보았습니다. 우리의 사역 현장은 전쟁터와 같다고 해도 과언이 아닙니다. 사실 전쟁터입니다. 그럼에도 불구하고 오늘날 교회는 거기에 대항할 만한 마음의 준비도, 의식도 없는 것 같습니다.

주일학교 교회교육은 아직도 좋은 프로그램이나 가져다 쓰면 되는 그런 곳이 아닙니다. 그런 식으로 접근했다가는 당장은 주일학교에 학생들이 좀 있을지 몰라도 얼마 지나지 않아 다 빠져나가고 말 것입니다. 어쩌면 우리는 지난 20-30년 동안 그런 경험을 했는지도 모릅니다.

우리는 그동안 학생들을 교회에 데려오는 데 많은 노력을 했습니다. 그러나 그들 한 사람 한 사람을 하나님의 사람으로 바로 세우는 데 어느 정도 열매가 있었는지요? 우리가 가르친 학생 한 명 한 명이 믿음 위에 우뚝 서서 이 세상의 흐름에 영향을 받지 않고 오히려 세상에 영향을 끼치는 사람들로 제 역할을 하고 있는지요? 주일학교 교회교육에서는 학생들을 전도하여 교회에 데려오는 것도 중요하지만 그들을 그리스도의 사람으로 잘 키워내는 일도 중요합니다.

또한 한 사람 한 사람을 바로 세워야 합니다. 그동안 우리 주일학교는 프로그램을 운영하면서 한 사람을 그리스도의 사람으로 세우는 것보다는 전체 진행이 흥미롭고 재미있어야 한다는 데 관심을 두었습니다. 그 때문에 한 사람 한 사람에게 주의를 기울이며 그들을 개별적으로 지도하는 데 소홀한 면이 없지 않습니다. 우리는 한 사람을 바로 세우는 일에 더 많은 관심을 가져야 합니다. 바로 여기에 한국교회의 미래가 달려 있기 때문입니다. 우리는 이 두 가지 중 어느 것 하나도 소홀히 해서는 안 됩니다.

대구의 어떤 교회에 갔을 때의 일입니다. 장로님 한 분이 자랑하기를 과거 대통령을 지낸 분이 어린 시절에 그 교회의 주일학교를 다녔다고 이야기하는 것이었습니다. 저는 그 이야기를 들으면서 마음이 찜찜했습니다. 그때 그 주일학교에서 그 사람을 좀더 잘 도왔더라면 한국의 현대사가 달라졌을지도 모를 일입니다.

우리가 모두 잘할 수는 없습니다. 맡은 한 사람 한 사람을 완벽하게 키울 수는 없습니다. 그러나 그런 마음으로 최선을 다해야 합니다. 그 다음은 하님께 맡기면 됩니다.

오늘 한국교회의 주일학교에 헌신된 한 사람이 그 어느 때보다 필요합니다. 누군가 나서야 합니다. 점점 더 힘들어지는 사역 현장에서 용감히 싸울 전사가 필요합니다. 저는 우리 주님의 외침을 듣습니다. "내가 누구를 보내며 누가 우리를 위하여 갈꼬" 사 6:8. 우리 중에 누군가가 이사야처럼 "내가 여기 있나이다 나를 보내소서"라고 반응해야 할 것입니다. 하나님은 바로 당신을 부르고 계시는 것은 아닐까요? 주일학교 교회교육의 변화는 헌신된 한 사람의 고민과 몸부림에서 시작되는 것을 기억하시기 바랍니다.

New S S 혁 신 토 의

1. 성공적인 사역의 비밀이 무엇인지 말해보라.
2. 교회교육 사역에 왜 발전이 없는지 느낀 점을 말해보라.
3. 당신이 몸담고 있는 교회교육의 실정을 적어보라.

제2장

교회교육, 현장에서 다시 출발!

교육은 교리와 교훈의 꽃입니다. 우리가 알고 믿는 바가 과연 옳다면 현장에서 통하고 먹혀야 합니다. 현장과는 동떨어진 이론과 뜬구름 잡기 식의 전략으론 아무리 애써봐야 헛수고입니다. 우리의 교육 현장을 제대로 알고 분석해 그에 맞는 대책을 세워야 합니다. 조금은 답답하고 때론 마음 불편한 현실 앞에 서겠지만 거기에 우리 주일학교 교육이 나아갈 길이 있습니다.

교육이란 텍스트와 콘텍스트를 연결하는 학문이라고 할 수 있습니다. 지식이나 정보를 현실에서 사용할 수 있도록 연결해주는 것입니다. 그러므로 교육하는 사람은 텍스트도 많이 알아야 하지만 콘텍스트에 대한 이해도 많이 있어야 합니다. 기독교교육을 하는 사람은 성경이라는 텍스트Text, 성경 본문와 상황이라는 콘텍스트Context, 학생들 삶의 상황를 연결하는 사람입니다. 그러므로 기독교교육자는 성경도 많이 알고 학생들 삶의 상황도 잘 알고 있어야 합니다.

그런데 문제는 지금까지의 기독교교육이 상당 부분 단순히 텍스트를 가르치는 데에만 집중되어 왔다는 것입니다. 그래서 한국교회를 일반적으로 살펴보면, 텍스트인 성경을 연구하는 일에는 앞서 가지만, 교육에서 텍스트만큼이나 중요한 상황, 즉 콘텍스트를 연구하는 일에는 뒤처져 있습니다. 여기서 콘텍스트라는 것은 교육 대상인 학생들이 처한 상황, 교육이 이루어지는 주변의 사회적 상황, 문화적 상황, 교육 현실 등을 가리킵니다.

현장 분석 도구: 인터뷰와 관찰

오늘날 우리는 텍스트인 성경을 잘 알고, 그것을 잘 가르치는 동시에 학생들의 현재 상황과 형편이 어떤가에 대해서 좀더 알아야 합니다. 이것은 교회의 크기와 상관없이 꼭 해야 할 일입니다. 콘텍스트에 대한 연구를 정확히 해야만 성경을 효과적으로 가르칠 수 있습니다. 사실, 우리의 교육현장에서 이루어지는 많은 교육활동이 내용상 준비가 부실하거나 불충분했다고 보기는 어렵습니다. 많은 경우 배우는 학생들이 어떤 상태에 있는지 잘 인지하지 못하고 그들의 필요에 따라 적절하게 접근하지 못했기 때문에 실패한 것입니다. 따라서 좀더 효율적으로 목적을 성취하는 교육을 시행하려면 가르치고자 하는 내용을 잘 이해하고 그것을 체계화하는 것도 중요하지만, 그 가르침을 받을 학생들이 지금 어떤 생각을 하고 있는지, 교육받는 환경이 어떤지, 또한 그들이 교육받는 모든 과정에 대해 어떻게 느끼고 있는지 정확히 이해할 필요가 있습니다. 우리가 교육현장을 정확히 분석해야 하는 것은 마케팅을 하는 사람들이 시장을 파악하기 위해 연구하는 데 많은 노력을 들이는 것과 같이 꼭 필요한 일입니다.

콘텍스트를 연구하는 방법에는 주로 두 가지가 있습니다. 하나는 인터뷰이고 다른 하나는 관찰입니다. 이 방법들은 문화인류학과 사회학 등에서 많이 사용되는 것들입니다.

'인터뷰' 방법은 콘텍스트를 연구하는 데 가장 많이 사용되는 방법으로, 한 사람 또는 그 이상의 사람들과 자유롭게 대화를 나누면서 필요한 자료를 얻는 연구 방법입니다. 이것은 교육활동에 연관된 사람들이 각자 현장에서 경험하는 다양한 일들을 어떻게 해석하고 이해하고 있는지 그들의 말을 통해 파악할 수 있는 가장 기초적인 자료수집 과정입니다. 비록 의도를 가진 대화라 할지라도 적절한 주제를 갖고 편안하게 접근할 수 있는 방법이라 많이 선호되고 있습니다.

인터뷰의 장점으로는 사람들을 직접 만나기 때문에 글을 읽거나 쓸 수 없는 사람들에게도 사용할 수 있고, 얼굴과 얼굴을 맞대는 방법이다 보니 대화하는 사람들의 표정 등을 통해 그 대답의 진실성 여부를 파악할 수 있다는 점입니다. 또한 원하는 사람을 직접 만나므로 제3자의 개입을 방지하면서 본인의 의견을 듣되, 조금 더 만남이 성숙되면 쉽게 말하기 어려운 내용도 진실하고 솔직하게 다 털어놓게 되어 정확하고 바른 정보를 얻을 수 있습니다.

인터뷰할 때 주의해야 할 점도 있습니다. 우선 대화를 시작할 때는 아주 간단한 대화부터 시작하는 게 좋습니다. 대화할 수 있는 분위기를 조성하고 관계를 맺는 데 필요한 아주 단순한 화제가 좋습니다. 처음부터 곧장 직접적인 질문을 한다거나, 꼬치꼬치 캐묻는 듯한 공격적인 인상을 주는 것은 좋지 않은 태도입니다.

대화의 본론에 들어가면 목적을 가진 질문을 해야 하겠지만, "예"나 "아니요"라는 대답이 돌아오는 폐쇄형 질문보다는 자유롭게 대답할 수 있는 개방형 질문을 하는 것이 좋습니다. 가령 "요즘, 주일학교 분위기는 어떠니?" "찬양 시간은 어떠니?" 하는 식으로 묻는 것입니다. 좋은 인터뷰일수록 대화하는 사람들은 자신들이 하고 싶은 이야기를 술술 풀어놓습니다.

| New SS교육지표 | 주일학교 현장 분석의 명기名器 – 인터뷰와 관찰 |

	인터뷰	관찰
장점	• 비록 의도를 가진 대화라 할지라도 적절한 주제만 선정되면 뛰어난 효과를 기대할 수 있다. • 실행이 편하고 기획이 어렵지 않다. • 사람들을 직접 만난다는 장점이 있다. • 대화하는 사람들의 인상, 표정 등을 통해 그 대답의 진실성 여부를 파악할 수 있다. • 제3자의 개입을 방지하면서 당사자의 의견을 들을 수 있다.	• 현장으로 들어갈 수 있다. • 질문을 설계하고 조사하는 부담감이 없다. • 생생하고 인위적이지 않은 현장감이 전해진다.
주의점	• 아주 간단한 대화부터 시작하라. • 꼬치꼬치 캐묻는 듯한 공격적인 인상을 주지 말라. • "예" "아니요"로 답할 수 있는 폐쇄형 질문보다는 자유롭게 말할 수 있는 개방형 질문을 하라. • 상대방의 요점을 잘 파악하라. • 마지막까지 인내하라.	• 상황을 재빠르고 정확하게 그러면서도 섬세하게 볼 수 있는 감각을 지녀야 한다. • 개인적 선입관을 갖지 않아야 한다. • 모든 자료를 정확하게 기록해야 한다.

또 한 가지, 인터뷰에서 중요한 점은 상대방의 말을 잘 들어야 한다는 사실입니다. 가끔 상대방이 말한 내용을 확인하기 위해 되물어볼 수는 있지만, 그것도 공격적이거나 평가하는 듯한 태도를 취해선 안 됩니다. 다만 상대방이 말한 내용을 명료하게 하기 위한 태도로 임해야 합니다.

인터뷰에서 중요한 또 하나의 주의점은 마지막까지 인내하는 것입니다. 인터뷰를 당하는 사람은 때로 공격적이거나 무척 비판적일 수도 있습니다. 그럴 때 대화자는 조심해야 합니다. 끝까지 인내해야 한다는 것을 잊지 말아야 합니다.

피교육자의 상황(콘텍스트)을 연구하기 위한 또 다른 방법으로 '관찰'이 있습니다. 이 방법은 교육활동이 실행되고 있는 현장을 직접 찾아가서 살피는 행위입니다. 앞서 설명한 인터뷰와는 달리, 질문 없이 다만 행동을 관찰하면서 자료를 수집하는 방법입니다.

이 방법을 사용할 경우 인위적인 상황을 만들어서 관찰해도 되지만, 교육 환경을 정확히 분석하기 위해서는 현장에서 진행 중인 모든 교육활동들을 있는 그대로 자연스럽게 관찰하는 것이 더 좋습니다.

관찰에서 주의할 점은 현장의 교육활동 상황을 재빠르고 정확하게, 그러면서도 섬세하게 볼 수 있는 감각을 지녀야 한다는 것입니다. 늘 비슷하게 반복되는 활동이라고 생각하면서 아무런 주의를 기울이지 않는다면 순식간에 지나가버려 어떤 관찰도 제대로 할 수 없기 때문입니다. 또한 관찰할 때는 개인적인 선입관을 갖지 않아야 하고, 아울러 모든 자료를 정확하게 수집해서 기록해놓아야 합니다.

분반공부가 제일 지겨워요

주일학교를 분석하는 방법에는 여러 가지가 있습니다. 교육활동을 분석한다든지, 커리큘럼을 분석한다든지…. 저는 주로 사람들을 중심으로 주일학교를 분석해보았습니다. 주일학교에는 세 그룹의 사람들이 주 구성원을 이룹니다. 학생들과 교사, 담당 교역자들입니다. 그들이 주일학교를 어떻게 느끼느냐, 생각하느냐, 인식하느냐가 중요합니다. 그것이 주일학교 현장을 이해하는 가장 빠른 길입니다.

저는 현장 분석을 위한 인터뷰나 관찰을 할 때 주로 이 세 그룹의 구성원들을 연구 대상으로 삼았습니다. 예전에 이미 경험했던 주일학교지만 다시 새로운 각도에서 새로운 안목으로 현장을 보려고 노력했습니다.

먼저 학생들을 인터뷰하는 것으로 시작했습니다. 주일학교 학생들을 대상으로 하는 인터뷰는 주로 주일 오전예배가 끝난 뒤 이루어졌습니다. 그들이 예배를 마치고 돌아갈 때나 엘리베이터 옆의 통로에 서 있을 때, 잠깐 동안 대화를 나누었습니다.

"오늘 뭘 배웠니?"
"재미있었니?"
"뭐가 제일 기억에 남니?"
"재미있는 시간은 언제였니?"
"왜 재미있다고 생각되니?"
"재미없는 시간은 언제니?"
"왜 재미없었니?"

이런 질문으로 아이들과 수차례 인터뷰를 하면서 아이들이 주일학교에 대해 어떻게 생각하고 있는지, 그들이 어떤 유익을 얻고 있는지 살폈습니다. 그런데 깜짝 놀란 것은, 아이들이 주일학교에서 성경공부를 막 끝내고 돌아가면서도 그날 배운 내용을 거의 기억하지 못한다는 것이었습니다.

그래도 그날 배운 내용만큼은 어느 정도 기억하리라고 생각했지만 열이면 열, 거의가 다 그 내용을 모른다고 했습니다. 가끔 열 명에 한 명 정도는 기억한다고 대답했는데, 그조차도 아주 미미한 정도에 그쳤습니다. 그날 주일학교에서 배운 내용을 학생들이 거의 기억하지 못한다는 것이 제게는 큰 충격이었습니다.

여러분, 교육에서 가장 중요한 것은 기본적으로 지식입니다. 지식 없이는 교육이 안 됩니다. 지식이 있어야 그 지식을 기초로 또 다른 경험의 세계로 넘어갈 수 있기 때문입니다. 제게 인터넷에 대한 정보가 없다고 생각해보십시오. 저는 인터넷을 사용하는 경험의 세계로 넘어갈 수 없습니다. 얼마 전까지만 해도 저는 핸드폰을 사용해 문자메시지를 보낼 줄 몰랐습니다. 아이들이 문자를 보내면 저는 전화를 해야만 했습니다. 문자메시지를 보내는 정보를 습득하지 않았기 때문입니다. 이와 같이 지식 없이는 아무것도 할 수 없습니다.

사람의 행동을 바꾸는 데는 지식이 꼭 필요합니다. 정보가 있어야 한다는 것입니다. 정확한 지식에 기초를 둔 정보는 그 지식을 가진 사람이 좀더 나은 다른 사고나 그 지식에 바탕을 둔 다른 행동을 하도록 자극합니다. 다시 말해 지식이 있어야 그것이 바탕이 되어 행동이 달라질 수 있다는 말입니다. 따라서 아이들에게 그런 지식이 전달되지 않는다면 어떻게 교회교육을 통해 아이들의 삶이 변화될 것을 기대할 수 있겠습니까?

다음으로 저는 관찰이라는 방법으로 주일학교를 분석했습니다. 관찰은 우리 학생들의 모습 속에 비친 주일학교의 현주소를 알아보는 것입니다. 주일 오전에 학생들이 예배에 참석하기 위해 들어오는 시간부터 마치고 교회를 떠나는 시간 사이에 주일학교의 모습을 관찰했습니다. 특별히 학생들의 표정과 태도, 반응 등에 집중했습니다. 아이들이 교회에 들어오는 표정은 어떤가? 찬양할 때의 모습, 기도할 때의 모습, 설교 들을 때의 모습, 분반공부 할 때의 모습은 어떤가? 아이들이 프로그램에 어떤 반응을 보이는가? 참여하는 아이들의 안색은 어떤가? 아이들이 선생님의 말에 어떤 반응을 보이는가? 이런 것들을 주의 깊게 살펴보았습니다.

이렇게 관찰하면서 한 가지 인상적인 것을 발견했습니다. 우리 아이들 가운데 뭔가 흥미를 가지고 바라보는 아이들이 별로 없더라는 것입니다. 아이들의 얼굴이 그리 밝아 보이지 않았습니다. 조금이라도 집중하거나 호기심을 갖고 참여하는 모습은 보기 드물었습니다. 아이들의 마음속에 전혀 감동이 없어 보였습니다. 그저 밋밋하게 왔다가 밋밋하게 돌아가는 모습을 보면서 저는 마음이 매우 무거웠습니다. 그러다보니 머지않아 아이들의 주일학교 참여율이 조금씩 떨어지기 시작했습니다. 너무나 답답해진 저는 다시 아이들과 대화를 나눠보았습니다.

"애야, 넌 교회 오면 어떠니? 재미있니?"
"별로 재미없어요."
"그러면 교회 와서 제일 재미있는 시간은 언제니?"

이렇게 물어보면 당연히 "분반공부 시간이요" 하고 대답할 줄 알았습니다. 아이들이 보통 전도사님이나 목사님의 설교를 지겨워할 것이라고 예상했기 때문입니다. 그런데 의외로 설교는 재미있지만 분반공부 시간이 제일 지겹다고 말했습니다. 저는 그런 얘기를 들으면서 '지금 우리 아이들에게 교육이 제대로 이루어지고 있지 않구나!' 하는 결론을 내렸습니다. 이것은 많은 주일학교의 일반적인 모습입니다. 2001년 하반기에 서울의 한 대형교회의 교육을 컨설팅할 기회가 있었는데 그때에도 연구 결과는 비슷했습니다. 오늘날은 어떨까요? 이런 주일학교의 모습에서 자유로울 주일학교가 얼마나 될까요? 많지 않을 것입니다.

저는 이런 현실을 놓고 교사 및 교역자들과 함께 대화를 나누기 시작했습니다. 우리가 그렇게 열심히 가르치는데 아이들이 보이는 반응이 실망스러울 정도라는 것을 지적했습니다. 그리고 교회교육에 대해 하고 싶은 이야기가 있으면 하라고 했습니다. 저는 교회교육 현장의 실태에 대한 그들의 의견을 들으면서 그동안 알고 있었던 교회교육의 많은 문제점들을 재발견하고 다시 정리할 수 있었습니다. 또한 '교회교육을 깨운다' 주일학교 지도자 세미나를 통해서도 이 문제를 놓고 여러 교회교육 지도자들과 함께 이야기를 나누었습니다.

번갯불에 콩 튀기는 분반공부

선생님들과의 인터뷰를 통해서 발견한 교회교육의 문제점이 몇 가지 있었습니다. 첫 번째는 시간상으로 제약이 많다는 것입니다. 선생님들은 이렇게 이야기합니다. "목사님, 우리보고 교육 못한다고 뭐라고 하지 마세요. 분반공부 30분이라고 하지만 자리 잡고 출석 부르고 나면 20분 쓸까 말까 하는 시간에 도대체 무엇을 하라는 겁니까? 그것마저도 예배 시간에 밀려 출석만 부르고 끝낼 때도 많지 않습니까?" 공감이 가는 말입니다.

신학교 학생들의 도움을 받아 서울에 있는 교회학교들을 대상으로 설문조사를 해보았더니, 82%나 되는 대다수 교회학교의 교육 시간이 한 주에 두 시간을 넘기지 못하고 있었습니다. 교회학교에서 자체적으로 주일 오후예배와 수요예배를 드리고 있는 교회들도 드물게 찾아볼 수 있었지만, 거기서조차 주일 저녁이나 수요예배에 참석하는 학생들은 주일 오전에 출석하는 수의 10분의 1도 채 안 되었습니다.

이런 조사 결과는 주일학교 교육을 위한 시간이 대부분 주일 오전에 집중되어 있다는 사실을 보여줍니다. 또한 주일학교의 교육시간을 보통 '주일 오전 두 시간'이라고 말하지만, 실제로 시간을 따져보면 대개 70-80분 정도가 할애되고 있습니다. 그것도 담임목사가 본 예배에서 설교를 길게 할 때의 상황이고, 설교를 짧게 끝내는 경우에는 그에 맞춰 교회교육 시간도 덩달아 짧아집니다. 게다가 학생부서가 조금이라도 시간을 넘기면 학부모들이 찾아

> **New SS교육지표** | **주일학교교육이 잘 안되는 다섯 가지 주된 이유**
>
> - **시간 부족**
>   일주일 하루, 그것도 80분이 넘지 않는 시간, 질(質)도 절대량이 있어야 가능하다.
>
> - **공간 부족**
>   주일학교 교육을 위한 전용공간 하나 제대로 확보되지 않는 열악한 환경.
>
> - **교육철학 부재**
>   구색용, 액세서리 주일학교. 철학 없이 눈대중으로 대충 가는 교육풍토.
>
> - **교육투자 전무**
>   언제나 찬밥덩어리 주일학교. 세속교육의 열풍과 광풍 앞에서 속수무책.
>
> - **전문인 부재**
>   주일학교 교육담당은 장년부를 맡기 위한 준비 단계.

와 "왜 이렇게 학생들을 오래 붙잡고 있느냐?"며 난리를 피웁니다.

교육에는 기본적인 시간이 필요합니다. 아무리 질 좋고 효과적인 교육을 강조하며 다양한 방법들을 동원해 가르친다고 해도 교육을 위한 일정한 시간이 확보되지 않으면 교육의 효과를 기대할 수 없습니다. 그러나 현실적으로 우리의 교회교육에서 시간이 절대 부족하다는 사실을 부인할 수 없습니다. 그럼에도 불구하고 우리는 이 주어진 시간을 효과적으로 사용하려는 노력도 하지 않았습니다. 한 주일에 딱 두 시간 정도 주어지는 이 귀한 시간에 정말 얼마만큼의 교육효과를 얻었는지 따져보지도 않았습니다. 그저 시간 때우기 식으로 넘어가려고 하지 않았는지 돌아보아야 합니다.

이런 상황에서 저의 가장 큰 고민은, 그렇다면 앞으로는 교회교육을 위한 충분한 시간을 확보할 수 있느냐는 것입니다. 아마 많은 교회에서 이와 동일한 고민을 하고 있을 것입니다. 간혹 어떤 이들은 "교육의 효과가 꼭 시간의 양과 비례하는 것은 아니다. 짧더라도 알차고 질 좋은 교육을 하면 되지 않느냐?"고 반문합니다. 그러나 아무리 다양한 방법론으로 질 좋은 교육을 해도 그 효과를 보려면 어느 정도 절대 시간을 확보해야 합니다. 그렇지 않다면 어떤 교육효과도 기대하기 어렵습니다.

이런 현실에서 우리를 더욱 움츠리게 하는 것은, 지금뿐만 아니라 앞으로도 교회교육을 위한 충분한 시간을 확보할 가능성이 불투명하다는 사실입니다. 요즘 학생들을 지도하는 사람이라면 모두 느낄 것입니다. 학생들을 도무지 만날 시간이 없습니다. 학생들이 전부 이런저런 학원 공부에 매여 있어서 너무너무 분주하기 때문입니다. 지금은 대학 입시에 대한 부담은 조금 줄었는지 모르겠습니다. 대학입학 정원보다 학생들의 수가 적기 때문입니다. 지금 지방대학에서는 학생들을 유치하기가 쉽지 않다고 합니다. 그러나 여전히 좋은 대학에 대한 열망, 좋은 대학에 가기 위한 좋은 고등학교 진학을 놓고 싸움은 계속되고 있습니다. 학생들의 시간에 대한 압박은 이제 초등학교까지 내려왔습니다.

우리는 어쩔 수 없이 주일 오전 70-80분의 시간에 승부를 걸어야 합니다. 다른 시간을 기대할 수 없습니다. 우리 아이들은 주일 오전에도 교회에 오기 어려운 형편입니다. 그래서 저는 교사들과 교역자들에게 주일 오전 80분에 생명을 걸어야 한다고 강조합니다. 주일학교 학생들의 절대 다수가 교회에서 교육 혜택을 가장 많이 누릴 수 있는 유일한 시간이기 때문입니다. 우리는 이 80분을 놓치지 않기 위한 최고의 전략을 가지고 있어야 합니다. 물론 몇 명의 학생들을 선택해 따로 훈련시키는 것을 생각할 수 있습니다. 저는 이 사역을 절대 필요한 사역이라고 생각합니다. 이 부분은 앞으로 다룰 것입니다.

도떼기시장 같은 분반공부

선생님들이 말한 교회교육의 또 하나의 문제점은 공간 부족입니다. 충분한 공간, 다른 그룹으로부터 영향을 받지 않고 아이들을 돌볼 수 있는 공간이 없다는 것입니다.

아무리 시간의 제약이 있다 할지라도 공간의 여유가 있으면 그래도 어느 정도 교육을 할 수 있습니다. 아이들이 한꺼번에 한자리에 모여 바글거릴 때는 그들을 집중시키고 이끌어 가기 쉽지 않지만, 조용한 장소에서는 일이 훨씬 수월합니다.

하지만 우리 교회들의 형편은 그렇지 못합니다. 주일학교 교사들의 표현을 빌리자면, 우리의 주일학교 공간은 도떼기시장 같다고 합니다. 잘 알다시피 대부분의 교회는 분반공부를 장의자에 앉아서 합니다. 요즘은 개인의자로 바꾼 곳도 많이 있지만 여전히 장의자를 쓸 수밖에 없는 교회가 많습니다. 장의자에서 분반공부 하는 모습을 마음에 그려 보십시오. 선생님이 한 줄에 서고, 아이들이 그 다음 줄에 앉고….

선생님이 장의자에 앉은 아이들 바로 앞에서 가르치면 그 반 아이들은 고개를 바짝 쳐들고 선생님을 보느라 고개도 아프고 힘이 듭니다. 조금 지나면서 아이들의 집중도가 떨어집니다. 그러면 선생님은 아이들의 시선을 붙잡기 위해 큰 소리를 냅니다. 그러면 한 칸 뒤에 있는 다른 반 아이들이 그 선생님을 바라봅니다. 왜 저 선생님이 저렇게 큰 소리를 치느냐는 것이죠. 그렇게 되면 그 반 선생님도 자기 아이들을 집중시키기 위해 소리를 질러댑니다. 그러면 순식간에 예배당 전체가 아수라장이 됩니다. 이렇게 한 20-30분 동안 소리를 지르다 보면 목이 완전히 상하고 맙니다. 선생님들은 그런 목소리를 가지고 성가대에 가서 성가를 해야 합니다. 이것이 대부분 한국교회의 현실입니다. 여러분, 이런 가운데서 어떻게 영향력 있는 교육을 할 수 있겠습니까?

　그러면 앞으로 교육을 잘하기 위해서는 교육 공간을 많이 확보하면 되지 않겠느냐는 생각이 들 것입니다. 문제는 더 많은 공간을 확보하기가 쉽지 않다는 것입니다. 부동산 가격이 상상을 초월합니다. 수년 전 서울에 있는 교회들을 대상으로 조사했을 때 50%의 교회만이 교육관을 따로 가지고 있었습니다. 나머지 절반 정도는 교육관 없이 어른들이 예배드리는 장소에서 아이들도 예배를 드리는 형편이었습니다. 예배 시간에 맞추어 장소를 서로 바꾸느라 정신없는 교회가 대부분입니다.

　최근에 여유 있는 공간을 가지게 된 교회도 있습니다만, 그런 교회는 불행히도 예전에는 학생들이 많이 나왔지만 지금은 다 떨어지고 나오지 않는 교회입니다. 그러나 어느 정도 성장하는 교회라고 하면 대부분 공간의 여유가 없습니다. 공간을 조금 더 준비하면 학생들로 다시 차고, 또 준비하면 또 차는 형편입니다. 아직도 공간을 찾아 계단과 통로를 전전하며 공과공부를 하는 교회들이 많이 있습니다. 제가 최근에 교역자와 교사를 포함해 581명에게 조사한 자료에 따르면, 주일학교의 교육 공간에 만족한다는 사람은 16%에 지나지 않았습니다.

장의자보다 개인의자가 낫다

　우리의 숙제는 어떻게 하면 주어진 공간에서 효과적이고 영향력 있는 교육을 하느냐 하는 것입니다. 교육 공간 이야기가 나왔으니 말입니다만, 사실 한국교회의 교육관은 교육적인 용도로 지어지지 않았습니다. 대표적인 예가 장의자입니다. 장의자는 교육적인 용도로 볼 때 빵점입니다. 우리가 흔히 사용하는 장의자는 결코 좋은 교육 환경이 될 수 없습니다.

　장의자에서 분반공부 하는 모습과 개인의자에서 분반공부 하는 모습을 비교 분석하기 위해 비디오를 찍어 살펴본 적이 있습니다. 어떤 것이 더 효율적일 것 같습니까? 장의자에서 성경공부를 할 때는 분위기가 훨씬 더 산만했습니다. 선생님이 한쪽 아이들을 단속하면 다른 쪽의 아이들이 서로 장난을 칩니다. 그러나 개인의자는 달랐습니다. 의자를 원형으로 놓고 빙 둘러앉으니 학생들과 교사가 무릎과 무릎을 맞대고 앉게 됩니다. 학생들이 바로 앞에 있어서 선생님과 시선을 맞추기도 좋았고, 학생들을 집중시키는 데 효과적이었습니다. 선생님이 큰 소리를 칠 필요도 없었습니다. 그래서 제가 주일학교의 변화를 위해 제일 먼저 시도한 것이 장의자를 개인의자로 바꾼 것입니다.

이 일에 대해 대부분의 사람들은 어떻게 부교역자가 장의자를 개인의자로 바꿀 수 있었느냐고 의아해합니다. 사실 한국교회 상황에서 쉽지 않은 일입니다. 의자를 바꾸기는커녕 교회에서 쫓겨나기 쉬울 것입니다. 저의 경우, 제가 그 교회에서 오래 사역을 해온 데다 마침 교회가 뭔가 변화를 원하던 때라 가능한 일이었습니다. 저는 주일학교의 상황을 설명하고 비디오를 통해 발견한 것도 말씀드리면서 장로님들을 설득했습니다. 공간이 좁아서 난리인데 개인의자로 바꾸면 좀더 효과적일 것 같다고 말입니다. 다행히 장로님들이 이해를 해주었습니다.

우리나라 상황에서는 개인의자가 안 될 경우는 아예 방과 같이 맨바닥에 앉는 게 나을 수 있습니다. 둘러앉기가 쉽기 때문입니다. 그런데 이런 경우 아이들이 꼭 배를 깔고 엎드린다는 게 문제입니다.

무드 있는 분위기를 만들라

교육관의 모습은 어떻습니까? 여러분이 경험한 교회 교육관을 한번 떠올려 보십시오. 누런색의 나무문이나 철문을 열고 들어섭니다. 장의자가 놓여 있고 천장에는 흰 형광등이 줄지어 있습니다. 앞에는 강대상이 있고 창문에는 그리 밝지 않은 커튼이 정돈되지 않은 채 이리저리 나부끼고 있습니다. 교육관 뒤에는 꼭 철제 캐비닛이 하나씩 있습니다. 그 위에는 늘 지저분한 물건들이 쌓여 있습니다.

어떻습니까? 이런 교육관은 어른이 들어가도 너무 산만하고 어수선하게 느껴집니다. 어디 엉덩이 붙이고 앉아 차분하게 기도하며 예배를 준비할 마음이 생기지 않습니다. 어른도 이 정도인데 아이들은 어떻겠습니까? 아이들이 교육관에 들어오면 어수선 합니다. 자리에 앉지만 마음이 안정되지 않습니다. 그래서 옆에 있는 친구들과 장난하고 떠듭니다. 그러면 선생님은 떠든다고 그 아이들을 혼냅니다. 여러분, 떠들 수밖에 없는 환경을 해놓고 애들에게 떠든다고 말할 수 있을까요?

일반적으로 어른들은 환경의 영향을 덜 받지만 나이가 어릴수록 환경의 영향을 많이 받습니다. 그래서 아이들을 위한 교육 공간을 확보하고 목적과 용도에 맞게 환경을 꾸미는 일은 대단히 중요합니다. 저는 환경에 약간의 변화를 주었습니다.

사람이 떠들 수 없는 분위기가 있습니다. 마음이 안정되는 분위기가 있습니다. 저는 그것을 '무드 있는 분위기'라고 합니다. 주일학교를 위해서는 무드 있는 분위기를 만들어야 합니다. 무드 조성에 중요한 것이 있습니다. 바로 조명입니다. 어떤 조명입니까? 백열전구 조명입니다. 형광등이 아닙니다. 무드 있는 곳 치고 형광등을 컨 곳은 없습니다. 전기를 아끼기 위해서 형광등을 쓰지만 형광등은 분위기를 차갑고 어수선하게 만듭니다. 아무리 화려한 장식을 해도 형광등을 켜면 별 볼일 없어 보입니다.

그렇다고 형광등을 모조리 없앨 수는 없기에 그 사이사이에 백열등을 설치했습니다. 그리고 조명의 강약을 조절하는 조광기를 달았습니다. 주일 오전에는 형광등을 다 끄고 백열전구만 켜서 빛을 은은하게 줄였습니다. 그런데 무드가 있는 곳에 조명만 있어서 될까요? 음악이 빠질 수 없습니다. 그래서 음악을 틀었습니다. 그리고 주일학교 학생들이 들어오면서 보이는 반응을 살폈습니다. 한 학생이 문을 열고 들어오다가 다시 나가려고 했습니다. 다시 그를 자리에 데려놓았더니 계속 주변을 두리번거리더군요. 그 후로 그 주일학교의 예배 시간은 놀랍게 조용해졌습니다. 물론 다른 프로그램의 영향도 있었지만 환경이 우리 아이들의 태도를 바꿀 수 있는 것을 보았습니다.

이런 이유로 저는 교육관을 지을 때 조명이나 음악 시설을 잘 갖추도록 강조했습니다. 그러나 많은 교회들이 1990년도 후반부터 교회의 시설 공사를 하면서 교육관은 내버려두고 오히려 어른들이 예배드리는 장소만 그렇게 하는 것을 보며 마음이 아팠습니다.

예배당에 들어가면 뭔가 숙연해지는 느낌이 드는 것은 다분히 이 백열전등 조명 덕분입니다. 어른들도 이러한데 하물며 분위기에 민감한 어린 아이들은 어떻겠습니까? 저는 미혼인 자매들에게도 기왕이면 백열전등 아래 앉으라고 조언합니다. 같은 백열등 조명이라도 직접 조명보다는 간접 조명 아래 앉으라고 합니다. 훨씬 더 포근하고 우아한 분위기가 연출되는 까닭입니다.

꼭 그렇게까지 해야 하느냐고 반문하는 분도 있을 것입니다. 그렇게까지 하지 않아도 여태껏 잘 교육해왔다고 할 수도 있습니다. 사실 그렇습니다. 그렇게 할 수 있습니다. 그러나 요즘의 아이들은 또 다른 것 같습니다. 우리가 조금이라도 더 신경 써서 한 학생이라도 잘 도울 수 있다면 좋지 않겠습니까?

사람의 마음자세는 환경에 따라 크게 달라집니다. 매우 시끄러운 주일학교도 조명과 공간, 환경만 바꿔주면 아이들의 마음자세에 변화가 생겨 소음을 상당히 줄일 수 있습니다. 그러나 아직까지도 많은 교회에서 학생들을 위한 공간에 대한 준비나 투자가 이루어지지 않고 있습니다. 지금도 우리 학생들은 여전히 학교 교실과 비슷한 교실을 교회에서 경험하고 있습니다. 준비나 투자를 하기는커녕 어떤 선생님은 집중하지 못하는 아이들만 나무라며 주보를 말아 떠드는 아이들의 머리를 함부로 때리기도 합니다. 사실 떠든다고 아이들을 꾸중하는 것만큼 어리석은 행동도 없습니다. 떠든다고 나무라기 전에 먼저 떠들 수 없는 분위기를 만들어주고, 집중할 수 있는 프로그램들을 기획해야 합니다.

손 안 대고 코 풀려는 한국교회

계속해서 선생님들이 지적하는 또 다른 문제는 교육에 대한 투자 부족입니다. 교회가 자라나는 다음 세대를 위한 사역에 투자하지 않는다는 것입니다.

대부분의 교회는 장년 중심의 재정 운용 체계를 가지고 있습니다. 장년에게 재정 사용의 우선권이 있습니다. 그래서 주일학교는 늘 뒤로 밀립니다. 교사 양성과 교육 시설, 교육자료 계발에 대한 투자가 거의 이루어지지 않습니다.

몇몇 선교기관과 교단들이 교회교육을 위한 노력을 하고 있지만 역부족입니다. 연구기관은 거의 없는 형편입니다. 좋은 자료들이 계발되지 못하고 있습니다. 교육 사역을 위한 기관들은 생존을 위해 투쟁하고 있습니다. 이제 교육연구에 대한 투자를 바라는 것은 사치스러운 일이 되어버렸습니다. 이러다보니 교회교육에 대해 좀더 연구하고 도움을 얻으려고 해도 찾아갈 만한 곳이 별로 없습니다. 이것이 바로 1000만의 성도를 가졌고, 기독교 역사가 100년이 넘었다는 한국교회의 현실입니다. '세계 50대 교회' 안에 한국교회가 스물 몇 개나 들어 있다고는 하지만, 이 나라 안에 주일학교에 대해 연구하고 교재를 준비하기 위해 찾아가 도움을 얻을 만한 곳이 별로 없다는 것은 슬픈 일이 아닐 수 없습니다.

사실 이 부분에 대해서는 대형교회들이 좀 제 역할을 해주어야 합니다. 작은 교회들은 이런 일을 하기가 쉽지 않습니다. 큰 교회들이 관심을 갖고 연구기관들에 투자해서 좋은 교육 자료들과 교육 사역의 모델들을 만들도록 돕고, 그런 자료들을 작은 교회의 상황에 맞게 사용할 수 있도록 도와야 합니다.

한국교회가 선교에 기울이는 높은 관심은 그 자체만으로는 좋은 현상입니다. 여기에 많은 투자도 합니다. 그러나 주일학교 사역에는 투자하지 않습니다. 이런 투자 없이 주일학교가 잘 되기를 바랍니다. 그것은 씨를 뿌리지도 않고 열매를 얻으려는 것과 같습니다. 선교 사역에 투자하는 것만큼 교육에도 투자해야 합니다. 한국교회 안에 있는 선교 모판인 주일학교의 어린이와 청소년들이 제대로 자라지 못하면 현재의 선교에 대한 화려한 관심 역시 얼마 가지 못할 수 있습니다. 미국이 그 대표적인 예입니다. 선교사들이 점점 줄어들고 있습니다. 혹시 요즘 한국교회가 이런 모습을 띠고 있지는 않습니까? 한국교회 지도자들은 다음 세대를 키우는 교회교육에 새로운 인식을 갖고 관심과 투자를 아끼지 말아야 합니다.

교회교육 전문가가 절대 부족하다

선생님들은 교회교육 전담자, 즉 전문사역자 양성이 부족한 것도 주일학교 교육의 또 다른 문제로 지적합니다. 이것도 투자와 연관된 주제라고 보이는데, 주일학교 사역자들이 자주 바뀌고 오랫동안 머물며 전문 사역에 헌신하는 사람이 없다는 것입니다. 주일학교에 새로운 교역자가 들어와 어느 정도 익숙해지고 사역을 잘하는가 싶으면 떠나가는 일이 늘 일어납니다. 이런 상황에서는 주일학교 사역이 제대로 될 수 없다는 것입니다. 교회가 이런 부분에 투자하지 않는다는 것입니다.

1990년대 후반에 한국기독교총연합회를 중심으로 한국교회 지도자들이 주일학교 교육에 관심을 갖게 되었습니다. 교회에서 자라나는 다음 세대들이 현저히 줄어들었기 때문입니다. 그래서 주일학교 사역을 강조했습니다. 그런데 문제는, 막상 주일학교에 관심을 갖고 새롭게 사역을 하려고 하니 어린이와 청소년들을 부여안고 사역할 만한 사역자가 별로 없었던 것입니다. 한국교회가 그런 전문 사역자를 키워놓지 않았기 때문입니다.

이 부분은 한국교회 모두의 책임입니다. 우리는 어린이나 청소년 사역자들을 존경하지 않았습니다. 그들을 대우하지 않았습니다. 솔직히 장년 사역을 담당하는 사역자들에 비해 어린이나 청소년을 담당하는 사역자들을 우습게 여기지 않았습니까? 어린이 청소년 사역에 오랫동안 머물고 있으면 아직도 주일학교에 있느냐고 무시하지는 않았습니까? 그러다보니 사역자들이 30대 초반까지는 사명감으로 어린이와 청소년을 붙잡고 있지만, 결혼하고 자녀들이 자라면서 씀씀이도 많아지는 형편에서 언제까지 주일학교에 머물기가 힘들어집니다. 그래서 대부분 장년 사역으로 이동합니다. 이러니 어떻게 어린이와 청소년을 부여안고 씨름하는 전문 사역자들을 세울 수 있습니까?

우리가 미국교회 이야기를 많이 합니다만, 그래도 미국교회는 소망이 있습니다. 미국교회를 보면 아직도 나이가 많이 들었어도 어린이와 청소년을 부여안고 씨름하는 교역자들이 있고, 교회가 그들을 존중하고 대우합니다. 우리 안에 전문 사역자에 대한 인식의 전환이 필요한 때입니다.

이제 한국교회에도 어린이나 청소년, 젊은이들을 위한 전문 사역자가 나와야 합니다. 그러나 아직도 대부분의 교회는 파트타임 교육전도사에 의존하고 있는 형편입니다. 물론 한국교회에 교육전도사들이 기여한 바는 상당히 컸고 그 부분에 대해 고맙게 생각합니다. 저 역시 교육전도사로 활동하면서 상당히 많이 배웠고 성장했기 때문에 그 역할을 문제 삼는 게 아닙니다.

다만, 교육전도사만으로는 명확한 한계가 있을 수밖에 없다는 사실을 인정하자는 것입니다. 교육전도사들은 현재 신학 교육을 받고 있는 중이기 때문에 한창 배우고 있는 사람에게는 가능한 한 잘 배울 수 있도록 교회가 배려하는 것이 더 바람직합니다. 그런데 교회는 사람을 키우는 일에 관심이 없습니다. 교회를 성장시키기 위해 교육전도사를 어떻게 잘 활용해 볼까 하는 데만 관심이 있을 뿐, 교육전도사들이 건강하고 실력 있게 자라서 3, 4년 또는 4, 5년 후에 교회에 이바지하는 재목으로 자라주기를 바라는 경우는 많지 않은 것 같습니다. 물론 교육전도사로 섬기는 동안, 학교에서 공부도 열심히 하고 교회에서 사역도 잘 할 수 있도록 교회가 배려할 수 있다면 더 이상 할 말은 없습니다.

그러나 대부분의 경우는 그렇지 못합니다. 교육전도사들은 공부와 사역을 병행하는 까닭에 그 어느 것에도 집중하기 힘든 처지에 놓이게 마련입니다. 근본적으로 이런 체계가 계속되는 한, 주일학교 교육은 현상 유지는 할 수 있어도 발전까지 기대하기는 어렵습니다. 사람은 어떤 일에든 집중하지 못하면 반드시 한계를 보이기 때문입니다.

이제는 교육전도사들이 많이 배우도록 여건을 마련해주고, 전문인으로서 자랄 수 있도록 정책적으로 키워주는 시스템이 필요합니다. 그러나 지금의 신학교 교육 시스템으로는 전문인을 양성하는 일이 역부족일 수밖에 없습니다. 이 책에서 다루는 교회교육에 대한 기본적인 내용조차도 충분히 다루지 못하고 있는 신학교의 현실이 안타까울 뿐입니다. 좋은 사역자가 자라지 못하는데 어떻게 좋은 사역을 기대할 수 있겠습니까?

선생님들은 또 편협한 교육 프로그램에도 문제가 있다고 했습니다. 지금의 교회교육은 너무 지적인 요소만 강조하고 있어 지식을 은행에 적금 붓듯이 하는 Banking Education 인상을 받는다는 것입니다. 기독교교육은 지식적인 부분과 감성적인 부분, 의지적인 부분이 조화를 이루는 가르침이어야 합니다. 지 · 정 · 의의 요소를 균형 있게 다루지 않으면 교회 안에 몸담고 있는 학생들을 올바로 키울 수 없습니다.

또한 교회교육이 너무 프로그램 중심으로 되어 있고, 기술적인 부분만 붙잡고 씨름하면서 수를 늘리는 데 관심이 있지, 본질적으로 하나님의 말씀을 잘 가르치고 학생들을 변화시키는 데는 주의하지 않는다고 지적했습니다. 중요한 언급입니다. 교회교육은 하나님의 말씀을 잘 가르치는 일에 더욱 집중해야 합니다.

연말이면 비상 걸리는 교회학교

선생님들과 이런 대화를 마친 후 교역자들과 대화를 했습니다. 교역자들은 선생님들이 지적한 많은 문제들 외에 또 하나의 문제점을 언급했습니다. 오늘날 교회교육의 문제는 바로 사람이라는 것입니다. 헌신된 교사, 준비된 교사가 없다는 것입니다.

사실 그렇습니다. 저는 지금까지 교회교육을 하면서, 아무리 시간과 공간의 제약이 많다 할지라도 그런 제약들을 뛰어넘는 요소가 있음을 발견했습니다. 그것은 바로 사람이었습니다. 연초에 선생님들에게 6-7명의 학생들을 맡깁니다. 그런데 5-6개월이 지나면서 상황이 달라집니다. 10명, 12명으로 늘어나는 반이 있는가 하면 2-3명으로 줄어든 반도 있습니다.

그래서 교역자가 말합니다. "선생님, 왜 그렇게 애들이 안 나옵니까? 애들에게 연락도 좀 하시고, 애들을 불러내서 맛있는 것도 좀 사주면서 만나시죠." 그러면 선생님은 "목사님은 왜 저한테 안 나올 애들만 골라서 보내셨어요?" 하고 투덜댑니다.

솔직히 말해 같이 교사하지만 저 선생님은 차라리 교사하지 않았으면 하는 사람도 있지 않습니까? 이런 선생님들과 함께 어떻게 주일학교 교육을 할 수 있겠습니까? 한계를 극복하고 영향력을 미칠 수 있는 비장의 카드는 바로 '사람' 입니다. 헌신된 교사, 준비되고 갖춰진 교사는 주일학교의 취약한 부분을 극복합니다.

교육 환경의 여러 난제를 극복할 수 있는 요소가 이렇듯 '사람' 이라고 한다면, 좋은 자질을 갖고 있는 교사들이 많은 교회는 참으로 행복한 교회가 아닐 수 없습니다. 문제는 교회가 교육을 위한 양질의 인적 자원을 얼마나 가지고 있느냐 하는 것입니다. 최근에 와서 교회 지도자들은 이구동성으로 이전보다 교사의 질이 많이 떨어졌다고들 말합니다. 이는 교사 모집이 매우 어려워진 여러 여건들을 볼 때 어쩌면 당연한 결과입니다.

대부분의 경우 연말만 되면 주일학교에 비상이 걸립니다. 교사를 모집하기가 어렵습니다. 통계를 보면 대부분의 교회는 연말에 30%의 교사가 이동합니다. 제가 사랑의교회에 있을 때, 연말에 교사 이동이 너무 많아서 교사 임기를 매년 2월 말까지로 정했는데 그렇게 하니까 이동률이 좀 줄기는 했지만, 여전히 30%에 육박하는 새로운 교사를 충원해야 했습니다.

아무리 대형교회라 해도 이렇게 많은 수의 교사를 제때에 확보하는 것은 결코 쉬운 일이 아닙니다.

그런데 제가 연구한 바에 따르면, 30%라는 수치는 교사 생활의 만족도와 일치하는 점이 있었습니다. 언젠가 교

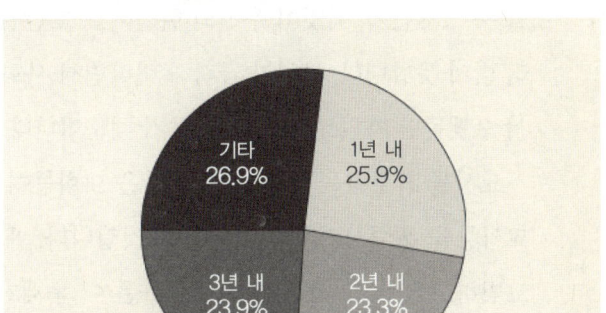

사들을 대상으로 조사해본 결과, 교사들 가운데 약 69%는 현재의 교사 생활이 만족스럽다고 답한 반면, 31%는 불만족스럽다고 대답했습니다. 이렇게 만족스럽지 못하다고 대답하는 교사의 수는 매년 30% 안팎을 유지합니다. 그러므로 교회학교 사역자들은 해마다 30% 정도의 교사들이 이동할 수 있다는 가정 아래 주일학교 교사들을 관리하는 것이 바람직합니다.

교사 이동에 대한 다른 조사 결과를 보면, 1년 이내에 이동하는 사람이 25.9%, 2년 이내에 이동하는 사람이 23.3%, 3년 이내에 이동하는 사람이 23.9%를 차지했습니다. 3년 동안 자리를 옮기는 사람을 모두 합하면 73%나 되는 것입니다. 이렇듯 많은 사람이 3년을 전후해 이동하는 걸로 봐서 교사가 주일학교를 섬기는 기간이 그렇게 길지 않다는 걸 알 수 있습니다. 그리고 현재 봉사하는 교사들이 몇 년 동안 주일학교에서 봉사했는지 조사해보았는데 54%에 해당되는 사람들이 3년 이내의 봉사를 하고 있었습니다.

기존의 교사가 자리를 떠났을 때, 새로운 교사를 어떻게 확보하느냐, 또

한 3년 이내의 봉사 경력을 가진 사람들이 어떻게 유능한 교사의 역할을 할 수 있겠는가, 이것이 우리의 현실이요 고민입니다. 이에 대한 전망은 그리 밝지 못합니다. 사회가 급격히 변하면서 사회 환경 상 교인들이 한 곳에서 오랫동안 자원봉사를 할 수 없기 때문입니다.

교사를 확보하는 것과 연관해 많은 교회들이 안고 있는 또 다른 문제는 교사들을 훈련시키기가 어렵다는 것입니다. 제법 큰 교회들도 이 문제로 고민하고 있지만, 사실 작은 교회들은 이 문제가 심각합니다. 충분한 훈련이 되어 있지 않은 교사를 통해 좋은 교회교육을 기대할 수 없고, 교사의 잦은 이동으로 계속 훈련만 하다 끝나는 상황에서 교역자들이 겪는 좌절은 오늘 주일학교를 더 어렵게 하는 부분입니다.

무소신 무투자, 교회교육은 여전히 사각지대

교회교육의 또 다른 문제로 지적되는 것은 담임목사를 비롯해 교육을 맡은 담당 교역자들의 철학 부재입니다. 대부분의 교역자들은 자신들이 감당하고 있는 사역에 대한 교육철학, 즉 나름대로의 소신과 비전이 없습니다. 추구하는 교육의 방향이나 마음속의 그림도 없습니다. 대부분 형식적인 자세로 그때그때 닥친 일들을 처리해나갈 뿐입니다. 최근에 교육 부서를 맡은 교역자들을 보면 문제가 더 심각합니다.

교육철학과 연관해서는 담임목사들의 책임도 있습니다. 많은 교회교육 전담자들이 교회에 부임해서 담임목사에게 "목사님, 어떻게 할까요?"라고 여쭈었을 때 대부분이 "알아서 해!" "배가시켜!" 혹은 "잘해봐!"라는 말만 듣는 것은 그리 드문 일이 아닙니다. "우리 교회는 이런 목회철학 속에서 목회를 해나간다. 우리 교회의 교육철학은 이런 것이다"라고 소개받는 이들이 별로 없습니다.

이런 점들이 교회교육을 사각지대로 이끕니다. 어린이·청소년 사역의 발전에 여러 가지 중요한 요소들이 있겠지만, 그 중에서도 담임목사의 교육철학과 관심, 지원이 가장 중요하다는 사실을 명심해야 합니다

분명한 교육철학이 없으면 교육의 방향성이 없고 성취도 없습니다. 교육 방향이 정확해야 목표를 정할 수도 있고, 그 목표의 성취 여부를 평가해 보고 만족감을 얻을 수 있을 텐데, 유감스럽게도 이렇다 할 방향성이 없습니다. 어디로 가고 있는지, 어디쯤 와 있는지도 모르니 만족도, 기쁨도 없고 늘 가도 가도 끝이 없다는 느낌만 받습니다. 프로그램은 많은데 어디로 가고 있는지 잘 모릅니다. 각 부서마다 자기 마음대로 행합니다. 부서 간에 협력이 없습니다. 서로 숫자를 놓고 경쟁합니다. 그래서 교역자와 교사들이 쉽게 지칩니다.

그런데 교육전도사가 주일학교에서 나름대로 교육철학을 세워서 실행해보려고 해도, 실제로 교회마다 자리 잡고 있는 소위 고참 선생님 때문에 제대로 꿈을 펼치지 못하기도 합니다. 제직을 맡고 계신 분 중에는 "나, 주일학교에 10년 있었네" 하면서 '어떻게 하나 두고 보자'는 식으로 교역자를 대하기도 합니다. 평신도들이 교역자의 교육 방향과 교육철학을 일절 무시하고, 그들의 전통과 경험, 지금까지 해왔던 관습에 따라 교육을 그대로 진행하려고 하는 것입니다. 현재 한국교회 가운데는 이런 식으로 교회교육이 이루어지고 있는 곳이 많습니다. 특별히 오래되고 전통 있는 교회일수록 더욱 그렇습니다. 신학교에서 가르치면서 듣는 이야기들의 대부분은 여기에 속합니다. 신학생들이 대부분 교회교육을 담당하고 있는데 신학교에서 배운 대로 좀 실천해보고 싶어도 기존 전통의 장벽이 너무 높다는 것입니다.

우리가 직면한 주일학교의 문제점들은 너무 많습니다. 어디서부터 문제를 풀어가야 할지 난감하기도 합니다. 그러나 분명한 것은 돌파구가 있다는 것입니다. 소망의 끈을 놓지 말아야 합니다. 아무리 문제가 많아도 그것을 극복하려고 하는 사람들에게 그것은 문제가 아닙니다. 그 문제를 헤쳐나가려는 열심과 열정이 더 중요합니다.

New SS 혁신 토의

1. 당신이 경험한 주일학교를 중심으로, 주일학교의 문제점이라고 생각되는 것을 적어보라.
2. 이 장에서 언급된 여러 문제점들과 비교해 새로운 것이 있다면 무엇인지 표시해보라.
3. 우리 교회의 주일학교에서 가능한 한 빨리 해결해야 할 문제는 무엇인지 정리해보고 이것을 다른 교사들과 함께 나누어보라.

제3장

뛰는 교사 위에 나는 학생 있다

열성만으로 됩니까? 발로만 뛴다고 됩니까? 교육은 선포와 다릅니다. 알아듣게 하려면 우리 학생들의 특성을 정확히 알아야 합니다. 그들이 살아가는 이 시대의 표징을 알고 그 흐름을 읽어야 합니다. 점점 심각해지고 있는 문화적 격차, 전혀 반응을 보이지 않는 요즘 세대… 더 이상 앉아서 걱정할 수만은 없습니다. 디지털, 글로벌 세대에 다가갈 수 있는 방법을 함께 생각해봅니다.

지금까지 교회 내의 콘텍스트를 분석하면서 교회교육의 상황을 살펴보았습니다. 이제 교회 밖의 상황, 사회적 문화적 특징 등을 살펴야 합니다. 현 시점에서 교회의 내적인 상황이나 여건만 진단해서는 영향력 있는 교회교육을 디자인 할 수 없습니다. 교회 밖의 현실을 살펴야 합니다. 교회교육의 대상인 우리 학생들이 교회 밖의 사회적, 문화적인 특성들에 바로 영향을 받기 때문입니다.

오늘날 교회 밖의 상황은 어떻습니까? 우리가 학생들을 전도해서 교회 안으로 인도하기에 괜찮은 형편입니까? 교회에 온 학생들이 우리가 가르치는 말씀을 받아들일 준비가 되어 있습니까? 또 우리가 교회 안에 있는 학생들을 말씀으로 잘 키워서 내보내면, 그들이 자기들의 삶의 영역에서 교회에서 배운 대로 살아갈 수 있는 상황이 됩니까? 제가 보기에는 쉽지 않습니다. 요즘은 아이들을 전도하기도 힘들고 그들을 말씀으로 키우기도 힘이 듭니다. 점점 더 아이들에게 접근하기가 어려운 상황이 되고 있습니다.

다른 문명권과 세속적인 문화의 도전

수년 전에 미국에 9.11 테러 사건이 있었습니다. 여러분은 그 사건을 보면서 무슨 생각을 하셨습니까? 저는 그 사건을 보면서 두 가지 생각을 했습니다. 먼저 '저 비행기를 몰고 빌딩으로 돌진하는 사람들의 머릿속에는 무엇이 들어 있을까?' '무엇이 저들을 저렇게 행동하게 했을까?' 하는 생각을 했습니다. 많은 사람들이 그 사건을 단순한 테러 사건이라고 봅니다. 「문명의 충돌」을 쓴 새뮤얼 헌팅턴도 이것을 단순한 테러 사건이라고 했습니다.

그러나 저는 그 사건을 보면서 이것은 문명 충돌의 서곡 같다는 생각을 했습니다. 그 사건을 일으킨 사람들의 마음속에 그런 것이 들어 있기 때문입니다. 그들이 미국을 공격한 이유가 무엇입니까? 바로 그것은 미국이 서구권을 대표하기 때문입니다. 서구권의 무엇을 대표합니까? 바로 기독교권입니다. 결국 그들이 타겟으로 삼았던 것은 기독교권입니다. 지금 이슬람권은 기독교권을 향해 공격하고 있는 것입니다.

또한 9.11 테러 사건을 처리해가는 미국인들의 모습을 보면서 '우리에게도 저런 문화가 있으면 좋겠다'는 생각을 했습니다. 국가가 위기를 당할 때 대통령이 나서서 "우리가 비록 사망의 음침한 골짜기를 다닌다 할지라도 두려워하지 않을 것은 주께서 나와 함께하심이라"는 말씀으로 국민을 위로하는 것이 통하는 나라가 미국입니다. 전 국민을 향해 기도를 부탁하고 곳곳마다 "하나님의 은혜 아래서" "하나님, 이 나라를 축복해주시옵소서"라고 기도하는 문화입니다.

세속적인 문화로 가득 차 있는 우리나라의 모습을 보면서 우리 아이들도 저런 문화에서 자라면 좋겠다는 생각을 했습니다. 우리 아이들이 위기를 당할 때 기도하는 어른들의 모습을 보는 문화에서 자라면 얼마나 좋겠습니까? 그러나 우리 주변은 우리 아이들을 하나님에게서 점점 멀어지게 하는 세속적인 문화들로 가득 차 있습니다.

지금 세상의 다른 문명권과 세속적인 문화들이 우리와 우리의 다음 세대들을 향해 공격해오고 있습니다. 이런 상황에서 교회는 그것들에 대항할 준비가 되어 있는지요? 21세기 이 시대를 읽고, 분석하여, 거기에 대항할 준비를 해야 합니다.

저는 미국에서 유학하면서 미래 세계의 특징에 대해 연구할 기회가 있었습니다. 제가 처음 유학을 시작한 1989년은 21세기에 대한 관심이 슬슬 일어나면서 에세이 형식으로 약간의 논문이 나오던 때였습니다. 저는 당시에 나온 논문들을 읽으면서 21세기의 몇 가지 특징을 정리해보았습니다. 한국에 들어와서도 계속해서 우리 아이들의 문화에 대해 조사하고 살피는 일을 해왔습니다. 이제 그 내용들을 중심으로 우리와 우리 학생들이 살아가는 교회 밖의 콘텍스트를 살펴보겠습니다.

기독교교육의 텃밭을 갉아먹는 이즘ISM

약 20년 전에 미래학자들이 예측한 21세기의 특징들을 먼저 소개하는 것이 좋을 것 같습니다. 아울러 이미 21세기에 들어서서 나타나는 시대적 특징과 문화 현상들을 함께 소개하겠습니다. 여기 나오는 많은 특징들이나 현상들은 우리가 가르치는 학생들의 생각과 삶에 영향을 끼치는 요소들이므로 주의해서 살펴야 합니다.

21세기를 내다본 미래학자들이 말한 첫 번째 특징은 민족주의의 부활입니다. 21세기가 되면 세계가 민족 단위로 쪼개지기 시작한다는 주장이 오래 전부터 있어 왔는데 그 현상은 이미 도처에서 일어났고 지금도 일어나고 있습니다. 이미 민족 단위로 응집된 중동아시아나 민족 단위로 쪼개진 구소련, 사실상의 민족전쟁이라고 볼 수 있는 아프리카의 내전은 그 대표적인 예입니다. 과거 강대국들이 편의대로 영토를 나누어 국가를 세웠지만, 내부적으로는 태고 적부터 적대관계로 지내온 민족들이 살고 있었기 때문에 그들 사이에 서로 자기 민족의 고유권을 갖기 위해 전쟁이 일어나는 것입니다.

한편, 유럽통합EU은 민족주의 흐름에 배치되는 현상처럼 보이지만, 사실은 각 나라의 국익을 위한 제스처에 불과하고 그 내면에는 민족성이 더 강하게 내재되어 있습니다. 유럽은 정치적으로나 경제적으로는 통합될 수 있어도, 문화적으로는 통합이 불가능하기 때문에 오히려 어떤 면에서는 자기들의 문화 정통성을 확보하기 위한 고유성 찾기에 더 심혈을 기울이는 모습을 보여줍니다.

우리나라도 민족주의의 영향권 아래 있음을 부인할 수 없습니다. 텔레비전을 보면 가끔 안동 하회마을에서 탈춤을 배우는 청년들의 모습이 나옵니다. 우리가 알듯이 대부분의 탈춤은 무속신앙을 배경으로 만들어진 것입니다. 그런데 텔레비전에서는 무속을 소재로 한 프로그램이 전통이라는 미명 아래 자주 방영되고 있습니다.

이런 현상은 대학생들 사이에서도 많이 나타납니다. 그들은 전통문화라는 이름으로 민족주의를 주창하고 무속적인 것을 추구하는 경향을 보입니다. 과거 대학생들이 데모를 하러 나가기 전에 출정식을 한다며 돼지를 잡아 상을 차려놓고 술을 따랐습니다. 대학생들이 왜 이런 의식을 행합니까? 흐트러진 의식을 민족이라는 이데올로기로 집약하려는 것입니다. 의외로 요즘 젊은이들의 의식 속에 크게 똬리를 틀고 자리 잡은 이런 샤머니즘과 무속신앙은 염려하지 않을 수 없을 정도입니다.

1993년에 임권택 감독이 만든 유명한 영화 '서편제'가 개봉관에서만 113만 명의 관중을 동원했는데, 관중의 대부분이 신세대인 20대였습니다. 이들은 그 영화를 보면서 전통문화에 관심을 갖기 시작했습니다. 같은 해에 영남대 유홍준 교수가 「나의 문화유산답사기」라는 책을 썼는데, 이 책은 자그마치 100만 부 이상이나 팔려 나갔고, 「무궁화꽃이 피었습니다」라는 소설은 400만 부나 팔려나갔습니다. 이들 책의 주 독자층 역시 젊은이들이었습니다.

요즘은 세계적으로 민족주의 성향이 많이 줄어들었다는 견해를 밝히는 사람들도 있습니다. 외형적으로 민족주의의 특성들이 나타나지 않기 때문입니다. 그러나 우리가 보지 못하는 곳에서 민족주의를 주창하며 싸우는 사람들이 많은 것 같습니다. 최근 <이코노미스트> 지에서는 총성 없는 전쟁이 국가 간에, 민족 간에 이루어지고 있다고 했습니다. 극단적인 민족주의자들이 인터넷을 통해서 활동하고 있는데 수는 많지 않지만 그 파괴력은 대단하다고 합니다. 지난 5월 라트비아에서 개봉된 구소련을 비판하는 다큐멘터리 영화 '소비에트 스토리'가 최근 미국에서 상영됐을 때 러시아 네티즌들은 인터넷에서 그 영화를 맹비난했습니다. 세르비아계와 알바니아계 사이에 벌어졌던 해킹 전쟁과 같은 사이버 테러는 인터넷 전쟁의 전형이라고 합니다. 우리나라에서도 인터넷 상에서 벌어지는 많은 논쟁들이 민족주의의 영향 아래 있음을 부인할 수 없습니다.

아직도 민족주의는 우리 주변에 즐비해 있습니다. 이런 현상이 왜 우리에게 문제가 됩니까? 민족주의가 강조되는 배경에는 민족 정체성을 운운하며 사람들의 마음속으로 파고 들어가려는 어떤 종교나 사상, 이데올로기가 자리 잡고 있기 때문입니다. 이 점이 아주 무섭습니다. 최근 올림픽을 개최한 중국이 하는 행위들을 보면서 많은 사람들은 중국인들이 올림픽을 통해 중화라는 민족주의를 고취하고 있다고 염려하고 있습니다. 중국이 최근에 다시 유교를 강화하기 시작했는데 그것은 중화로 통하는 민족주의를 강화하는 수단이 될 수 있습니다.

민족주의가 강화되면 강화될수록 그 이면에는 종교적인 요소, 즉 어떤 이즘ism의 요소가 많이 들어가게 되어 있습니다. 제가 관심을 두는 것은 바로 이 민족주의의 영향력이 크면 클수록 우리 크리스천에게 위협이 된다는 것입니다. 그런 환경에서는 자라나는 다음 세대들에게 다가가 복음을 전하며, 그들을 하나님의 사람으로 키워내기가 어렵기 때문입니다.

테크노피아, 적인가 동지인가?

두 번째 특징은 기술우선주의입니다. '기술이면 제일이다' 는 의식이 팽배해지는 것입니다. 기술이 발전에 발전을 거듭하면 기술력 그 자체가 신격화됩니다. 근래 들어 젊은이들 사이에서는 기술이 모든 문제를 해결할 수 있다는 의식이 강화되고 있습니다. 이렇게 되면 기술력이 있는 사람이나 나라는 힘을 갖게 되어 전횡을 휘두르는 존재처럼 부각될 가능성이 있습니다. 일본을 보십시오. 그들이 경제적으로 어려운 때를 지나지만 그래도 힘을 갖는 것은 어떤 이유에서입니까? 그것은 곧 그들이 갖고 있는 기술력 때문입니다.

　이런 현상 속에서 젊은이들은 기술만능주의 풍조를 갖게 되었습니다. 젊은이들이 대학 졸업 후에도 취직이 잘 안 되면 전문대에 가서 기술을 배우는데, 그 현상의 이면에는 이런 기술만능주의 의식이 가득 차 있습니다. '기술 배워서 돈 벌자' 하는 그들의 사고 속에는 그것 말고는 도무지 다른 게 들어갈 여지가 없습니다. 그러나 사람이 기술적인 부분에 집중하다보면 물질주의 영향을 받게 되고 영적인 부분은 고갈되기 시작합니다. 정신적인 문명이 메마르게 됩니다. 이런 한국사회에서 정신문화의 고갈은 당분간 지속될 전망이어서 우리 젊은이들이 점점 더 영적으로 메말라 갈 것으로 보입니다.

　반면, 오래 전부터 기술을 중요시해왔던 서양에서는 기계문명이 가져다 주는 해악이 이미 잘 알려진 터라 오히려 요즘은 영적인 갈증을 해결하려는 요구가 높습니다. 미국에서 초자연적인 것에 의존하는 신비주의 경향이 인기를 끄는 것도 그런 현상을 반영합니다. 가장 열성적으로 기술 발달을 추구할 것 같은 미국인들이 의외로 지금은 영적인 것을 추구하는 양상을 보이고 있습니다.

　그런데 영적 갈증을 느끼는 이때에 중요한 것은 좋은 영적 지도자를 만나는 것입니다. 좋은 영적 지도자를 만난다면 바른 영적 세계로 들어가므로 고무적인 일이지만, 그렇지 못할 경우 사교邪敎에 빠져들기 때문에 큰 문제가 됩니다.

　요즘 우리 젊은이들에게도 사교에 대한 관심이 확산되고 있습니다. 미래에 대한 불확실성으로 인한 두려움으로 신비로운 것에 피하려는 경향을 많이 보이고 있습니다. 이런 현상이 영적 고갈 상태로 말미암은 것인지, 아니면 외국 영화나 텔레비전을 통해 보고 들은 것을 모방하는 일시적인 현상에 불과한 것인지는 분명치 않습니다. 그러나 많은 젊은이들이 초자연적인 것, 혹은 사후의 문제에 동경심과 관심을 보이는 것만은 분명합니다. 우리 사회가 점점 더 영적으로 고갈되면서 영적 갈증을 보이고 있는 징조가 아닌가 싶습니다.

기술우선주의에 대한 다른 관점도 있습니다. 그것은 지난 20년간 기술우선주의가 사람들의 정신적인 측면뿐만 아니라 우리의 일상생활을 바꾸어왔다는 것입니다. 인터넷과 통신기기, 최신 음향 시스템, 비디오와 오디오의 발전은 사람들의 생활 전반에 깊이 영향을 끼쳤습니다. 크리스천들의 교회생활만 해도 이런 기술과 깊이 연관이 있습니다. 모든 예배와 교육에서 이런 기술의 발전을 접하지 않는 경우가 거의 없습니다. 그러므로 우리는 이러한 기술을 잘 이해하고, 그 기술의 의미를 파악하여, 우리의 삶 속에서 효과적으로 사용하는 통찰력을 가져야 합니다.

쾌락, 박해보다 더한 도전

세 번째 특징은 상업주의입니다. 21세기에 가장 큰 관심을 불러일으킬 분야는 경제우선주의, 곧 장사Business에 대한 것입니다. 기술이 극도로 발달된 시기를 맞이해 사람들은 어떻게 하면 그 기술을 사업화하여 돈벌이에 이용할까를 생각합니다. 상업주의의 궁극적인 목표는 즐거움과 쾌락입니다. 기술 산업에 지친 사람들은 시간만 나면 놀고 싶어 합니다. 무언가 재미있는 것들을 찾아 나섭니다. 결국 기술 산업은 세속적인 상업을 발전케 합니다. 이러한 상호 발전의 대표적인 부산물이 디즈니월드입니다. 디즈니월드는 사람들에게 좋은 흥밋거리를 제공해주는 대가로 돈을 법니다. 그렇지만 흥밋거리가 많아질수록 세속주의도 확장되는 역기능이 있다는 걸 잊어선 안 됩니다. 쾌락을 추구하는 경향은 방종을 낳기 마련입니다.

이러한 세속주의는 휴가 문화에 변화를 가져다주었습니다. 휴일에 호텔이나 콘도미니엄을 예약하기가 어려운 것은 오래 전 일이 되어버렸습니다. IMF 이후로 토요 휴무제가 점차 자리를 잡아 갑니다. 우리 주변의 사람들은 더욱 휴가를 즐기고, 젊은 세대들은 휴가의 영향으로 세속적인 방향으로 치우치고 있습니다. 금요일 오후부터 주말이 되고, 주변에 놀 거리들이 많아지면서 아이들을 교회로 데리고 오는 것은 힘들어지고 있습니다.

절대 진리가 어딨어?

네 번째 특징은 포스트모더니즘의 특징 중 하나인 상대주의를 들 수 있습니다. 모더니즘은 17세기 중반부터 20세기 중반에 걸쳐 나타난 사조로서, 하나님의 계시를 부인하고 계시보다 인간의 이성을 중요시합니다. 그런데 포스트모더니즘은 여기서 더 나아가 인간의 이성마저도 부인합니다. '절대 진리'를 인정하지 않고 계시를 인정하지 않을 뿐더러 합리적인 이성마저도 부인합니다. 모든 진리는 자기의 감정과 느낌에 따라서 달라질 수 있다고 이야기합니다.

요즘 아이들이 절대 진리를 잘 믿지 않고, 하나님의 말씀을 들으려고 하지 않는 이유도 이런 영향 때문이라고 볼 수 있습니다. 우리가 가르칠 아이들이 바로 "너도 옳고 나도 옳다" 하는 식의 상대주의의 영향을 받고 있는 것입니다. 조지 바나 George Barna 는 자신의 책,「레볼루션 교회혁명 Revolution」에서 최근에 미국 사회가 겪고 있는 변화의 방향에 대해서 설명하고 있습니다. 그는 포스트모더니즘을 한마디로 "주관대로 살되 강요하지 말라 live-and-let-live"는 말로 정리합니다. 진리는 관점에 따라서 다를 수 있으니까 한 사람의 신념을 다른 사람들에게 강요하지 말라는 것입니다. 그러므로 이 시대에서는 무엇이 옳고 무엇이 그른지 분명하게 배울 수 없습니다. 이런 상황 속에서는 도덕적 해이가 훨씬 더 심해질 것입니다.

그런데 문제는 우리 학생들이 이런 세상 속에서 바로 영향을 받는다는 것입니다. 교회에서 바르게 살 기준을 배우고 가도 학교에서는 다른 아이들에게 시대에 뒤떨어진 아이 취급을 당합니다. 그래서 자기가 배운 것에 대한 확신을 잃어버립니다. 죽어가는 물고기처럼 흘러가며 삽니다. 우리 아이들을 그런 아이로 방치하고 싶습니까? 그럴 수 없습니다. 아무리 사회가 그래도 살아있는 물고기처럼 바른 진리를 주장하고, 바른 기준을 이야기할 수 있는 믿음 있는 아이로 키워야 하지 않겠습니까? 이것이 우리의 숙제입니다.

족보 없는 종교의 출현

다섯 번째 특징은 혼합주의입니다. 앞에서 저는 기술만능주의가 팽배하면서 영적인 고갈 상태가 온다고 했는데, 거기서 오는 영적인 갈증을 해소하기 위해 이런저런 종교, 이런저런 사상을 다 쫓아다니는 혼합주의, 즉 사상의 혼돈이 생겨나게 됩니다. 불교로 갔다가 이슬람교로 갔다가 사교로도 가는 이런 혼합주의의 형태로 새로운 종교들이 많이 나타납니다.

이 현상은 산업화의 마지막 현상으로 볼 수 있습니다. 정보화 사회에서 보편적으로 나타나는 현상일 수도 있습니다. 정보화 사회에서는 많은 정보들이 있어서 그것을 거르고 가공할 능력을 갖는 것이 중요한데 많은 사람들이 그런 능력을 키우지 못하기 때문입니다. 절대 진리의 기준을 가지고 있지 않은 상태에서 이런저런 정보의 견해들을 그대로 받아들이면 혼

New SS교육지표 | 새로운 천년기의 다섯 가지 특징과 그 문제점

합적인 성격을 띨 수밖에 없습니다. 그래서 사람들은 생각의 혼돈을 경험하게 됩니다.

이런 현상은 부정적인 상황이지만 우리 크리스천에게는 기회가 될 수도 있습니다. 많은 사람들이 혼돈된 상황 속에서 참된 존재의 의미를 찾으려는 노력을 할 수도 있기 때문입니다. 조지 바나는 이 부분을 지적합니다. 현대 사람들은 삶의 참된 의미를 찾으려고 몸부림을 치고 있다는 것입니다. 그러므로 크리스천이 이런 몸부림에 답을 줄 수 있는 능동적 대처를 할 필요가 있습니다.

튀는 X, N, E세대, 예수 이름으로 잡아라

예견된 21세기의 특징들과 이미 우리 가운데 나타난 그 현상들을 보면

서 어떤 생각이 듭니까? 이런 모습들이 우리 주일학교 학생들이 주님을 만나고 교회를 가까이 하며 말씀에 순종하고 따라가는 데 도움이 되겠습니까? 아닙니다. 여기에는 우리 학생들을 영적으로, 정신적으로 죽이는 것들이 가득 차 있습니다. 이런 시대 속에서 우리 학생들은 하나님을 알고 싶어도 알 수 없고, 믿고 싶어도 믿지 못하게 될 가능성이 많습니다. 우리는 이 사실을 직시해야 합니다. 그리고 이런 시대 상황에 잘 대처하면서, 돌파구를 찾으려는 노력을 전교회적으로 기울이는 것이 바로 우리의 몫임을 알고 최선을 다해야 합니다.

앞에서 언급한 시대적 특징 속에 살아가는 우리의 다음 세대들에겐 독특한 그들만의 문화가 형성되어 있습니다. 이 문화를 이해하는 것이 그들에게 접근하는 데 반드시 필요합니다. 이 시점에서 학생들의 모습 속에 나타난 그들만의 문화를 분석해볼 필요가 있습니다. 앞으로 시대적 방해물을 제거하고 더 나은 교회교육의 수혜자가 될 우리 아이들은 과연 어떤 존재들일까요?

일반적으로 우리가 가르치는 학생들을 가리켜 '신세대' 또는 X세대라고 부릅니다. 네티즌을 염두에 두면서 N세대라고도 합니다. 최근에는 환경Environment, 에너지Energy를 강조하는 세대라고 해서 E세대라고도 합니다. 이런 표현들은 용어만 다를 뿐 자라나는 다음 세대를 지칭하는 말입니다.

X세대라는 말은 작가 더글라스 쿠프랜드가 「X세대, 질주세대의 문화 이야기」라는 소설에서 처음 쓰면서 널리 사용되기 시작했습니다. 한국에서는 1993년 가을, 주식회사 태평양에서 남성용 화장품에 '트윈엑스'라는 브랜드를 사용하면서부터 그 말을 쓰기 시작했는데, 그때 트윈엑스 CF모델은 터프가이이자 반항아의 이미지를 갖고 있던 탤런트 이병헌과, 여성적이고 섬세한 외모를 지닌 가수 김원준이었습니다. 광고에 그 둘을 출연

| New SS교육지표 | "신세대를 잡아라!" 그들의 성장 배경과 특징 |

 물질적 풍요 — 소비만능주의, 부족한 것을 모름

 민주화의 수혜 시대 — 자유를 중심으로 하는 사상에 길들여짐

 핵가족화 — 개인주의적임

 대중매체 영향력 — 광범위한 지식을 가지고 있으나 깊이가 없음

 정보통신의 발달 — 정보 취득과 교류욕이 강함

시킨 이유는 강하면서도 아름다워지고 싶은 남성의 욕구를 동시에 표현함으로써 신세대는 그런 욕구를 추구한다는 걸 알리기 위해서였습니다. 그런 강렬한 욕구를 흑백 화면으로 처리하면서 두 모델은 "나 엑스세대, 나 엑스세대"라고 반복해서 외칩니다. 십대, 이십대 초반의 남성들에게는 자신이 신세대라는 의식을 갖도록 만들고, 많은 대중들에게는 X세대에 대한 호기심을 불러일으키기 위함이었습니다. 학생들은 또한 N세대라고 불리기도 합니다. 컴퓨터에 노출되어 있는 네티즌이라는 특징을 염두에 둔 것입니다. 그러나 이 모든 것은 문화적 특징을 염두에 두고 붙인 말일 뿐 보편적으로는 신세대로 이해되고 있습니다.

그러면 좀더 구체적으로, 신세대는 과연 어떤 사람들일까요? 우리나라에서는 일반적으로 광복 전 세대, 광복 세대, 전후 베이비붐 세대, 청년 세대, 십대의 다섯 세대로 세대 구분을 합니다. 신세대를 연구하는 학자들은 현재

15세부터 약 30대 초반까지의 세대를 신세대라고 이야기합니다.

　신세대와 구세대를 구분하는 또 하나의 중요한 잣대는 그가 청소년 시절을 어느 시기에 보냈느냐 하는 것입니다. 보통 60-70년대에 청소년기를 보낸 사람들을 구세대로 본다면, 80-90년대에 청소년기를 보낸 사람들을 신세대로 볼 수 있습니다. 실제로 조사를 해보니, 우리나라에서 1970년 이후에 태어난 15세부터 30세 전후의 신세대는 1,343만 명으로 전체 인구의 30%에 달했습니다. 한 가지 정리할 수 있는 것은 신세대란 연령층에 따른 구분이라기보다는 그들이 경험한 문화적 배경에 따라 구분된 그룹이라는 것입니다.

　이들 신세대의 성장 배경을 살펴보면 대략 다섯 가지로 그 특징을 정리할 수 있습니다. 첫째는 경제 성장으로 인한 물질적인 풍요를 누린 세대라는 점입니다. 둘째는 정치적인 자유와 민주화의 성과를 누리는 세대요, 셋째는 핵가족화의 물결에서 자라난 세대라는 점입니다. 넷째는 대중매체의 급속한 발달과 확산 속에서 자란 세대라는 점이고, 다섯째는 정보통신망이 발달한 여건 속에서 자랐다는 점입니다.

　이들은 경제적으로 넉넉한 소비만능시대에 자랐기 때문에 갖고 싶은 것들을 다 소유하고 돈을 마음대로 쓰며 자란 편입니다. 가족 구성원의 개성이 존중되는 분위기 속에서 자란 덕분에 아이들의 개성은 매우 강합니다. 이들은 대중매체의 영향으로 광범위한 정보를 소유하고 있어 기성세대가 생각하는 것보다 훨씬 지혜롭습니다. 뿐만 아니라 국제적인 교류도 빈번히 갖는 편입니다.

글로벌 틴에이저를 아시나요?

신세대들이 보이는 몇 가지 특징이 있습니다. 먼저 이들은 자기중심적이고 자존심이 강합니다. 소위 공주병, 왕자병이란 말은 그들이 구세대와 어떻게 다른가를 잘 보여줍니다. 신세대들의 이런 성향은 노랫말에도 빈번히 나타납니다. 요즘 유행하는 노랫말 중에 '나, 너'라는 표현이 많이 나오는 것은 이런 현상의 반영으로, 과거에 비해 '우리'라는 표현은 잘 안 씁니다. 그래서 '미 제너레이션' me generation이라고도 합니다. 아이들을 많이 낳지 않는 상황 속에서 신세대들은 자기중심의 대접을 받고 자랐습니다. 이들은 많은 혜택을 받은 자들입니다. 부모들이 최선의 것을 주려고 합니다.

이들은 많은 사람들 속에 있는 것을 좋아하면서도 개인적으로 다루어지기를 좋아합니다. 그러므로 신세대들을 전도하고 가르치려면 대형 행사에 데려오는 것도 좋지만, 그보다는 개인적으로 대화할 기회를 갖는 것이 더 효과적입니다. 이들은 자기 개인의 경험과 생각을 더 소중하게 생각하기 때문입니다.

아울러 이런 자기중심적인 특징을 가졌기에 신세대들은 개인적으로 참여해서 경험하는 것을 더 소중하게 느낍니다. 이것은 그들이 게임이나 활동에 참여하는 것을 선호하고 직접 움직이는 것을 좋아한다는 것을 암시합니다. 단순한 구경꾼이 되기를 원치 않는다는 것입니다. 그러므로 신세대들과 함께 사역하는 사람들은 그들에게 많은 기회를 주고, 개인적으로 돌보는 일에 힘써야 합니다.

또한 신세대를 대할 때 개인적 관계를 중요하게 생각해야 하는 이유 중의 하나는, 오늘날 많은 신세대들이 깨어진 가정에서 자라고 있기 때문입니다. 이혼, 알코올 중독에 걸린 부모들, 재혼으로 인한 다가족 생활의 고통이 너무 힘들기 때문에 이런 문제들을 놓고 이야기 나눌 개인적인 관계를 찾는 것이 신세대의 보편적 현상입니다. 통계청 조사에 따르면 우리나라에 '한 부모 가정'이 점점 많아지고 있다고 합니다. 2000년 자료에 의하면 6.1%, 2005년 자료에 의하면 6.7%에 이릅니다. 이 가운데서 이혼으로 인한 '한 부모 가구' 비율은 1990년 24.8%에서 2005년에는 51.9%로 증가했습니다. 이혼으로 인한 '한 부모 가구'가 점점 많아지고 있는 것입니다. 그러니 깨어진 관계 때문에 겪는 신세대들의 고통은 점점 더 심해질 것입니다.

이들 신세대는 패션지상주의자들처럼 디자인을 중시합니다. 그들은 밝고 화사한 색상과 과감한 디자인, 특히 곡선의 디자인을 좋아합니다. 요즘 가전제품의 외양을 보면 주로 곡선 디자인을 응용한 제품들이 많이 나오는 추세인데, 이는 가장 구매력이 높은 젊은 세대가 곡선 디자인을 선호하기 때문입니다. 모든 상품들은 젊은 층을 공략하기 위한 비즈니스 전략 차원에서 만들어지고 있습니다.

이렇게 디자인을 중시하는 모습은 그들이 외모를 중요시 하는 것에서도 나타납니다. 요즘 외모를 중시하는 경향이 얼마나 심각한지 모릅니다! "공부는 못해도 되지만 못생기면 안 된다"는 말이 학생들 사이에 유행할 정도입니다. 신세대들이 연예인들을 좋아하는 것도 이런 연장선에서 생각해볼 수 있습니다.

신세대의 이런 특징은 매체를 대하는 태도에서도 나타납니다. 이들은 읽는 것보다 보는 것에 더 비중을 두고 보는 매체를 선호합니다. 신문이나 잡지, 단행본보다는 TV나 비디오, 만화나 컴퓨터게임 등을 더 좋아합니다. 거기서 정보와 즐거움을 얻습니다. 이렇게 보는 것을 중시하다보니 신세대들 사이에서 대학 전공 과목으로 연극영화과가 아주 인기가 높습니다.

신세대의 또 다른 특징으로 외국 문화에 대한 개방성을 들 수 있습니다.

이런 개방성은 텔레비전의 영향으로 그 전이 속도가 매우 빨라 요즘의 십대들은 '한국만의 십대'가 아닌 '글로벌 틴에이저' Global teenager가 되어버렸습니다. 이 용어가 말해주듯 세계 도처에서 십대들은 비슷한 경향을 띠고 있습니다.

국경을 무너뜨린 틴에이저 문화

90년대 중반부터 각 가정에 연결된 케이블TV를 통해 십대들은 미국의 MTV 방송을 보게 되었습니다. 십대들은 이 MTV 같은 데서 본 대로 유행을 만들어갑니다. '힙합'은 한때 십대들이 특히 좋아하는 펑퍼짐한 패션 스타일입니다. 시카고 흑인 촌에서 흑인들이 입다가 유행이 되어 퍼진 것인데, 한때 세계 각국의 십대들이 모두 이 힙합 패션을 즐겼습니다. 그들의 문화가 국경을 넘어 빠른 속도로 전파되어 전 세계적으로 동일하게 형성되는 것입니다. 그래서 글로벌 틴에이저라는 말이 사용됩니다.

제가 파악한 바에 따르면, 우리나라 젊은이들은 외국 문화를 상당히 적극적으로 수용하는 편입니다. 제가 미국에 유학 가기 전만 해도 피자를 먹으려면 이태원에 가야 했습니다. 그런데 공부를 마치고 들어오던 해인 1992년부터 피자, 도넛, 햄버거 등의 음식이 들어오더니 지금은 어딜 가나 이런 음식들을 흔히 볼 수 있게 되었습니다. 한번 주변을 둘러보십시오. 얼마나 많은 서구의 프랜차이즈 체인이 들어와 있습니까? 어떤 곳은 서구의 어느 도시에 와 있나 할 정도로 다양한 음식점들이 즐비합니다. 그만큼 외국 문물이 많이 들어왔다는 얘기인데, 이런 외국 문물의 주 고객은 다름 아닌 신세대라는 점에서 외국 문화에 대한 그들의 개방적 태도를 엿볼 수 있습니다.

신세대는 문화 활동도 상당히 적극적으로 합니다. 그들에게는 "무엇이 되느냐?"보다 "어떻게 재미있고 즐겁게 사느냐?"가 중요합니다. 그래서 신세대들은 돈을 모으려고 하지 않습니다. 집에 대해서도 예전만큼 안달하지 않고 벌면 쓰려 합니다. 전셋집에 살망정 자동차부터 먼저 사려고 합니다. 영화나 공연, 뮤지컬 등과 같은 문화 행사에 과감히 지출합니다.

이러한 세대를 가리키는 용어 중에 페스티벌 제너레이션festival generation 이라는 말이 있습니다. 페스티벌 문화를 즐기는 신세대를 지칭하는 말입니다. 단순히 음악을 즐기는 것이 아니라 페스티벌이라는 장을 통해서 자신을 드러내고 다른 사람들과 함께하면서 '우리'를 느끼는 특징을 갖고 있다고 합니다. 이 세대는 모르는 음악에도 열광한다고 합니다. 그럼에도 불구하고 음악에 묶이지는 않는 세대라고도 합니다. 음악을 중심으로 또 다른 문화 활동을 즐기는 특징을 가진 신세대의 모습을 말합니다.

직업관에도 상당한 변화가 나타났습니다. 기성세대가 예전에 소망하던 직업과 신세대가 좋아하는 직업은 매우 큰 차이가 나는데, 신세대들은 전문직이나 자유직을 선호합니다. 가수나 탤런트, 모델, 스포츠 선수 등이 우상인 세상이라 여기저기 스타신드롬으로 몸살을 앓는 신세대가 얼마나 많은지 모릅니다. 그들은 스타가 되어 인기와 돈을 거머쥐려고 합니다. 또 여행과 스포츠를 즐기는 일에 모든 것을 써버립니다.

'나 홀로 성城'의 사이버 성주

신세대 문화의 또 한 가지 특징은 컴퓨터 문화입니다. 우리나라에서는 1992년에 하이텔HITEL 서비스가 시작되었습니다. 하이텔은 1993년에 유료 이용자가 10만 명을 돌파했는데, 당시 PC통신망의 주인공들이 누구였는지 아십니까? 바로 청소년들이었습니다. 1994년 9월, 하이텔 가입자 12만

1,411명 중에 54.6%가 십대들이었습니다. 여기에 20대, 30대를 포함하면 모두 85%에 해당하는 이용자들이 신세대들이며, 이들이 컴퓨터 통신망을 거의 장악하고 있었다는 결과가 나옵니다.

데이콤과 천리안 가입자 조사를 보면, 20대가 39.6%, 30대가 26.3%로 나타나 20, 30대가 전체 사용자의 65%나 되었습니다. 2008년 통계개발원에서 낸 청소년 통계 자료를 보면 청소년의 컴퓨터 사용 시간이 하루 평균 두 시간이고, 인터넷을 사용하는 청소년의 경우 대부분이 가정에서 쓰고 있으며, 인터넷상거래를 이용하는 청소년들이 67% 선에 이른다고 합니다.

이동전화를 사용하는 청소년도 88.2%로 매년 증가하고 있습니다. 한국인터넷진흥원의 자료에 따르면 십대의 인터넷 이용자가 99.8%에 달한다고 합니다. 이처럼 요즘 젊은이들 대부분이 컴퓨터 문화에 속해 있습니다. 최근 들어 촛불집회가 유행하고 있습니다. 젊은이들이 많이 참여합니다. 청소년들도 마찬가지입니다. 그런데 사람들이 그런 집회에 참석을 권유받는 곳이 컴퓨터라고 합니다. 그만큼 그들이 컴퓨터 문화에 익숙해 있다는 것입니다.

요즘 신세대들은 왜 그렇게 컴퓨터 세계를 좋아할까요? 그것은 컴퓨터가 이들의 문화와 정서에 들어맞기 때문입니다. 특히 요즘 아이들은 핵가족 가정에서 태어나 혼자 자라다보니, 혼자 노는 버릇을 갖고 있을 뿐 아니라 자라면서 주변 사람들과 사귀는 것을 힘들어 합니다. 그래서 더욱 컴퓨터 안에서 누리는 자기만의 세계 구축에 큰 매력을 느낍니다. 즉 '나 홀로 성'을 쌓는 기질 때문에 컴퓨터를 좋아할 수밖에 없는 것입니다. N세대라는 말이 생긴 것도 이와 관련이 있습니다.

이런 신세대들에게서 볼 수 있는 모습 중 하나가 게임을 좋아하는 문화입니다. 이 문화도 컴퓨터와 분리해서 생각할 수 없습니다. 예전에는 동네 골목에서 다른 아이들과 어울려서 노는 놀이문화가 많이 있었지만 요즘 아이들은 대부분 PC방에서 컴퓨터로 게임을 하는 형편입니다. 오늘날 아이들이 야외에 있는 시간보다 실내에 있는 시간이 많은 것도 사실은 컴퓨터게임에 더 많은 시간을 보내고 있기 때문입니다. 이러한 신세대들에게는 폭력문화가 두드러지게 나타나고 있어 문제가 되고 있는데 이것 역시 컴퓨터게임과 무관하지 않습니다.

신세대들의 또 다른 특징은 철저히 감성 중심적인 성향을 가졌다는 데 있습니다. 이들은 음반 시장의 실질적인 구매력을 갖춘 소비자들로서 음악을 참 좋아합니다. 이들은 감성에 호소하는 댄스뮤직, 랩, 발라드 등에 열광합니다. 그러면서도 실제로는 혼자 자랍니다. 혼자 자란 외로움에 시달렸기 때문인지 더욱 감성적인 분위기에 잠기기를 좋아하고, 다른 사람들과의 더 안전한 인간관계를 추구합니다.

젊은이들이 너나 할 것 없이 핸드폰을 소유하는 이유도 인간관계 지향적인 성향 때문입니다. 핸드폰이 다른 사람들과의 인간관계를 안전하게 엮어주는 연결고리 역할을 한다고 믿는 것입니다. 이들은 너무 감성적이기 때문에 진리에 대해서는 관심이 없습니다. 어떻게 살아야 바르게 사는지에 대해서도 관심이 없습니다. 다만 감성에 따라 밀어붙이고 서두르며 살아갑니다. 삶에 대한 희망도 그렇게 많지 않습니다. 감성에 맞으면 좋고 그렇지 않으면 짜증내는 인생을 살아가고 있습니다.

그런데 역설적이게도 이 아이들에게서 논리적인 성향이 매우 강하게 나타나는 것을 볼 수 있습니다. 아이들과 대화를 해보면 이야기를 참 잘합니다. 토론과 대화를 잘하고 자기 견해를 정확하게 피력합니다. 감성적인 사람은 보통 논리적이지 않은데 이들에게는 논리와 감성이 공존합니다. 제 나름대로는 그들이 논리적일 수 있는 이유를 논술시험의 영향, 즉 논술세대라는 점에서 찾습니다. 그러므로 신세대들에게 다가가려면 감성적인 터치와 함께 논리적인 설명과 설득이 동시에 필요합니다.

　이상이 오늘날 이 시대와 사회 속에서 보이는 신세대의 문화적 특성을 대략 정리한 것입니다. 이러한 기초 정보들이 우리의 교육대상인 학생들을 이해하는 데 도움이 될 것입니다. 또한 우리 주일학교에서 교회교육을 어떻게 해야 할지 구체적이고 건설적인 접근 방법들을 모색하는 데 여러 통찰력을 줄 것입니다.

　이제 중요한 것은 현재의 주일학교와 교회교육의 상태에 머물지 말고 이 시대와 오는 세대에 대한 정확한 안목을 갖고 어려운 난관을 극복하면서 신세대에 맞는 교육 방법과 전략을 모색하는 것입니다. 이제 우리가 이런 분석 자료들이나 정보들을 기초로 주일학교 교회교육을 위한 효과적인 전략을 세워나간다면, 허공을 치지 않고 훨씬 더 정확한 목표점에 빨리 다다를 것입니다. 다음 장부터는 실제로 활을 쏴서 과녁을 맞히는 데 필요한 전략을 나누고자 합니다.

New S S 혁 신 토 의

1. 21세기의 특징에 어떤 것들이 있는가?

2. 21세기의 특징과 오늘 이 시대에 나타나는 특징들을 보면서 우리가 주일학교를 운영할 때 특별히 유념해야 할 것은 무엇인가?

3. 신세대의 특징들을 들면서 다시 한 번 청소년들의 문화적 특징을 정리해보라.

4. 신세대의 특징을 염두에 두고, 그들에게 접근하기 위해 사용할 수 있는 효과적인 방법들에 대해 서로 말해보라. 프로그램을 디자인할 때 적용할 수 있는 부분이 있다면 무엇인지 말해보라.

2

눈대중 교육은 가라

● ● ● ●

어떤 교육도 철학적 목표, 바탕, 관점, 인식 체계 없이는 이루어지지 않습니다. 우리 주일학교 교육은 그 뿌리를 어디에 두고 있습니까? 어떤 뼈대 위에서 시행되고 있습니까? 주일학교 교육의 뼈대는 일반교육의 뼈대와는 분명히 다릅니다. 주일학교 교육의 궁극적인 목표는 우리 아이들을 삶으로 예배하는 존재, 신령한 지각이 있는 존재로 만드는 것입니다. 한국교회는 바로 이 점을 놓쳐 왔습니다. 이제라도 빨리 예배를 갱신해야 합니다. 예배가 살아나면 교육의 목표와 결실이 선명하게 나타납니다.

NewSS 혁신보고서

제4장

교육철학 세우기, 뼈대에 칼슘을 넣어라

주일학교, 왜 자꾸 변두리로 밀려납니까? 왜 액세서리 취급을 당합니까? 교육철학이 없어서입니다. 어떤 교육도 철학적 목표, 바탕, 관점, 인식 체계 없이는 이루어지지 않습니다. 이제라도 중요한 교육철학부터 든든히 세우고 칼슘을 공급해야 합니다. 그래야 바람이 불어도 흔들리지 않습니다. 넘어져도 부러지지 않습니다.

앞서 이야기한 많은 교회교육의 장애물을 어떻게 뛰어넘을 수 있을까요? 우리 모두의 고민입니다. 어디서부터 해결책을 찾을까요? 저는 감히 이렇게 말씀드릴 수 있습니다. 가르치는 사람이 바뀌는 것입니다. 교육에 있어서 가장 중요한 요소는 가르치는 사람입니다. 교육은 가르치는 사람이 어떻게 하느냐에 따라 완전히 달라질 수 있습니다. 제가 지금까지 30년이 넘게 교회교육을 해오면서 발견한 것은 아무리 시간과 공간의 제약 그리고 다른 여러 제약이 있다 할지라도 그것을 뛰어넘는 요소가 있다는 것입니다. 그것은 바로 가르치는 사람이 누구냐는 것입니다. 준비된 사람, 훈련된 사람입니다. 그는 누구를 가리킵니까? 그는 바로 기독교교육철학을 가진 사람입니다.

제가 주일학교를 변화시키려고 했을 때 가장 반대하는 사람들이 있었습니다. 바로 가르치는 사람들이었습니다. 교사와 교역자들, 그리고 부장들이었습니다. 아이러니하지 않습니까? 교회교육에 문제가 있다는 것을 알았으면 변화를 시도해야 하는데 왜 반대를 합니까? 그것은 노력하기 싫어서입니다. 알다시피 어디서나 변화를 시도하려면 남이 하지 않는 많은 노력을 해야 합니다. 그런데 그것이 하기 싫은 것입니다. 가만히 있어도 되는데 새롭게 움직이려고 하니 피곤한 것입니다. 여러분, 왜 피곤을 느낄까요? 그것은 철학이 없기 때문입니다. 철학을 가진 사람은 어떤 환경 속에서도 자기의 철학대로 행하려고 노력합니다. 가르치는 사람으로서 가장 먼저 준비해야 할 것은 분명하고 건강한 교육철학을 갖추는 것입니다. 그래야 교육이 성공할 수 있습니다.

우리는 성공을 이야기할 때 상황이라는 핑계를 많이 댑니다. '우리 교회는 그런 여건이 못 된다. 우리 교회는 그렇게 도와주지 않는다. 우리 교회는 사람이 없다. 돈이 없다…' 그러나 교회의 크기와 상관없이, 큰 교회에서 섬기든 아니면 작은 교회에서 섬기든, 모든 상황에서 성공할 수 있는 비결은 분명한 기독교교육철학을 갖춘 교육지도자가 얼마나 있느냐는 것입니다.

왜 철학이 필요한가?

교육철학은 왜 필요할까요? 보편적으로 알려져 있는 몇 가지 설명을 소개합니다. 첫째는 모든 교습(敎習), 학습 상황과 활동을 통제한다는 점에서 교육철학의 필요성이 부각됩니다. 둘째는 교육 과정을 효과적으로 진행하기 위한 지침을 제공하는 면에서 필요합니다. 셋째로는 교육적 노력을 위한 여러 수단들을 효과적으로 사용하는 데 필요합니다. 마지막으로, 교육목표와 결과를 평가하기 위한 명백한 기준을 제공하는 데 이 교육철학이 필요합니다.

따라서 교육철학을 정립하고 작성해놓으면 그 범주 안에서 모든 교육 과정의 방향이 정해지기 때문에 상당히 유익합니다. 특별히 교육철학을 세우는 작업은 우리를 기독교교육자로 새롭게 세우는 역할을 해줍니다. 기독교교육자로서 우리의 모습을 돌아보고 우리가 기독교교육자로서 일반교육자와 어떤 부분이 다른가를 분명하게 정리할 수 있도록 도와줍니다.

기독교교육자로서 기독교교육과 일반교육의 차이점에 대해 진지하게 생각하고 있는 사람들은 그리 많지 않은 것 같습니다. 제 경험으로 볼 때 교회나 다른 기독교 기관에서 교육활동에 참여하고 있는 사람들 중에 일반교육자와 어떤 차별성도 보이지 못하는 이들이 많습니다. 우리는 교육철학을 세우는 일을 통해 기독교교육자로서의 특별함을 분명히 보일 수 있어야 합니다.

교육 방향의 결정타

학창 시절, 대부분의 학생들이 싫어하는 과목 중의 하나를 말한다면 아마 철학을 꼽을 것입니다. 철학은 생각만 해도 지루하고 이해하기 힘들며 딱딱한 과목이라는 선입관이 있습니다. 저도 철학 하면 연약한 교수님, 흐느적거리는 가죽 가방, 교탁에 앉아서 보일 듯 말듯 감춰진 머리, 그 너머로 잘 들리지 않는 약한 목소리의 강의가 생각납니다. 그래서 저도 철학하면 머리가 아팠습니다.

많은 사람이 철학을 어렵게 생각합니다. 그래서 교육철학에 관한 이 장을 펼치면서 혹시나 독자들이 그런 선입견을 갖고 접근할까 염려됩니다. 그러나 이 장은 일반 철학을 나열하기 위해 구성하지는 않았습니다. 다만, 교회교육을 해야 할 사람들이 교회교육에 대한 기본적인 개념을 이해하는 것을 돕기 위해 기독교교육철학을 나누어보려는 것입니다.

사실 철학은 그렇게 어려운 것이 아닙니다. 철학은 다음의 세 가지를 질문하는 것입니다. 실존하는 것이 무엇인가? 진리란 무엇인가? 절대가치는 무엇인가? 모든 철학자의 글들을 정리해보면 이 세 가지를 질문하고 답하는 것입니다. 이 세 가지 영역에 대해 질문하고 답하는 것을 학문적인 용어로 정리해보면, 실존에 대한 학문을 형이상학metaphysics, 진리에 대한 학문을 인식론epistemology, 가치에 대한 학문을 가치론axiology이라고 합니다. 이 세 가지 질문에 대한 답을 가지고 있을 때 철학이 있는 것이고, 그렇지 못하면 철학이 없다고 합니다.

바른 교육을 위해 선행되어야 할 것이 바로 교육철학의 정립입니다. 교육철학은 모든 교육활동을 조절하기 때문입니다. 기독교교육을 함에 있어서 기독교교육철학을 정립하는 것은 아무리 강조해도 지나치지 않습니다. 기독교교육과 일반교육이 어떻게 다른지는 알아야 하지 않겠습니까? 그래야 바른 기독교교육을 할 수 있습니다.

철학을 정립하는 것보다 먼저 해야 할 일이 있습니다. 그것은 교육에 대한 정의를 내리는 일입니다. 어떤 정의를 내리느냐에 따라 교육은 전반적인 방향과 흐름, 방법론이 완전히 달라질 수 있습니다.

교육에 대한 가장 보편적인 정의는 "교육은 삶을 위한 준비다"라는 것입니다. 이 관점은 교육을 삶에 적응하기 위한 하나의 준비 과정으로 바라봅니다. 이런 맥락에서 생각한다면, 살아가는 데 필요한 여러 가지 기능이나 기술, 때로는 삶에 필요한 사회 규범이나 윤리 등을 배우는 것이 교육의 가장 핵심적인 목표가 됩니다.

교육을 "시민사회에서 살아갈 건강한 시민을 만들기 위한 하나의 준비"라고 이야기하는 사람도 있습니다. 시민사회의 일원으로서 손색이 없도록 하기 위해 교육이 존재한다는 뜻입니다. 이 정의는 일반적으로 통용되는 개념입니다.

그런데 이 두 가지의 정의는 기본적인 개념 설정부터가 애매한 느낌을 줍니다. 삶이라는 것이 도대체 무엇이며 건강한 삶이란 어떤 삶인지 제대로 정의할 수 없다면, 아무리 교육을 가리켜 삶을 위한 준비라고 말해도 효과적으로 그 교육을 실행할 수가 없습니다. 또 시민의 자격 조건이 무엇인가에 대한 정의는 사람마다 다를 수 있기 때문에 교육을 가리켜 건강한 시민을 만들기 위한 준비라고 말하는 개념도 애매하기는 마찬가지입니다.

이와는 다른 측면에서 "교육은 사상이나 어떤 가치 체계나 지식을 전 세대가 다음 세대로 전달해주는 것이다"라는 개념이 있습니다. 이 개념은 어른 세대가 젊은 세대에게 전통이나 자신들이 알고 있는 정보들을 계속 전해주는 것을 교육으로 이해합니다.

이런 정의에 입각해서 생각한다면 좀더 나중에 태어난 세대가 전 세대보다 더욱더 많은 정보와 풍부한 지식을 가지고 있어야 한다는 결론이 납니다. 그러나 반드시 나중 세대가 전 세대보다 더 풍성한 정보를 갖는 것은 아닙니다. 이 점을 고려해볼 때 이 정의도 사실상 교육에 대한 온전한 개념이라고 볼 수 없습니다.

어떤 사람들은 "교육은 하나의 과정이다"라고 정의하기도 하고, "교육은 삶이다"라고 말하기도 합니다. 그런데 최근 교육계에서 보편적으로 받아들이는 정의는 "교육은 바라는 교육목표를 달성하기 위해서 학습 여건을 조성control하여 선생님이나 다른 어떤 사람에 의해서 시행되는 모든 신중한 시도들이다"라는 것입니다. 이것은 사람들이 일반적으로 교육을 이해하는 개념이지 그리스도인의 입장에서 내린 정의는 아닙니다. 그러나 이 개념을 한번 곰곰이 살펴봅시다. 한 가지 눈에 띄는 단어가 있는데, 바로 '목표' 입니다. 교육에서 가장 중요한 것은 '교육목표'를 달성하는 것이고, 이 목표의 배후에는 무언가 목표의 기초를 이루는 철학이 있다는 사실을 알게 됩니다.

위에서 언급한 교육에 대한 다양한 정의, 즉 "교육은 삶을 위한 준비다. 시민을 준비시키기 위한 것이다. 기성세대가 젊은 세대에게 정보를 전달하는 것이다"는 등의 정의들은 각각 지향하는 목표를 가지고 있습니다. 여기서 제가 주목하는 점은 그 지향하는 목표가 각각 다르다 할지라도 그 목표에는 늘 그것을 목표로 내세우게 된 배경이나 감춰진 생각, 사상이 있다는 것입니다. 교육에 대한 다양한 정의들을 내릴 때 거기에는 실현해야 할 목표와 함께 어떤 철학적인 요소가 담겨 있다는 뜻입니다. 그것을 우리는 다른 말로 '세계관'이라고 표현합니다.

샬롯 메이슨이라는 사람은 '홈스쿨 교육' Home School Education 이라는 글에서 이런 이야기를 했습니다. "물줄기가 물의 근원보다 높을 수 없듯이 어떤 교육적인 노력도 그것을 가능케 하는 사상의 체계보다 앞설 수 없다."

이 말은 교육목표를 정하고 교육 방향을 정하는 데에는 그 근저에 목표를 좌우 control 하는 사상 체계가 반드시 있다는 말입니다. 그 사상 체계는 그들이 세상을 보는 눈이기도 한데, 그리스도인에게는 이 사상이 신학적인 요소일 수도 있고, 일반 세상 사람들에게는 어려서부터 배우고 형성해온 나름대로의 사고 체계일 수도 있습니다. 윤리적인 것이든, 도덕적인 것이든, 불교적인 것이든, 유교적인 것이든 어떤 사상이 머릿속에 들어 있다는 뜻입니다.

이런 관점에서 교육에 가장 큰 영향을 미치는 요소를 꼽으라면 '그 사람이 가지고 있는 세계관'이라고 말할 수 있습니다. 가르치는 사람이 어떤 안목에서 세계를 보고 있는지에 따라 교육 행동이 완전히 달라질 수 있기 때문입니다.

세계관이 형성되는 과정

사람들의 세계관은 어떻게 형성됩니까? 폴 히버트Paul Hiebert 박사의 설명이 도움이 될 것입니다. 그는 유명한 인류학자이자 선교사로서 트리니티 복음주의신학교에서 선교학 학과장으로 가르치다가 얼마 전에 하나님의 부름을 받았습니다. 그는 인도에서 오랜 기간 동안 선교 활동을 했습니다. 그는 선교 활동을 하는 동안 많은 소수 민족을 인류학적인 측면에서 연구했는데, 소수 민족의 행동을 살피는 연구를 통해 사람의 마음속에는 밖으로 드러나는 행동을 가능케 하는 어떤 구조가 있다는 사실을 발견했습니다. 그 구조의 마지막 부분이 세계관인데, 그는 이에 대해서 "일반적으로 모든 사람들에게는 그 자신의 세계관이 형성되는 과정이 있다"라고 말했습니다. 그림 4-1을 보면 그가 소개한 세계관 형성 과정을 좀더 자세하게 이해할 수 있을 것입니다.

그림을 보면 사람들은 삶 속에서 출발해서 이론을 만들고, 다음에는 그 이론에 기초한 확신을 통해 믿음을 갖고, 그 믿음으로 세계를 보는 눈을 갖게 되고, 그 세계관에 따라 행동한다는 것입니다.

그림의 제일 아래 부분에는 일반 세상의 삶에 대한 상황이 있습니다. 그 삶은 사람이나 종족에 따라 모두 다를 수 있지만, 속해 있는 공동체 안에서 누구나 경험할 수 있는 보편적인 성격을 띱니다. 이런 일반적인 삶에서 그 기초가 시작되어 몇 가지 단계를 거치면서 세계관으로 발전해간다는 것입니다.

삶의 다음 단계는 '이론' 입니다. 이론이라 함은 어느 정도 보편성을 갖는 사실을 말합니다. 삶이 진행되다보면 사람들에게 어느 정도 보편적으로 적용되는 이론이 나타나게 되는데, 사람들은 그 이론을 다시 삶에 사용합니다.

이론은 시간이 지나면서 신앙 체계, 믿음 체계로 발전합니다. 이론이 굳어지고 더욱더 많은 사람들에게서 그 이론에 대한 포괄적인 증거가 나타나면 그 이론은 확신의 과정을 거치면서 신앙이 된다는 뜻입니다. 그리고 이 믿음으로 세상을 이해하게 되면서 결국은 세계관을 형성한다는 것입니다.

오늘날 각계에서 많이 사용되는 연구방법론은 이와 어느 정도 연관이 있습니다. 보통 사회과학에서 이론이 발전되는 사이클만 봐도 이와 유사한 형태를 띱니다. 예를 들어 유명한 심리학자 장 피아제Jean Piaget 같은 사람의 이론만 봐도 그렇습니다. 그는 '인지발달에 대한 이론' 을 비롯한 '학습발달이론' 을 발전시켜 나가는 데에 여러 가지 방법을 사용합니다. 그는 "사람들의 두뇌가 어떻게 발달되는가?"에 대한 이론을 세울 때 먼저 삶 속에서 연구를 시작합니다. 즉 '관찰' 이라는 방법을 도입하여 맨 처음에는 아이들의 노는 모습을 그냥 관찰했습니다. 아이들 대부분은 이것저것을 손으로 만지면서 놀고 있었습니다. 그런데 가만히 보니 아이들이 놀면서 한 개, 두 개 세는 걸 배우며, 수의 개념도 익히고, 친구관계나 인간관계를 어떻게 맺을 것인지에 대해서도 배우고 있었습니다. 장 피아제는 이런 점에 착안해서 "어린아이들은 활동을 통해서 배운다"는 이론을 발전시켜 나가기 시작했습니다.

삶의 경험이 세계관을 형성한다

이를 보면 이론은 삶에서 비롯된다는 사실을 알 수 있습니다. 과학도 그렇습니다. 오늘날 과학자들은 삶 속에서 반복되고 공통적으로 일어나는 일들을 주의 깊게 관찰하면서 모든 과학 이론을 계발시켜 나갑니다. 이렇게 일상적인 삶을 통해 연구하는 방법을 '서술적 연구방법' Descriptive Research Method이라고 합니다. 일상적인 삶에서 일어나는 현상들을 관찰하고 기술한다는 뜻입니다. 예를 들어 한국 사람들의 식성에 관해 연구한다면, 한국 사람들이 음식을 먹을 때 어떤 음식을 주로 먹는가를 관찰하고, 그렇게 관찰한 것을 토대로 이론을 하나 만들어냅니다.

그런데 그 이론을 만들어낸 후 "한국 사람은 음식을 먹을 때 어떤 음식을 주로 먹고, 음식 먹는 습관은 이렇더라"는 공통적인 사실들을 바탕으로 하나의 가설을 세웁니다. 그러면 이 가설이 이곳뿐 아니라 다른 곳에서도 통하는지 연구하기 위해 한국뿐만 아니라 일본에 가서도 연구해보고, 독일, 미국에 가서도 연구를 해봅니다. 이런 연구를 가리켜서 '경험적 연구방법' Experimental Research Method이라고 합니다. 한 번 형성된 가설을 가지고 다른 곳에서 반복하여 그 가설을 입증하는 연구 방법입니다. 다른 곳에서도 입증할 수 있는 가설은 바로 하나의 보편적인 '이론'이 됩니다. 폴 히버트가 이야기하는 이론은 바로 이것입니다.

한 가지 이론이 발전이 되면 일반적으로 여러 점검의 과정을 거칩니다.

경험적 연구를 많이 거치는 것입니다. 그래서 발견된 이론의 보편성을 이루어 갑니다. 이론이 발전되어 보편적으로 사람들에게 적용될 때 그것은 다음 단계로 넘어 갑니다. 그것이 바로 확신입니다. 확신이 깊어지면 그 이론에 대한 자신감을 가지게 되고 나중에는 이론을 다른 사람에게 소개하면서 설득하게 됩니다. 이 단계에 들어가면 그 이론은 바로 믿음과 같은 것이 됩니다.

그 믿음이 깊어지면 모든 사물을 그 믿음의 관점에서 보게 됩니다. 바로 그것이 세계관입니다.

예를 들어 설명해보겠습니다. 여러분은 굿을 본 적이 있습니까? 저는 어렴풋하게나마 어렸을 때 보았던 굿 장면이 떠오릅니다. 제 어머니는 집안에 걱정거리가 있거나 아픈 사람이 생기면 굿을 하셨습니다. 이제 제 어머니의 굿이라는 행동을 놓고 보겠습니다. 왜 제 어머니는 굿이라는 행동을 하셨을까요? 그것은 앞에서 설명한 구조에 따라서 형성된 세계관 때문입니다.

제 어머니가 태어났을 때 그의 삶 속에는 사람들이 굿을 하는 일이 종종 있었습니다. 왜 굿을 하느냐고 물었더니 사람들은 삶이 어려울 때 액땜을 하기 위해서라고 했습니다. 이때까지 어머니에게 굿은 다른 사람들이 하는 것이었고 자신은 단지 구경하는 입장이었습니다. 그런데 이것이 어머니의 것이 되는 과정을 거칩니다. 살다가 어려움이 생기면서 이 굿 생각이 납니다. 사람들이 가정에 문제가 있을 때 굿을 한다고 했는데 그것이 나에게 효력이 있을지도 모르겠다고 생각하는 것입니다. 그리고 가설을 세웁니다. 곧 인생의 액땜을 하기 위해서는 굿이 효과가 있다는 것입니다.

이제 가설을 세웠으니 어떻게 합니까? 직접 굿을 해보는 것입니다. 별로 효과가 없습니다. 그래도 계속합니다. 가끔 한 번씩 효과가 있는 것 같습니다. 가끔 효과가 있는 것은 통계학적으로 의미가 없지만 어머니는 나름대로 효과가 있다고 확신합니다. 그리고 결론을 내립니다. 굿이라는 것은 인생의 액땜에 효과가 있다고 말입니다. 그리고 확신을 가지고 다른 사람들에게 알립니다. 그러고는 '아 이 세상에는 인생에 액을 가져다주는 존재가 있구나. 굿을 통해 그를 기쁘게 하면 인생의 어려움을 면할 수도 있구나'라고 생각합니다. 곧 이 세상에 어려움을 가져다주는 어떤 존재가 있다는 관점을 가지고 세상을 보는 것입니다. 그리고 행동합니다. 그 행동이 이제는 다시 삶 속으로 들어가 이론을 확인하고 믿음에 확신을 주면서 또 다시 행동하도록 자극합니다.

모든 인간의 행동은 바로 이렇게 형성됩니다. 그래서 어떤 사람이라도 이 구조에 비추어 그의 모든 행동을 해석할 수 있습니다. 다만 한 가지 크리스천에게는 다른 부분이 있습니다. 그것은 믿음 체계가 밑에서부터 형성된 것이 아니라 외부에서 들어온다는 것입니다. 곧 성경을 통해 다른 이론이 주어지면서, 내가 지금까지 경험한 것과는 전혀 상관이 없는 데서 나온 믿음 체계를 갖는 것입니다. 어려서부터 크리스천이 된 사람들은 예외겠지만 대부분의 사람들은 성인이 되어서 이 믿음을 받아들이므로 크리스천은 바로 그 믿음 체계에서 제공한 세계관을 가지고 세상을 바라보면서 삽니다. 곧 유일하신 하나님이 계신다는 세계관 속에서 행동합니다.

사람의 행동을 보면 그 사람의 세계관을 알 수 있고, 또한 그 사람이 어떤 세계관을 가졌는지는 그 사람이 살아온 삶의 배경과 경험, 믿음 체계를 보면 알 수 있습니다. 마찬가지로 교육행동도 그렇습니다. 사람의 교육행동은 그 사람의 세계관이 무엇이냐에 따라서 달라지는 것입니다. 그러므로 교육행동을 잘하기 위해서는 세계관을 바로 세워야 합니다.

이제 이슈는 이것입니다. 그 세계관을 바로 세우기 위해 가장 중요한 것이 무엇이냐는 것입니다. 그것은 바로 믿음 체계입니다. 신앙 체계입니다.

그러므로 믿음 체계를 바로 갖는 것이 건강한 교육행동에 가장 중요한 것이라고 할 수 있습니다.

세계관은 신앙이다

믿음 체계가 건강할 때 세계관이 건강할 수 있습니다. 세계관은 믿음에 따라서 달라지기 때문입니다. 그러면 그 믿음 체계가 무엇입니까? 우리는 그 믿음을 가리켜서 신학이라고 합니다. 그러므로 이렇게 정리할 수 있습니다. 신학이 좋아야 바른 세계관을 가질 수 있다는 것입니다. 그러므로 이슈는 좋은 신학을 갖는 것입니다.

넬슨Nelson이라는 사람은 "신학은 성경 해석의 기초를 제공하고, 세계관이나 윤리적인 표준을 제공하며, 악과 죽음과 일반적인 삶의 여건에 대해 설명해주는 생의 철학을 제공한다"고 말했습니다. 이 말은 신학이 차지하는 위치를 확인시켜줍니다. 넬슨의 말을 교육활동과 연계해서 본다면, 사실상 세계관에 기초한 모든 교육활동은 신학으로부터 말미암는다는 의미가 됩니다. 이 말은 신학이야말로 모든 교육 실제에서도 가장 중요한 기초를 구성한다는 사실을 확인시켜줍니다.

유명한 신학자이면서 교육학자인 노마 톰슨Norma H. Thompson은 "신학은 교육이론의 배경을 형성하며, 교육이론의 기초를 이루어왔다"고 말했는데, 넬슨의 주장을 잘 지원해주는 표현이라고 할 수 있습니다. 결국 이런 사람들이 주장하는 바의 핵심은 교육을 하는 데 가장 중요한 것이 신학이라는 얘깁니다.

신학이 교육의 큰 줄기를 결정한다는 사실의 구체적인 예로 헬라 신화의 경우를 생각해봅시다. 헬라인들 사고의 특징은 이원론입니다. 이들은 모든 세계를 물질적인 것과 영적인 것 두 가지로 나누어 보았습니다. 물질적인 세계는 일시적인 것이어서 없어지고 파괴되고 부패될 것이며, 영적인 세계는 영원하고 순수하고 신선한 것이기에 영적인 것만 소중하다고 여겼습니다. 따라서 인간은 물질적인 것과 관련된 활동에 관여하기보다 영적인 활동에 집중해야 한다고 보았습니다.

그들은 교육 체계를 만들 때에도 영원한 것에만 투자해야 한다고 보고 모든 커리큘럼에서 육체적인 것을 무시해버리고 영적인 것만 추구하도록 했습니다. 헬라인들의 신학적 입장이 교육 실제에서 어떻게 나타나는가를 잘 보여주는 대목입니다.

랜돌프 크럼프 밀러Randolph Crump Miller는 "오늘날 교육 체계에서 한 가지 놓치고 있는 중요한 주제가 있는데 그것은 바로 신학이다. 가장 적절하게 해석된 신학 안에 오늘날 교육상의 모든 문제에 대한 최상의 대답이 놓여 있다"고 말했습니다. 역사적인 관점에서 보아도 신학은 그것이 자유주의 신학이든 아니면 위기신학이든 그 자체가 교육과 교육의 실제에 긴밀하게 연결되어 있음을 알 수 있습니다. 그러므로 신학과 교육의 관계는 불가분의 관계라고 할 수 있습니다.

왜 교육에 신학이 필요한가?

헬라인들의 경우에서도 보듯이 신학은 교육에 중요한 역할을 하는데, 과연 신학이 어떤 역할을 하며 어떤 부문에서 영향을 끼치는 것입니까?

실체에 대한 궁극적인 연구를 주제로 삼는 철학의 한 분야를 가리켜 우리는 일반적으로 '형이상학'이라고 합니다. 형이상학은 이 세상의 실체를 탐구하는 학문, 곧 "본질이 무엇인가?" "존재의 기본 전제가 무엇인가?"를 질문하는 학문입니다. 주로 우주론적이고 종교적인 측면, 인류학적이며 근원적인 측면에서의 질문이 여기에 포함됩니다.

모든 교육은 형이상학의 영역을 벗어날 수 없습니다. 궁극적 실체에 대해 연구하는 형이상학이야말로 교육개념을 잡는 데 중심 역할을 하기 때문입니다. 다양한 교육적 실체들은 어떤 환상이나 환영, 상상에 기초하기보다는 사실과 현실, 실제에 기초하기 때문에 형이상학적인 믿음 체계가 다르면 교육적 접근의 방향성도 달라지고 심지어는 교육 체계가 달리 형성되기도 합니다.

그렇다면 형이상학은 어떻게 형성되며, 다음과 같은 질문들에 우리는 어떻게 해야 답변할 수 있을까요? "우주가 무엇이며 종교는 무엇인가? 또 사람은 무엇인가?" 앞서 설명한 것처럼, 이 세상에 하나님이 있는지 없는지, 이 세상은 누구에 의해 만들어졌고, 어떤 기원을 가지고 있으며 어떻게 발전되었는지, 사람과 신은 어떤 관계에 있는지, 이 세상의 법칙들은 어디로부터 왔는지 같은 본질적이고 근원적인 질문을 하는 것이 바로 형이상학입니다. 이런 질문을 해볼 때 우리는 어떤 특정한 전제 없이 대답하기가 어렵다는 것을 쉽게 알 수 있습니다. 즉 신학적인 전제가 없이는 정확히 대답할 수 없는 것입니다. 중요한 것은 신학적인 전제가 있어야 형이상학의 질문에 답할 수 있다는 것입니다. 그러므로 형이상학의 발전은 신학적 전제에 기초한 것을 알 수 있습니다.

그렇다면 그리스도인인 우리들이 갖고 있는 신학적 전제는 무엇입니까? 그리스도인들은 성경의 기초 위에서 형이상학적 믿음을 갖습니다. 즉 하나님께서 세상을 창조하셨다는 '창조신학' Creation Theology을 가지고 있습니다.

창조신학은 모든 것을 하나님과의 관계 속에서 파악하는 관점입니다. 이 땅 위에 존재하는 모든 것들은 하나님과의 관계 속에 존재하므로 인생의

> **New SS교육지표 | 기독교교육을 위한 형이상학적 전제들**
>
> - **창조신학**
>   하나님이 천지만물을 창조하셨다는 선언을 믿는 사람만이 인간 존재의 목적과 운명에 대해 정당하게 가르치고 배울 수 있다.
>
> - **인식의 근원인 성경**
>   경험, 이성, 기술 등 그 어떤 인간적 인식 도구도 성경을 우선하거나 능가하지 못한다.
>
> - **이성과 합리성 존중**
>   구원계시(특별계시)뿐 아니라 자연과 인간 사회에 내재하는 모든 법칙, 목적성 등이 인식의 보조도구로 사용된다.

모든 사건들을 하나님과의 관계에서 이해하고 연구해야 한다는 것입니다.

또한 그리스도인들은 성경의 기초 위에서 인식론의 본질을 갖습니다. 즉 하나님이 진리요, 하나님이 그 진리를 계시라는 과정을 통해 드러내 보이시며 사람들이 진리를 발견할 수 있게 되었다는 것입니다.

이러한 신학은 교육에서 무엇을 연구해야 할지를 결정해줍니다. 뿐만 아니라 각 주제들을 연구하는 데 필요한 환경과 상황에 관한 뼈대를 제공해줍니다. 커리큘럼을 선택할 때도 무엇에 강조점을 두어야 할지 그 기준을 제공합니다. 이런 관련성을 교육적인 관점으로 본다면, 모든 교육 이론이나 실제들 역시 신학적으로 충분히 고려되어야 할 것입니다.

가치 판단의 안내자

이처럼 형이상학이나 인식론의 발전에서 신학은 매우 중요한 기준이 되고, 교육 내용 선택을 위한 안내자로서도 중요한 역할을 한다는 점을 잊지 말아야 합니다. 이 말은 신학이 교육을 선택하는 기준도 결정한다는 뜻입니다.

이 외에도 교육에서 요구되는 신학의 또 다른 역할은 가치 판단의 안내자 역할입니다. 교육에서 중요하게 관심을 두는 것 가운데 하나가 삶을 바꾸는 일입니다. 곧 삶의 변형Transformation을 목표로 한다는 것인데, 사람들의 삶은 각자가 가지고 있는 가치 체계의 변화로 말미암아 바뀌게 마련이므로 사람들이 좋은 가치 체계를 계발하도록 하는 데 교육자들이 관심을 두는 것은 당연합니다. 바로 이 가치 체계를 형성하는 데 있어서 신학의 역할을 간과할 수 없습니다.

특별히 그리스도인들은 각자가 가지고 있는 실존과 진리(형이상학과 인식론)에 대한 성경적인 신학을 바탕으로 가치에 대한 원리들을 정리합니다. 이 말은 그리스도인들이 가치에 대한 원리들을 성경에서 찾는다는 뜻입니다. 성경에는 가치 체계의 본질이 있습니다. 하나님의 성품이 그것입니다. 또한 산상수훈은 성경 속에서도 가장 급진적인 가치 체계를 기술한 부분입니다. 이런 내용들이 기독교교육에서 가장 중요한 과제 중의 하나인 그리스도를 닮아가는 삶을 살도록 하는 데 도움을 줍니다. 기독교교육자들은 이런 가치 체계의 본질을 잘 드러내어 학생들이 그들의 삶 속에서 적절하고 올바른 가치판단을 내릴 수 있도록 도와줍니다.

좋은 신학이 좋은 교육을 만든다

앞서 신학의 역할과 관련된 형이상학, 인식론, 가치론에 대해 설명했습니다만, 중요한 점은 역시 신학적 입장이 아닐까 싶습니다. 오늘날 신학과 관련된 큰 이슈는 그 신학이 좋은 신학이냐, 나쁜 신학이냐 하는 문제입니다. 이 문제가 이슈가 되는 까닭은 현대에는 신학적 입장이 너무나 다양하게 나타나고 있기 때문입니다. 이 말은 좋은 신학, 나쁜 신학을 우리 자신이 선택하고 구분해야 한다는 뜻이기도 합니다.

오늘날 이 시대를 가리켜서 혼합주의가 팽배한 시대라고들 합니다. 다양한 신학적 요소들이 현 시대의 사상 체계 속에 들어와 있을 뿐 아니라 복합적인 사회 속에 여러 종류의 신학들이 공존합니다. 이 말은 다양한 형태로 공존하는 신학적 입장들 가운데서 어떤 신학을 갖고 있는지, 또한 그 신학이 좋은 신학인지 나쁜 신학인지에 따라 교육 체계가 완전히 달라진다는 뜻입니다.

그런 점에서 오늘날은 좋은 신학을 갖는 것이 매우 중요한 시대가 되었습니다. 「크리스처니티 투데이Christianity Today」지의 편집장이었던 케네스 칸저Kenneth Kantzer는 "이 시대는 신학이 없는 시대가 아니라 어떤 신학을 가져야 되느냐를 물어야 하는 시대다"라고 이야기했습니다. 좋은 신학을 가질수록 그 신학의 긍정적인 요소들이 그 사람의 됨됨이를 형성하기 때문에 가능한 한 좋은 신학을 갖도록 권면하고 있는 것입니다. 이제 중요한 것은 우리의 신학에 기초한 교육철학을 정리하는 것입니다.

New S S 혁 신 토 의

1. 당신의 교육 행위는 어디에서 영향을 받았는지 말해보라.

2. 교육철학(세계관)과 신학의 관계를 말해보라.

제5장

기독교교육, 일반교육과 무엇이 다른가?

기독교교육과 일반교육의 차이점도 모르면서 과연 기독교교육을 한다고 할 수 있을까요? 기독교교육을 한다면서 혹시 학교에서 보고 배운 그대로, 나에게 익숙한 대로, 세상에서 말하는 대로 우리 아이들을 대하고 가르치고 있지는 않습니까? 성경에서 말하는 가르침의 원리와 가르치는 자의 자세, 성경적인 관점 등에 대해 살펴보고 기독교교육이 나아갈 바른 방향을 제시합니다.

교육철학을 정립함에 있어서 우리가 고려해야 할 부분들이 많이 있습니다. 그것은 가르치는 사람을 어떻게 볼 것인가, 학생을 어떻게 볼 것인가, 어떤 내용을 가르칠 것인가, 교육의 목표는 무엇인가 등입니다. 이런 주제들은 교육과 연관된 중요한 부분들입니다. 이제 기독교적인 신학에 기초해 하나씩 정리하면서 철학을 세워보겠습니다. 이 철학적인 입장에 따라서 여러분의 교육행동은 완전히 달라질 수 있습니다.

먼저 가르치는 교사와 연관된 부분을 보겠습니다. 우리는 가르치는 사람과 연관해 생각할 때 늘 해야 할 질문이 있습니다. 바로 '우리는 기독교교육자로서 어떻게 다른가' 입니다. 그리고 나서 기독교교육을 하는 사람들이 어떤 부분에서 일반교육을 하는 사람들과 다른지 말할 수 있어야 합니다. 이것은 교사에 관한 내용입니다. 가르치는 현장에서 가장 중요한 주체인 교사에 대해서 어떻게 인식해야 할까요?

나는 왜 교사를 하는가?

가정이나 교회, 학교 등에서 기독교교육을 함에 있어서 가르치는 자들이 스스로 자신의 위치와 역할을 정확히 안다면, 강한 자아 정체감을 갖고 더욱 힘 있게 사역할 수 있을 것입니다. 크리스천 교사는 일반 교사와 어떤 점이 다를까요? 기독교교육에 참여하는 교사가 꼭 기억해야 할 중요한 사실이 있습니다. 그것은 교사의 정체성을 교회를 중심으로 찾아야 한다는 것입니다.

다음의 그림 5-1은 크게는 하나님나라, 작게는 교회라는 공동체 안에 있는 성도들의 모습을 중생과 성장의 축을 중심으로 나타낸 것입니다. 모든 그리스도인들은 하나님나라라는 큰 테두리 속에서 중생의 과정을 통해서 교회에 들어옵니다. 이후 그들은 모두 성장의 과정을 거쳐 궁극적으로는 예수님을 닮아갑니다 Christlikeness. 교회 안에 있는 사람들은 남녀노소 할 것 없이 누구나 중생한 이후부터 성장의 과정을 거쳐 가고 있습니다.

그런데 잘 알다시피 교회 안에 있는 사람들의 성장 정도는 각각 다릅니다. 영적으로 성장한 사람이 있는가 하면 덜 성장한 사람이 있습니다. 바로 이런 차이 때문에 교회 안에 가르치는 자와 배우는 자의 관계가 생겨난다는 것을 유념해야 합니다.

그림 5-1은 평면이지만 이제 상상을 통해 3차원으로 한번 생각해보시

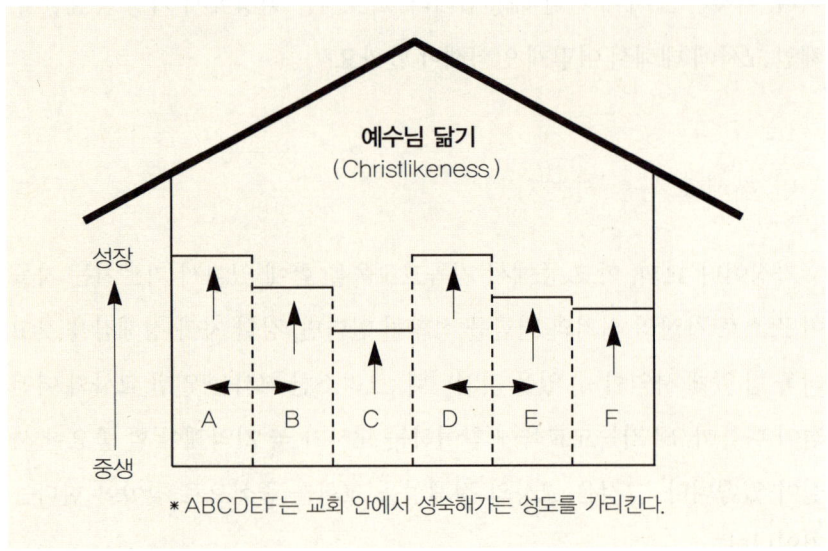

기 바랍니다. 둥그런 연필통에 꽂혀 있는 연필들을 빗대어 생각해보면 될 것입니다. 교회라는 곳은 성도 한 사람을 기준으로 놓고 볼 때 많은 사람들이 그 한 사람의 둘레에 모여 있는 곳입니다. 그렇게 각각 모인 사람들은 서로 간에 영적 성장의 차이를 보입니다. 어떤 사람은 나보다 높고 어떤 사람은 나보다 낮습니다. 연필통에 꽂혀 있는 연필의 길이가 각각 달라 높고 낮음의 차이를 보이듯이 말입니다.

　그림에서 사람과 사람 사이를 굵은 선으로 그리지 않고 점선으로 그리고 있다는 사실에 주의하시기 바랍니다. 이것은 교회 안에 있는 사람들끼리 서로 서로 영향을 주고받는다는 의미입니다. 교회 안에 있는 사람들은 서로 영향을 주면서 영적 성장에 필요한 영양분을 공급합니다. 이것은 바로 유기적인 관계를 의미합니다. 그러므로 교회는 모든 구성원이 유기체적인 관계로 서로 연결되어 있는 공동체라고 할 수 있습니다.

이렇게 보았을 때 한 가지 중요한 사실을 명심해두어야 합니다. 곧 모든 그리스도인은 공동체 안에서 자신보다 덜 성숙한 사람을 도와야 할 책임과 의무가 있다는 것입니다. 그림에 나타나는 성도들 간의 성숙의 차이는 함께하는 다른 성도가 보완해서 메워주어야 할 부분입니다. 가르치는 자의 역할을 바로 이런 전제 위에서 생각해야 합니다.

성경에서는 교사의 가르치는 역할에 대해서는 언급하지만, 공동체 안에서 교사가 맡은 기능에 대해서는 별도로 언급하고 있지 않습니다. 교사가 따로 있다기보다는 모든 그리스도인들을 가리켜서 '가르치는 자'라고 말하는 듯합니다. "(너희가) 모든 지혜로 피차 가르치며"라는 말씀이 골로새서 3장 16절에 있는데, 이는 피차 가르치는 일은 교회 구성원 모두가 해야 할 일이라는 것을 뜻합니다.

기독교교육에서 가르치는 일이란 무엇을 의미합니까? 가르치는 일은 내가 그리스도 안에서 중생한 이후 좀더 성숙해졌을 때 좀 덜 성숙한 사람들을 돕는 행위입니다. 기독교교육에서는 가르치는 일을 영적 성숙의 개념에서 서로 간에 돕는 일로 언급하고 있습니다. 단순히 정보를 많이 아는 사람이 정보를 모르는 사람들에게 알려주는 것이 아니라 영적으로 성숙한 자가 영적으로 연약한 자를 도와주는 것입니다. 그렇기 때문에 교사는 "내가 하나님의 은혜로 이만큼 성숙했으니 이제 나보다 덜 성숙한 사람을 도와서 좀더 성숙한 수준으로 끌어올릴 책임과 의무가 있다"는 생각을 가져야 합니다. 이런 의미에서 가르치는 일은 선택이 아니라 의무라고 할 수 있습니다.

교회 안에 있는 사람이라면 그 누구도 가르치는 일에서 제외될 수 없습니다. 우리 모두는 연약한 어린 학생들을 가르치면서 도와야 할 책임과 의무가 있습니다. 교사들에게 "왜 교사 일을 하느냐?"라고 물어봅니다. 그러면 "목사님이 하도 힘들게 해서요" "집사님이 하도 부탁해서요" "아이들이 좋아서요" "교회 안에 달리 봉사할 곳이 없어서요"라고 대답합니다. 대부분이 어쩔 수 없이 주일학교 교사를 한다는 말입니다. 사실 대부분의 교사들이 어쩔 수 없이 주일학교에 들어옵니다. 그리고 들어오자마자 어떻게 하면 연말에는 빠져나갈까를 생각합니다. 이런 동기는 잘못된 동기입니다. 주일학교 교사로 섬기면서 이런 의식을 가지고 있다면 빨리 떨쳐버려야 합니다.

우리는 누군가의 부탁 때문이나 선의를 베풀려는 마음, 혹은 아이들을 좋아하는 마음 때문에 교사로 섬기는 게 아닙니다. 내가 먼저 믿어 예수님을 알고 하나님의 은혜를 입은 자로서 그 은혜에 감사하는 마음으로, 곧 빚을 진 자의 심정으로 섬기는 것입니다. 빚을 진 자라는 것은, 교사로 섬기는 일이 하나님 앞에서 마땅히 행해야 할 책임과 의무라는 것을 말합니다. 크리스천 교사는 모두 이런 소명감을 가져야 합니다. 비록 부담이 되지만 그런 부담은 우리가 하나님 앞에서 가져야 할 거룩한 부담입니다.

가르친다는 것은 무엇인가?

가르치는 이의 정체성과 연관해 한 가지 더 생각할 것이 있습니다. 가르치는 일이 모든 크리스천들이 감당해야 할 의무라는 생각을 하면서도 선뜻 가르치는 사역에 뛰어들지 못하는 사람들이 있습니다. 잘못된 선입관이 있기 때문입니다. 그것은 가르치는 일을 단순히 지적인 일로만 생각하기 때문입니다.

가르치는 일과 배우는 일을 교회라는 상황 속에서, 영적인 성숙의 개념에서 이해한다면 결코 놓쳐서는 안 될 게 있습니다. 그것은 가르치는 일을 전인격적인 측면에서 생각해야 한다는 것입니다. 많은 이들이 교사를 하라고 권유를 받으면 아는 것이 없어서 못한다고 합니다. 그들은 가르치는 일에 대한 잘못된 개념을 가지고 있습니다. 일반 사회에서 익숙한 교육의 개념을 가지고 교사의 일을 생각하는 것입니다. 일반 사회에서는 정보를 전해주고, 지식을 가르치는 일을 교육이라고 생각하지만 주일학교와 교회 교육에서는 그렇지 않습니다. 우리는 지적인 능력이 좀 떨어져도 가르치는 일을 할 수 있습니다. 전인격적인 부분이란 지적인 면만 말하는 것이 아니기 때문입니다.

사람에게는 여섯 가지 측면이 있습니다. 지적인 측면, 감성적인 측면, 육체적인 측면, 사회적인 측면, 도덕적인 측면, 영적인 측면입니다. 이 모든 측면들이 골고루 발전될 때 균형 잡힌 성장을 할 수 있습니다. 우리가 영적 성숙이라고 할 때 그것은 이 여섯 가지 측면이 골고루 발전한 것을 이야기합니다. 그러므로 영적 성숙을 위해 가르친다고 하면 그것은 감성적인 측면, 도덕적인 측면 등 인간의 여러 측면들을 다 포함합니다.

이렇게 보았을 때 지적으로 잘 모른다고 할지라도 감성적으로 안정적인 사람은 그 부분을 가지고 영적 성숙을 도모하는 데 이바지할 수 있습니다. 사실 가르치는 사람들 가운데 지적으로는 잘 가르칠지 모르지만 감성적으로 안정적이지 못한 사람도 우리가 많이 보지 않습니까? 사회적으로도 원만하지 못한 사람도 많지 않습니까? 그러나 나이가 들어서 지적인 능력은 좀 떨어지지만 다른 부분, 곧 감성적 안정이라든지 사회적 원만함을 가지고 가르칠 수 있는 사람도 있습니다.

그러므로 우리는 어떤 측면에서든지 학생들의 영적 성장에 도움을 줄 수 있는 부분이 있다는 사실을 인정하고 가르치는 일에 참여해야 합니다. 크리스천 교사는 이런 측면에서 일반 교사들과 다릅니다. 무엇이 다릅니까? 크리스천 교사는 가르치는 일을 의무로 생각합니다. 또한 가르치는 부분을 지적인 부분뿐만 아니라 다른 인격적인 측면으로도 생각합니다. 그래서 어떻든 자신이 받은 은혜를 가지고 가르치려고 합니다.

태도가 교육을 결정한다

배우고 가르치는 과정에서 가장 중요한 것은 가르치는 이의 태도입니다. 태도가 교육의 모든 것을 결정한다고 할 수 있습니다. 크리스천 교사로서 우리는 가르칠 때 어떤 태도를 가져야 합니까?

성경은 기독교교육을 행할 때 가르치는 자가 취해야 할 태도에 대해 명확한 입장을 보여줍니다. 가르치는 자가 하나님 앞과 학생들 앞에서 가져야 할 태도는 무엇입니까? 성경이 우리에게 보여주는 태도는 성육신incarnation 하신 예수님을 보면 잘 알 수 있습니다. 예수님은 이미 사람을 돕는 자가 어떤 태도를 가져야 할 것인가를 친히 보여주셨습니다.

그러나 사실, 우리의 문제는 이런 모범이나 신학을 가지고 있지 못한 데 있지 않습니다. 다만 그 신학을 구현하지 못하는 것이 문제입니다. 좋은 신학을 가지고 있으면서도 그 신학을 적용하고 그대로 살아가지 못하는 것은 참으로 부끄러운 일입니다.

우리가 어린아이들, 특별히 연약한 자들을 돕기 위해 가져야 할 태도가 있다면 그것은 바로 이 '성육신'의 낮아지는 자세입니다. 요즘 텔레비전 광고에 많이 나오는 '눈높이교육'은 이런 자세와도 일맥상통합니다. 그래서 저는 '눈높이'라는 말을 참으로 좋아합니다. 눈높이를 맞추어 나가는 자세야말로 교육하는 사람들이 명심해야 할 교육원리입니다. 이는 곧 아이들의 수준으로 내려간다는 의미가 아닙니까? 그러나 요즘 교사들은 아이들의 수준으로 잘 내려가지 못합니다. 아이들에게 자신의 수준으로 올라오라고 요구하고, 그렇게 못하면 사정없이 몰아치는 태도로 아이들을 대하는 사람들이 얼마나 많습니까? 사정이 이렇다보니 아이들은 교사와 잘 어울리지 못합니다. 그래서 더욱 학생들은 선생님들에게 거리감을 느낄 뿐만 아니라, 그들을 어깨에 힘주고 폼 잡는 사람쯤으로 여깁니다.

청소년사역을 발전시키는 데 디딤돌을 놓은 짐 레이번Jim Rayburn은 미국의 영 라이프Young Life 사역을 처음 시작한 사람으로 잘 알려져 있습니다. 그가 청소년사역을 성공적으로 이끌 수 있었던 이유도 이 성육신의 모델을 사역에 잘 접목했기 때문입니다. 처음 사역이 잘 되지 않아 고민하고 있을 때 담임목사님이 그에게 "교회에 있는 학생들은 내가 돌볼 테니 당신은 학교로 가시오"라고 말했다고 합니다. 그 말을 들은 그는 학생들이 스스로 교회로 오기를 기대하지 않고 직접 학교로 가서 아이들과 어울리는 가운데 그들을 전도하기 시작했습니다. 1930년대 당시에는 전혀 새로운 접근이었습니다. 그는 이렇게 해서 청소년 사역의 철학과 방법론의 기초를 놓았습니다.

이처럼 청소년을 대할 때는 그들의 수준과 입장으로 내려가 그들을 이해하는 쪽에서 이야기를 해야 합니다. 그러나 우리는 일반적으로 선생으로서 완벽하기를 원합니다. 학생들 앞에서 부족하고 연약한 선생의 모습을 보여주는 데는 잘 훈련되어 있지 않고, 늘 선생으로서 권위를 확보하기 위해 완벽한 사람인 것처럼 행세하는 데 익숙한 사람들입니다. 가르치는 자들은 이런 모습을 먼저 고쳐 나가야 합니다. 기독교교육자가 유념해야 할 중요한 진리가 여기에 있습니다.

기독교교육자가 일반교육자와 다른 점이 무엇입니까? 쥐꼬리만큼 알고 있는 성경 지식을 가르친다고 해서 학생들에게 권위를 내세우거나 폼을 잡는 것이 기독교교육자의 바른 자세입니까? 아닙니다. 학생들의 입장으로 내려가서 그들을 이해하고 격려하며 붙들어서 공부를 시켜야 합니다. 이런 면에서 우리는 좀더 낮아져야 합니다. 이런 태도가 우리 안에서 구현되지 않으면 진정한 기독교교육은 이루어지지 않습니다. 우리 학생들이 일반학교 선생님과 교회 선생님 간에 아무 차이점도 못 느낀다면 우리는 그들에게 어떤 영향도 줄 수 없습니다.

그런데 또 다른 문제는 가르치는 많은 사람들이 성육신의 의미를 단순히 낮아지는 정도로만 생각하는 것입니다. 성육신이 무엇을 의미하는지 잘 모르는 것 같습니다. 성육신의 개념은 낮아지는 것 이상의 의미를 담고 있습니다.

권리를 포기하라, 제약을 수용하라, 자기를 희생하라

성육신의 개념을 정확히 알기 위해서는 빌립보서 2장 5-8절의 말씀을 보아야 합니다. "너희 안에 이 마음을 품으라 곧 그리스도 예수의 마음이니 그는 근본 하나님의 본체시나 하나님과 동등 됨을 취할 것으로 여기지 아니하시고 오히려 자기를 비워 종의 형체를 가지사 사람들과 같이 되셨고 사람의 모양으로 나타나사 자기를 낮추시고 죽기까지 복종하셨으니 곧 십자가에 죽으심이라."

이 말씀 속에서 발견하는 성육신의 개념은 무엇입니까? 먼저는 권리 포기입니다. 예수님은 성육신을 통해 낮아지셨는데 그것을 가리켜서 성경은 하나님과 동등 됨을 취할 것으로 여기지 않으셨다고 합니다. 이것이 바로 권리를 포기한다는 의미입니다. 예수님은 사람들을 돕기 위해 그분의 고유한 권리와 영광을 포기하셨습니다. 가르치는 사람으로서 우리에게도 주장할 권리들이 있을 것입니다. 그것을 포기할 줄 알아야 합니다.

다음은 제약을 수용하는 것입니다. 성경에 보면 예수님께서 이 땅에 내려오시는 일을 가리켜 '자기를 비어 종의 형체를 가져 사람들과 같이 되었다'고 합니다. 종이 되고 사람들과 같이 되는 것이 바로 제약을 수용하는 것입니다. 종과 사람이 되면 제약이 생깁니다. 불편합니다. 예수님은 그것들을 받아들인 것입니다. 교사가 학생들을 가르치자면 그들의 어리석음과 아직 성숙하지 못한 요소들로 인해 불편할 때가 있습니다. 그러나 그것을 받아들여야 합니다.

마지막 개념은 자기희생입니다. "자기를 낮추시고 죽기까지 복종하셨으니 곧 십자가에 죽으심이라." 이 말씀은 바로 자기희생을 이야기합니다. 스스로 복종하고 죽기까지 하는 자기희생이 교사들에게 필요하다는 것입니다.

여러분, 우리가 가르치는 사람으로서 스스로에게 한번 물어볼 게 있습니다. "나는 크리스천 교사로서 학생들을 위해 권리를 포기한 적이 있는가? 제약 수용, 곧 불편함을 감수한 적이 있는가? 자기희생을 했는가?" 이런 질문에 정확히 답할 수 없다면 크리스천 교사로서 우리가 어떤 모습을 하고 있는지 돌아보아야 합니다.

저는 개인적으로 크리스천 교사로서, 또한 목회자로서 늘 같은 질문을 합니다. 그러면서 예수님께서 성육신하신 모습을 구현해보려고 노력합니다. 그런 차원에서 하는 일이 있습니다. 그것은 학생들에게 전화를 한 통씩 하는 것입니다. 제가 신학대학원에서 강의를 하고 있는데 학기 말이면 저의 강의를 들은 학생들 가운데 F학점을 받을 수밖에 없는 학생들이 나옵니다. 바로 그들에게 전화를 하는 것입니다. 저에게 F를 받은 학생들은 페이퍼를 내지 않았기 때문입니다. 신학생들이 페이퍼를 내야 할 때 교회에 행사가 있다든지 하면 그 기회를 놓칠 수 있습니다. 그래서 다시 기회를 주는 것입니다. 이런 과정을 통해 성육신의 태도를 실천해봅니다.

저는 교수로서 학생들이 기간 내에 페이퍼를 내지 못할 때 F성적을 줄 수 있는 권리를 가진 사람입니다. 그러나 그것을 포기해봅니다. 제가 학생들에게 전화를 하려면 많은 제약이 따릅니다. 전화할 시간을 내기가 쉽지 않습니다. 불편합니다. 그러나 그것을 감수해봅니다. 희생도 해야 합니다. 요즘 학생들은 집에 없기 때문에 전부 휴대폰으로 연락해야 합니다. 그래서 제 사무실의 전화비도 많이 나옵니다. 그러나 희생해보는 것입니다. 저는 이런 과정을 통해 성육신을 자꾸 훈련해봅니다.

섬김을 받은 자가 섬길 줄 안다

오늘날 교육은 교사의 태도에 달려 있습니다. 한국사회의 교육 문제는 곧 교사의 태도 문제입니다. 제가 개척 멤버도 없이 교회를 처음 개척할 때 교회를 방문하는 한 사람 한 사람이 귀했습니다. 그때 한 여자 분이 교회를 방문했습니다. 자녀들이 있었는데 그 중 한 아이가 고등학교를 다니고 있었습니다. 저는 그 학생을 돕는 것이 그 여자 성도를 잘 돕는 일이라 생각하고 그 학생을 좀더 가까이 하면서 친해졌습니다.

그런데 하루는 그 학생이 학교를 중퇴해야겠다는 이야기를 했습니다. 그 이유를 물은즉 학교에 가서는 공부가 잘 안 된다는 것입니다. 학교에 가면 대부분의 시간을 자고, 밥 먹고, 그리고 집에 온다는 것입니다. 아침 일찍 학교에 가서 오후 3-4시까지 그렇게 있다 오니까 그 시간이 아깝다는 것이었습니다. 이렇게 지내다가는 자기가 원하는 대학에 들어갈 수 없을 것 같다고 했습니다. 그래서 자퇴를 하겠다는 것입니다. 저는 그 이야기를 듣고 안 된다고 했습니다. 그래도 고등학교 졸업장이 있어야 된다고 생각했고, 학교에서 공부하는 것이 필요하다고 보았기 때문입니다.

그리고 돌려보냈는데 얼마 후에 그 학생이 또 찾아왔습니다. 자퇴하겠다는 것이었습니다. 저는 "자신이 있니"라고 물었습니다. 그의 의지가 대단해 저는 자퇴를 허락했습니다. 그런데 문제는 자퇴하는 과정에 있었습니다. 얼마 후에 그 학생을 만나서 "그래 자퇴를 잘 했니"라고 물었더니 그 학생이 하는 이야기가 선생님들에게 맞기만 했다는 것입니다. 저는 "그게 무슨 말이니? 자퇴를 하겠다는데 맞다니"라고 물었습니다. 그랬더니 하는 이야기가 자기가 자퇴 원서를 들고 관계된 선생님들에게 도장을 받는데 가는 곳마다 선생님들이 "그래 너 잘났다. 자퇴하고 잘되나 봐라" 하는 식으로 말하면서 한 방씩 쥐어박더라는 것입니다.

저는 이 이야기를 들으면서 얼마나 화가 났는지 모릅니다. 제가 우리나라의 학교 상황을 잘 모를 수 있지만 어떻게 그럴 수 있습니까? 그래도 학생이 학교를 자퇴하겠다는 의사 표현을 하면 담임선생님은 학생과 학부모와 상담해서 그 의지를 확인하고, 나머지 행정 절차는 관계된 선생님들끼리 상의하고, 결정된 사항은 나중에 학생에게 통보해주는 것이 옳지 않습니까? 그런데 학생이 직접 서류를 들고 관계된 선생님을 찾아다니고, 선생님들은 쥐어박고… 이것이 있을 법한 모습입니까? 우리나라의 모든 학교들이 그렇게 행정 처리를 하지 않는다고 봅니다만, 도대체 이런 일들이 있다니 말이나 됩니까?

저는 유학중에 미국 학교에 자녀를 보냈는데 그들이 제 아이를 배려하는 모습을 보고 감탄했습니다. 아이가 처음 학교에 갔으니 말을 잘 알아들을 수가 없고, 영어도 이제 새롭게 배워야 할 형편이었습니다. 한번은 학교에 가게 되었는데 담임선생님이 저에게 제 아이를 돕기 위해 담임선생님과 영어선생님, 그리고 발음을 가르치는 선생님이 함께 모여서 상의했다는 말을 해주었습니다. 그러면서 제 아이를 돕기 위해 학교에서 하게 될 일을 알려주었습니다. 저는 그 말을 들으면서 참으로 감사했습니다. 한 학생을 돕기 위해 관계된 사람들이 모여서 논의하고 그 방법을 결정해서 부모에게 알려주니 얼마나 멋있습니까? 이런 모습을 보았던 터라 앞서 말한 학생에게 학교가 취한 조치는 도무지 이해되지 않았습니다.

학교와 선생님으로부터 이런 대우를 받은 학생이 사회에 나가서 어떤 사람이 될지 생각해보십시오. 이런 학생은 사회에 나가서 조금이라도 권력을 가지면 그것을 휘두르는 사람이 될 것입니다. 이 학생이 선생님들에게 맞으면서 어떤 생각을 했을까요? '그래, 내가 지금은 힘이 없으니까 이렇게 맞지만 나중에 힘을 가지면 한번 두고 보자' 하는 생각을 하지 않았겠습니까? 이런 학생들이 나중에 사회에 나가면 진정 사회를 위해 섬기는 자가 될 수 있겠습니까?

저를 가르치셨던 교수님이 주관하는 모임 Ted Ward Consultation에 참석한 적이 있었습니다. 주제는 '미국의 기독교학교, 무엇이 다른가'였습니다. 2박 3일의 발표와 토론을 마친 후, 그 내용을 한 단어로 정리했습니다. 그것은 '섬김' service이었습니다. 미국 기독교학교의 문제는 섬김이 없다는 지적이었습니다. 그러면서 학교에서 섬김을 받아보지 못한 학생이 어떻게 사회에 나와서 봉사하는 사람이 될 수 있겠느냐는 이야기를 나누었습니다. 중요한 이야기입니다. 사랑을 받지 못한 사람은 사랑하지 못한다고 하지 않습니까? 섬김을 받아보지 못한 사람은 섬길 줄도 모릅니다.

크리스쳔 교사와 일반 교사, 무엇이 다릅니까? 그것은 주님의 마음을 보이는 데 있습니다. 곧 성육신하는 섬김입니다. 권리를 포기하고, 제약을 수용하면서, 자기희생을 아끼지 않는 것입니다. 예수님께서 우리에게 그런 모

| New SS교육지표 | 학습자를 보는 관점 |

 모든 학습자들은 하나님의 자녀가 될 수 있는 가능성이 있는 존재이다.

 모든 학습자들은 개인적으로 예수 그리스도를 구주로 알아야 할 필요가 있는 존재이다.

 모든 학습자들은 달란트를 사용하여 하나님께 영광을 돌릴 수 있는 존재이다.

습을 보여주셨다면 우리도 다른 사람들에게 그렇게 해야 되지 않겠습니까?

학생들, 그들은 누구인가?

기독교교육에서는 학생들을 어떻게 이해해야 할까요? 가르치는 자가 누구인지 아는 것도 중요하지만 배우는 이들이 누구인지, 그들을 어떻게 볼 것인지에 대한 인식 역시 교육에서 중요한 부분을 차지합니다.

기독교교육은 세 가지 관점에서 배우는 학생들을 봅니다. 첫째, 모든 학생들은 하나님의 자녀가 될 가능성이 있는 존재라는 것입니다. 이 관점은 "인간이 타락했다" "죄인이다" "하나님과 관계가 끊어졌다" "하나님의 자녀가 아니다"라는 명제를 전제로 합니다. 이런 전제를 역설적으로 보면, 학습자가 하나님의 자녀가 되어야만 하고, 또 될 수 있다는 가능성을 강하게 시사합니다.

둘째, 모든 학생들은 개인적으로 예수 그리스도를 구주로 알아야 될 필요가 있는 존재라는 것입니다. 이 관점은 하나님과 관계를 맺고 그의 자녀가 되기 위해서는 오직 예수 그리스도와 관계를 맺고 그를 구주로 영접해야 한다는 의미입니다.

셋째, 모든 학생들은 각자의 달란트를 사용하여 하나님께 영광을 돌릴 수 있는 존재라는 것입니다. 비록 학습자는 죄로 말미암아 타락했지만 하나님의 형상을 따라 지음 받았기 때문에 하나님께서 주신 달란트를 사용하여 무엇인가 할 수 있는 잠재력을 가진 존재입니다.

일반적으로 우리는 기독교교육자로서 학생들을 어떤 안목으로 바라봅니까? '하나님의 자녀가 될 가능성이 있는 존재'라는 관점에서 그들을 바라봅니까? 대체로 그런 편이라고 할 수 있을 것입니다. 둘째 관점에 대해서는 어떤가요? 그들을 예수 그리스도가 필요한 존재로 보고 있습니까? 이 질문에도 그렇다고 답할 수 있습니다. 그러나 셋째 관점에 대해서는 어떻습니까? 학생들을 보면서 무언가 그 안에 하나님께서 뜻을 이루실 만한 잠재력이 있다고 인식합니까? 제가 파악하기로는, 우리에게 이런 안목이 가장 크게 부족한 것 같습니다.

일반적으로 기독교교육자와 일반교육자가 학습자들을 보는 관점에는 많은 차이가 있습니다. 일반교육 현장에서는 학습자를 주로 세 번째 관점에서 봅니다. 그들은 대체로 학습자 안에 있는 잠재력을 키워주겠다는 생각을 많이 합니다. 그러나 첫 번째와 두 번째 관점은 없습니다. 반면에 기독교교육자는 기본적으로 이 두 가지 관점은 잘 정립되어 있으나 세 번째 관점이 좀 부족합니다. 우리가 가르치는 대상을 어떤 관점에서 바라볼 것인가를 유념할 필요가 있는데, 그들을 단순히 하나님과 관계를 맺고 예수 그리스도 안에서 구원받을 자로만 보아서는 안 됩니다. 그렇게 되면 그들의 영적 구원을 돕는 데만 관심을 두어 거기에만 머무르는 결과를 초래합니다.

기독교교육자인 우리가 사명과 연관하여 잊지 말아야 할 것은 우리 아이들이 하나님께 받은 달란트와 은사를 사용해서 하나님께 영광을 돌릴 수 있도록 그들을 도와주어야 한다는 점입니다. 성경은 에베소서 4장 12절에서 기독교교육자인 교사의 역할에 대해 "이는 성도를 온전하게 하여 봉사의 일을 하게 하며 그리스도의 몸을 세우려 하심이라"는 말씀을 하고 있습니다. 아이들이 인격적으로 온전할 뿐만 아니라 행하는 일까지 온전해지도록 돕기 위해 세움을 받은 사람이 곧 교사라는 뜻입니다.

이런 의미에서 크리스천 교사는 학습자의 인격과 함께 그 학생이 할 수 있는 일까지도 도와주어야 합니다. 즉 학생 한 명 한 명의 잠재력을 보고 그가 가진 달란트를 계발해줄 수 있는 눈을 갖고 접근하는 것이 기독교교육자의 독특성입니다. 따라서 기독교교육자는 학습자의 영적인 부분과 육적인 부분 모두를 도와주어야 합니다.

그러나 대개 정보 전달적인 측면에서만 교육을 생각하지, 학생들이 그 정보를 가지고 어떻게 먹고사느냐에 실제로 관심이 없는 게 현실입니다. 인성교육도 마찬가지입니다. 물론 다 그렇다는 건 아닙니다. 그 가운데는 정말 소신을 가지고 인성교육을 하시는 분들도 있습니다. 그러나 인성교육과 함께 학생들을 일할 수 있는 자로 키워야 한다는 측면에서 균형 있게 교육하시는 분들을 만나기가 쉽지 않습니다. 균형 있는 관점을 가진 교사만이 진정 학생들을 잘 도울 수 있습니다.

그러므로 우리는 주일학교 학생들을 바라보는 관점을 좀 달리해야 합니다. 우리 아이들이 하나님 앞에서 구원받고 하나님과 관계를 맺어야 될 존재인 것을 잊지 말아야 합니다. 그래서 무엇보다도 하나님과 바른 관계를 맺도록 돕는 데 우선권을 두어야 합니다. 동시에 '하나님께서 그 아이 안에 무엇을 담아놓으셨을까?' '그것을 계발해서 하나님나라에 어떻게 이바지하도록 하셨을까?' 하는 눈으로 그들을 보아야 합니다. 이런 관점을 가지고 학생들을 볼 때와 그렇지 않을 때에는 많은 차이가 있습니다. 교사가 그런 관점을 가지고 학생들을 보며 그들의 은사를 발견하게 된다면 가만히 있을 수 없을 것입니다. 부모에게 알려서 부모의 지원을 받도록 돕고, 교회 안에서도 그런 은사들이 계발되도록 돕게 될 것입니다.

자녀들을 대할 때도 이런 관점을 가져야 합니다. 내가 그려놓은 그림에 맞추어 자녀들을 끌어가선 안 됩니다. 그들 안에 내재된 잠재력들을 보면서 그것을 키워주기 위한 안목을 갖고 접근해야 합니다. 주일학교 교육을 할 때도 교사들은 비록 열악한 주일학교 여건이지만 학생들이 다양한 잠재력들을 펼칠 수 있도록 최대한의 관심을 가져야 합니다. 이를 위해 가능한 한 다양하고 다변화된 직종들을 주일학교에서 소개함으로써 다양한 달란트나 잠재력들이 유감없이 발휘되도록 해야 합니다. 일단 주일학교에서 다양한 직종들을 표현해주면, 우리 아이들은 그 중에서 자기가 좋아하고 관심 있는 것들을 따라할 것입니다. 그 가운데서 달란트가 계발되어가는 것입니다.

제가 교회교육의 변화를 시도하면서 한 가지 실시했던 것이 있습니다. 예능인 학교입니다. 교회교육에 변화를 모색해보니 다양한 재능을 가진 사람들이 필요했습니다. 신디사이저, 베이스 기타, 드럼을 연주할 수 있는 사람들과 드라마 연기, 비디오 촬영, 비디오 편집 등을 할 수 있는 사람들이 필요했습니다. 그런데 당시에만 해도 이런 부분에 준비된 사람이 없었습니다. 그래서 그런 사람들을 키우기 위해 예능인 학교를 열었던 것입니다. 이 학교를 운영하면서 흥미로운 것을 발견했는데, 그것은 나중에 예능인 학교에 지원하는 사람들 중에 학생들이 많았다는 것입니다. 예능인의

학교에서 훈련을 받은 사람들이 학생들의 각 부서에 와서 신디사이저도 연주하고, 드럼도 치는 것을 보고 도전을 받은 것입니다. 우리 학생들은 연주하는 사람들을 지켜보면서 자신이 가지고 있는 잠재력을 찾고 테스트했습니다.

기독교교육 교사는 학생들의 영적인 부분을 볼 수 있어야 하지만, 또한 그들이 자신에게 내재된 달란트를 계발해서 사용할 수 있도록 도와야 합니다. 사실, 이러한 안목을 갖고 가르치라는 권유가 교사들에게 너무 부담스러운 일로 인식될까 염려되기도 합니다. 한 주간 동안 분반공부 시간에 가르칠 내용을 준비하기도 급급한 교사들에게는 그런 안목을 가져야 한다는 것 자체마저도 큰 짐으로 여겨질 것입니다. 그러나 너무 소극적으로 생각하지 않았으면 합니다. 달란트 계발에 대한 부담만이라도 갖고 있다면, 일일이 챙길 수는 없다 하더라도 그것을 위해 기도는 해줄 수 있을 것입니다. 이것은 기독교교육자만이 독특하게 가지고 있는 사명 가운데 하나입니다.

나는 진리를 어떻게 인식하는가?

다음으로 정리해야 할 철학적인 측면은 가르치는 내용에 관한 것입니다. 곧 '진리를 어떻게 보는가' 입니다. 20세기 서구 문명사회에서 가장 폭넓게 받아들여지는 진리에 대한 평가 기준은 '과학' 입니다. 이 말은 진리가 진리답기 위해서는 과학을 통해서 체험적으로, 경험적으로 증명되어야 한다는 뜻입니다. 많은 사람들은 심지어 "과학적으로 입증하지 못한다면 그 어떤 것도 사실이나 진리일 수 없다"고 주장합니다.

"진정한 진리란 무엇인가?" "우리는 그 진리를 어떻게 알 수 있는가?"

등은 교육 과정에서 가장 중요한 근간을 이루는 질문들입니다. 이런 질문을 주제로 삼는 철학의 영역을 가리켜 '인식론'이라고 말합니다. 지식을 다루는 교육 체계에서 지식을 어떻게 보느냐에 대한 이런 인식론이야말로 교육적인 신념과 실제에 우선적으로 영향을 미치는 결정 요소가 됩니다. 인식론적인 입장에 따라서 가르치고자 하는 커리큘럼, 그리고 커리큘럼에 포함될 교육 방법론, 또한 교사의 역할이 바로 영향을 받습니다.

그러므로 교육자는 효과적인 교육자로서의 역할을 하기 전에 먼저 자신의 인식론적인 전제가 무엇인가를 정리해야 합니다. 그런데 인식론적인 전제는 어떻게 갖게 됩니까? 인식론적인 입장은 형이상학에서와 마찬가지로 각자가 선택한 신학과 깊은 관계가 있습니다. 그렇다면 그리스도인으로서 우리가 가져야 할 인식론적인 입장은 어떤 것일까요?

후에 좀더 자세히 언급하기로 하고 여기서는 우선 개괄적인 내용만 정리하겠습니다. 먼저, 그리스도인은 성경을 기독교 인식론의 가장 우선적인 근원source으로 여겨야만 합니다. 이는 모든 지식의 뼈대와 평가 기준을 제공하는 성경의 위치와 권위를 인정한다는 뜻으로, 기독교교육의 가장 핵심적인 자리에 성경을 둔다는 것을 의미합니다.

둘째로 그리스도인에게 있어 중요한 지식의 근원은 매일의 생활에서 접하는 자연과 과학적인 연구를 통해서 얻는 것들임을 알아야 합니다. 우리 주변의 자연이나 세계는 하나님의 계시, 곧 창조자 하나님께서 당신을 계시하시는 하나의 방편입니다. 이것을 가리켜서 일반계시라고 부릅니다. 다만, 여기서 우리는 과학의 발견이나 우리들의 삶의 경험이 타락으로 인해 제약이 생겼다는 것, 그래서 세상의 모든 것들은 특별계시인 성경의 조명 아래서 재해석되어야 한다는 점을 주의해야 합니다. 이런 점만 유의한다면 일반계시적인 측면들도 인식론 형성에 매우 중요합니다.

그리스도인에게 지식을 갖게 해주는 또 하나의 요소는 이성, 즉 합리성입니다. 비록 인간이 타락으로 인해 이성의 능력이 줄어들어 그 역할을 제대로 수행하지 못한다 할지라도 이성이 완전히 파괴된 것은 아닙니다. 하나님은 인간에게 자비를 베푸시고, 인간이 당한 어려운 환경에 대해서 또 그들이 당면한 문제의 해결을 위해서 함께 생각하고 함께 해결해가기를 아직도 원하고 계십니다 사 1:18. 그러나 그리스도인들은 합리론자가 아님을 알아야 합니다. 어떤 경우에도 그리스도인은 하나님 외에 또 다른 법이나 논리를 앞세워서는 안 됩니다. 케네스 칸저는 조직신학을 하는 데 있어서 이성의 역할을 강조하면서도 아울러 하나님 위에 어떤 일반법칙이나 논리가 자리해서는 안 된다고 경고합니다. 합리성과 관련해서 이성이 곧 모든 권위의 근원이 아님을 명심해야 하는 것입니다. 오히려 진리를 이해하고 진리를 깨닫는 하나의 방편 정도로 삼아야 합니다.

교육 내용 선택에 대한 입장

먼저 다음과 같은 질문을 해봅시다. "기독교교육의 내용을 어떻게 선택할 것인가?" "기독교교육의 자료는 어떤 것을 사용할 것인가?" "기독교교육자는 지식의 근원을 어디에 둘 것인가?"

이런 질문은 기독교 인식론에 관한 질문입니다. 기독교교육자라면 먼저 이런 질문에 스스로 답하면서 자신이 교육할 때 활용할 자료에 대한 분명한

New SS교육지표 | **기독교 인식론**

CONTENTS
교육의 내용을 어떻게 선택할 것인가?

MATERIALS
교육의 자료는 어떤 것을 사용할 것인가?

SOURCE
교육자는 지식의 근원을 어디에 둘 것인가?

입장과 태도를 가지고 있어야 합니다.

일반적으로 기독교교육을 할 때 주로 사용하는 자료가 무엇입니까? 보통은 성경을 가르치는 것을 기독교교육이라고 합니다. 그러나 단순히 성경을 가르친다고 해서 기독교교육이라고 말할 수 있을까요? 내용 면에서 성경을 가르치는 것만이 기독교교육이라고 할 수 있습니까? 그렇다면 성경을 가르치지 않으면 기독교교육이라고 말할 수 없을까요?

우리는 성경을 가르치는 것을 기독교교육이라고 말할 수 있습니다. 그러나 성경만 가르치는 것으로 기독교교육을 제한할 수는 없습니다. 생각해보십시오. 성경에 대해 가르칠 때도 비기독교적인 가르침이 나올 수 있습니다. 많은 사람들이 그럴 수 없으리라고 생각하겠지만, 실제로 성경을 가르치면서도 비기독교적인 가르침을 전할 가능성은 얼마든지 있습니다. 우리 주변에 있는 이단들을 보십시오. 이단도 모두 성경을 가지고 가르칩니다. 그러나 그 내용을 보면 비기독교적인 요소가 상당히 많습니다. 성경을 가르친다고 해서 모든 면에서 기독교적으로 올바르다고 볼 수는 없습니다. 따라서 기독교교육을 할 때에 어떤 내용을 선택할지 정확한 가이드라인을 가져야 합니다.

계시에 의존하는 기독교교육

교육의 가장 중요한 영역은 "진리란 무엇인가?" 하는 것입니다. 교육을 하는 사람들은 진리를 추구해가는 사람들입니다. 그들은 진리가 무엇인지에 대한 개념을 분명히 가지고 있어야 하며, 어디서 그 진리를 얻을 수 있는지에 대해서도 분명한 의식을 가져야 합니다. 특히 그리스도인들은 교육 내용을 정립할 때 진리에 대한 개념을 분명히 해야 성경적이며 합리적

New SS교육이론 그림 5-2

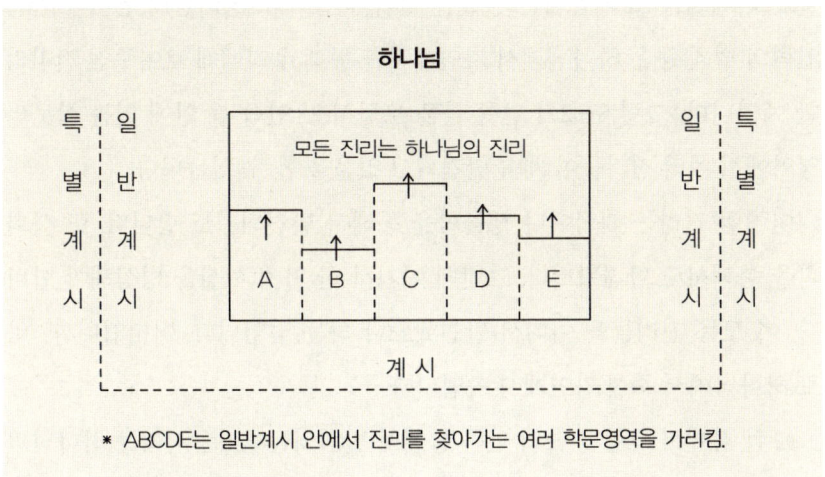

* ABCDE는 일반계시 안에서 진리를 찾아가는 여러 학문영역을 가리킴.

인 접근을 할 수 있습니다.

 그 진리를 발견할 수 있도록 하나님은 우리에게 도구를 주셨습니다. 진리 되신 하나님께서 당신 자신을 나타내 보이신 것, 바로 '자연계시와 특별계시'가 그것입니다. 이 두 가지는 하나님께서 우리에게 주신 계시요, 진리를 알아갈 수 있는 유일한 도구입니다. 일반계시는 다른 말로 하면 '자연'을 가리키고 특별계시는 기록된 하나님의 말씀인 '성경'을 가리킵니다. 우리는 이 두 가지 계시를 통해서만 진리를 발견할 수 있고, 이를 벗어나면 진리를 발견할 수 없습니다. 하나님께서 이 외에 다른 방편을 주시지 않았기 때문입니다.

 그런데 세상 사람들은 주로 일반계시를 통해서 진리를 발견해갑니다. 여러 학문 영역을 통해 진리를 발견해가는 것입니다. 그 학문들에는 철학, 생물학, 사회학, 심리학 등이 있습니다. 그 학문을 하는 사람들은 자신의 영역에서 하나님께서 보여주시는 진리를 좇아가고 있는 사람들입니다. 이 사람들을 통해 우리는 하나님께서 아직도 여전히 자연계시를 매개로 진리를 드러내 보이고 계신다는 사실을 알아야 합니다. 상대성의 원리나 만유인력의 법칙 등은 하나님께서 자연계시를 통해 우리에게 보여주신 진리의 한 예입니다. 그림 5-2의 안쪽 틀을 보십시오. 안쪽 틀 안에 있는 학문의 영역에서 여러 진리들이 계속 발견되고 있음을 볼 수 있습니다.

이처럼 진리는 과학이나 생물학을 통해서 발견되기도 합니다. 또 사회학을 통해서도 발견됩니다. 그런데 여기서 한 가지 사실을 명심해야 합니다. 이 모든 진리들을 어디서 발견했느냐 하는 점입니다. 어디입니까? 바로 하나님께서 주신 자연계시 속입니다.

그런 점에서 그림 5-2의 안쪽 틀에서 발견되는 '모든 진리는 하나님의 진리'라고 불립니다. 플라톤으로부터 시작된 이 말을 최근에 와서 프랭크 게버라인Frank Gabelein이 우리에게 다시 상기시켜 주었습니다. 이 땅에서 발견되는 어떤 진리도 하나님과 관계없는 것이 없다는 뜻입니다. 자연이나 성경 안에서 발견되는 진리를 보며 "모든 진리는 하나님의 진리다"All truth is God's truth라고 말할 수 있다는 것입니다. 이처럼 교육학, 사회학, 심리학 등 여러 학문에서 발견된 진리들은 모두 하나님과 관계가 있습니다.

모든 진리는 하나님의 진리

앞서 설명한 대로, 이 땅에서 발견되는 모든 진리는 하나님과 관계없는 것이 없습니다. 모든 진리는 하나님께서 주신 계시 가운데서 발견되기 때문입니다. 따지고 보면 일반 학문이나 일반 사회교육에서 다루는 것이 무엇입니까? 전부 일반계시와 관련된 것들이 아닙니까? 그런데 하나님은 진리를 발견하는 방편으로 일반계시만 주시지 않았습니다. 특별계시도 주셨습니다. 그것이 곧 성경입니다.

그렇다면 왜 하나님은 굳이 특별계시를 주셨을까요? 인간의 타락으로 말미암아 모든 것이 오염되었기 때문입니다. 타락 이후로 일반계시 안에서 발견된 진리들은 모두 완벽한 진리일 수 없게 되었습니다. 이 말은 그것이 제한된 진리라는 뜻이기도 합니다. 그래서 하나님은 그것을 보완하면서도 동시에 인간의 구원계획을 드러낸 특별계시를 주셨습니다. 따라서 특별계시 속에는 하나님께서 우리에게 주신 완벽하고 완전한 진리가 담겨 있습니다.

그러나 진정한 기독교교육은 내용 면에서 이 특별계시만 다루지 않습니다. 일반계시까지도 하나님께서 우리에게 주신 계시의 범주 속에 들어가므로 모든 그리스도인들은 이것을 연구하고 탐구해서 진리를 발견해야 합니다. 진리를 발견하기 위해 노력하는 일이야말로 하나님의 일이기 때문입니다. 그러므로 그리스도인들이 하는 일은 그 어떤 행위도 하나님과 관련되지 않는 것이 없습니다. 오늘날 그리스도인들이 각각의 영역에서 하는 사회생활이나 학문탐구 과정을 하나님의 진리를 발견해 가는 중요한 행위로 간주할 수 있어야 합니다.

이런 측면에서 모든 진리의 영역들을 기독교교육에서 다루어야 합니다. 이 땅을 살아가는 동안 우리가 학문적으로 연구하는 것들이나, 아이들이 배우는 모든 내용들을 기독교교육 밖의 것이라고 생각할 수 없습니다. 국어, 사회, 자연, 도덕 과목도 마찬가지입니다. 모두 기독교교육에 중요한 자료가 될 수 있습니다.

그러므로 내가 국어를 가르치든(배우든) 수학을 가르치든(배우든) 그것 자체가 기독교교육을 하고(받고) 있는 것은 아니지만, 그 모든 것이 하나님께서 주신 일반계시를 통해 주어졌고, 그것을 통해 진리를 발견해간다는 측면에서 내가 행하는 어떤 영역이든지 기독교교육의 영역 속에 들어와 있는 것으로 생각해야 합니다.

여전히 성경만 가르쳐야 하는 것 아니냐고 생각할 수도 있습니다. 그러나 오늘날 그리스도인들은 일반계시를 너무 소홀히 여긴다는 게 문제입니다. 특별히 한국교회의 그리스도인들은 일반계시를 세상의 썩어 없어질 학문이라고 비하하는 경향이 있습니다. 그러나 하나님께서 우리에게 일반계시를 주셨을 때는 그런 의도가 아니었을 겁니다. 하나님은 이 땅에 허락하신 모든 것들을 통해 우리가 하나님을 알아가도록 하셨습니다. 비록 타락하긴 했지만, 로마서에 말씀하신 대로 만물 속에 하나님을 알 만한 것들을 담아 놓으시고 진리를 찾도록 하신 것입니다. 어떤 영역에서 일하든지 간에 그 속에 담겨 있는 하나님의 진리를 발견해야 할 책임과 의무가 우리에게 있는 것은 이 때문입니다.

이런 점에서 기독교교육의 내용을 선택하는 기준을 정하는 데 있어서 성경이냐, 일반학문에서 발견된 진리냐를 놓고 싸울 필요가 없습니다. 참다운 기독교교육에는 성경과 더불어 일반 학문이나 삶의 경험에서 발견된 진리까지 포함되어야 합니다.

기독교교육의 변별성

그렇다면 일반교육과 구별되는 기독교교육의 차이점이나 독특한 점은 무엇입니까? 일반계시가 그렇게 중요하다면 각종 학문을 통해 발견된 진리를 모두 참 진리로 수용하고 받아들여야 할까요?

그림 5-2를 보면 그림 외곽은 특별계시로 둘러싸여 있습니다. 이는 안에 있는 다양한 진리 탐구의 과정들이 특별계시에 예속된다는 의미입니다

다. 또한 우리가 일반계시를 통해 진리를 발견한다 할지라도 자연에 나타난 일반계시에는 명백한 한계가 있다는 뜻입니다. 앞서 말한 대로, 인간의 죄악 때문에 그렇습니다. 그래서 일반계시를 통해서 발견된 진리는 특별계시를 통해서 재해석되어야 합니다.

예를 들어 설명해봅니다. 일반 학문에 심리학이 있습니다. 그 심리학에서 중요한 학파가 행동주의학파입니다. 그 학파가 주장하는 진리는 "사람은 환경의 영향을 많이 받는다"라는 것입니다. 이것은 일반심리학에서 발견된 진리로서 많은 곳에서 사용됩니다. 특히 동물을 훈련시킬 때 많이 사용됩니다.

위의 서술은 진리입니까, 아닙니까? 사람이 환경의 영향을 받는다는 것은 일반적으로 진리로 인식됩니다. 맞습니다. 사람들은 환경의 영향을 많이 받습니다. 그러나 이 말은 맞기도 하지만 틀리기도 합니다. 사람에게는 환경을 극복할 능력이 있기 때문입니다. 그러나 사람이 환경의 영향을 받는다는 것을 전적으로 신뢰하는 사람들은 사람을 환경으로 조정control하려고 합니다.

"이 어린이들은 먹을 것을 주면 늘 오게 되어 있어" "이 아이들은 공책 하나씩만 주면 올 거야"라는 말만 해도 그렇습니다. 주일학교에서 이런 말들을 얼마나 많이 하고 있습니까? 공책 하나를 주는 환경을 만들면 그것으로 어린아이들의 행동을 조절할 수 있다니 이는 너무나 무서운 말입니다. 이것은 사람을 동물과 같이 인식하는 심리, 즉 행동주의 학파의 주장과 같은 맥락에서 이해할 수 있습니다. 이 학파의 영향을 받은 사람들은 "사람은 동물과 같다"고 생각합니다.

러시아의 생물학자인 파브로프가 개를 대상으로 실험한 것이 대표적인 예입니다. 개에게 음식을 줄 때마다 종을 치는 행동을 수차례 반복함으로써 종을 치는 환경을 통해 개의 식욕을 조절control하는 실험입니다. 결국 그 개는 이런 환경에 익숙해지면서 종만 쳐도 침을 흘리는 반응을 보입니다. 음식을 안 줬는데도 말입니다. 이처럼 환경을 조절함으로써 동물의 행동을 조절할 수 있다고 생각하는 사람들을 행동주의학파라고 합니다. 이렇게 자연계시에 속한 동물의 행동을 보고 발견한 이론을 교육학자나 심리학자들은 많이 사용합니다.

여기서 우리가 관심을 두는 것은 이렇게 발견된 진리가 성경적이냐는 것입니다. 성경은 사람의 행동이 환경에 영향을 받기도 하지만 하나님께서 주신 내면의 생각에 의해서도 조정control될 수 있다고 말합니다. 이렇게 일반계시에서 발견된 진리를 특별계시인 성경으로 재조명하는 것입니다.

일반교육과 기독교교육의 궁극적인 차이점은 성경을 다루느냐, 일반계시에 기초한 학문을 다루느냐에 있는 것이 아니라 모든 진리를 성경적인 관점으로 보느냐 그렇지 않느냐에 있습니다. 이 말은 크리스천 교육자가 가르치는 모든 내용을 성경에 기초한 관점perspective으로 볼 것을 강조합니다.

성경을 가르친다고 다 기독교교육인가?

우리는 보통 미션스쿨을 '기독교교육을 행하는 학교'로 알고 있습니다. 그러나 미션스쿨에서 과연 모든 과목을 성경적인 관점으로 바라보며 가르치고 있을까요? 이 점에 대해서는 아직 긍정적인 대답을 하지 못합니다. 미션스쿨을 기독교교육의 산실이라고 이야기할 수 있을지 몰라도 바른 기독교교육이 이루어지고 있는 곳이라고는 볼 수 없습니다.

이런 현상은 미션스쿨에서만 나타나는 것이 아닙니다. 교회 역시 올바른 기독교교육을 실행하고 있지 못합니다. 성경 외에 일반계시에서 다루는 영역(국어, 수학, 사회 등)까지도 교회교육 현장으로 끌어와서 성경적으로 조명할 수 있어야 올바른 기독교교육을 행한다고 말할 수 있습니다. 무조건 성경만 가르친다고 해서 올바른 기독교교육을 하는 게 아니라는 뜻입니다.

우리는 성경을 가르치면서도 잘못하면 세속적인 관점에서 가르칠 수 있습니다. '돈'에 대해 가르칠 때만 해도 그렇습니다. 성경에서는 우리가 돈을 모아서 부자가 되는 것에 대해서도 이야기하고, 돈을 가지고 지혜롭게 쓰는 것에 대해서도 이야기합니다. 또한 돈을 버는 방법에 대해서도 언급합니다.

그런데 우리가 단순히 돈을 버는 것에 대해서만 말한다면 아무리 성경의 내용으로 가르친다 해도 그 관점에는 비성경적인 요소가 들어갈 수 있습니다. 즉 교회 안에서 성경 내용을 가르칠 때 '관'(觀) 없이 가르친다면 그것은 비기독교적인 교육이 될 수 있다는 뜻입니다. 가르치는 자는 단순히 성경의 내용을 가르치는 것으로 만족하지 않고 성경적인 관점을 갖고 성경의 가치관을 가르치는 것이 더 중요하다는 사실을 알아야 합니다. 기독교교육의 독특함은 여기에 있습니다.

정리해본다면 기독교교육은 그 내용 선택에서 제한을 받지는 않습니다. 어떤 면에서는 모든 내용들을 사용해보는 것이 더 좋을 것입니다. 아이들이 담배 피우는 현장이나 마약하는 현장, 심지어 문제가 되는 십대 섹스의 현장까지도 교육현장에서 다루어야 할 문제입니다. 혹자는 어떻게 교회 안에 그런 내용을 끌어올 수 있냐고 반문할지 모르겠지만, 성경을 한번 보십시오. 성경에 얼마나 실제적인 주제들이 많습니까?

우리는 이 사실을 명심해야 합니다. 모든 실제적인 문제들을 교회교육의 현장에서 충분히 다루어야 한다는 것입니다. 다만, 일반 사회에서 발견된 경험이나 진리들을 성경적 관점에서 가르쳐야 한다는 사실을 잊어선 안 됩니다.

따라서 기독교교육자들에게는 무엇보다 성경적인 '관점'을 확립하는 노력이 필요합니다. 기독교교육자들은 "이 세상을 어떻게 볼 것인가? 이 세상의 궁극적인 목적은 무엇인가? 어떤 직업관을 가져야 하는가? 가정에 대해 어떤 생각을 가질 것인가? 부부관계, 부자관계를 어떻게 볼 것인가? 사회생활에서 동료와의 관계나 우정, 섹스, 바른 삶에 대해 어떤 시각을 가져야 하는가?"에 대해 성경적인 '관'을 가져야 합니다.

특히, 오늘날 교사의 직분을 잘 감당하려면 성경을 많이 아는 것도 중요하지만 성경적인 관점을 올바로 갖고 사는 것도 참으로 중요합니다. 이는 교사에게만 적용되는 문제가 아닙니다. 부모들도 마찬가지입니다. 이제 좋은 부모, 신앙적으로 모범이 되는 부모는 단순히 성경을 잘 가르치는 부모가 아닙니다. 어떤 관점으로 성경을 가르치고 올바른 기독교적 세계관을 심어주느냐가 중요합니다.

그래서 이 글을 읽는 독자 가운데 혹 학교 선생님이 있다면 다음과 같은 격려를 꼭 드리고 싶습니다. "당신이 가르치는 과목을 성경적인 관점에서 꿰뚫어보면서 아이들에게 가르친다면, 당신은 비록 세속교육을 전담하는 학교에 몸담고 있지만 올바른 기독교교육을 하고 있는 것입니다."

교육의 원천과 권위인 성경

기독교교육 내용을 선택할 때 성경이 갖는 역할의 중요성은 아무리 강조해도 지나치지 않습니다. 성경은 기독교교육에서 우선적 자료 Primary Source로 사용되기도 하지만, 동시에 다른 모든 자료들을 평가하는 잣대이기 때문입니다. 이런 면에서 성경은 최고의 권위를 갖습니다.

앞서 성경의 역할에 대해 설명했지만, 여기서 좀더 자세히 다루고자 하는 이유는 현재의 기독교교육에서 다른 요소들이 성경의 권위를 대치하는 현상을 보이기 때문입니다. 교회교육의 내용을 주의 깊게 살펴보면 다른 내용들이 성경보다 더 중요하게 다루어지는 경우를 많이 찾아볼 수 있습니다. 그 대표적인 예가 무엇입니까?

우선 교회 전통을 들 수 있습니다. 교회마다 오랜 세월 동안 전해 내려온 전통이 성경보다 앞서는 경우입니다. 이 때문에 주일학교에서 변화를 시도하려고 할 때 많은 사람들이 공통적으로 고통을 겪습니다. 주일학교 교사들이나 교역자들이 뭔가 새롭게 해보려고 하면, 부장 집사님들이 꼭 "예전에는 그렇게 하지 않았다"며 걸고넘어집니다. 이것이야말로 전통이 가져다주는 무서운 장애 요소입니다. 성경 안에서 얼마든지 자유를 누리며 즐겁게 사역할 수 있는데도 전통을 성경보다 앞세우며 진리인 양 행사하는 것입니다. 이런 경우를 특별히 조심해야 합니다. 특히 천주교에서는 이런 전통들이 차지하는 비중이 매우 큽니다.

그렇다고 모든 전통이 시대에 뒤떨어졌다거나 낡았다는 말은 아닙니다. 주변을 둘러보면 우리가 스스로 지켜야 할 좋은 전통들이 많습니다. 특별히 믿음의 선조들이 보여주었던 곧은 신앙은 얼마나 귀한지 모릅니다. 자신의 생명을 돌보지 않고 그리스도의 이름으로 헌신했던 그 귀한 믿음을 보십시오. 무슨 일이 있어도 주일을 지키면서 하나님을 위해 살려고 발버둥 쳤던 모습은 오늘날 우리 모두가 본받아야 할 귀한 전통이 아닐 수 없습니다.

그러나 믿음의 선조들이 물려준 전통이라고 해서 모두 성경적이지는 않습니다. 성경만큼 권위를 가지고 우리를 구속할 수 있는 것도 아닙니다. 특히, 의식儀式과 관련해서는 더욱 그렇습니다. 따라서 전통을 중요하게 여기되 의식을 성경보다 앞서 생각함으로써 자유함을 잃어버리는 일은 없어야 합니다.

성경보다 다른 것을 앞서 가르치는 경우도 있습니다. 그것은 바로 교회 지도자들의 가르침입니다. 천주교에서는 교황의 교시를 성경보다 우위에 둡니다. 그렇다면 개신교에서는 어떨까요? 교회 안에서 목사님의 말씀이 성경보다 더 큰 권위를 갖는 경우는 없을까요? 이런 경우가 생겨서는 안 되는 줄 알면서도 사실상 이런 일이 종종 일어납니다.

믿되 덮어놓고 믿지 말라

오래 전, 제가 섬기는 교회에서 교사, 교인들과 함께 수련회를 간 적이 있었습니다. 우리는 그 수련회에서 그리스도인이 천성을 향해가는 과정에서 당하는 여러 가지 어려움을 실제로 꾸며서 경험해보는 '천로역정'이라는 프로그램을 진행했습니다. 그 프로그램의 여러 테스트 가운데는 '믿음의 방'이라는 것이 있었습니다. 이 믿음의 방을 담당하는 사람은 그곳을 통과하는 모든 사람들의 믿음을 흔들어놓는 것이 주된 임무였습니다.

이때 이 테스트에서 어떤 방법을 종종 사용했는지 아십니까? 바로 갈라디아니즘입니다. 갈라디아니즘이란 구원을 받는 데에는 믿음 외에 또 다른 요소가 필요하다는 주장입니다. 이는 바울 당시에 갈라디아 사람들이 주로 가졌던 생각으로, 구원을 얻는 데는 믿음 외에 할례나 또 다른 행위가 필요하다고 역설하는 것입니다. 사도 바울은 그들의 이런 생각에 도전하여 오직 믿음으로만 구원받는다는 사실을 확신시키기 위해 갈라디아서를 썼습니다.

'믿음의 방' 이야기를 다시 하자면, 그 방에 사람들이 들어왔을 때 그 방 담당자는 주로 "우리가 어떻게 구원을 받는가?"를 묻습니다. 질문을 받은 사람들 대부분은 '믿음'으로 구원을 받는다고 대답합니다. 그러면 믿음의 방 담당자는 구원받으려면 다른 것도 필요하다고 적극적으로 사람들을 설득합니다.

"그래요, 여러분 말이 맞아요. 구원은 믿음으로 말미암아 받아요. 저도 그렇게 믿고 주장하는데, 성경을 연구하다보니 또 다른 사실을 발견했어요. 성경에는 믿음으로 구원을 받는다고 나와 있지만, 또 이런 표현도 있어요. 너희 믿음을 무엇으로 보이라고요? 행함으로 보이라고 했어요. 행함이 없는 믿음은 죽은 믿음이라고까지 했습니다. 이 말씀을 보면서 제가 한 가지 발견한 사실이 있습니다. 우리에게는 믿음이 꼭 필요하지만 행함이 따르지 않으면 안 된다는 것입니다. 행함이 따르지 않으면 구원을 받을 수 없다는 것이죠. 그렇기 때문에 믿음과 함께 행함이 잘 받쳐줘야 온전한 구원에 이르는 겁니다. 제가 목사의 양심을 걸고 이야기하는데, 구원은 믿음과 함께 행위가 뒷받침되어야 받을 수 있습니다. 여러분, 어떻게 생각하세요? 제 말이 맞지요? 그렇다고 생각하시면 여기에 사인 좀 해주세요."

이렇게 그럴듯하게 이야기할 때 사람들이 어떤 반응을 보일 것 같습니까? 많은 사람들이 실제로 사인을 했다고 합니다.

이 프로그램의 마지막 순서는 천국에 들어가는 것입니다. 모의 천국에서는 맛있는 음식을 차려놓고, 어려운 테스트를 거쳐 그곳까지 온 사람들을 위로하는 잔치를 엽니다. 음식을 먹으며 지나온 시간들을 돌아보는데, 그때 각각의 테스트가 갖는 의미를 이야기하면서 서로의 반응을 점검합니다. 이때, 믿음의 방에 대한 이야기를 하기 전에 믿음의 방 담당자는 사람들에게 받은 사인을 보여줍니다. 그러면서 묻습니다.

"여러분, 구원은 어떻게 받습니까? 구원은 믿음으로 받습니까? 행함으로 받습니까? 아니면 믿음과 행함으로 받습니까?"

이런 질문에 믿음의 방에서 사인을 했던 이들이 뭐라고 대답했을 것 같습니까? 그들은 모두 "아, 물론 믿음으로 받습니다"라고 대답합니다. "그러면 왜 사인을 하셨습니까?"라는 질문에 사람들은 설마 목사가 사기 칠 줄은 몰랐다고 대답했습니다. 목사의 말은 무조건 진실인 줄 알았다는 것입니다.

이처럼 목사의 말을 믿어주는 것은 고맙지만 목사의 말을 성경보다 앞세워 믿는다면 위험천만한 일이 아닐 수 없습니다. 이렇게 성경의 권위보다 목사의 말을 더 권위 있게 인식하는 경우를 빗대어 하는 말이 있습니다. "믿되 덮어놓고 믿지 말라." 많은 그리스도인들이 성경과는 무관하게 성경을 덮어놓고 믿음 생활을 하기 때문에, 그러지 말고 성경을 펴서 연구하면서 성경대로 믿으라는 의미입니다.

성경보다 앞서는 것은 없다

우리가 성경보다 앞세우는 것은 이뿐만이 아닙니다. 주관적인 경험이 성경보다 앞서는 경우도 많습니다. 이것은 전통과도 조금은 연결된 이야기입니다만, 좀더 구체적으로 살펴보고자 합니다. "성경은 그렇게 이야기했지만 내가 경험을 해보니까 그게 아니더라" "어제 저녁 성경을 보다가 꿈을 꾸었는데 하나님께서 내게 이렇게 말씀하시더라"는 등의 이야기는 자신의 주관적인 경험을 성경보다 더 내세우는 예들입니다. 특별히 시골 교회 같은 데서는 권사님이나 교회 어른들이 꿈속에서 뭘 봤다 하면 어떤 충고나 조언도 받아들이질 않습니다. 맹목적으로 그 꿈만 믿을 뿐 아니라

남들에게까지 그 꿈으로 영향력을 행사하려 합니다. 조심해야 할 사항이 아닐 수 없습니다.

이처럼 개인적인 경험이나 교회 전통, 특정한 가르침 등은 결코 기독교교육의 최종적인 권위가 될 수 없습니다. 그런 것들에 대한 해석이나 견해가 다양할 뿐만 아니라 결국 인간의 주관적인 권위만 높이게 되기 때문입니다. 인간의 주관적인 견해에 기초한 권위라면 그것은 용납될 수 없는, 적절치 못한 권위입니다.

그런데 어떤 현대 교육자들은 교육의 권위가 학생들의 경험에 있다고 말합니다. 물론 경험도 교육을 실행하는 데 중요한 부분임에는 틀림없습니다. 그러나 제 견해로는 교육이 단지 경험 안에서, 그리고 경험에 의해서, 경험만을 위해 발전되어 간다면 교육의 본질이 흐려지지 않을까 싶습니다.

이와 연관하여 신정통신학의 주장도 성경의 권위를 떨어뜨리는 한 예입니다. 신정통신학의 배후에는 하나님의 계시에 대한 인간의 반응이 영적인 진리를 결정하는 요소라는 생각이 들어 있습니다. 신정통주의자들은 성경도 하나님과의 만남에 대한 인간의 실존론적인 반응에 의해 경험되지 않으면 의미가 없다고 주장합니다. 성경 그 자체는 하나님의 말씀이 아닐 뿐더러 어떤 권위도 가질 수 없다는 것입니다. 그들은, 성경이 잘못된 계시의 기록이기 때문에 부분적으로 인간의 영혼이 말을 할 때에 한해서만 그 자체를 하나님의 말씀으로 받아들일 수 있다고 주장합니다.

이러한 견해는 우리가 명백히 받아들일 수 없는 이론입니다. 성경의 계시는 그리스도인의 믿음 생활을 인도하는, 일점일획의 오류도 없는 궁극적이고 최상인 권위이기 때문입니다. 하나님은 당신 자신을 영원한 기록의 형태로 계시하셨기 때문에 사람들은 그 이상의 하나님에 관한 지식이나 근원을 찾을 필요가 없고, 어떤 면에서는 하나님을 경험할 다른 수단을 찾을 필요도 없습니다.

그렇기 때문에 기록된 하나님의 말씀은 기독교교육의 가장 중요한 기초를 이룹니다. 성경은 하나님의 신적인 삶의 모습을 보여주는 수단입니다_{벧전 1:23}. 아울러 성경은 그리스도인의 양육과 성장의 토대가 됩니다_{벧전 2:2}. 그리스도인의 중생重生이나 양육, 성장은 성경을 떠나서는 얻을 수 없는 것입니다.

따라서 진정한 기독교교육이 행해지는 현장에서는 성경이 객관적인 진리의 실체로 작용하며, 성경 말씀을 통해서 학생들의 경험은 더욱 많은 영향을 받게 되어 있습니다. 그것은 성경이 인간의 경험을 측정할 수 있는 분명한 표준을 제공하기 때문입니다.

기독교의 가장 중요한 기초가 되는 성경 없이는 학습자의 어떤 경험도 그들의 주관적이고 자기중심적인 해석에 머물고 맙니다. 그래서 경험에 대한 객관적인 측정이 불가능합니다. 그러나 하나님의 계시가 있으면 그 계시 자체가 평가 기준이 되기 때문에 구원받지 못한 학생들에게는 예수 그리스도를 그들의 구세주로 영접할 수 있도록 도전을 주고, 주님을 아는 사람들에게는 거룩을 향해 나아갈 수 있도록 하고_{살전 5:23, 벧전 1:15}, 또한 예수 그리스도를 닮아가는 성숙한 단계까지 성장할 수 있도록 도전을 줍니다_{롬 8:29, 고후 3:18, 엡 4:13}.

교육목표를 분명히 하라

교육철학을 정립하는 일 중의 하나는 교육목표를 정하는 것입니다. 교육목표를 명료하게 하는 것은 교육에 지대한 영향을 줍니다. 교육목표를 무엇으로 정하느냐에 따라 교육의 모든 과정들이 달라지기 때문입니다.

대개 일반교육의 목표는 무엇입니까? 구체적으로 우리나라 일반 초등학교의 교육목표는 '홍익인간' 입니다. 그러나 '홍익인간' 이라는 목표는 잘 이루어지고 있지 않습니다. 실제로 경험되고 인식되는 교육은 대부분 정보와 지식을 전달해주는 과정에 집중되어 대학 보내는 것이 교육의 유일한 목표처럼 보입니다.

그렇다면 기독교교육은 도대체 무엇을 목표로 삼습니까? 기독교교육의 목표를 이해하려면 세 개의 성경 구절을 이해할 필요가 있습니다. 에베소서 4장 11-12절, 골로새서 1장 28절, 디모데후서 3장 16-17절입니다.

먼저 에베소서를 봅니다. "그가 어떤 사람은 사도로, 어떤 사람은 선지자로, 어떤 사람은 복음 전하는 자로, 어떤 사람은 목사와 교사로 삼으셨으니 이는 성도를 온전하게 하여 봉사의 일을 하게 하며 그리스도의 몸을 세우려 하심이라"엡 4:11-12.

하나님께서 교회 안에 목사와 교사와 복음 전하는 자 등 여러 직분을 두신 이유를 설명하고 있습니다. 그것은 곧 하나님의 사람으로 온전케 하며 모든 봉사의 일을 행하기에 온전케 하기 위함입니다. 이는 교회에서 가르치는 일을 하는 사람이 해야 할 일을 보여줍니다. 가르치는 일을 하는 사람이 궁극적으로 맺어야 할 열매는 학생들을 인격적으로 온전케 하는 것과 그들로 교회를 섬기며 봉사의 일을 하게 하는 것임을 말해줍니다.

골로새서 1장 28절은 무엇을 말합니까? "우리가 그를 전파하여 각 사람을 권하고 모든 지혜로 각 사람을 가르침은 각 사람을 그리스도 안에서 완전한 자로 세우려 함이니."

이 본문은 가르치는 행위의 궁극적인 목표를 말하고 있습니다. 가르치고 권하는 모든 교육행위의 궁극적인 목적이 '완전한 자로 세우는 일' 에

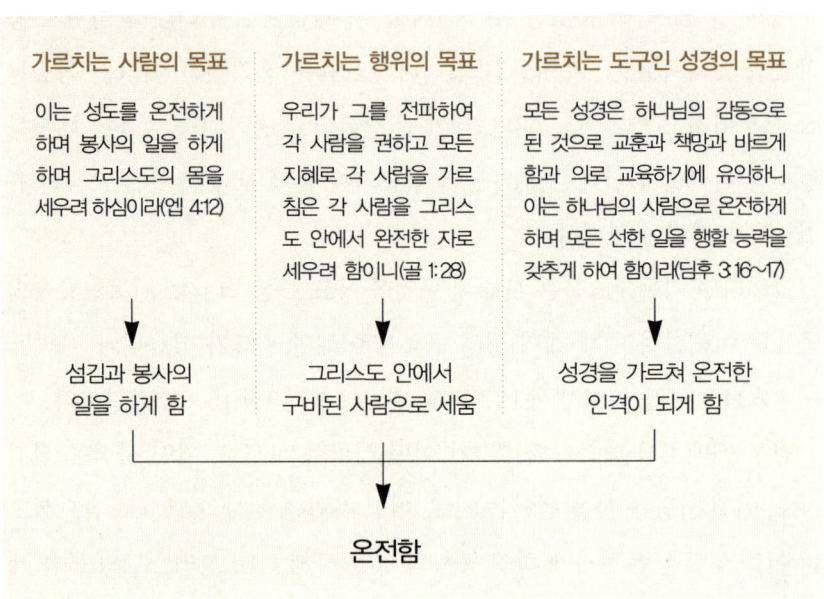

있다는 것입니다. 여기서 완전한 자는 영적으로 성숙한 자를 의미합니다.

디모데후서에서 말씀하는 것은 무엇입니까? "모든 성경은 하나님의 감동으로 된 것으로 교훈과 책망과 바르게 함과 의로 교육하기에 유익하니 이는 하나님의 사람으로 온전하게 하며 모든 선한 일을 행할 능력을 갖추게 하려 함이라"딤후 3:16-17.

여기서는 가르치는 도구인 성경의 목표를 말하고 있습니다. 성경은 교훈과 책망, 바르게 함, 의로 교육하는 과정을 통해서 사람을 온전케 하는 것을 목적으로 합니다.

위의 말씀들을 보면서 가르치는 사람의 목표나, 가르치는 행위의 목표나, 가르치는 도구인 성경의 목표가 모두 같다는 사실을 발견합니다. 그것은 학생들을 온전케 하는 것입니다. 학생들을 온전케 하는 것이 기독교교육의 목표입니다. 그런데 이 사실을 모르는 사람은 별로 없습니다. 자연스럽게 이어지는 질문은, 그러면 온전케 한다는 것이 무엇이냐는 것입니다. 일반적으로 온전하다는 말은 '영적으로 성숙하다' '영성이 있다'는 말로 이해됩니다. 그럼 영적으로 성숙하다, 영성이 있다는 말의 의미는 무엇입니까? 우리는 이 부분을 정리해야 합니다.

영성의 세 가지 국면

저는 개인적으로 영성에 대해 연구할 기회가 있어 기독교 초창기부터 근대에 이르기까지 영성의 개념들이 어떻게 이해되어 왔는지 점검해본 적이 있습니다. 그 결과, 시대에 따라 영성에 대한 개념이 달랐다는 걸 알 수 있었습니다. 시대마다 영적으로 성숙한 사람에 대한 개념이 달랐다는 것입니다.

역사적으로 영성의 개념은 세 가지로 나타나고 있습니다. 첫째, 그리스도인이 영적으로 성숙했다는 것은 성경을 많이 아는 것이라고 이해하는 측면입니다. 이는 지적인 면을 영성 형성의 매우 중요한 측면으로 보는 관점입니다.

영성에 대한 또 다른 개념으로, 성경을 많이 안다고 해서 영적으로 성숙한 게 아니라 신비스런 경험을 많이 해야 영적으로 성숙한 사람이라는 주장이 있습니다. 환상을 보고 꿈을 꾸는 등 신비한 체험을 많이 한 사람들을 영성이 풍부한 이들로 간주합니다.

어떤 시대에는 성경을 많이 본다거나 신비스런 경험을 많이 하는 것보다는, 실제로 영적인 행동을 얼마나 하느냐에 따라 영성을 평가하기도 했습니다. 이런 견해를 견지한 그룹에서는 "영적인 행동을 하지 않는 사람은 영적인 사람이 아니다"라고 주장하면서 사회정의를 위한 의지적인 행동을 나타내지 않는 영성은 죽은 영성이라고 말합니다.

그런데 근대에 와서는 이 세 가지 견해들이 모두 동시에 언급되고 있습니다. 다만 과거와는 달리 시대적으로 다른 견해가 나타나는 것이 아니라, 같은 시대에 교단이나 교파별로 영성에 대한 이해가 각각 다르게 나타납니다.

먼저는, 성경을 많이 아는 것이 영적으로 성숙한 것이라고 생각하면서 영성을 지적인 면(성령에 관한 성경 지식)에서 판단하는 사람들이 있습니다. 이런 그룹에서는 성경을 어느 정도 아느냐가 영성을 재는 척도가 됩니다. 따라서 그런 그룹에 가면 성경을 많이 아는 것처럼 보여야 영적으로 성숙한 사람으로 대접을 받을 수 있습니다. 어떤 사람이 시편을 하루에 세 편씩 외워서 150편을 다 외웠다고 합시다. 그는 가는 곳마다 성경 시편을 다 외우는 사람으로 소개를 받고 사람들은 그를 보면서 "와!" 하고 매우 놀라워할 것입니다. 왜 그렇게 놀라워할까요? 그의 막강한 성경 지식이 그의 영성을 보여주는 것이라고 인식하기 때문입니다. 분명히 성경을 다 외운다고 해서 그리스도인답다고 볼 수는 없는데도 이 그룹에서는 성경 지식이 영적 성숙을 재는 척도가 되고 있는 것입니다.

또 다른 한 그룹은 신비한 체험을 많이 하는 것이 영적으로 성숙한 것이라고 주장합니다. 이런 그룹에서는 기도 중에 하나님의 음성을 들었다든지, 아니면 꿈에 하나님을 보는 것을 영적 성숙의 척도로 받아들입니다. 이런 그룹에 들어가면 최소한 방언 정도는 해야 어느 정도 자신을 그리스도인이라고 소개할 수 있는 분위기입니다. 방언도 못하면 신앙생활의 초보자로 인식됩니다. 대화도 주로 "어제 저녁, 하나님 앞에 기도를 하다가 하나님께서 환상 가운데 저에게 이렇게 말씀하시는 것을 들었습니다" 하는 식이 많습니다. 바로 그때 주변에서 그 말을 듣는 사람들의 표정을 살펴보십시오. 매우 부러워하는 모습입니다. 그것은 어떤 사람의 영적 경험이 그의 영적 성숙을 대변한다고 여기기 때문입니다.

다음으로, 사회정의를 위해 수고하지 않으면 영적으로 성숙한 자가 아니라고 보는 그룹이 있습니다. 이 입장은 과거 사회복음주의를 주창하던 사람들에게 많은 지지를 받았는데 아직까지도 존재합니다. 이 그룹에서는 실제로 봉사 현장에서 자기를 희생하며 일하는 사람이 존경을 받습니다. 이 그룹에 들어가려면 최소한 "내가 이번 주간에는 빈민촌에 가서 노인들에게 밥을 배급해드리고 왔습니다"라는 말을 할 수 있어야 합니다. 이들은 "사회정의를 위해서 행동하는 양심을 보이지 않으면서 어떻게 영적으로 성숙하다고 이야기할 수 있느냐?"라고 부르짖습니다.

지금까지 영성에 대한 정의를 세 가지로 살펴보았는데, 성경에서는 각각의 정의를 어느 정도 언급하고 있을까요? 중요한 사실은, 성경이 어느 입장 하나도 소홀히 여기지 않고 모두 언급하고 있다는 점입니다. 곧 성경에서 말하는 영성은 이 세 가지 개념을 다 포함하고 있습니다.

따라서 우리는 영성과 관련해서 오늘날 그리스도인들이 균형을 상실한 채 한쪽으로만 치우친 영성을 사모한다는 사실에 경계심을 가져야 합니다. 성경에서 말하는 영적 성숙의 의미는 무엇입니까? 영성에 대한 세 가지 영역의 개념이 잘 균형을 이루는 것을 가리켜서 영적 성숙이라고 합니다. 그러므로 한쪽으로 치우쳐서 영성을 강조했던 사람들은 조금씩 의식을 전환해야 합니다. 자신의 치우친 영성을 보완하면서 균형 잡힌 영성을 갖출 수 있도록 노력해야 합니다(그림 5-3).

기독교교육자는 모든 교육 현장에서 이 세 가지 측면이 균형 있게 잘 교육되도록 해야 합니다. 배우는 학생들이 말씀을 통해 하나님과 그분의 뜻

| New SS교육이론 | 그림 5-3 |

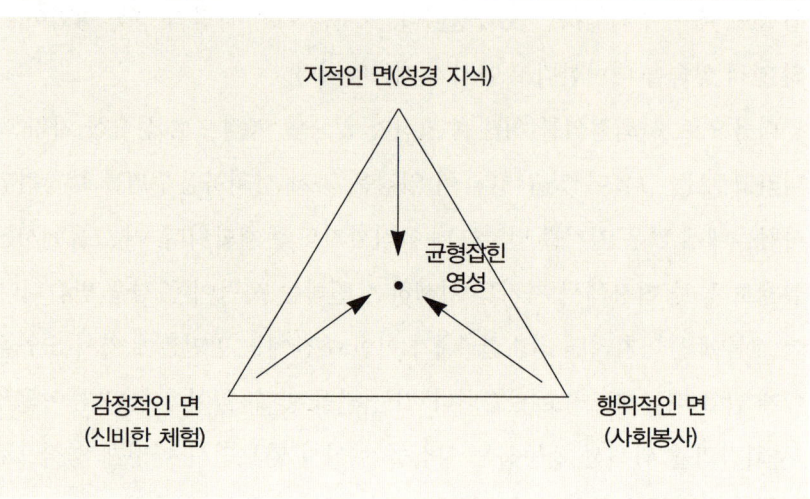

을 잘 알 뿐 아니라, 하나님을 만나고 체험하며 느낄 수 있도록 도와주어야 합니다. 또한 이론에만 머물지 않고 구체적으로 하나님의 뜻을 행하면서 이웃을 부요하게 하는 자리에까지 나아가야 합니다.

가르치는 사람은 이 목표에 따라 모든 기독교교육을 디자인해야 합니다. 예를 들어, 예배를 디자인할 때도 영성의 이 세 가지 요소가 균형 있게 제공되도록 해야 합니다. 우리가 예배를 통해서 바라는 목표가 무엇입니까? 단순히 하나님 앞에 예배드리는 것으로 만족하고 맙니까? 예배는 우리의 입장으로 볼 때는 하나님 앞에 드리는 의식儀式이지만, 하나님 편에서는 우리를 만나시며 우리에게 당신의 뜻을 보여주시는 교육의 장입니다. 이런 측면에서 볼 때, 하나님의 말씀을 듣고 선 사람들은 하나님의 대리인 Agency으로서, 교육하는 역할로 사용되고 있다는 사실을 알아야 합니다. 그렇기 때문에 예배는 균형 잡힌 영성을 키운다는 교육목표를 염두에 두고 디자인해야 합니다.

그런데 요즘 예배는 앞서 언급한 균형 잡힌 영성이라는 측면에서 볼 때 주로 어느 쪽에 치우쳐 있습니까? 두말할 것 없이 지식에 치우쳐 있습니다. 균형을 상실했다는 말입니다. 제가 예배를 디자인할 때마다 모든 영성의 영역에서 요구하는 예배 요소를 포함시키려는 것은 가능한 한 균형을 잃지 않기 위해서입니다. 이 부분은 다음 장에서 언급하겠습니다.

가장 훌륭한 교사이신 성령님

마지막으로 기독교교육 철학을 정립하는 데 있어서 중요한 것은 성령에 대한 이해입니다. 성경은 성령을 '가르치는 영'이라고 합니다. 기독교교육의 독특성은 바로 이 가르치는 영이신 성령의 사역에 있습니다. 하나님의 말씀을 통해서 일하시는 성령은 그리스도인의 삶에서 영적인 역동성을 일으키는 존재입니다. 또한 성령은 교육현장에서 부름 받은 하나님의 사람과 함께 일하십니다. 성령이 교사나 하나님의 말씀을 통해서 일하시지 않는다면 기독교교육은 아무런 효율성도 없고 세속적인 가르침과 별반 다를 바가 없게 됩니다.

성경은 성령을 '교사'로 표현합니다. 교사로서 성령은 하나님의 사람을 현명하게 만들고, 조명을 통해 말씀을 이해하도록 해주며, 상담을 해주고, 강하게도 하며, 지식과 진리를 제공합니다. 또 모든 학습 상황에서 도움을 주고, 영적인 지혜를 제공해주며, 하나님과 관련된 지식을 깨닫도록 합니다. 또한 성령은 도움을 주는 자로서, 하나님의 사람들이 모든 상황 속에서 그리스도인답게 살아갈 수 있도록 도전하며 격려해줍니다.

그러므로 기독교교육자들은 날마다 교육의 실제 현장 속에서 성령님께서 일하실 수 있도록 그분의 인도하심에 늘 민감하고 겸손해야 합니다. 이 말은 곧 우리가 시행하는 교육의 모든 부분에서 문제가 생기지 않도록 만반의 준비를 해야 하지만, 결국은 늘 하나님 앞에 엎드려야 한다는 뜻입니다. "주여, 도와주십시오. 저는 할 수 없습니다. 아이들의 마음을 열어주십시오. 아이들이 대화를 잘 나누려 하지 않습니다. 그들이 대화에 마음 문을 열 수 있도록 도와주십시오. 그들이 말할 수 있도록 도와주십시오. 자기의 생각을 표현할 수 있도록 도와주십시오. 학생들이 찬양하는 데 열심을 낼 수 있도록 도와주십시오. 아이들의 마음속에 감동이 깃들도록 도와주십시오."

우리에게는 이런 기도가 필요합니다. 이런 일들은 정말 우리가 할 수 있는 일이 아니라 성령님께서 하시는 일이기 때문입니다. 이런 측면에서 기독교교육은 성령의 은혜로 인해 힘이 있습니다. 우리는 부족하고 연약하지만 하나님은 우리를 그대로 내버려두지 아니하시고 성령의 역사를 통해 우리의 교육이 결코 실패하지 않도록 도우십니다.

"내게 능력 주시는 자 안에서 내가 모든 것을 할 수 있느니라" 빌 4:13.

저는 이 말씀을 오늘도 믿습니다. 오늘도 주님은 성령을 통해 일하십니다. 성령님은 아주 작은 것을 가지고도 사람을 바꾸시는 놀라운 일을 하시는 분입니다. 성령의 사역을 신뢰하고 늘 성령께 의지하며 겸손하게 준비하는 사람들이 됩시다. 우리가 가르치는 일이 좀 부족하다 할지라도 성령님께서 일하시므로 염려하지 맙시다. 우리 하나님께서 좋은 열매를 거두게 해주시리라고 확신합니다.

기독교교육, 구원으로 이끄는 견인차

기독교교육자가 한 가지 더 기억해야 할 것이 있습니다. 우리의 사역이 성령님께 전적으로 의지하는 것인 동시에 구속적 역할을 한다는 것입니다다. 학생들이 교육을 통해서 하나님의 자녀가 되어간다는 사실을 잊지 말아야 합니다.

우리가 가르치는 학생들은 하나님의 형상이 담겨 있는 존재이고 그리스도가 대신하여 죽으신 존재입니다. 그들의 가치는 십자가 위에서 그들을 회복시키기 위해 지불된 그리스도의 피 값을 통해서 극대화되었습니다. 그러므로 기독교교육자는 각각의 학습자가 하나님나라의 후보자라는 사실을 인식하면서 최상의 교육이 그들에게 제공될 수 있도록 해야 합니다.

그러나 기독교교육자는 구원의 과정에서 중생이 인간의 행동에 의존하는 것이 아니라 전적으로 성령을 통한 하나님의 은혜로 말미암는다는 사실을 우선적으로 인식해야 합니다. 그러면서도 중생 후에 이루어지는 '성화', 소위 영적인 변화는 하나님의 일인 동시에 인간의 일이라는 것도 알아야 합니다. 성화의 과정에서 일어나는 영적인 변화는 성령을 통해서 이루어지지만 여기엔 아울러 사람의 역할도 필요하다는 뜻입니다. 이런 형태의 사역을 가리켜서 '공동사역'이라고 부릅니다. 이런 측면에서 기독교교육자는 구원을 위한 대리인으로 사용될 수 있고, 기독교교육은 구속적 성격을 띤다는 사실을 명심할 필요가 있습니다.

성경에 나타난 기독교교육의 원리

마지막으로 성경에 나타난 기독교교육의 원리 몇 가지를 정리해보고자 합니다. 구약 성경에 보면 기독교교육에 대해 언급하는 중요한 구절이 나옵니다. 그 가운데 제일 대표적인 것이 신명기 6장 4절, 그리고 여호수아서 3장, 4장입니다. 이런 말씀들을 살펴보면 하나님께서 구약시대에 어떤 교육의 원리를 가르쳐주셨는가를 알 수 있습니다.

신명기 6장은 쉐마(들으라) 장으로 불리면서 이스라엘 백성들이 오늘도 중요하게 다루는 말씀입니다. "이스라엘아 들으라 우리 하나님 여호와는 오직 유일한 여호와이시니 너는 마음을 다하고 뜻을 다하고 힘을 다하여 네 하나님 여호와를 사랑하라 오늘 내가 네게 명하는 이 말씀을 너는 마음에 새기고 네 자녀에게 부지런히 가르치며 집에 앉았을 때에든지 길을 갈 때에든지 누워 있을 때에든지 일어날 때에든지 이 말씀을 강론할 것이며"신 6:4-7.

여기에 담긴 몇 가지 중요한 진리 중 첫 번째는 교육하는 자가 하나님을 사랑해야 한다는 점입니다. 이것은 교육자가 가져야 할 가장 중요한 태도 가운데 하나입니다. 하나님은 아버지들에게 교육에 대해 말씀하시면서 무엇보다 그들이 먼저 하나님을 사랑해야 한다는 사실이 중요하다고 지적하십니다. 하나님을 사랑하는 것은 기독교교육자가 지녀야 할 가장 기본적인 자세입니다.

그 다음으로는 말씀을 마음에 새기는 것입니다. 이는 말씀이야말로 교육을 가능케 하는 중요한 요소라는 뜻입니다. 하나님의 말씀은 교육을 활성화시키는 역할을 합니다. 하나님의 말씀이 가르치는 자 안에 많이 들어차 있을수록 교육의 효과는 극대화됩니다. 따라서 기독교교육자는 하나님의 말씀을 들을 때마다 잘 기억하도록 노력해야 하며, 하나님의 말씀을 늘 가까이 해야 합니다.

저는 주변에서 교사들이 잘 배우려고 하지 않는 태도 때문에 힘들어하는 교역자들을 많이 보아왔습니다. 교회에서 배울 수 있도록 여건을 만들어줘도 배움을 열망하며 찾아오는 교사들이 많지 않다는 것입니다. 이래서는 안 됩니다. 기독교교육자는 부지런히 배워야만 합니다. 특히 하나님의 말씀을 배우는 데는 늘 부지런해야 합니다. 하워드 헨드릭스Howard

Hendricks는 가르치는 이의 일곱 가지 법칙을 말하면서 가장 먼저 "오늘 내가 배우지 않으면 내일 가르칠 수 없다"는 말을 했습니다. 오늘 내가 하나님의 말씀을 가까이 하지 않으면 내일은 아무것도 가르칠 수 없게 될 것입니다.

다음 세대를 키우라

성경에 나타난 기독교교육의 또 다른 원리로, 다음 세대를 키우는 일을 들 수 있습니다. 성경은 이 일이야말로 하나님의 관심사라고 말합니다. 하나님은 다음 세대를 위한 관심을 성경 곳곳에서 보이고 계십니다. 성경에 기록된 사건들을 보면 그 어떤 것도 의미 없이 일어난 일이 없습니다. 하나님은 계획성 있는 안목을 가지고 계시기 때문에 일어난 사건이 자연스럽게 후손에게 전해지도록 의도하셨습니다.

여호수아서에 나오는 요단강 건너는 사건이 그 대표적인 예입니다. 이스라엘 백성들이 요단강을 건너갈 때 하나님은 아무 증표 없이 그냥 건너가게 하지 않으셨습니다. 요단강 가운데서 각 지파대로 돌을 가져와 그 돌로 기념물을 세우게 하셨습니다. 그 이유는 성경에 기록된 대로 이스라엘의 다음 세대들이 그 기념물을 통해서 하나님의 역사를 기억할 수 있도록 하기 위함이었습니다.

"이것이 너희 중에 표징이 되리라 후일에 너희의 자손들이 물어 이르되 이 돌들은 무슨 뜻이냐 하거든 그들에게 이르기를 요단 물이 여호와의 언약궤 앞에서 끊어졌나니 곧 언약궤가 요단을 건널 때에 요단 물이 끊어졌으므로 이 돌들이 이스라엘 자손에게 영원히 기념이 되리라 하라 하니라"
수 4:6-7.

하나님은 후손들이 그 기념물을 보고 궁금해 하며 질문할 것이라는 사실까지 말씀하고 계십니다. 이런 궁금증이 일어나는 마음을 가리켜 교육적인 용어로 '알고자 하는 마음' inquiry이라고 합니다. 이 알고자 하는 마음이 호기심을 불러일으킵니다. 뭔가 배워보고 싶은 생각이 든다는 뜻입니다. 이런 생각이 교육의 출발점입니다. 하나님은 그 사실을 아셨기 때문에 호기심을 매개로 다음 세대들에게 하나님 자신이 일으킨 사건이 전해져 이해되고 기억되도록 의도하셨습니다. 하나님은 항상 이런 교육적인 안목을 가지고 다음 세대들에게 물려줄 것들을 생각하시는 분입니다.

신약에도 이런 부분에 대한 이야기들이 많이 있습니다. 우선 사도행전 2장에 나타난 초대교회의 모습은 교회의 가르치는 사역을 대표적으로 보여줍니다. 초대교회는 가르치는 사역으로 계속해서 흥왕했습니다. 그리스도인들의 수가 많이 늘어났다는 것입니다. 이것은 곧 가르치는 사역을 통해 교회가 성장하는 모습을 보여줍니다. 또한 가르치는 사역이 교회성장의 기본이 된다는 중요한 원리도 제시합니다. 저는 기독교육자가 지금 잘 가르치지 않으면 다음 세대의 한국교회는 없을지도 모른다는 무서운 생각이 듭니다. 이런 면에서 우리는 좀더 사명감을 가져야 합니다.

최초의 새신자반

사도행전 11장에 보면 바나바가 바울과 함께 교인들을 가르치는 장면이 나옵니다. 최초의 새신자반이 모습을 드러낸 곳이라고 볼 수 있습니다. 성경은 바나바가 복음을 전하는 모습을 그리고, 그 후 제일 먼저 유대인들이 믿고 돌아왔으며, 그 다음에 이방인들이 믿고 돌아왔다는 사실을 보여줍니다. 당시 이방인에 헬라인들이 많았는데, 바나바는 그들을 가르치면서 좀 역부족을 느낀 것 같습니다. 그래서 다소로 가서 사도 바울에게 도움을 요청해 함께 안디옥교회로 옵니다. 바울은 안디옥에서 가르치는 일을 하게 되었고, 그곳에서 사람들이 비로소 믿는 사람들을 '그리스도인'이라고 불렀습니다. 그런데 '그리스도인'이라고 불리는 이 과정에서 바울의 가르치는 사역이 어느 정도 역할을 하지 않았을까 하는 짐작이 듭니다.

그만큼 가르치는 은사는 중요합니다. 바울의 가르침이 그들을 작은 예수로 만들어낸 것입니다. 또한 이 사건은 가르치는 일이 팀으로 이루어지는 팀 사역이라는 사실을 보여줍니다. 가르치는 사역이 혼자 하는 일이 아니라 늘 서로의 협력이 필요한 일임을 여기서 발견할 수 있습니다. 그렇기 때문에 교사들은 서로 겸손한 태도로 다른 교사들과 함께 팀을 이루어 가르치는 부분에 늘 열려 있어야 합니다. 자신에게 부족한 부분이 있으면 다른 사람에게 도움을 과감히 요청할 수 있는 자세가 필요합니다.

바나바는 참 좋은 사람이었던 것 같습니다. 성경에도 바나바를 좋은 사람이라고 표현하고 있는데, 제가 분석하기로도 바나바는 좋은 사람이어서 처음 교회에 나온 사람들을 편하게 대했던 것 같습니다. 그가 새신자반을 잘 인도했다고 보는 이유도 여기에 있습니다. 그런데 새신자 교육을 마친 사람을 성숙한 단계로 이끌기 위해 가르치려다 보니 자신이 부족하게 느껴져서 바울을 데려옵니다.

바나바의 기대대로 바울은 이미 신자가 된 사람을 가르치는 일을 잘했던 것 같습니다. 그러나 추측컨대 바울은 새신자를 맡아 교육하는 일은 잘하지 못했으리라 여겨집니다. 바울의 말투를 보면 그가 날카로운 사람인 것을 알 수 있습니다. 신약 성경의 서신서들을 보아도 사도 바울은 원칙에 입각해 명료한 말을 잘 하는 사람이었습니다. 이렇게 맺고 끊는 것이 분명한 사람이 새신자를 가르치고 관리한다면 너무 엄하게 느껴져 새신자가 적응하기 힘들 것입니다.

이와는 반대로 바나바는 새신자가 좀 못 해도 "그래도 좋습니다. 오십시오. 다음에 또 뵙겠습니다" 하는 태도로 그들을 잘 붙잡아놓고 신앙이 자라도록 계속 도와주니까, 그 다음에 바울이 신자로서 마땅히 순종해야 할 삶의 원리를 엄히 가르쳐도 별로 심각한 문제가 되지 않았던 것입니다. 바나바는 새신자 교육, 바울은 제자훈련의 역할을 잘 분담함으로써 가르치는 사역이 상당히 강화되었고 교회는 자연스럽게 부흥했으리라 생각됩니다.

이런 모습들이 오늘날 교회 안에도 필요합니다. 어떤 분들은 마음 씀씀이가 좋아서 새신자와 잘 어울리고, 또 어떤 사람은 좀더 체계적이고 논리적이어서 지적 추구를 갈망하는 사람들과 잘 어울릴 수 있습니다. 이런 점에서, 교회 안에서 가르칠 때도 팀워크가 참 중요합니다.

교사들 가운데서도 자신에게 부족한 부분이 있을 때 다른 교사들에게 도움을 요청하는 것을 너무 어색하게 생각하면 안 됩니다. 교육현장에서는 내가 무엇을 가르치느냐보다 학생들이 무엇을 배우느냐가 더 중요하기 때문입니다. 나에게 맡겨진 학생이 하나님 안에서 어떻게 건강하게 잘 자라느냐가 더 중요합니다. 자신이 가르치는 학생이 잘 자라도록 제대로 돕는 역할을 못한다면 차라리 그 학생을 다른 교사에게 양보하여 도움을 더 잘 받을 수 있도록 최대한 배려하는 것도 생각해볼 필요가 있습니다.

지금까지 언급한 원리들은 성경이 기독교교육자에게 보여준 선명한 원리들입니다. 이 외에도 많은 원리들을 찾을 수 있지만, 우선 여기서 언급된 가장 기본적인 원리들만 기억하고 사역 현장에 적용해도 교육활동에 도움이 되리라 믿습니다.

New S S 혁 신 토 의

1. 기독교교육자의 정체감은 무엇인지 일반교육자와 비교해서 말해보라.

2. 기독교교육을 결정하는 요소는 무엇인가?

3. 기독교교육자는 어떤 태도로 가르쳐야 하는지 일반교육자와 비교해서 말해보라.

4. 기독교교육의 목표에 대해 함께 이야기해보고 깨달은 것을 나누어보라.

제6장

축제로서의 예배

크리스천의 특권은 하나님을 예배하는 것입니다. 예배는 하나님을 만나는 장인 동시에 하나님의 말씀으로 교육받는 자리입니다. 기독교교육은 우선적으로 예배를 통해 이루어집니다. 그러므로 예배가 살아야 교육이 삽니다. 우리의 예배는 건강합니까? 우리의 예배는 학생들로 하여금 하나님을 경험하고 하나님을 바로 예배하도록 하고 있습니까?

앞 장에서 언급된 여러 가지 기독교교육철학은 우리의 교육현장에서 구현되어야 합니다. 그러면 우리의 교육현장은 어디입니까? 일반적으로 기독교교육의 현장 하면 가정과 학교, 교회를 말합니다. 이 모든 영역에서 건강한 기독교교육이 이루어져야 합니다. 그러나 가정과 학교에서의 기독교교육은 이 책에서 다루는 주제가 아니므로 생략하고 교회에서 하는 기독교교육을 중심으로 보겠습니다.

교회 안에서의 기독교교육 현장을 말하라면 주일 오전예배가 전부라고 해도 과언이 아닙니다. 현장 분석에서도 이야기했듯이 우리의 교회교육은 대부분의 경우 주일 오전에 집중되어 있습니다. 주일 오후예배나 주중 모임은 거의 없는 실정입니다. 주일 오전예배가 예배인 동시에 교육의 현장입니다. 우리는 이러한 상황을 피할 수 없습니다. 더 이상 나은 것을 기대할 수도 없습니다. 이런 상황에서 최대한의 기독교교육을 이루어내야 합니다.

대부분의 교회교육은 주일 오전에 80분을 넘지 않습니다. 그러기에 이 오전 80분이야말로 지금껏 우리가 계획해온 모든 교육목표를 실현할 수 있는 중요한 시간입니다. 따로 다른 시간을 낸다고 할 수 있을지 모르지만, 거기에는 많은 학생들이 참여할 수 없습니다. 주일 오전예배만이 여러 유형의 많은 학생들에게 도움을 줄 수 있는 유일한 시간입니다. 따라서 주일 오전 80분이란 하나님께 예배를 드리는 시간인 동시에 교회교육의 목표를 달성해야 하는 시간입니다.

그래서 저는 주일 오전예배를 아주 중요시 여깁니다. 우리 교역자들과 교사들에게도 주일 오전예배에 생명을 걸라고 이야기합니다. 또 다른 선택이 없기 때문입니다. 주일 오전예배가 처음이자 마지막이기 때문입니다. 주일 오전예배에 실패하면 다 실패합니다.

교회에서는 어두워지는 표정?

제가 교회교육을 분석하면서 했던 일 중의 하나는 학생들의 예배 분위기를 점검하는 것이었습니다. 그때 발견한 것은 예배의 주체가 학생들임에도 불구하고 전혀 학생들을 위한 배려가 없다는 것이었습니다. 많은 경우 어른 예배의 형식 그대로 학생들의 예배가 진행되고 있었습니다. 정형화된 예배 스타일을 고집하며 지금까지 예배를 진행해오다보니 어린이들과 청소년들의 예배 분위기는 어둡고 무겁기 십상이었습니다.

어린이나 청소년의 예배가 침체된 것은 어른 예배가 경직되었기 때문입니다. 어른 예배에 오는 사람들의 얼굴을 보셨습니까? 교회 정문을 들어서기 20미터나 30미터쯤 전부터 표정들이 아주 경건합니다. 온 세상의 고민을 다 지고 가는 사람의 모습을 하고 교회에 들어옵니다. 이런 모습으로 예배드리는 사람 중에 옆 사람과 밝게 인사하는 사람은 별로 없습니다.

대부분의 교인들이 교회 밖에서는 표정이 밝다가 교회 안으로 들어올 때는 무거운 표정으로 싹 바뀝니다. 아마도 경건에 대한 오해 때문에 그런 것이 아닌가 싶습니다. 경건의 개념을 오해하여 외형과 외모를 통해 경건을 표출하려고 하기 때문입니다.

이런 오해가 있다 보니 예배를 경직되게 드릴 수밖에 없는데, 그런 사람들이 교사로서 어린이나 청소년 주일학교에서도 어른들과 똑같은 형식으로 예배를 기획하고 진행합니다. 그 영향으로 우리 주일학교의 예배가 아주 어둡고 힘이 없는 것이 아닌가 생각됩니다.

최근 예배에 대한 많은 노력이 있어서 예배 분위기가 달라지기는 했지만 여전히 이런 경직된 부분이 남아 있습니다. 여전히 아이들은 무감각한 표정으로 전혀 감응이 없습니다. 아직도 어른 예배의 틀을 벗어나지 못하는 교회들이 많이 있습니다.

사실 예배드리는 시간은 얼마나 흥분되는 시간입니까? 예배란 그리스도인이 함께 모여서 하나님을 찬양하고 구원의 은총을 감사하는 기쁨의 자리가 아닙니까? 하나님께 좀더 가까이 나아가고, 하나님의 임재를 가까이 느끼며, 여러 성도들과 함께 예배드리는 가운데 하나님께서 우리 안에서 역사하시는 것을 체험하며, 하나님의 말씀을 통해서 느끼는 감격이 최고조에 이르는 시간이 아닙니까?

그러나 많은 경우 예배의 본래 의미를 잘 이해하지 못하고 그냥 무의식적으로 전통적으로 내려온 예배의식을 따라 가고 있는 것이 현실입니다. 경건한 형식의 예배가 잘못되었다는 의미로 말하는 것이 아닙니다. 겉모습이 경건할 뿐만 아니라 마음으로도 진정 하나님 안에서 기뻐하고 즐거워하며 하나님께 영광을 돌리는 예배여야 하고, 그런 모습이 밖으로도 표현되어야 한다는 것입니다. 이런 면에서 예배는 늘 새롭게 갱신되어야 합니다.

생명력 있는 예배

예배라는 주제는 늘 상당히 뜨거운 감자 중의 하나였습니다. 역사적으로 볼 때 예배를 어떤 형식으로 드렸느냐에 따라 많은 부류의 종파들이 생겼습니다. 예배라는 틀 안에 어떤 요소들이 들어가고 무엇을 강조하느냐에 따라 예배를 드리는 그룹의 특징과 정체감이 형성되는 것은 당연합니다. 예배드리는 형식과 스타일을 보면 그 교회의 스타일, 그 교회가 지향하는 교회의 철학, 방향을 알 수 있습니다.

오늘날 교회 안에 많은 이슈들이 거론되지만 특별히 예배라는 이슈가 큰 비중을 차지합니다. 이는 예배의 중요성에 대한 인식이 새롭게 일어나고 있기 때문이기도 하지만, 실상은 교회의 가장 중요한 활동이라고 할 수 있는 예배가 현대에 들어오면서 너무나 무기력해졌기 때문에 생기는 현상이 아닌가 합니다. 단적으로, 예배드리는 사람들의 형편과 모습만 봐도 많은 사람들이 실망하기에 충분합니다. 예배를 구경하기 위해 모인 방관자와 같은 인상을 주기 때문입니다. 우리들 자신부터 스스로 예배드리는 자세를 냉정하게 평가해봐도 이런 모습에서 크게 벗어나지 않을 듯합니다.

오늘날 그리스도인들에게 예배만큼 중요한 것은 없습니다. 포괄적으로 오늘날 교회들의 큰 흐름을 볼 때 예배가 건강한 교회, 예배가 활성화되어 있는 교회는 생명력이 있습니다. 그러나 예배가 죽어 있는 교회는 생명력을 잃은 교회요, 쇠퇴하는 교회입니다. 그러므로 오늘날 우리가 생명을 걸고 가장 중시해야 할 핵심 영역이 있다면, 바로 '예배'라고 말하고 싶습니다.

마크 혼Mark Horne은 「월드World」라는 잡지에서 이렇게 말했습니다. "우리의 문화전쟁은 영적인 전쟁이다. 예배는 이 전쟁을 위한 가장 강력하고 잠재력 있는 무기가 될 것이다." 옳은 말입니다. 예배는 힘 있는 무기로 작용합니다. 성도들이 예배를 통해서 힘을 얻고 우리 아이들이 예배를 통해서 능력을 덧입을 때, 그들은 영적인 문화전쟁 속에서 승리할 수 있습니다. 그래서 저는 예배를 좀더 새로운 각도에서 점검해보고, 예배에 대한 개념을 재정립해볼 기회를 제공하면서, 새로운 방향을 모색해보려고 합니다.

오늘날은 여전히 예배에 갈증을 느끼는 시대라고 합니다. 저는 예배가 차의 엔진이나 음악의 음계와 같다고 생각합니다. 그만큼 예배는 그리스도인의 삶에서 가장 중요한 핵이며 능력 있는 삶을 살게 하는 원동력입니다. 살아있는 예배를 통해서 감동을 받으면 우리의 삶에 힘이 솟지만, 예배가 무기력하고 활력을 제공하지 못한다면 그 삶은 축 처져버릴 것입니다. 따라서 우리는 성도의 삶에서 중요한 동력을 제공하는 예배를 배워야만 합니다.

예배는 궁극적으로 하나님께 영광을 돌리는 것이지만 그리스도인에게는 능력을 제공합니다. 정확히 이해된 예배 활동에 기초해 예배를 드리면 하나님께는 영광이 되고, 우리 모두에게는 예배를 통해 맛보는 하나님의 은혜가 있을 것입니다. 주일학교 학생들을 위해 예배를 기획하는 우리들이 예배에 대한 정확한 개념을 갖고 예배자의 특성에 맞게 예배드리는 법을 배워 예배를 잘 기획해야 하는 것도 바로 이런 이유 때문입니다.

위튼대학의 예배학 교수인 로버트 베버Robert E. Webber는 그의 책 「예배

Worship, Old and New」에서 "오늘날 교회에 편만해 있는 암세포가 있는데, 그것은 곧 예배를 이해하고 배우려 하지 않는 것이다"라고 지적했습니다. 그는 우리에게 예배를 계속해서 배워야 하고, 바로 이해해야 하며, 예배의 바른 모델을 디자인하기 위해 계속 연구하고 새롭게 노력해야 한다고 도전합니다.

능력 있는 삶은 예배에서 온다

성경은 예배에 대해서 어떻게 말하고 있을까요? 성경에서 언급된 예배를 연구하면서 그 특징들을 정리하면 많은 도움이 될 것입니다. 예배와 관계된 말씀 가운데 우리에게 고전처럼 인식된 구절이 있는데, 바로 출애굽기 24장 1-8절입니다.

"또 모세에게 이르시되 너는 아론과 나답과 아비후와 이스라엘 장로 칠십 명과 함께 여호와께로 올라와 멀리서 경배하고 너 모세만 여호와께 가까이 나아오고 그들은 가까이 나아오지 말며 백성은 너와 함께 올라오지 말지니라 모세가 와서 여호와의 모든 말씀과 그의 모든 율례를 백성에게 전하매 그들이 한 소리로 응답하여 이르되 여호와께서 말씀하신 모든 것을 우리가 준행하리이다 모세가 여호와의 모든 말씀을 기록하고 이른 아침에 일어나 산 아래에 제단을 쌓고 이스라엘 열두 지파대로 열두 기둥을 세우고 이스라엘 자손의 청년들을 보내어 여호

> **New SS교육지표** 　출애굽기에 나타난 구약 예배의 특징
>
> 1. 하나님의 부르심
> 2. 적극적인 참여
> 3. 말씀선포 중시
> 4. 주관적이고 적극적인 헌신
> 5. 피를 흘리는 예식을 통한 하나님과의 관계 형성

와께 소로 번제와 화목제를 드리게 하고 모세가 피를 가지고 반은 여러 양푼에 담고 반은 제단에 뿌리고 언약서를 가져다가 백성에게 낭독하여 듣게 하니 그들이 이르되 여호와의 모든 말씀을 우리가 준행하리이다 모세가 그 피를 가지고 백성에게 뿌리며 이르되 이는 여호와께서 이 모든 말씀에 대하여 너희와 세우신 언약의 피니라."

이 본문은 예배를 말하는 데 있어서 아주 중요하게 다루는 부분입니다. 오늘날 예배의 많은 내용은 이 구절에서 왔다고 볼 수 있습니다. 여기서 말하는 예배의 첫 번째 특징은 '예배란 하나님께서 소집한 모임'이라는 것입니다. 이 말은 하나님께 부름 받은 자만이 예배에 참여할 수 있다는 의미입니다. 하나님께서 부르시지 아니하면 아무도 예배하는 자리에 올 수가 없습니다. 이는 진정한 예배자가 어떤 사람인지, 교회에 와서 예배할 수 있는 사람과 예배할 수 없는 사람이 어떤 사람인지 이해하는 데 도움이 됩니다.

두 번째 특징은 적극적인 참여입니다. 본문에서는 예배자들이 예배 행위에 참여하여 각각 자기의 역할을 하고 있습니다. 따라서 예배를 드릴 때는 적극적으로 참여해야 하며 여기에 방관자, 구경꾼은 있을 수 없습니다. 바꾸어 말하면, 방관자나 구경꾼은 예배자가 아니라는 말입니다.

세 번째 특징은 말씀 선포를 중요시한다는 점입니다. 위의 본문에서 말씀 선포가 예배에서 얼마나 중요한 비중을 차지하는가를 보여줍니다. 하나님의 말씀을 듣고 그 뜻을 이해하도록 최대한 돕는 것이 예배의 중요한 요소입니다.

네 번째 특징은 주관적이고 적극적인 헌신입니다. 본문 중에는 자기 자신을 드려서 하나님 앞에 헌신하는 모습이 잘 드러나 있습니다.

다섯 번째로 본문에 나타나는 예배의 특징은 피를 드리는 예식을 통해서 하나님과 관계를 형성한다는 점입니다. 이것은 예수 그리스도의 십자가를 통해서 하나님과의 관계를 확인하는 일이 예배의 중요한 특징이라는 사실을 보여줍니다.

신명기 12장 1-8절에서도 예배에 관한 내용을 찾아볼 수 있습니다.
"네 조상의 하나님 여호와께서 네게 주셔서 차지하게 하신 땅에서 너희가 평생에 지켜 행할 규례와 법도는 이러하니라 너희가 쫓아낼 민족들이 그들의 신들을 섬기는 곳은 높은 산이든지 작은 산이든지 푸른 나무 아래든지를 막론하고 그 모

> **New SS교육지표 신명기에 나타난 구약 예배의 특징**
> 1. 하나님의 임재
> 2. 이스라엘과 이방인의 차별성 확인
> 3. 기쁨과 즐거움의 장이 되는 축제적 성격

든 곳을 너희가 마땅히 파멸하며 그 제단을 헐며 주상을 깨뜨리며 아세라 상을 불사르고 또 그 조각한 신상들을 찍어 그 이름을 그곳에서 멸하라 너희의 하나님 여호와께는 너희가 그처럼 행하지 말고 오직 너희의 하나님 여호와께서 자기의 이름을 두시려고 너희 모든 지파 중에서 택하신 곳인 그 계실 곳으로 찾아 나아가서 너희의 번제와 너희의 제물과 너희의 십일조와 너희 손의 거제와 너희의 서원제와 낙헌 예물과 너희 소와 양의 처음 난 것들을 너희는 그리로 가져다가 드리고 거기 곧 너희의 하나님 여호와 앞에서 먹고 너희의 하나님 여호와께서 너희의 손으로 수고한 일에 복 주심으로 말미암아 너희와 너희의 가족이 즐거워할지니라 우리가 오늘 여기에서는 각기 소견대로 하였거니와 너희가 거기에서는 그렇게 하지 말지니라."

이 본문에서는 성막을 중심으로 한 예배를 이야기하고 있는데, 예배의 특징이 하나님의 임재, 하나님의 함께하심에 있다는 것입니다. 또 다른 특

징은 이스라엘과 이방인이 다르다는 것을 드러낸다는 사실입니다. 예배를 통해서 믿는 그리스도인과 믿지 않는 자들이 구별된다는 것입니다.

신명기 16장 1-3절을 보면 또 다른 예배에 대해서 말합니다.

"아법월을 지켜 네 하나님 여호와께 유월절을 행하라 이는 아법월에 네 하나님 여호와께서 밤에 너를 애굽에서 인도하여 내셨음이라 여호와께서 자기의 이름을 두시려고 택하신 곳에서 소와 양으로 네 하나님 여호와께 유월절 제사를 드리되 유교병을 그것과 함께 먹지 말고 이레 동안은 무교병 곧 고난의 떡을 그것과 함께 먹으라 이는 네가 애굽 땅에서 급히 나왔음이니 이같이 행하여 네 평생에 항상 네가 애굽 땅에서 나온 날을 기억할 것이니라."

본문에서는 절기와 관련된 예배에 대해 말합니다. 구약의 절기인 유월절과 칠칠절에 어떻게 예배해야 할 것인가를 말합니다. 유월절 예배를 통해서는 유월절 피로 인한 구원을 감사하며 축하하는 요소가 담겨 있음을 이야기합니다. 여기서 예배에는 구원의 감격을 표현하는 요소가 있어야 한다는 것을 알 수 있습니다. 예배는 구원의 감격을 드러내는 하나의 장이어야 합니다. 칠칠절에는 농사지은 결과에 감사하는 예배를 드립니다. 이때는 예물을 하나님 앞에 드리고 자기들이 얻은 곡식을 서로 나누며 즐기는 예배 형식이 나타납니다. 절기예배를 통해 강조하는 것이 무엇일까요? 절기예배에 나타난 하나님의 의도는 예배의 즐거움과 기쁨을 회복하자는 것입니다.

이런 면에서 예배의 중요한 특징 하나를 드러낸다면 페스티벌, 즉 축하의 개념을 들 수 있습니다. 절기예배와 연관된 성경을 보면 "너는 온전히 즐거워할지니라"신 16:15고 합니다. 예배를 드리면서 즐거워하라는 것입니다. 이것은 그리스도인들이 예배를 드리면서 하나님 앞에서 맛볼 수 있는 놀라운 감정입니다.

예배와 연관된 구약의 내용들을 정리해볼 때, 우리는 예배하는 그 자리에 하나님께서 임재하신다는 사실을 확인할 수 있습니다. 그러므로 예배를 통해서 임재하시는 하나님을 만나는 경험을 하는 것이 중요합니다. 또한 우리가 드리는 예배는 즐거움이 되어야 합니다. 예배를 통해 하나님께서 주신 구원의 즐거움을 표현해야 합니다. 예배에 적극적으로 참여할 기회를 찾고, 하나님의 말씀을 분명히 이해해야 합니다.

예배는 만남, 만남은 기쁨

신약에서 말하는 예배의 특징은 무엇입니까? 신약에서는 예배에 대해 구체적으로 언급한 부분이 많지 않습니다. 신약의 예배를 이야기할 때 주로 인용되는 성경은 요한복음 4장 23-24절입니다.

"아버지께 참되게 예배하는 자들은 영과 진리로 예배할 때가 오나니 곧 이 때라 아버지께서는 자기에게 이렇게 예배하는 자들을 찾으시느니라 하나님은 영이시니 예배하는 자가 영과 진리로 예배할지니라."

이 구절에 나타난 예배의 특징은 하나님께서 부르시는 자만이 예배할 수 있다는 것으로서, 이런 강조점은 구약의 출애굽기 24장에 나타난 내용과 똑같습니다. 그러나 하나님께 부름을 받은 자들은 다 하나님 앞에 예배할 수 있지만, 처음 교회 나온 사람들은 엄밀한 의미에서 진정한 예배자라고 보기 어렵습니다.

이 구절에 나타난 예배의 또 다른 특징은 '하나님과의 만남'입니다. 성경에 보면 하나님께서 예배하는 자를 찾는다는 말이 있습니다. 그것은 만남을 전제로 한 표현입니다. 하나님과의 만남에는 구약의 '하나님의 임재'

개념이 포함됩니다. 하나님의 임재 속에 하나님과의 만남이 있습니다. 이는 예배의 중요한 특징이 '하나님과의 만남'이라는 사실을 확인시켜줍니다. 하나님이 영이라는 부분을 강조하고 있는 것은 하나님과의 만남이 영적인 만남이라는 것을 말해줍니다. 아울러 정확히 말하지는 않지만 여기서 말하는 영적인 만남은 지적인 부분과, 감성적인 부분, 의지적인 부분을 포함한 전인격적인 만남을 의미합니다.

신구약 성경에 나타난 예배의 특징을 정리해보면서 오늘날 우리가 예배 가운데 중요한 것을 놓치고 있음을 발견합니다. 그것은 우리를 예배 가운데로 부르시는 하나님을 예배를 통해서 만나야 하는데 그렇지 못하다는 것과, 예배를 통해서 하나님의 구원의 즐거움을 드러내야 하는데 그 부분이 약하다는 것입니다. 우리의 예배에서 바로 이런 부분이 보완되어야 하지 않을까요?

먼저 하나님과의 만남이 있는 예배를 생각해보겠습니다. 예배의 중요한 요소 중의 하나는 하나님의 임재입니다. 그렇다면 하나님은 왜 임재하십니까? 그것은 우리에게 은혜 주시고 우리를 축복하시기 위함입니다. 그런데 은혜 주시고 축복하시기 위해서는 중요한 순간이 필요합니다. 바로 만남의 순간입니다. 크리스천이 예배를 통해서 누릴 수 있는 축복과 은혜가 있다면 하나님을 만나는 경험을 할 수 있다는 것입니다. 이런 면에서 모든 크리스천은 예배를 통해서 하나님을 만나는 경험을 해야 합니다.

그러므로 우리는 예배를 드릴 때마다 스스로에게 질문을 해야 합니다. "나는 오늘 이 자리에 임재하시는 하나님을 만났는가?" 이 질문에 정확히 답변할 수 없다면 그것은 단순히 예배라는 순서나 의식에 참여한 것에 불과합니다. 여러분이 예배를 드릴 때마다 임재하시는 하나님을 만나는 은혜가 있기를 바랍니다. 이와 마찬가지로 우리 학생들도 예배를 드리면서 하나님을 만나야 합니다. 그럼 하나님과의 만남은 무엇입니까?

하나님과의 만남은 사람을 만나는 것과 비슷합니다. 우리가 사람을 만날 때 어떻습니까? 사람을 만나는 것에는 두 가지 만남이 있습니다. 하나는 지적인 만남이요 다른 하나는 감성적인 만남입니다. 지적인 만남이란 상대편에 관한 정보를 통해서 만나는 것입니다. 우리는 어느 학교를 나왔는지, 집이 어딘지, 하고 있는 일이 무엇인지 등을 아는 것을 통해서 사람들을 만날 수 있습니다.

그러나 여러분 어떻습니까? 우리가 사람들을 만날 때 단순히 상대에 관한 정보만 가지고 만납니까? 그렇지 않습니다. 그 사람에 대한 정보가 하나도 없음에도 불구하고 마음이 끌리는 만남, 감정의 교류가 일어나는 만남, 편안하고 즐겁고 늘 가슴 벅찬 만남이 있습니다. 그렇지 않습니까? 우리 모두 그런 경험을 합니다. 그래서 결혼해서 사는 것입니다. 저는 이런 만남을 감성적인 만남이라고 합니다.

그런데 온전한 만남이 되기 위해서는 이 두 가지 만남이 다 필요합니다. 내가 만나는 사람에 대해서 알아야 하고, 또 마음이 끌려야 합니다. 지적으로만 만난다면 그것은 메마른 만남입니다. 감성적으로만 만난다면 위험한 만남이 될 수 있습니다. 건강한 만남에는 지적인 요소와 함께 감성적인 요소가 꼭 필요합니다.

하나님을 만날 때도 똑같습니다. 우리가 하나님을 지적으로 만날 수 있습니다. "하나님은 전능하시다, 전지하시다, 늘 우리를 도와주신다"는 정보를 통해 하나님을 알고 만날 수 있습니다. 그러나 신앙생활을 하다 보면 하나님을 잘 알지 못하지만 하나님 생각만 해도 마음이 끌리는, 너무나 편한 만남이 있습니다.

신앙생활을 하다보면 이런 경험을 하는 사람들의 이야기를 종종 듣습니다. 어떤 사람이 친구를 따라 교회에 처음 왔는데 교회에 들어서자마자 마음이 편하더랍니다. 고향집에 온 것 같더랍니다. 그리고 자리에 앉았는데 그때부터 하염없이 눈물이 흘러내립니다. 그 순간 누군가 자기에게 찾아온 것을 느낍니다. 그리고 그 이후로부터 신앙생활을 잘 했다는 것입니다.

하나님을 지식적으로 아는 것과 감성으로 느끼는 것은 많이 다릅니다. 감성적인 만남이 이루어지면 하나님에 대한 정보가 그렇게 많지 않아도 하나님을 생각하면 좋고 가슴이 벅찹니다. 물론 이런 만남에도 지적인 부분이 포함되지 않는 것은 아닙니다만, 지적인 것과 크게 상관없이 감정적으로 기쁘고 끌리는 애틋한 만남이 이루어질 수 있다는 것입니다.

따라서 하나님과의 만남은 이 두 가지의 만남 모두를 의미한다는 것을 알아야 합니다. 예배를 기획할 때 이 점을 특히 유념해야 합니다.

그런데 감사하게도 하나님은 예배 가운데 그런 만남이 이루어지도록 거기에 필요한 요소를 넣어두셨습니다. 무엇일까요? 지적인 만남을 위해서는 설교를, 감성적인 만남을 위해서는 찬양과 기도를 넣어두신 것입니다. 서로 겹치는 부분도 있습니다만, 설교는 지적인 부분이 강하고, 찬양과 기도는 감성적인 부분이 강합니다. 그러므로 예배를 디자인할 때는 이 요소들을 잘 생각해야 합니다.

언젠가 제가 인도하는 소그룹에서 예배에 관한 주제를 다룬 적이 있습니다. 거기서 우리는 예배 시간 중 가장 은혜로운 시간으로서 계속 발전시켜야 할 부분과, 그리 크게 영향을 끼치지 못하는 순서로서 빼든지 아니면 더 신중히 검토해야 할 부분이 무엇인지 함께 의논해보았습니다. 흥미롭게도 설교 시간에 대해서는 성도들 각자의 처한 상황에 따라 그 필요가 채워지면 은혜롭고, 그렇지 못하면 덜 은혜롭다는 견해인 반면에 찬양은 달랐습니다. 찬양 시간은 선택되는 곡에 상관없이 모든 사람에게 늘 은혜가 된다는 것입니다. 이것은 상당히 중요한 사실을 말해줍니다. 그것은 성도들이 예배의 어느 부분에서 은혜를 받고 하나님과 깊은 교제를 나누는가를 보여주는 예라고 할 수 있습니다. 지적인 만남보다 감성적인 만남이 훨씬 더 사람들에게 깊이 자리를 잡는 것입니다. 찬양이나 기도가 의식이나 형식처럼 사람들에게 오래 남아 여운을 주고 있는 것입니다.

이렇게 신구약에 소개된 예배의 모습을 토대로 예배의 개념을 살펴보면, 오늘날 우리가 예배를 디자인하면서 놓치기 쉬운 요소가 무엇인가를 알 수 있습니다. 이런 기준으로 예배에서 소홀히 하기 쉬운 요소를 보완해야 합니다.

예배자들은 왜 교회를 떠나는가?

이미 언급했지만, 예배에서는 하나님과의 만남이 참으로 중요합니다. 하나님과의 만남이 없는 예배, 하나님의 임재를 전혀 느끼지 못하는 예배는 의미가 없습니다. 그런데 오늘날 교회의 문제가 무엇입니까? 바로 이런 하나님과의 만남이 없는 예배로 인해서 많은 사람들이 교회를 떠나고 있다는 것입니다. 혹자는 이 시대에 진정한 예배자를 찾아보기가 어렵다며, 많은 예배자들이 교회를 떠나고 있는 현실을 안타까워합니다.

저는 한국교회 안에서 하나님을 예배하는 사람들 중에 교회를 떠나는 경우가 얼마나 되는지 조사해본 적은 없습니다. 우리나라에도 이런 자료들이 나오면 좋겠다는 생각을 하며 미국의 갤럽에서 조사한 자료를 소개하고자 합니다. 갤럽의 보고에 따르면, 미국 그리스도인들 중에서 38%에 해당하는 사람들이 5년 전보다 교회에 가는 횟수가 줄었다고 합니다.

윌리엄 헨드릭스William Hendricks는 "사람들이 교회에 가지 않는 이유가 20가지 있는데, 그 중 중요한 요소 하나를 든다면 예배 문제이다"라고 했습니다. 덧붙여 그는 "오늘날 교회의 성장 문제는 예배의 문제라고도 할 수 있다"고 말했습니다.

최근에 조지 바나가 그의 책「레볼루션 교회혁명」에서 현대교회의 문제를 지적했습니다. 그는 말합니다. "2,000만 명에 이르는 미국의 크리스천들이 주일예배에 참석하지 않는 것은 하나님의 임재가 없는 따분한 교회에서 벗어나려는 영적 혁명의 움직임이다." 그는 "교회에 다니는 7,700만 미국 성인 가운데 주일예배에서 하나님과 교제한다는 느낌을 받지 못하는 사람이 10명 중 8명이다"라고 지적했습니다.

그런데 오늘날 많은 교회의 목사들은 이 사실을 모르고 있는 것 같습니다. 생각보다 많은 교인들이 주일예배에서 무엇인가를 느끼지 못한 채 공허한 마음으로 교회 마당만 밟다가 떠나고 있다는 사실을 인식하지 못하는 것 같습니다. 목회자들은 "교인들이 매우 바빠졌을 뿐 아니라 문화 자체가 달라져 추구하는 것이 예전과는 다르기 때문에 교회는 어쩔 수 없이 힘을 잃을 수밖에 없다"고 말할지 모르겠습니다.

교회 문제는 곧 예배 문제

우리는 이러한 흐름에 대해서 좀더 주의 깊게 생각해야 합니다. 주변을 한번 자세히 보기 바랍니다. 너무나 빨리 변하는 세상 문화의 요소들이 예배 활동을 얼마나 방해하는지 모릅니다.

미국의 시대적 흐름을 파악하고 연구하는 조지 바나는 "미국에는 32만 5,000여 개의 개신교 교회가 있다. 1,200개의 기독교 라디오 방송국이 있으며 300개의 기독교 TV방송, 300개의 기독교대학이 있다. 지난 8년 동안 이 모든 사역들을 위한 비용으로 25억 달러가 쓰였다. 그러나 그렇게 많은 돈을 들인 것에 비해 미국에서 중생한 성인 그리스도인의 증가율은 0%에 지나지 않는다. 이런 현상을 우리는 어떻게 볼 것인가? 우리는 매년 계속 이렇게 할 것인가?"라는 질문을 했습니다.

무슨 이야기입니까? 많은 교회들과 기독교 기관들이 엄청난 돈을 투자하고 있지만, 지금 미국에서는 중생한 그리스도인의 비율이 전혀 높아지지 않고 있다는 말입니다.

그는 다른 자료들을 통해서 다음과 같은 말을 합니다. "1991년부터 1994년까지 5,000개의 새로운 교회가 미국에서 개척되었는데, 그때 약 10억 달러가 쓰였다. 그러나 중생한 그리스도인의 비율은 1992년 미국 인구의 40%에서 1994년에는 35%로 떨어졌다." 그는 이 이야기에 덧붙여, 미국교회 성도들의 회심 비율이 이렇게 떨어지기까지는 여러 이유가 있는데, 그 중에 가장 중요한 요소가 예배의 결함 때문이라고 지적합니다. 교회 안에서 드리는 예배의 연약함 때문에 이런 현상이 나타나고 있다는 것입니다.

이런 현상을 달리 분석하면, 믿는 이들이 하나님께 영광을 돌린다는 의미에서의 예배는 이루어져도 믿지 않는 자가 교회 안에 들어와 예배를 통해 주님 앞에 돌아오는 경건하고 살아있는 예배, 생명을 낳는 예배는 이루어지고 있지 않다는 것입니다. 이런 모습을 보며 사람들은, 교회가 계속 성장하려면 예배가 변해야 하는데 전혀 변화의 조짐이 없는 것으로 봐서 교회가 교회로서 올바르게 성장하려는 의지가 없다고 비난합니다. 그러다보니 교인들은 교회에 다니면 다닐수록 더욱더 남을 판단하기 좋아하는 심판자가 되고, 그리스도인과 비그리스도인을 구별지어 생각하는 경향이 뚜렷해집니다. 조지 바나는 결론적으로 "오늘날 많은 그리스도인들은 믿지 않는 사람들을 배려하는 모습이 너무 약하다"고 지적합니다.

혹자는 "예배란 우리가 믿지 않는 자를 찾아갈 수 있도록 겸손의 씨앗을 심는 하나의 모판과 같다"는 표현을 합니다. 우리가 예배에서 그리스도인과 비그리스도인을 자주 구별 짓고, 이기적이 되어 다른 사람들을 배려하지 않으면, 믿지 않는 자에게 그리스도의 사랑과 복음을 나타낼 수 있는 계기가 주어지지 않는다는 것입니다. 따라서 믿는 자들은 진정으로 겸손한 위치에 서서 살아계신 하나님과 참으로 교제하는 모습을 보여야 합니다. 그런 모습을 통해 믿지 않는 자들이 자연스럽게 자신들과 하나님의 관계에 대해 인식하게 되고, 하나님과 사랑의 관계를 만들려고 관심을 갖는 가운데 매력을 느끼면서 교회로 나아오게 될 것입니다.

열린예배의 시작

저는 예배에 어떤 수식어를 붙이는 것을 그렇게 좋아하지 않습니다. 그래서 구도자예배, 열린예배, 매스미디어예배 등과 같은 표현을 많이 쓰지 않고 있습니다. 그런데 우리 주변에서 많이 사용되고 있으므로 그 용어를 그대로 사용하면서 말씀드리고자 합니다.

앞서 언급한 바와 같이 많은 그리스도인이 예배에 대해서 부정적인 생각을 하게 되었습니다. 예배를 통해 교회에 새로운 사람들을 불러들이는 데 실패했습니다. 이런 자각에서 시작된 것이 구도자예배입니다.

구도자예배Seeker's service는 믿지 않는 사람들이 쉽게 예배드리는 자리에 들어올 수 있도록 하는 것에 목적을 둔 예배입니다. 이 예배에는 중요한 전제가 있습니다. 구원받지 못한 사람은 온전한 예배를 드릴 수 없다는 것입니다. 다만 예배를 구경할 따름이라고 생각합니다. 그래서 그들에게 필요한 예배가 따로 있어야 한다는 것입니다. 이런 예배를 드리는 대표적인 교회가 우리가 잘 아는 윌로우크릭교회와 새들백교회입니다. 구도자예배에 대해 제가 1997년 4월호 「목회와 신학」 잡지에 '구도자예배란 무엇인가'라는 글을 썼는데 참고하면 도움이 될 것입니다.

구도자예배가 한국교회에는 열린예배로 소개되었는데, 사실 이 용어는 저의 글에서 처음 소개된 것입니다. 저는 구도자예배의 개념을 한국교회에 소개하기를 원했는데 한국적인 상황에는 잘 맞지 않을 것이라고 생각했습니다. 그래서 구도자예배를 그대로 받아들여서 믿지 않는 사람들을 위한 예배를 만들기보다는 기존의 예배를 갱신하는 쪽을 강조하는 게 우리의 상황에 맞을 것이라고 보았습니다. 사실 구도자예배라는 용어 자체가 어색했기 때문에 달리 어떤 좋은 용어가 없나 찾다가, 당시 유행하는 단어가 '열린'이라는 것을 알게 되었습니다. 사람들에게 쉽게 접근한다는 면에서 열린음악회가 인기를 끌고 있을 때였습니다. 그래서 '열린'이라는 용어를 선택했는데, 외국의 많은 자료들 가운데서도 열린open이라는 용어를 예배에 사용하는 것을 보고 그대로 사용하기로 한 것입니다.

제가 살펴본 바로는, 가장 먼저 구도자를 위한 예배를 시도한 교회가 시카고 서쪽의 남 베링턴에 위치한 윌로우크릭커뮤니티교회Willow Creek Community Church였습니다. 이 교회의 구도자를 위한 예배는 사실상 1975년 10월에 담임목사인 빌 하이벨스Bill Hybels를 중심으로 해서 청소년을 대상으로 시작되었습니다. 빌 하이벨스는 사역을 시작할 때 처음에는 신학교에서 배운 대로 묵도로 시작되는 전통적인 예배 방식으로 청소년들을 만났습니다. 그러나 조금씩 시간이 지나면서 그러한 접근 방법이 청소년들에게 별로 효과적이지 않다는 것을 깨달았습니다. 그는 청소년들을 가르칠 때도 전통적인 틀 속에서 "하나님은 누구신가?" "성경은 무엇인가?" 하는 내용을 조직신학적으로 가르쳤던 것입니다.

그런데 시간이 흘러갈수록 자신의 가르침이 별로 의미가 없다는 것을 알았습니다. 강의가 시작된 지 5분 정도 지나서 보니 학생들이 전혀 반응을 보이지 않았던 것입니다. 그래서 그는 약간의 변화를 시도해보기로 했습니다. 그와 함께 사역하던 동역자 한 사람이 작곡도 하는 등 음악에 은사가 많았으므로 그와 함께 음악을 청소년사역에 활용하기로 했습니다. 그러면서 가르치는 방면에 은사가 있는 자신은 주로 아이들의 필요에 따라 주제를 선별해서 가르치는 방법을 썼습니다.

이때 빌 하이벨스가 특히 염두에 두었던 것이 있습니다. 그동안 자신의 교회생활과 교회 안에 들어온 많은 학생들의 모습을 돌아본 결과, 교회는 믿지 않는 사람들이 들어와서 쉽게 동화되기에는 너무나도 어색한 곳이라는 것이었습니다. 저 또한 교회에 처음 나온 학생들에게 교회에 와서 느끼는 분위기를 물어보는데, 그들 대부분은 교회 분위기가 어둡고 자기네들이 발을 들여놓기에 두렵고 어색한 곳이라고 말했습니다. 이는 교회 안의 모든 분위기가 믿지 않는 사람들이 편하고 쉽게 접근하기에는 어색하다는 사실을 말해줍니다.

빌 하이벨스는 교회 내의 이런 사정을 빨리 간파하고, 사역의 방향을 믿지 않는 자들이 교회에 쉽게 들어오고, 그리스도의 복음을 그들에게 잘 전달할 수 있는 쪽으로 선회하기 시작했습니다. 구도자예배는 이런 생각이 구체화되어 시작된 것입니다.

빌 하이벨스의 이러한 관점은 많은 교회에 영향을 주었고, 현재 연합체가 구성되어 그 정신을 확장해 나가고 있습니다. 구도자예배는 믿지 않는 사람들에게 믿는 사람들이 좀더 적극적으로 다가가게 해주었다는 점에서, 믿지 않는 사람들이 예배에 구경꾼으로 왔다고 할지라도 먼저 믿는 자의 예배드리는 모습을 통해서 예수님을 믿고 하나님께로 돌아올 수 있도록 도전한다는 점에서 그 기여도가 크다고 할 수 있습니다.

윌로우크릭교회 외에 미국 로스앤젤레스에 있는 새들백교회도 구도자 예배를 드리는 대표적인 교회입니다. 이 교회는 릭 워렌 목사가 개척했는데, 처음 이 교회를 시작하면서 가졌던 비전 중의 하나가 구도자들, 즉 주님을 알지는 못하지만 뭔가 영적으로 곤고한 사람들이 교회에 쉽게 들어와서 예수 그리스도를 알아가도록 하자는 것이었습니다.

최근에 빌 하이벨스가 그동안 윌로우크릭에서 행한 사역에 대해 평가한 자료를 내놓았습니다. 30여 년의 목회를 점검한 자료였습니다. 그 자료를 보면 마치 윌로우크릭의 사역이 실패한 것처럼 말하고 있습니다. 그러나 저는 그렇게 생각하지 않습니다. 윌로우크릭은 믿지 않는 사람들을 그리스도 앞으로 인도하는 부분에 있어서는 누가 뭐래도 성공했다고 봅니다. 다만 그들의 고백은 성도들을 그리스도의 제자로 세우는 데 부족했다는 것입니다.

그들이 사회학적인 기법으로 영적 성숙을 측정하려고 했던 시도에 대해서는 저는 약간의 회의가 있습니다. 영적 성숙의 경험은 너무나 다양하게 이루어지기 때문입니다. 그럼에도 불구하고 그들이 성도들을 그리스도의 제자로 세우기 위한 다양한 접근을 시도했다는 측면에서는 그 노력을 치하하고 싶습니다. 윌로우크릭교회와 새들백교회를 통해서 구현된 믿지 않는 사람들을 향해 다가가고자 하는 노력은 앞으로도 계속되어야 할 것입니다(이에 대한 논의는 부록에 있는 '열린예배 논점 찾기'를 참고하시기 바랍니다).

복음 전파의 핵심이 되는 예배

오늘날 이 시대는 영적으로 매우 곤고하고 혼탁한 시대입니다. 미국은 그 정도가 더합니다. 우리가 잘 알듯이 산업사회의 마지막 단계에 다다르면 모든 사람들에게 나타나는 현상 중의 하나가 정신적인 고갈 현상입니다. 그것은 우리 식으로 표현하자면 영적인 고갈 상태가 되는 것입니다. 미국의 많은 성인들을 대상으로 그들이 오늘날 추구하는 바가 무엇인지 조사한 결과, 가장 많은 수가 영적인 데 목말라 있다는 결론이 나왔습니다. 이것은 그들이 영적으로 고갈되어 있는 상태를 드러내주는 예입니다. 사정이 이렇다보니 그들에게 초자연적인 것들에 좀더 관심을 갖고 그것을 추구하고자 하는 마음이 생겨납니다. 뭔가 영적인 것을 얻고 싶어 하는 갈급함이 일어나는 것입니다.

그런데 오늘날 미국 사회에서는 이런 경향이 급속하게 퍼져가는 것에 비해 이를 바르게 지도해줄 만한 사람들이 없어 큰 문제가 되고 있습니다. 그래서 많은 사람들이 사교邪敎에 빠지는 등 전혀 엉뚱한 방향으로 나아가고 있습니다. 이때야말로 그리스도인들이 올바른 영적 진리를 사람들에게 소개해줄 수 있는 좋은 기회입니다. 그런 의미에서 어떤 그리스도인들은 이때야말로 다시 미국을 복음화 할 수 있는 좋은 기회라며 교회가 다시 새로워져서 이들에게 진정한 영적 방향을 제시해야 한다고 말합니다.

이와 비슷한 현상이 사실 우리나라에서도 조금씩 나타나고 있습니다. 우리나라는 너무 빨리 산업화되어 지금은 산업사회의 혜택만 누리려고 하는 현상이 나타납니다. 그러나 제가 보기에 우리나라도 곧 미국과 비슷한 위기에 직면하게 될 것 같습니다. 비록 산업사회화의 결과 때문만은 아니지만, 주변 상황을 보면 사람들이 너무 곤고하고 힘들어 하는 가운데 영적인 고갈 상태를 미리 앞당겨 맛보는 듯한 모습들을 많이 봅니다. 이런 시점에서 영적으로 갈급한 자들에게 복음을 소개하고자 하는 적극적인 태도는 교회의 역할을 새롭게 점검케 하는 중요한 자세일 것입니다.

1990년대 초반까지만 해도 미국에서 가장 큰 교회는 인디애나에 있는 인디애나 헤몬드 제일침례교회였습니다. 그곳은 아주 전통적인 교회로서 미국의 전형적인 중산층과 가난한 사람들에게 복음을 전하고 주일학교로도 아주 유명한 교회입니다. 그런데 이제는 그 교회를 앞지른 교회들이 많이 나타났습니다. 윌로우크릭교회를 중심으로 새들백교회와 같은 유형의 교회가 이제는 많이 생겼습니다. 이런 교회들은 믿지 않는 사람들에게 구도자예배를 제시하는 것이 특징입니다. 이렇게 구도자 예배를 드리는 교회들이 계속 성장하고 있고, 하나님께서 그러한 교회들을 사용하셔서 믿지 않는 수많은 사람들을 주님 앞으로 돌아오게 하시는 것에 우리는 주목할 필요가 있습니다.

노방교회Church On The Way의 잭 헤이포드Jack Hayford 목사는 "예배는 교회에서 교육의 핵심이 되는 것은 물론 복음 전파의 핵심이 된다"라고 말했습니다. 예배를 통해 믿지 않는 사람들은 영적인 갈증과 곤고함의 해갈을 얻고, 상한 심령은 하나님 앞에서 치료되고 온전해진다는 뜻입니다.

짐 펄스Jim Firth는 "나는 예배가 복음을 전하는 가장 위대한 도구라고 생각한다. 예배를 드리기 위해 앉아 있는 회중들은 찬양을 통해 하나님의 말씀을 듣는다. 아울러 그들은 하나님을 사랑하고 전심으로 그분을 찾는 사람들이 어떻게 하나님께 반응하는가를 보게 된다. 이 과정을 통해 예배는 세상에 복음을 전하는 강력한 사랑과 소망의 증거가 된다"라고 말합니다.

이 말은 전혀 믿지 않는 사람이 예배 시간에 와서 앉아 있는 그 자체가 그에게는 복음을 받아들이는 한 과정이 된다는 뜻입니다. 믿는 다른 사람들이 하나님께 어떻게 반응하는지, 하나님과 어떤 관계를 맺으며 그 예배에 참여하는지 보면서 무엇인가를 깨닫게 되고, 결국 복음이 전파된다는 것입니다. 이런 놀라운 요소가 예배 안에 들어 있습니다.

하지만 오늘날 많은 교회에서 드리는 예배는 어떤 면에서는 믿는 사람들 중심으로만 드리는 예배입니다. 이 글을 읽는 교회교육 전담자들이나 선생님들은 아직 예수님을 영접하지 않은 아이들이 주일학교에 와서 느끼는 것에 대해 어떻게 이해하고 있을지 모르겠습니다. 대다수의 아이들은 분위기가 아주 어색하고 딱딱하고 무거워서 참여하기 불편하다고 말합니다. 이런 사정은 사실상 주일학교뿐만 아니라 교회 전체에 적용됩니다. 따라서 예배 기획자들은 예배를 통해 복음을 전할 수 있다는 사실을 염두에 두고, 믿음을 갖지 않은 아이들이 예배를 통해 뭔가를 보고 느낄 수 있도록 예배를 진행해야 합니다. 그래서 주일학교 예배를 좀더 열린 장으로 만들어야 합니다. 그것이야말로 성경에서 강조하는 예배의 역할이기 때문입니다.

성경이 말하는 열린예배

이사야서 66장 19절에 보면, 하나님께서 이사야 선지자에게 이스라엘 백성의 남은 자들이 이방인들에게 가서 하나님을 소개할 것이라고 말씀하십니다. 시편 96편 3, 10절의 말씀이나 시편 57편 9절의 말씀에서도 시편 기자는 많은 나라들 가운데서 하나님께서 예배 받으신다는 것에 대해 이야기하고 있습니다. 또 이스라엘 백성들이 하나님께 어떻게 예배할 것인가를 가르치는 신명기 26장 10-11절 말씀 중 11절에서 "네 하나님 여호와께서 너와 네 집에 주신 모든 복으로 말미암아 너는 레위인과 너희 가운데에 거류하는 객과 함께 즐거워할지니라"고 말씀하십니다. 여기에 언급되는 '거류하는 객'은 다름 아닌 가나안 족속으로서 이방인을 가리킵니다. 하나님은 이스라엘 백성들에게 이방인들과 함께 즐거워하며 예배하라고 말씀하십니다. 이때부터 이미 열린예배Open Worship, 즉 많은 사람들이 자유롭게 들어와서 함께 기뻐할 수 있는 장을 만들라고 말씀하고 계신 것입니다.

로마서 15장 9-11절, 시편 86편 9절, 67편 5, 7절은 하나님께서 불신자들을 '잠재적인 예배자'로 보고 계심을 말해줍니다. 사도행전 10장 34-35절에 보면 베드로가 고넬료를 만나 고백하는 말이 나오는데, 하나님은 이방인 가운데서도 하나님을 경건하게 경외하는 자들을 부르신다고 말씀하고 있습니다. 예배할 수 있는 기회가 모든 사람들에게 열려 있어야 하고, 모든 사람들이 자유롭게 들어와서 예배할 수 있도록 그리스도인들이 열려 있어야 한다는 것입니다.

키펄트Kiefert는 이렇게 말합니다. "신약 성경은 하나님께서 당신 자신을 내주시는 모습이나 자신을 희생하시는 모습을 예수님의 식사 교제에서 나타내 보이고 있다. 초대 지역교회는 식사를 하면서 함께 모인 공동체였는데 그들은 그 식사에 이웃을 초대했다. 이때 그들은 주로 가정에서 모였는데 처음 본 사람들에게 호의와 친절을 베풀었다."

무슨 말입니까? 예수님께서 사람들과 같이 식사를 나누는 교제의 장을 만들면서 열린예배의 자리에 그들을 초대했다는 뜻입니다. 성경은 우리들에게 믿지 않는 사람들이 쉽게 와서 합류할 수 있는 예배를 디자인해야 한다는 사실을 보여주고 있습니다.

따라서 우리가 디자인하는 주일학교 예배에도 이런 교제의 분위기가 가미되어서 믿지 않는 아이들이 좀더 열린 심정으로 참여하고, 좋은 영향을 받을 수 있는 여건을 마련해야 합니다. 믿지 않는 아이들이 예배를 통해 진정한 예배자로 태어나도록 도와주어야 합니다.

좋은 예배를 위한 전략

지금까지 예배가 기쁨이 있는 축제의 장이 되어야 한다는 것과, 학생들이 하나님의 임재를 느끼면서 하나님을 지적으로 또한 감성적으로도 만날 수 있도록 해주어야 한다는 것, 즉 하나님과의 온전한 만남을 체험할 수 있도록 도와주어야 한다는 사실에 대해 살펴보았습니다. 그리고 우리의 예배가 모든 사람들에게 좀더 친근하게 다가갈 필요가 있음을 정리했습니다.

이제 우리의 예배 가운데서 보완되어야 할 부분을 찾아서 말씀드리고자 합니다. 예배 갱신에 대해서 말하면 많은 사람들이 부정적인 태도를 취합니다. 예배를 다 바꾼다고 보기 때문입니다. 중요한 것은 다 바꾸기보다는 장점은 살리고 부족한 부분은 보완하는 것입니다.

예배 갱신의 요소에 소위 미국에서 많이 사용하는 요소들이 있다고 해서 무조건 반대하는 분들이 있는데 그렇게 보아서는 안 됩니다. 우리가 가진 좋은 점은 더 발전시키고 잘못된 부분은 수정, 보완해야 합니다. 혹시 우리가 가진 좋은 부분이라도 너무 관념적이거나 형식적이 되었다면 새로운 의미를 부여하면서 새롭게 할 필요가 있습니다. 어떻든 예배를 통해서 하나님의 은혜를 경험하지 못한다면 문제가 있는 것입니다. 그러므로 늘 예배를 새롭게 평가하고, 갱신하려는 노력을 해야 합니다. 성경에서 이야기하는 예배의 본질에 비추어 우리의 예배 가운데서 유념해야 할 몇 가지 전략들을 말씀드립니다. 정리한 다음의 전략들이 좀더 좋은 예배를 디자인하는 데 효과적으로 사용되기를 바랍니다.

예배 혁신안 1: 예배를 기획하라

고린도전서 14장 40절에 이런 말씀이 있습니다. "모든 것을 품위 있게 하고 질서 있게 하라." 이 말씀은 사람들이 무엇을 하든 향상시키는 노력이 필요함을 암시합니다. 그것을 예배 기획 측면에 적용해보면, 좀더 합당하고 적절하게 예배를 기획하고 질서대로 이끌라는 뜻으로 해석할 수 있

New SS교육지표 | 주일학교 예배 혁신안

혁신안	캐치플레이즈	요 점
1	예배를 기획하라	예배 디자인
2	예배의 진행과 흐름에 민감하라.	예배의 역동성
3	예배에 환희와 기쁨, 곧 축제의 요소를 넣어라.	칙칙함과 경건함의 차이
4	간절한 기도와 찬양으로 하나님을 만나게 하라.	기도와 찬양, 가장 활력적인 요소
5	다양한 방법으로 말씀에 접근하라.	말씀은 총천연색
6	예배 분위기를 따뜻하게 하라.	따뜻한 만남
7	변화감이 느껴지는 예배를 만들라.	예배의 창의성
8	예배를 지속적으로 점검, 발전시켜라.	예배는 동사(動詞)
9	예배와 교육을 통합한 디자인을 만들라.	예배와 교육의 통합

습니다.

저는 다시 한 번 "예배를 기획하라"는 말로 교회교육 전담자들에게 도전을 드리고 싶습니다. 현장에 있다 보면 많은 교회지도자들이 예배를 기획하는 데는 별로 신경을 쓰고 있지 않다는 것을 느낍니다. 우리는 과연 주일예배를 위해 얼마나 준비하고 있을까요? 대다수의 전도사님들이나 목사님들이 설교만 준비하면 주일예배 준비가 다 끝난다는 생각을 가지고 있지는 않은지 모르겠습니다. 설교를 준비하고 설교 전에 부를 찬송 하나와 설교 뒤에 부를 찬송 하나를 고르고, 찬송 인도자를 정하면 예배 준비가 다 된 것으로 여기는 분들이 의외로 많습니다.

이처럼 우리는 예배를 준비하고 기획하는 데는 그리 많은 관심을 쏟지 못하고 있습니다. 주일학교 교육에 할당된 시간이 고작 80분이라는 현실을 늘 아쉬워하면서도 그 적은 시간을 효율적으로 사용하는 데는 너무나 느슨한 태도를 취하고 있는 것입니다. 실제로 교역자들을 보면 교육 시간이 부족하지 않은 듯 느긋하게 임하고 있다는 인상을 종종 받습니다.

가끔 저는 이벤트를 맡아 진행하는 사람들이 어떻게 이벤트를 기획하는지 관찰하는데, 그들은 기획한 행사의 구석구석까지, 짧은 시간 한 토막 한 토막까지 아주 신경을 많이 쓰며 계획하고 진행합니다. 언젠가 방송국을 탐방하면서 어린이 프로그램인 '뽀뽀뽀'를 만드는 사람들로부터 콘티 집을 얻어본 적이 있습니다. 그것을 보며 기획자들이 화면 하나하나에 필요한 대사는 물론 자막과 음악, 세트 등에 대한 자료까지도 얼마나 꼼꼼하게 기록하는지를 알 수 있었습니다. 아이들의 시선을 하나도 놓치지 않기 위해 꼼꼼하고도 철저한 노력을 들이고 있었습니다.

예배를 기획할 때에 우리가 취해야 할 태도가 바로 이런 태도입니다. 예배 첫 시간, 즉 도입 단계를 어떻게 꾸밀 것인지, 기도를 어떻게 진행하며, 말씀을 어떻게 꾸려나가고 마지막으로 어떻게 정리를 할 것인지, 한 순서 한 순서마다 철저하고 세심하게 기획해야 합니다. 작은 것 하나까지 철저하게 기획하지 않으면 자칫 예배가 느슨해져서 더 큰 성령의 역사와 이에 대한 아이들의 민감한 반응을 방해할 수도 있는 까닭입니다.

예배 혁신안 2: 예배의 진행과 흐름에 민감하라

텔레비전을 볼 때마다 프로그램과 프로그램 사이에 주로 어떤 내용들이 들어가는지 한번 검토해볼 필요가 있습니다. 대부분의 시청자들은 텔레비전을 보면서 거의 지루함을 느끼지 않습니다. 그만큼 TV 프로듀서들이 프로그램 중간 중간에도 많은 노력을 기울여 제작한다는 뜻입니다. 요즘 청소년들이 아주 좋아하는 MTV는 신세대들이 집중할 수 있도록 각 장면들의 노출 시간을 매우 짧게 만들었습니다.

시청자들의 대표적인 특성이 무엇입니까? 조금이라도 지루하다 싶으면 가차 없이 채널을 다른 데로 돌려버리는 것입니다. 따라서 프로듀서들은 어떻게 하면 사람들이 채널을 바꾸지 않고 한 프로그램에 집중할 수 있을까를 늘 생각합니다. 그래서 MTV 프로듀서들은 3분짜리 뮤직 비디오를 만드는 데 수천 개의 필름을 집어넣는답니다. 우리 어린이들이 텔레비전 방송 중 만화영화, 광고 CF를 제일 좋아하는 이유도 필름이 빨리 바뀌기 때문입니다. 장면이 빨리 바뀌어야 아이들의 시선을 붙잡을 수 있다는 것입니다.

반면에 교회 안에서 행해지는 예배와 여러 프로그램들의 속도는 어떻습니까? 상당히 느립니다. 사회자가 "목사님 나와서 설교하시겠습니다" 하면 목사님이 강대상에 올라가는 시간만 해도 몇 분 걸리지 않습니까? 또 "장로님 나와서 기도하겠습니다" 하면 장로님이 기도하는 자리로 나오는 데도 시간이 걸립니다. 이동하는 사람들이야 그렇게 지루하지 않겠지만, 가만히 앉아서 기다리는 사람은 그 몇 분, 몇 초도 상당히 지루한 시간입니다.

이렇게 순서와 순서를 잇는 데 삽입되는 어색한 시간이 전체 예배의 흐름을 끊는 경우가 허다합니다. 그나마 어른들은 기다려줄 수 있습니다만 주일학교 학생들이나 교회에 처음 나와서 앉아 있는 학생들, 움직임이 많고 활동 성향이 큰 연령층의 학생들은 그때만큼 고역의 순간이 없을 것입니다. 교회에서 진행되는 예배나 프로그램에 다른 채널이 있다면 곧장 채널을 돌려버릴 것입니다. 따라서 이런 면에서라도 중간 중간에 허비되는 시간을 줄여 예배 시간을 아낀다면 적은 시간을 훨씬 유용하게 사용할 수 있고, 아이들의 시선도 오랫동안 붙잡아둘 수 있을 것입니다.

무엇보다 예배의 흐름을 전반적으로 빠르게 향상시킬 수 있어야 합니다. 평범한 예배와 훌륭한 예배는 흐름부터가 다릅니다. 예배를 잘 디자인해서 중간 중간의 틈을 메우는 데 신경을 쓴 그룹들은 아주 훌륭하게 예배를 드릴 수 있습니다. 교회마다 일 년에 한 차례씩 믿지 않는 사람들이 교회에 와서 복음을 들을 수 있도록 전도집회를 개최하는데, 제가 그 집회를 준비하며 신경 썼던 부분 중의 하나가 "순서 중간 중간을 어떻게 진행할 것인가?"였습니다. 어떤 프로그램이든지 일단 시작되면 어떤 식으로든 진행은 되지만, 중간 중간의 공백으로 인해 사람들은 지루함을 느낍니다. 그러므로 순서 중간을 지루하지 않게 진행하는 것이 프로그램 기획의 관건입니다.

예배 혁신안 3: 예배에 환희와 기쁨, 즉 축제의 요소를 넣어라

세 번째 혁신안은 예배의 환희와 기쁨을 살리라는 말입니다. 시편 100편 2절과 21편 6절, 42편 4절을 참고하면 그리스도인이 기쁨을 경험하는 것이 얼마나 중요한가를 알 수 있습니다. 따라서 예배를 기획할 때는 기쁨이 표현될 수 있도록 하는 것이 중요합니다. 이 사실을 놓쳐서는 안 됩니다. 여기서 예배의 축제적 요소를 강조하는 것은, 그것이 성경에서 말하는 예배의 중요한 특징 가운데 하나이기도 하지만 현재 한국교회의 예배가 지나치게 한쪽으로만 치우쳐 있기 때문이기도 합니다.

예배에는 두 가지 요소가 균형을 이루어야 합니다. 먼저는 하나님 앞에 나오면서 우리의 잘못과 죄에 대한 아픔, 즉 회개가 있어야 합니다. 십자가의 고통이 있어야 합니다. 이것과 함께 죄 용서에 대한 감격이 있어야 합니다. 구원의 기쁨, 부활의 영광이 있어야 합니다. 그런데 현대의 많은 예배는 감격이나 부활의 영광보다 회개와 경건에 더 많은 강조점을 두고 있습니다.

주일학교 예배도 어른 예배의 영향을 받아 많은 부분에서 이러한 불균형적 모습이 나타나는 실정입니다. 그래서인지는 모르겠지만 우리 아이들에게서 예수 믿는 즐거움과 기쁨의 표정을 찾아보기가 쉽지 않습니다. 그러므로 예배를 기획할 때 그리스도인의 구원과 부활, 죄 용서로 인한 기쁨이 표현될 수 있도록 최대한 배려해야 합니다. 예배를 통해 예수 믿는 즐거움이 어떤 것인가를 보여주어야 합니다.

예배가 기쁨의 장이 되려면 다음 두 가지 측면에서 신경을 써야 할 것입니다. 첫째는 데코레이션의 문제입니다. 예배드리는 환경을 아름답게 조성하라는 것입니다. 대부분의 주일학교 분위기는 참 삭막합니다. 이런 분위기에서는 아이들의 집회 분위기도 어둡고 처질 수밖에 없습니다. 아이들이 교회에 들어와서 밝고 화려한 분위기를 느낄 수 있다면, 축제 분위기와 기쁨이 상당히 증폭될 것입니다.

대개 교회 교육관의 천장은 낮아서 그다지 잘 꾸밀 수 있는 구조가 아닙니다. 일반적으로 주일학교 교역자들이 가장 불편하게 느끼는 점이 바로 이 구조인데, 낮은 천장 구조로는 분위기를 밝고 아름답게 꾸미는 데 한계가 있습니다. 그렇지만 그림 하나로도 아이들에게 신선한 감동과 새로운 감각을 줄 수 있다는 사실을 기억하며 주어진 환경을 최대한 잘 활용해야 합니다. 데코레이션의 문제는 비단 천장만이 아닙니다. 대부분의 교육관 벽지 색깔은 하얀색이거나 미색입니다. 이것도 미술을 전공한 사람들의 자문을 받아서 아이들이 좋아하는 온화한 색깔로 바꾼다면 훨씬 더 밝은 느낌이 들 것입니다.

둘째는 찬양입니다. 하나님을 높여드리고 우리의 기쁨을 표현하는 수단으로 축하의 분위기를 살릴 수 있는 찬양을 하는 것은 아주 좋은 전략입니다. 대부분의 주일학교 예배를 보면 찬양이 너무 느려서 분위기가 늘어지는 느낌을 받습니다. 이는 어른들의 영향 때문인데, 우리 아이들을 위해서는 밝고 경쾌한 곡을 사용하는 것이 좋다는 사실을 잊지 말았으면 합니다. 어린아이들은 밝고 경쾌한 곡을 좋아하기 때문입니다. 이것은 아이들의 문화와 관련이 있습니다. 찬양 음악을 사용하는 것에 대해서는 뒤이어 나오는 전략에서 자세히 언급하겠습니다.

예배 혁신안 4: 간절한 기도와 찬양으로 하나님을 만나게 하라

예배 중 학생들이 하나님의 임재를 강하게 느낄 수 있는 시간은 기도와 찬양 시간입니다. 따라서 예배 기획자들은 풍성한 기도와 찬양을 하나님께 드리면서 하나님의 임재를 느끼고 하나님을 만나는 경험을 갖도록 예배를 디자인해야 합니다. 하나님은 예배를 통해 임재하시고 우리를 통해 영광을 받으시며 우리를 만나주시는 은혜를 베푸십니다. 그러므로 하나님께 예배하는 자는 늘 이러한 잣대 위에서 자신의 예배를 평가해야 합니다. "나는 이 예배를 통해 하나님을 만나는 체험을 했는가?" 그렇지 못하다면 우리가 드리는 예배는 단순히 의식이나 순서에 참여한 것에 불과합니다.

앞서 설명했듯이, 하나님과의 만남에는 지적인 만남과 감성적인 만남이 있습니다. 이 두 가지 만남은 인격적인 하나님과의 만남에서 꼭 필요한 것들입니다. 예배중 하나님과의 지적인 만남은 대부분 설교 시간을 통해 이루어지지만, 감성적인 만남은 찬양과 기도 시간을 통해 이루어집니다. 그런데 지금 대부분의 예배가 많은 시간을 지적인 만남에만 할애하고 있습니다. 예배에서 감성적 만남을 위한 시간들을 잘 배려하고 기획해야 하는 것은 이러한 이유 때문입니다. 무엇보다 기도하는 시간을 할애해야 합니다. 대부분의 주일학교에서는 기도가 대표기도로만 제한되고, 학생들이 스스로 기도하는 시간을 별로 주지 않습니다. 기도 시간을 확보하여 학생들이 하나님을 묵상하면서 그분께 자신들의 말로 나아갈 수 있도록 도와주는 시도가 필요합니다.

아울러 찬양에 좀더 많은 시간을 할애하여 그들이 지적인 면만이 아니라 감성적인 면에서 하나님을 향할 수 있도록 해야 합니다. 저는 특별히 이 부분을 강조하고 싶습니다. 우리 학생들에게 찬양이 큰 힘을 주기 때문입니다.

찬양이 풍성해지기 위해서는 무엇보다도 시간을 확보하는 노력이 필요합니다. 일단 찬양을 많이 해야 합니다. 주일학교의 찬양 시간을 보면 설교 전과 후에 한 곡씩 하는 것이 통례입니다. 찬양을 하지 않을 수 없으니까 어쩔 수 없이 하는 것 같은 느낌을 줍니다. 찬송을 부르는 학생들의 모습도 그렇습니다. 찬양하는 데 동참하지 않습니다.

제가 관찰한 바로는 초등학교 4학년까지는 어느 정도 찬양을 따라하는데 그 이상으로 학년이 올라가면 대부분 뒤로 빠지기 시작합니다. 그러다 중학생이 되면 거의 찬양을 하지 않습니다. 앞자리에 앉은 약 10% 내외의 학생들만이 간간이 참여하고 있는 형편입니다. 이렇게 찬양을 하지 않는 학생들을 우리는 신앙이 없다며 책망하고, 그냥 예배 시간을 진행합니다. 이렇게 예배 시간을 진행한다고 해보십시오. 그 예배 시간이 우리 아이들에게 무슨 의미가 있겠습니까?

그렇다면 어떻게 해야 합니까? 우리 아이들이 찬양에 참여할 수 있도록 도와주어야 합니다. 여러 조치가 필요하지만 우선 시간을 늘려야 합니다. 어른도 처음부터 찬양을 힘 있게 감동적으로 하는 사람은 별로 없습니다. 처음에는 찬양하면서 별 생각을 다합니다. '내가 집에 가스불을 끄고 왔던가?' 그러다가 시간이 지나면서 찬송가를 한 곡 더 부르고 후렴을 한 번 더 부르면서 그 찬송가에 영혼이 올라탑니다. 찬양을 계속하면서 영혼이 찬양의 날개를 타고 하늘로 오릅니다. 그리고 어느 순간 임재하시는 하나님과 교감을 이릅니다. '그렇습니다. 이 고백이 저의 고백입니다. 이 간증이 저의 간증입니다.' 이렇게 하면서 임재하시는 하나님을 만나는 것입니다. 이렇게 보았을 때 찬양을 할 때는 시간을 들여 어느 정도 뜸을 들여야 하는 것입니다.

어린 학생들에게도 이런 과정이 필요합니다. 그들도 그들의 감정과 정서를 가지고 하나님을 만나야 합니다. 그래서 짧은 예배 시간임에도 불구하고 찬양에 15-20분의 시간을 할애해야 합니다. 제가 예배 프로그램을 조정하며 제일 먼저 한 일이 바로 이 찬양 시간을 늘리는 것이었습니다.

그런데 이렇게 했음에도 불구하고 여전히 아이들이 찬양을 안 할 경우 그 이유를 분석해야 합니다. 제가 분석해보니까 우리 아이들이 찬양을 하지 않는 이유가 몇 가지 있습니다.

첫째는 변성기 때문입니다. 목소리가 갈라져 나와 다른 사람들에게 창피하다는 것입니다. 둘째는 교회에서 부르는 찬양을 잘 모르기 때문입니다. 셋째는 교회에서 부르는 찬양이 정서에 맞지 않기 때문입니다. 넷째는 그냥 부르지 않는 것입니다.

이런 이유를 타파해주어야 합니다. 우리 학생들의 정서에 맞는 찬양을 제공하는 것은 저의 영역 밖의 일입니다. 이것은 음악을 하는 사람들이 연구하면 좋겠습니다. 요즘 아이들이 좋아하는 정서를 반영한 찬양을 만드는 것입니다. 저는 우리 아이들이 직접 일상의 일들을 쉬운 말로 써서 가사를 만들고 거기에 곡을 붙이는 것을 봅니다. 이런 특성을 생각해서 성경의 이야기들을 쉬운 말로 다시 정리해서 그것을 가사로 만들면 어떨까 하는 생각을 해봅니다.

제가 이렇게 곡을 만드는 일을 도울 수는 없지만 다른 것은 도왔습니다. 변성기로 인해 다른 학생들이 들을까봐 창피해서 노래를 안 한다! 그러면 자기 목소리가 다른 사람들에게 들리지 않도록 해주는 것입니다. 악기 소리를 보완하는 것입니다. 그래서 어디에서도 악기 소리가 더 크게 들리게 하는 것입니다. 그러면 아이들은 안정감을 찾습니다.

또 노래를 잘 모른다! 그러면 노래를 배우도록 하면 됩니다. 우리 아이들은 노래를 배우는 방법이 따로 있습니다. 그들은 처음부터 곡을 배우지 않습니다. 리듬을 먼저 배웁니다. 그러므로 리듬을 익히도록 도와주는 것입니다. 그때 제가 사용하는 악기는 드럼입니다. 드럼을 사용하는 것은 지금은 보편화 되었지만 1990년도 초만 해도 교회에서 무슨 세속적인 악기냐고 핀잔을 듣기 쉬웠습니다. 그러나 성경의 악기는 대부분 리듬 악기입니다. 악기 자체에 무슨 악이나 선이 있는 것이 아닙니다. 가치 중성입니다. 어떻게 사용하느냐가 중요합니다.

그런데 문제는 그렇게 드럼을 갖다 놨음에도 불구하고 우리 아이들이 찬양을 안 하는 것이었습니다. 저는 의아해 하면서 학생들을 관찰하다가 우연히 그들의 발을 보게 되었는데 발은 박자를 맞추고 있었습니다. 입은 가만히 있었지만 마음은 노래를 따라하는 것이었습니다. 그래서 계속 그렇게 했습니다. 이제 우리 아이들이 찬양을 잘 합니다. 조금만 여건을 갖추어주면 됩니다. 청소년 찬양예배를 인도해보면 우리 아이들이 얼마나 찬양을 잘하는지 모릅니다. 눈을 감고 눈물을 흘리면서 30-40분, 심지어는 한 시간 동안 찬양합니다. 손을 들고 찬양합니다.

여러분, 생각해보십시오. 그들이 그렇게 찬양하면서 누구를 생각하겠습니까? 하나님을 생각합니다. 이렇게 하나님과 교감하면서 그 자리에서 일어섰을 때 그들의 일주일의 삶에 능력이 생겨납니다.

찬양을 많이 하는 것은 요즘 보편적인 현상이 되었습니다. 그런데 많은 사람들이 '요즘 아이들이 찬양을 많이 하니까 보기 좋다'는 단순한 생각으로 찬양 시간을 갖는 듯합니다. 하나의 트렌드처럼 말입니다. 그러나 제가 찬양을 강조하는 이유는 그것이 아니라, 바로 하나님과의 감성적인 만남을 돕기 위한 것입니다. 신앙 성숙에서 중요한 부분인 지성과 감성의 균형을 유지하려는 노력의 일환이기도 합니다. 말씀만큼 찬양도 중요하게 인식하자는 것입니다.

1) 지성과 감성의 균형을 유지하라

찬양과 관련해서 주의할 점은 음악 선택을 신중히 해야 한다는 것입니다. 종교음악을 전공한 사람들은 대부분 음악을 선택하는 폭이 상당히 제한되어 있습니다. 그러다보니 찬송가를 위주로 예배를 진행하는 전통적인 교회의 모습은 좀처럼 변하지 않습니다. 간혹 새로운 찬양을 시도하려는 움직임이 있지만, 당회의 차단 때문에 이를 실현하기 어려운 교회가 얼마나 많은지 모릅니다.

새들백교회를 담임하는 릭 워렌 목사는 "기독교음악이라는 것은 따로 없다. 다만 기독교적인 가사가 있을 뿐이다"라고 말했습니다. 음악을 신성하게 만드는 것은 특정한 곡이 아니라, 음악이 담고 있는 메시지라는 것입니다. 노래를 영적으로 만드는 것은 특정한 음악 장르가 아니라 그 '가사'라고 말하는 릭 워렌 목사는 특정한 음악 스타일에서 자유로워지라고 제안합니다. 또한 현대음악을 교회 내에 받아들이기를 거부하는 사람들의 견해를 이렇게 반박합니다. "시편을 보십시오. 시편에 무슨 특정한 음악 리듬이 따로 있습니까? 오히려 요란한 나팔과 요란한 탬버린, 요란한 현악기만이 있을 뿐입니다."

그러면서 현재 우리에게 알려져 있는 전통적인 리듬이 어디에서 출발했는지 묻습니다. 오늘날 교회음악으로 우리가 사용하고 있는 많은 장르들은 중세시대의 유산일 뿐이고, 시대에 따라서 음악 장르는 다양하게 변해

왔다는 사실을 알아야 합니다. 따라서 다양한 장르의 음악들을 오늘날 사용할 수 있고 또 사용해야 합니다.

저는 미국에 있는 동안, 백인과 흑인 간에 확실하게 다른 점 한 가지를 발견할 수 있었습니다. 평소 미국 텔레비전을 통해 늘 춤을 추며 예배드리는 흑인 교회 사람들의 모습을 자주 보아오던 저는 어느 날 우리 아이와 함께 학교에서 열리는 학예회를 관람한 적이 있습니다. 6학년인 백인과 흑인 여자아이가 한 명씩 나와서 춤을 추는 모습이 인상적이었는데, 둘 다 매우 춤을 잘 추었습니다. 그런데 백인 아이는 춤을 잘 추기는 하지만 약간 각이 지게 추는 바람에 춤에 선이 있는 반면에, 흑인 아이는 선이 없이 아주 유연하게 춤을 추는 것입니다. 그 모습을 보며 '리듬감은 타고나나 보다' 하는 생각이 들었습니다.

2) 찬양 선정의 기준

오래 전 횃불회관에서 히말라야 지방과 가나의 교회 지도자들을 위한 세미나가 열려 강의를 한 적이 있습니다. 강의 전에 두 지역의 교역자들이 특송하는 시간이 있었는데, 그때 저는 두 지역 간의 차이를 단적으로 보았습니다. 히말라야 지방의 교역자들은 우리와 비슷한 형태로 찬양을 했습니다. 중창을 하듯이 옆으로 쭉 늘어서서 얌전하게 찬양을 했습니다. 그런데 가나의 교역자들은 달랐습니다. 알다시피 가나인들은 아프리카 흑인들인데, 처음에는 점잖게 서서 찬양을 하다가 중간쯤에 한 사람이 박자를 '탁' 치면서 앞으로 나아가 몸을 흔들기 시작하자 뒤에 서 있던 몇 사람이 따라가면서 같이 보조를 맞추는 것이었습니다.

그들의 모습이 어땠을 것 같습니까? 이른바 우리 표현대로 "이 사람들 정신 나갔군!" 하고 말할 수 있을까요? 그럴 수 없습니다. 그것은 그들의 문화일 뿐입니다. 자기들끼리 발걸음을 조금씩 옮기며 엉덩이를 흔드는 모습이 얼마나 멋져 보였는지 모릅니다. 그것은 그들의 리듬인 것입니다. 그런데 가나인들의 리듬을 우리 교회 문화에 적용한다면, 아마 세속적이라는 이야기를 들을 겁니다. 어떻게 찬양을 그렇게 방정맞게 하느냐고 하지 않겠습니까? 한국식의 찬양은 단정하게 서서 엄숙하게 하는 것 아닙니까?

그들을 보며 우리의 사고가 경직되어 있다는 생각을 하게 되었습니다. 그렇다고 우리가 가지고 있는 소중한 전통을 무시하자는 의미는 아닙니다. 다만, 전통을 계승하되 현대적인 감각의 음악을 우리가 좀더 열린 마음으로 받아들일 필요가 있다는 뜻입니다.

이처럼 우리의 어린이들이나 학생들의 문화적인 특성들을 고려하여 예배에서 쓸 찬양을 고르는 게 매우 중요한데, 곡을 선택할 때 유의해야 할 점은 다음과 같습니다.

첫째, 예배에 사용할 음악을 사전에 검토하시기 바랍니다. 설교를 준비하고 예배를 기획할 때 '오늘 예배 분위기는 이렇게 끌고 가야 되겠다' 하는 대강의 구상이 있을 것입니다. 예배의 분위기를 처음에는 어떻게 시작해서 어떻게 진행시키고, 설교 내용에 따라 예배의 분위기가 전반적으로 어떻게 흐를 것이라는 기획이 있으면 그것을 기초로 그에 맞는 곡을 선택하는 것입니다.

장년 예배를 기획할 때도 제가 크게 비중을 두는 것 가운데 하나가 찬양을 고르는 일입니다. 어떤 경우에는 설교 전에 부를 한 곡과 설교 끝나고 부를 한 곡을 선택하기 위해 찬송가 1장에서 마지막 장까지 다 들춰볼 때도 있습니다. 왜 그렇습니까? 그날의 설교나 전반적인 예배 분위기와 잘 맞는 곡을 고르기 위해서입니다. 또 가정과 사회에서 힘들게 살다가 교회에 나온 성도들이 새로운 감흥을 느끼고, 하나님 앞에 나아갈 수 있는 요소가 담겨 있으면서도, 너무 진부하지 않는 곡이어야 하기 때문에 그 선택 과정이 참 힘이 듭니다. 그래서 한참 동안이나 찬송가 책을 뒤적거릴 때가 많습니다.

특히 주일학교에서 찬양을 선곡할 때는 될 수 있으면 빠른 템포의 곡을 추천하고 싶습니다. 예배 분위기를 이끌어 가는 데는 여러 방식이 있겠지만, 되도록 빠른 박자의 곡이 더 좋은 것 같습니다. 예배에서 축하와 기쁨과 환희의 분위기를 살리면서도 신세대의 호흡과 기호에 맞는 음악을 선택하려면 빠른 박자의 곡이 적절하기 때문입니다.

아이들이 농구를 왜 좋아합니까? 박진감 때문입니다. 아이들은 이 박진감에 죽고 삽니다. 언젠가 아이들의 이런 모습을 보면서 깜짝 놀란 적이 있습니다. 저는 찬양을 부르면서 울 때가 많은데, 주로 단조의 슬픈 곡이나 아주 느린 찬양에 감동을 받습니다. '내 주를 가까이'를 부르면서 많이 울었는데, 아마 많은 분들의 정서도 비슷하리라 봅니다.

그런데 미국에 있으면서 이와는 전혀 다른 모습을 보았습니다. 청소년들이 울기는 우는데 저하고는 전혀 다른 곡을 가지고 웁니다. 청소년을 직접 지도하는 그룹에 가보니 이 사람들이 부르는 곡이 얼마나 빠른지 모릅니다. 더 놀라운 일은 그 빠른 곡을 부르면서 그 아이들이 울고 있다는 사실입니다. 우리들의 감성으로는 도저히 이해가 안 됩니다. 어떻게 저런 곡을 가지고 우나 싶습니다. 그러나 얼굴 생김이 모두 다르듯이 정서를 울리는 음악 장르도 다르다는 사실을 인정해야 합니다.

3) 영감 넘치는 찬양을 위한 새로운 시도

어떤 사람은 서정적인 곡을 부르며 울지만, 어떤 아이들은 빠른 곡을 부르면서도 그 안에 있는 가사에 빠져들어 리듬의 빠르고 느림과는 상관없이 울기도 합니다. 그러니까 외국에서 크는 교포 1.5세나 2세 아이들은 빠른 곡에도 감동을 받는 것입니다. "빠른 곡이니까 감동이 없다"라고 이야기할 수 없다는 것입니다.

이런 점에서 우리 청소년들의 감성에는 빠른 곡이 더 잘 맞는다고 볼 수 있습니다. 가능한 한 예배의 축하 분위기와 즐거운 분위기에 느린 곡보다는 빠른 곡이 좋다는 것은 이런 이유 때문입니다. 요즘 유행하는 가요만 보아도 대부분이 빠르지 않습니까?

저는 우리 주일학교 교역자들에게 예배의 도입부에 갖는 20분 정도의 찬양 시간을 빠른 곡으로 시작하라고 일러둡니다. 찬양의 흐름을 이끌어 가려면 곡의 분위기를 바꿀 필요가 있지만, 우선 처음에는 빠른 곡으로 시작해야 훨씬 더 박진감이 있기 때문입니다.

예배의 구성에 관해 전문가들은 "예배의 첫 부분을 이끌어갈 때는 경쾌한 곡으로 시작하라. 마칠 때도 경쾌하게 마쳐라"고 조언합니다. 예배를 마칠 때에 슬프게, 고민스럽게 마치지 말고 좀 밝게, 힘 있게 마치라는 말입니다. 주님께 모든 것을 내맡기고 기쁨으로 자리에서 일어날 수 있도록 마치라는 것입니다. 그래서 도입부와 마지막 부분에서는 경쾌한 음악을 사용하기를 권합니다.

요즘 아이들이 경쾌하고 빠른 음악을 좋아하는 것은 그들이 좋아하는 스포츠를 보아도 알 수 있습니다. 미국에서는 아이들이 NBA 프로농구를 보며 자란다고 할 정도로 NBA의 인기가 대단합니다. 아이들이 이처럼 농구를 좋아하는 이유는 무엇일까요? 바로 스피드 때문입니다. 농구 경기는 골이 잘 들어갑니다. 축구는 90분을 내리 뛰어도 한 골이 들어갈까 말까 하는데 농구는 금방금방 잘 들어갑니다. 이렇게 성취감도 있고 박진감도 있으니 아이들이 좋아할 수밖에 없습니다.

　예배 분위기를 신선하게 하기 위해서는 찬양 가사를 새롭게 붙여보는 노력도 필요합니다. 주일학교에서 섬기는 평범한 교사나 지도자 가운데 곡을 만들 수 있는 사람은 많지 않을 것입니다. 그러나 가사를 만들 수 있는 사람은 있으리라 봅니다. 저는 찬송가를 부르면서 재미있는 사실을 한 가지 발견했는데, 많은 찬송가들이 옛날에 널리 불리던 유명한 곡들에 가사만 바꿔 붙였다는 사실입니다. 우리도 멋있는 곡에 가사를 붙여보면 어떨까요? 같은 곡에 전혀 다른 메시지를 담아 불러보는 것도 의미 있는 일 아닙니까?

　찬양을 드릴 때 시도할 수 있는 또 한 가지는 밴드를 사용해보는 것입니다. 저는 현대 음악에서 보컬밴드를 사용하는 것이 악하다고 생각지 않습니다. 일반적으로 예배 시간에 사용되는 악기는 피아노와 오르간입니다. 교회에서 오르간을 많이 사용하는 이유는 그 소리가 사람들의 목소리를 폭 감싸 안는 감이 있어서, 넓은 예배당의 단점을 어느 정도 덮어줄 수 있기 때문입니다. 대부분의 주일학교에서 사용하는 피아노도 장점이 많은 악기이긴 하지만 온화한 분위기를 연출하지는 못합니다. 사람의 목소리나 감성을 감싸는 감이 없고 소리도 작아서 멀리까지 크게 들리지 않습니다. 우리 학생들이 찬양을 하지 않는 이유 중의 하나가 반주 음이 들리지 않아 음을 잘 모르기 때문이라고 합니다. 그만큼 적절한 악기 사용도 충분히 고려해야 할 문제입니다.

　우리 아이들은 대부분 가사를 먼저 배우지 않습니다. 리듬을 먼저 익힙니다. 그리고 시간이 지나면서 흥얼거리고 소리를 내어 불러보고 그 다음에야 노랫말을 정확하게 따라 부릅니다. 따라서 아이들이 음을 정확히 들을 수 있도록 그들의 목소리보다 약간 크게 들리는 악기 구성이 필요합니다. 피아노와 함께 신디사이저나 키보드를 사용하는 것도 좋은 방법입니다. 학생들의 소리를 감싸주면서도, 그들이 좀더 쉽게 음을 들을 수 있도록 해야 합니다.

4) 찬양이 주는 부요함

드럼 사용도 우리 학생들이 리듬을 빨리 배우는 데 많은 도움이 됩니다. 한 목사님은 "드럼은 사람의 마음을 움직이는 악기다"라고 말했습니다. 그 말에 동감합니다. 지금은 드럼을 사용하는 것이 보편화 되었지만 처음 교회에서 사용할 때만 해도 허락받기가 힘들었습니다. 일반적으로 교회의 기존 지도자들은 드럼을 나이트클럽 등에서나 사용하는 세속적인 악기로 생각하여 교회와 같은 경건한 데서는 사용할 수 없다고 생각했기 때문입니다. 드럼이 왜 세속적입니까? 단지 드럼을 부정적인 곳에서 이미 사용해 왔다는 이유 때문입니다. 그러나 성경에 나타난 대부분의 악기는 리듬 악기들입니다. 타악기이죠. 악기에 선과 악이 있는 것이 아닙니다. 어떻게 쓰느냐가 중요합니다.

어떤 분은 찬양에 대한 이 모든 아이디어들이 너무 인위적이라고 생각하실지 모르겠습니다. 그러나 이 땅에서 하나님을 만나고 하나님을 향해 마음을 드리는 데 사람이 가지고 있는 다양한 도구들을 사용하고 다양한 방법을 동원하는 것은 그렇게 부정적으로 생각할 문제만은 아닙니다. 다양한 방법으로 하나님을 찬양하고, 하나님을 노래하며, 모든 사람들이 함께 즐거워하면서 하나님을 경외할 수 있다면 그것을 금기시할 아무 이유가 없습니다.

"태초에 하나님이 천지를 창조하시니라"창 1:1는 말씀에 기초해 저는 창조신학을 중요하게 생각합니다. 그러나 우리는 창조신학을 가지고 있음에도 불구하고 창조신학을 적용하는 데는 비성경적인 방법을 도용합니다.

하나님께서 모든 것을 만드셨고, 모든 것을 우리에게 주셨다고 고백한다면 그분이 창조하신 모든 것을 가지고 어떻게 하면 하나님을 영화롭게 할 것인가가 우리의 주요 관심사가 되어야 합니다. 이런 면에서 어떤 것은 되고 어떤 것은 안 된다는 경직된 생각으로 스스로의 자유함을 묶어둘 필요는 없습니다.

우리는 음악의 영향력을 최대한 이용해야 합니다. 신세대들에게 음악의 영향력이라는 것은 말로 다 표현할 수 없을 정도로 강합니다. 그러므로 가능한 한 음악 행사들을 자주 가져서 교회 음악을 많이 접할 수 있도록 해주는 것이 좋습니다.

예전에 섬기는 교회에서도 그랬지만 지금 개척한 교회에서도 한 달에 한 번 정도는 청소년 찬양예배를 드립니다. 주일 오전예배도 주로 찬양을 중심으로 한 예배를 드립니다. 예배 시간에 아예 아무 커리큘럼도 짜놓지 않는 것입니다. 말씀 전하는 시간을 좀 줄이고 아이들이 찬양에 집중할 수 있도록 배려하는 것입니다. 아이들은 찬양을 무척 선호하기 때문에 어떤 면에서는 이런 방법이 그들에게 많은 영향력을 미칠 수 있습니다. 설교 메시지보다 찬양 가사를 통해 더욱 영향력을 줄 수도 있다는 뜻입니다.

이때 한 가지 주의할 점이 있습니다. 찬양만 강조하다보면 말씀이 약해질 수 있다는 점입니다. 우리 학생들은 감성적이기 때문에 잘못하면 찬양을 통해 감정만 부추김을 받을 수 있습니다. 이런 부작용은 음악만 강조하는 모임에서 흔히 나타나는 현상 중 하나입니다. 그러므로 지도자는 말씀을 중심으로 하되 찬양의 부요함이 이루어지도록 항상 주의해야 합니다.

개척교회나 작은 교회에서는 여기서 제안한 모든 것을 갖출 수 없을 것입니다. 그러나 낙담하지 말기 바랍니다. 이런 시스템이 없어도 효과적으로 찬양을 할 수 있습니다. 우선 작은 교회는 피아노에 의존하기보다는 기타를 많이 사용할 것을 권합니다. 소수의 사람들이 예배하는 데는 기타가 훨씬 효과적인 모습을 봅니다. 아울러 학생들을 흩어서 앉히지 말고 모여 앉히기를 제안합니다. 예배는 영향력이기 때문에 학생들이 서로에게 영향을 받도록 모여서 찬양을 하게 하는 것이 좋습니다. 또한 학생들에게 가능한 한 가사의 내용을 설명해주고 의미를 이해하면서 부르도록 자극하기를 제안합니다. 그러면 소수의 사람들이 찬양을 해도 그 영향력은 충분하리라 믿습니다.

예배 혁신안 5: 다양한 방법으로 말씀에 접근하라

예배 중 하나님의 말씀을 듣는 시간이야말로 가장 소중한 시간입니다. 그러므로 예배를 기획할 때는 그 어떤 부분보다 말씀을 나누는 설교 시간에 높은 비중을 두어야 합니다. 또한 이 설교 시간에 하나님의 말씀이 학생들에게 가장 효과적으로 전달되도록 다양한 접근을 모색해야 합니다.

교회마다 예배 중 설교 순서는 시간적으로도 가장 큰 비중을 차지합니다. 말씀 전하는 시간에 실패하면 예배의 전부를 실패했다고 해도 과언이 아닐 정도입니다. 이런 면에서 지도자는 늘 유념해야 합니다. 하나님의 말씀을 효과적으로 전달하기 위한 다양한 접근법에 대해서는 다음 장에서 자세히 다루기 때문에, 여기서는 말씀 전하는 것과 관련된 몇 가지 사항만 언급하고자 합니다.

먼저 강조하고 싶은 것은 성경을 자주 사용하라는 것입니다. 설교의 효과를 높이기 위해서 다양한 접근 방법을 사용해야 합니다. 비디오나 드라마 자료 같은 것들도 좋습니다. 그런데 저는 이 모든 자료를 사용하면서 원칙으로 삼는 게 있습니다. 이런 자료들이 성경보다 앞서지 않도록 하는 것입니다. 시청각 자료를 사용하면서 우리가 흔히 빠질 수 있는 함정은 자료보다 성경을 더 중요하게 다루는 훈련을 하지 못한다는 데 있습니다. 예배 중 성경 말씀도 주로 미디어를 통해서 보게 된다면, 얼마 뒤부터는 성경을 가지고 다니는 학생들을 아예 찾아볼 수 없을지도 모릅니다.

비디오나 드라마를 이용하는 것도 좋지만, 무엇보다 우리 아이들이 성경을 가까이 할 수 있도록 설교 시간을 이끌어 가야 한다는 점을 잊지 마십시오. 현대인들의 특징 중 하나는 절대 진리를 인정하지 않으려 한다는 것입니다. 요즘 아이들을 보십시오. 성경을 가까이 하지 못합니다. 아니, 그럴 필요성을 못 느낍니다. 이런 부분을 해소하기 위해서라도 주일 설교 시간만큼은 성경을 가까이 할 수 있도록 도와주어야 합니다. 아이들이 성경 구절을 찾고 직접 읽도록 해야 합니다. 작은 교회에서 사역하는 분들이 빔 프로젝터와 같은 시설이 없다고 불평을 하는데 이런 부분은 빔 프로젝터 없이 하는 것이 훨씬 능력이 있음을 주지하시기 바랍니다.

설교 제목을 지을 때도 아이들의 관심을 끌도록 신경을 써야 합니다. 설교 내용도 중요하지만 설교 제목도 중요합니다. 따라서 설교 제목을 너무 평범하게 지으면 안 됩니다. 학생들에게 필요할 뿐 아니라 그들의 관심을 끌 수 있는 제목이어야 합니다. 담임목사의 일 년치 설교 제목과 주일학교 사역자의 일 년치 설교 제목을 비교했을 때 제목이 서로 비슷하다면 아직도 그 사역자의 눈높이가 젊지 않다는 뜻입니다.

그러나 담임목사가 내놓은 제목보다 좀더 신선하고 현실적이며 통찰력이 있다면 어느 정도 감각이 있다는 뜻입니다. 그렇지 못하다면 분발해야 합니다. 제목 뽑는 일이 정 안 되면 설교 제목 잘 내는 사람, 설교 잘하는 사람이 어떻게 제목을 정하는지 한번 살펴보십시오. 유명한 설교자가 일 년 동안 어떤 제목으로 설교했는지 한번 검토하고 연구해보는 것도 많은 도움이 될 것입니다.

예배 혁신안 6: 예배 분위기를 따뜻하게 하라

좋은 예배를 위해서는 예배당 전체의 분위기가 좋아야 합니다. 예배 분위기를 크게 좌우하는 요소 중의 하나가 전체적인 분위기이므로 건물, 조명, 음향, 좌석, 공간의 구성, 온도, 화분 등과 같은 배경에 신경을 많이 써야 합니다. 이 가운데서도 조명은 특히 중요합니다. 조명에 조금만 더 신경을 쓰면 온화한 분위기, 따뜻한 분위기를 만들 수 있습니다. 이 세상에서 가장 좋은 교육 환경을 갖춘 곳이 어디입니까? 바로 가정입니다. 왜 그렇습니까? 환경이 좋기 때문입니다. 따라서 교회도 가능한 한 집과 비슷한 분위기로 만들려는 시도가 필요합니다.

화분 하나라도 위치를 잘 정해서 놓으면 예배 분위기가 훨씬 달라집니다. 이런 분위기 전환을 위해서는 감각 있는 사람들의 도움이 필요합니다. 교회 안에는 특별히 이런 일을 좋아하고 잘하는 사람들이 있습니다. 교사들 가운데 집에서 꽃꽂이도 열심히 하고 화분 키우기를 좋아하는 사람에게 "선생님, 매주일 와서 화분 좀 잘 놔주십시오. 화분 위치만이라도 좀 바꿔주십시오"라고 요청해보십시오. 학생들 가운데 감수성이 예민한 아이들은 화분 위치에 따라서도 예배의 감동 여부가 달라지기도 합니다. 어른들 중에도 꽃꽂이를 잘하는 사람은 교회에 가면 제일 먼저 꽃꽂이부터 봅니다. 그걸 보며 인상을 찡그리기도 하고, 기분 좋게 시작하기도 합니다. 이제 우리는 이런 사람들의 예민한 성향을 너무 비난만 할 게 아니라 세심하게 신경 써서 예배 분위기를 만드는 배려가 필요합니다.

예배 환경과 연관해서 물리적인 환경만 중요한 것이 아니라는 점을 유념해야 합니다. 우리는 사람을 통해서 좋은 예배 환경을 만들 수 있습니다. 비록 물리적인 환경은 어수선하고 매력이 없지만, 나와 친한 선생님, 늘 나를 반기는 선생님, 나와 가까운 친구들, 나를 잘 이해해주는 지도자가 있을 때, 모든 분위기가 온화해지는 것입니다.

예배 혁신안 7: 변화감이 느껴지는 예배를 만들라

다음 전략은 다양한 변화를 통해 예배에 기대감을 갖도록 하자는 것입니다. 새로운 모델로 주일학교를 운영한 지 6개월이 지나면서 발견한 사실이 하나 있습니다. 우리 아이들이 쉬 지루해 한다는 것입니다. 아이들은 예배에 새로운 모델을 도입한 지 얼마 지나지 않아 또 다시 흥미를 잃어갔습니다. 우리 아이들은 변화를 좋아합니다.

아이들을 보면 장난감 하나로 한 달 이상 가지고 노는 아이가 없지 않습니까! 주일학교를 보면 변화가 별로 없습니다. 매주일 똑같습니다. 그러므로 변화를 주어야 합니다. 그런데 주일학교에서 변화를 주어야 한다고 하지만 특별히 변화를 줄 것이 없습니다. 찬양해야죠, 기도해야죠, 설교해야죠, 분반공부 해야죠, 제가 디자인한 프로그램에는 '주제 제기'라는 것이 있는데 그런 것 해야죠, 뭘 빼고 새로운 것을 집어넣을 수가 없는 것입니다. 그러면 어떻게 변화를 주어야 합니까? 그것은 기존 프로그램에 조금씩 변화를 주는 것입니다.

가령 찬양을 생각해보시기 바랍니다. 대부분 찬양하는 모습이 매 주일 똑같습니다. 찬양을 하는데 찬양 인도자가 나와서 이렇게 시작합니다. "여러분! 안녕하세요. 반갑습니다. 우리 이제 예배를 시작할 텐데요, 함께 찬양하겠습니다. 먼저 찬양하기 전에 기도하겠습니다. 다 같이 머리 숙이고 기도합니다." 다음 주일에도 이와 똑같이 합니다. 그 다음 주일에도 그렇게 합니다. 그러면 분명 그 다음 주일에는 찬양 인도하는 선생님이 앞에 서기만 해도 우리 아이들이 머리부터 숙일 것입니다. 다음에 무슨 일이 일어날지 알기 때문입니다.

이런 부분에 변화를 주어야 합니다. 이번 주에 기도로 시작했다면 아이들이 다음 주에도 기도로 시작할 것을 기대합니다. 그런데 선생님이 나와서 독창으로 시작합니다. 그 다음 주에는 아이들이 선생님이 독창할 것을 기대할 것입니다. 그러면 악기를 연주하면서 시작합니다. 그러면 아이들은 '이것이 아니네, 내가 기대하는 것과 다르네'라고 생각할 것입니다. 그러면서 다음 주는 뭘까 하는 기대를 갖습니다. 이런 변화들을 통해 학생들은 진행되는 프로그램에 집중하게 됩니다. 이렇게 변화를 주라는 것입니다.

한국 영화와 외국 영화의 차이점이 무엇입니까? 이야기의 전개를 예측할 수 있느냐 그렇지 않느냐의 차이가 아니겠습니까? 처음이나 중간을 보면 마지막을 알 수 있는 영화가 있는가 하면 그렇지 않고 예측 불허의 상황으로 전개되는 영화가 있습니다. 관객들은 어떤 영화에 더 집중합니까? 다음을 예측할 수 없는 것에 집중하게 마련입니다.

예배 진행을 꼭 그렇게까지 해야 하느냐고 반문할지 모르겠습니다. 그러나 핵심은 학생들에게 있습니다. 성숙한 성인 그리스도인이라면 전혀 문제가 되지 않습니다. 스스로 알아서 하나님께 예배하니까요. 그러나 학생들은 다릅니다. 그들은 어른처럼 성숙하지 않습니다. 학생들은 예배에 집중하지 못하면 집중하려고 노력하기보다 오히려 관심을 꺼버리는 것으로 행동을 대신합니다. 그러다보니 예배 시간의 모든 순서들을 의미 없이 지나가는 단순한 의식으로만 인식하게 됩니다.

우리 주일학교 지도자들의 책임은 바로 이런 학생들이 관심을 갖고 예배에 임할 수 있도록 하는 데 있습니다. 그래야 예배를 통해 그들에게 영향을 줄 수 있고 영적으로도 성숙시킬 수 있습니다. 그들이 영적으로 성숙해지기만 한다면 다른 것은 별로 염려할 필요가 없습니다. 성숙, 그전까지가 문제인 것입니다. 그러므로 지도자는 찬양 시간에서 예배의 핵심인 설교 시간, 심지어 광고하는 시간에까지 두루 다양한 접근을 시도하여 학생들이 쉬 지루해 하지 않고 집중할 수 있도록 도와주어야 합니다. 학생들은 정해진 틀을 싫어하고 변화를 좋아하기 때문입니다.

예배 혁신안 8: 예배를 지속적으로 점검, 발전시켜라

예배를 기획할 때마다 어떻게 하면 좀더 좋은 예배를 드릴 수 있을지 늘 생각하기 바랍니다. 어느 정도 모델이 완성되고, 그대로 운영되기 시작하면 '이렇게 계속하면 되겠지' 하는 생각을 갖기 마련인데, 그런 생각은 금물입니다. 개인적으로나 공동체적으로 하나님께서 보여주신 예배 모델을 기준으로 예배를 계속 평가해야 합니다. 뿐만 아니라 예배자인 학생들의 반응도 늘 점검해야 합니다. 좀더 성경이 말하는 것에 가까운 예배, 학생들의 반응이 좋은 예배로 늘 새롭게 발전할 수 있도록 부단히 노력해야 합니다.

예배 혁신안 9: 예배와 교육을 통합하라

다음으로 유념해야 할 전략은, 예배와 교육을 통합한 프로그램을 디자인해야 한다는 것입니다. 이 부분은 최근에 들어서 대부분의 교회가 실시하고 있습니다. 1990년대 후반부터 시작된 주일학교 교육의 큰 변화를 이야기하라면 이 부분일 것입니다. 그러나 아직도 이렇게 실시하지 못하는 교회들이 있습니다. 최근에 조사한 바에 따르면 아직도 43%에 해당되는 교회가 온전히 이 안을 받아들이지 않고 있는 형편입니다.

대부분의 주일학교 시간 구성을 보면 예배와 분반공부 시간이 따로 짜여 있습니다. 그러다보니 학생들은 예배 시간을 전도사님이나 목사님 설교를 듣는 시간으로, 분반공부 시간을 예배를 마치고 흩어져 선생님의 인도 아래 성경을 공부하는 시간으로 인식합니다. 학생들의 인식 속에 두 순서가 각각 다른 것으로 각인되어 있다는 뜻입니다. 이는 좋은 현상이 아닙니다.

그 첫 번째 이유는, 이런 틀이 아이들에게 이원론적인 사고를 키워줄 가능성이 있기 때문입니다. 주일학교의 분반공부와 예배 시간이 분리되어 있으면 아이들은 자기도 모르는 사이에 이원론적인 사고를 가질 수 있습니다. 주일 오전에 모이는 집회를 가만히 관찰해보면, 학생들은 예배 시간과 분반공부 시간에 각각 현저히 다른 태도를 보입니다. 예배 시간에는 대체로 조용하지만 분반공부 시간만 되면 시끄럽고 어수선한 분위기가 연출됩니다. 학생들은 무의식중에 어느덧 예배 시간만큼은 떠들지 않고 조용히 참아줘야 되지만 예배가 끝나면 이젠 안 참아도 되는, 그래서 자기 마음대로 해도 되는 시간이 되었다는 생각을 하고 있는지도 모릅니다.

이런 태도가 계속되면 어른이 되어서도 같은 유형의 인식을 할 가능성이 있습니다. 예배 시간은 그래도 참고 인내하며 견뎌야 할 시간이지만, 나머지 시간은 자기 마음대로 해도 된다는 식으로 행동할 가능성이 있다는 것입니다. 기존의 구역예배에서는 보통 예배를 먼저 드리고 이어서 친교 시간을 갖습니다. 그런데 많은 사람들이 예배가 중요하다고는 말하면서 사실상은 친교에 더 관심을 보입니다. "빨리 오세요. 빨리 예배합시다"라는 말투 속에는 예배를 빨리 드려버리고 다음 순서를 진행하자는 의식이 배어 있는 것 같습니다. 어떤 모임에서든 먼저 예배를 드리지 않으면 안 되니까, 그러면 하나님께 혹시 벌 받을지도 모르니까 시간 때우듯이 예배를 드리는 경우가 허다합니다. 그리고 처음에는 그런 대로 괜찮았는데 친교 시간이 흐를수록 세상적인 습관들 – 술 한 잔에서 화투에 이르기까지 – 이 나타나면서 이들이 정말 진정한 그리스도인인가 하는 의심이 들 정도의 모습을 보여줍니다.

이러한 태도는 예배드릴 때는 억지로 참았다가 그 이후에는 아무렇게나 해도 되는 것처럼 행동하던 주일학교 시절부터 몸에 배어 나타나는 것이 아닌가 싶습니다. 일단 예배는 드렸으니까, 이젠 내 마음대로 해도 된다는 의식이야말로 이원론적인 생각입니다. 그러므로 분반공부 시간을 예배에서 떼어내지 말고 예배 속에 넣으라고 권면하고 싶습니다. 공간상의 어려움이 있을 수 있지만, 예배의 연장선상에 성경공부가 있다는 사실을 드러내는 시도가 필요합니다. 그래서 분반공부가 예배의 일부분이며 결코 과외의 시간일 수 없다는 사실을 명확히 해주어야 합니다. 그래야 그들의 삶 속에서 예배가 연속적으로 이어질 수 있고 우리의 삶이 모두 예배라는 인식을 심어줄 수 있습니다.

성경공부를 예배와 통합해야 하는 또 다른 이유는, 학생들의 연령과 지적인 능력, 이해력 수준을 고려할 때 짧은 시간에 두 가지 주제를 다 터득할 수 없기 때문입니다. 앞서 저는 우리 학생들이 주일학교에서 배운 내용을 교회 밖으로 나가면서 하나도 기억하지 못하더라고 했습니다. 그런데 학생들이 그렇게 잘 기억하지 못하는 이유 중의 하나는 너무나 짧은 시간에 다양한 주제를, 그것도 수박 겉핥기식으로 배우고 가기 때문입니다. 주일학교에서는 한 번에 두 가지의 주제를 다루지 말고 한 가지 내용만으로 주제를 단순화할 필요가 있습니다. 무엇보다 주일 집회가 아주 짧은 시간 안에 이루어지기 때문에 가능한 한 효과를 내기 위해서는 이런 조처가 필요합니다.

설교와 분반공부에서 다루는 성경 내용과 주제를 단일하게 해야 한다는 것입니다. 그리고 그 주제를 소화하게 하는 데 모든 역량을 집중해야 합니다. 이를 위해서는 주일에 행하는 모든 교육활동을 한군데로 집중시켜야 합니다. 하나의 주제를 충분히 소화하려면 모든 교육활동들이 거기에 연관되도록 디자인해야 합니다. 주일학교에서 행하는 다른 교육활동들, 소위 찬양이나 주제 제기를 위한 드라마나 비디오(설교나 분반공부 전에 가르칠 주제에 대해 학생들이 관심을 갖고 접할 수 있도록 행하는 프로그램), 설교, 분반공부 등을 서로 연결시켜서 어떻든 주일에 가르치고자 하는 주제가 선명하게 드러날 수 있도록 노력해야 합니다.

New SS 혁신토의

1. 예배는 왜 중요한가?

2. 성경에 나타난 예배의 특징들을 정리해보라.

3. 현재 우리가 드리는 예배에서 부족하다고 생각되는 영역은 무엇인지 한번 나누어보라.

4. 예배에서 감성적인 부분을 보완하자는 제안을 어떻게 생각하는가?

5. 주일학교 예배에서 당장 수정 보완해야 할 부분은 무엇이며, 계속해서 검토하고 연구해야 할 부분은 무엇인가?

N·e·w·S·S·혁·신·보·고·서

3
노하우가 중요하다

우리는 가르침에 있어서 전통적으로 생명, 진리와 같은 단어들에 비해 방법론을 경박하고 본질에서 비껴난 무엇인 양 경시해왔습니다. 하지만 교육은 일련의 구체적인 노력들 없이 저절로 이루어지는 것이 아닙니다. 거기엔 노하우가 있어야 합니다. 우선 아이들을 불러 모으고 그들에게 다가갈 프로그램과 아이디어가 있어야 합니다. 어렵게 모은 아이들을 어떻게 하면 잘 성장하도록 도울 수 있을까요? 탁월한 교육가 예수님께서 직접 보여주신 교육 방법론을 중심으로 그 방안을 소개합니다. 아울러 분반공부라는 역동적인 소그룹의 가치를 살리는 길을 모색해봅니다.

NewSS 혁신보고서

제7장

아이들 모으기

아이들이 오지 않는다고 한탄만 하겠습니까? 아이들이 빠져나간다고 자책만 하겠습니까? 아이들을 불러 모아야 합니다. 아이들을 모으는 데도 통하는 방법이 있습니다. 큰 교회가 쓰는 방법이라고 그대로 갖다 쓸 수는 없습니다. 각 교회의 상황에 맞는 방법을 찾아야 합니다. 10개월 만에 6명의 아이들을 100명으로 만든 경험을 토대로 그 방법을 모색해봅니다.

앞장의 내용들을 읽으면서 많은 분들이 '그래, 우리도 그렇게 해보아야지' 하고 공감하는 분들이 많을 것입니다. 그러나 혹시 여러분 중에 '우리 교회는 그렇게 하고 싶어도 할 수 없어. 주일학교에 아이들도 별로 없고 교사들도 얼마 없어'라고 푸념하시는 분은 없는지 모르겠습니다. 그렇습니다. 어느 정도 준비된 예배를 잘 드리기 위해서는 아이들이 모여주어야 합니다.

저는 친구들교회를 개척하기 전까지는 아이들을 모으는 일에 별로 신경을 쓰지 않았습니다. 제가 사역했던 사랑의교회는 늘 주일학교에 학생들이 넘쳐났기 때문입니다. 어른들의 수가 늘어나면서 어린이와 청소년들도 같이 늘어났습니다. 사용하는 공간은 제한되어 있는데 아이들이 계속 늘어나니까, 어떤 때는 이제 그만 왔으면 좋겠다는 생각을 한 때도 있었습니다. 상황이 이렇게 되다보니 전체 주일학교는 주로 몰려오는 아이들을 관리하고 교육하는 일에만 관심을 두게 되었습니다. 아이들을 모으는 일에는 신경을 쓰지 않은 것입니다. 아마 이런 모습으로 주일학교를 운영하는 교회들도 적지 않을 것입니다.

그러나 개척을 한 후에는 완전히 바뀌었습니다. 아이들을 모으는 일이 가장 중요한 일이 되었습니다. 아무리 좋은 프로그램과 아이디어, 풍부한 경험이 있다고 해도 당장 아이들이 없으니 모든 것이 무용지물이었습니다. 그러나 아이들을 모으는 일은 쉽지가 않았습니다. 전에는 느껴보지 못했던 도전들이었습니다. 어떻게 하면 아이들을 모을 수 있을까요?

저는 처음 교회를 시작할 때부터 교인들이 아무도 없었기 때문에 어른은 물론 어린이와 청소년 주일학교도 자체적으로 전도하면서 발전시켜 나가기를 원했습니다. 대부분의 교회를 보면 어린이·청소년 주일학교는 어른 사역에 전적으로 의존하는 형편입니다. 어른들이 모이는 규모에 따라서 아이들이 모이는 규모가 결정이 되는 것입니다. 저는 이런 흐름을 탈피한 사역 모델을 만들어 보고 싶었습니다. 어린이가 전도해서 세우는 어린이 주일학교, 청소년이 전도해서 세우는 청소년 주일학교의 모델을 만드는 것입니다.

실패와 친해져라

한국교회의 미래를 걱정하는 사람들이 많습니다. 미래가 그렇게 밝지 못하기 때문입니다. 많은 사람들이 현재 한국교회의 모습을 보고 '침체기'

라고 합니다. 그도 그럴 것이 성장하고 있는 교회를 찾아보기가 힘들기 때문입니다. 수평 이동하는 교인들로 인해서 커지는 대형교회를 보면 기독교인들이 많은 것처럼 보이지만 사실은 전체적으로 교인은 줄어들고 있는 형편입니다. 장년들의 수가 줄고, 성장이 둔화됨에 따른 여파는 주일학교에까지 미치고 있습니다.

사실 80, 90년대 한국교회의 부흥은 그 이전에 잘 다져온 주일학교의 열매라고 해도 과언이 아닙니다. 주일학교가 성장하면서 한국교회는 부흥을 맛보았습니다. 하지만 지금은 상황이 다릅니다. 현재는 대다수의 교회들이 고전을 면치 못하고 있습니다. 특히 주일학교의 상황이 더욱 그렇습니다. 부흥을 꿈꾸기는커녕 현상 유지만 해도 성공이라는 자조적인 평가를 내리고 있습니다.

전반적으로 한국교회가 침체국면에 있긴 하지만 다행히 이러한 현실에도 불구하고 몇몇 교회의 주일학교는 계속적인 성장과 발전을 하고 있습니다. 성장하는 교회에는 분명한 이유가 있습니다. 그것은 자연적인 성장일 수도 있고 프로그램이나 기타 외부 요인들에 의한 성장일 수도 있습니다. 성장하고 있는 교회에 대해 많은 교역자와 교사들은 그 비결을 알고 싶어 합니다. 그러한 교회에서 적용했던 것들을 본보기로 삼아 자기가 속한 교회에도 적용하여 교회를 성장시키려고 애씁니다. 관련된 여러 문헌이나 자료를 검토하고, 교회를 직접 탐방하여 성장하는 이유를 찾고, 그것을 자신의 교회에 도입하고자 노력합니다.

그럼에도 불구하고 뚜렷한 성과를 얻지 못하고 주일학교는 침체기라고 말할 수밖에 없을 정도로 성장이 전반적으로 둔화되기만 합니다. 많은 교역자들과 교사들이 주일학교를 부흥시키고 성장시키기 위해서 지금 이 시간에도 많은 기도와 눈물, 열정을 쏟아 붓고 있지만 '실패'를 경험하고 있습니다.

'실패'라는 단어와 맞닥뜨리기를 좋아하는 사람은 없을 것입니다. 어떻게 하든지 실패를 맞지 않기를 바라지만 중요한 것은 실패에 어떻게 대응하느냐 하는 것입니다. 우리는 실패를 통해서 그 자리에 주저앉아 버릴 수도 있지만, 새로운 길을 찾아 한 단계를 뛰어넘을 수 있는 다리를 만날 수도 있습니다. 그러기 위해선 실패의 원인과 이유를 찾아서 그와 같은 일이 되풀이되지 않게 하고 수정과 보완을 통해서 보다 나은 방법을 추구해야 합니다.

교회 현장에 있다 보면 누구나 실패와 친해질 수밖에 없는 것이 현실입니다. 경험이 많다고 해서 실패를 피할 수 있는 것은 아닙니다. 오랜 세월 동안 사역 현장에 있으면서 다양한 교회(대형교회, 중형교회, 개척교회)에서 사역하고 부흥과 성장을 경험하며 하나님의 은혜를 경험하지만 새로운 환경에선 여전히 실패를 경험하기 마련입니다. 그러한 경험들 속에서 또 다른 노하우가 축적되고 나만의 방법들을 얻습니다. 그렇게 어느 정도 시간이 지나면 자신감이 생겨납니다.

친구들교회를 개척하고 부교역자들과 함께 많은 노력을 기울였지만 어린이들을 모으기는 쉽지 않았습니다. 시중에 알려진 여러 가지 방법들을 동원했지만 뚜렷한 결과를 얻지 못했습니다. 많은 실패를 경험했습니다. 그렇지만 그러한 경험들이 축적되면서 교회가 위치하고 있는 분당 지역에서 학생들을 모으기 위한 전략을 발견할 수 있었습니다.

개척교회에선 무엇보다도 어린이/학생들을 모으는 것이 중요합니다. 아무리 좋은 프로그램과 아이디어가 있어도 아이들이 없으면 사용할 수 없기 때문입니다. 요즈음은 어느 지역이나 마찬가지지만 아무리 전도를 해도 학생들을 모으기가 어렵습니다. 여러 가지 방법으로 아이들에게 접근해보지만 한계가 있습니다. 그러한 한계에 부딪히면서 그동안 알고 있던 방법에 '무엇이 문제였을까?' 고민하게 되고 하나님 앞에 무릎을 꿇을 수밖에 없었습니다. 개척교회의 상황에선 알고 있던 것들이 오히려 짐이 되기도 했습니다. 그래서 완전한 백지 상태에서 새롭게 시작할 필요가 있었습니다.

저는 친구들교회를 개척하고 아이들을 전도하여 한 명씩 키워왔습니다. 힘들지만 계속했습니다. 이 모든 과정에서 교회 부교역자들의 역할이 컸습니다. 5년이 지난 지금 그 아이들 중에는 벌써 대학생도 있습니다. 귀한 아이들이 잘 자라고 있습니다. 헌신적인 일꾼들이 되어가고 있습니다. 모든 것이 하나님의 은혜입니다. 이런 측면에서 저는 소망을 가지고 있습니다. 아무리 한국교회가 어렵다 할지라도 자라나는 다음 세대를 향한 애정을 가지고 저들을 그리스도의 사람으로 키워낸다면 그들이 바로 내일의 한국교회를 세워나갈 것입니다.

기존에 있던 많은 자료들…

아이들을 모으기 어렵다보니 성장하고 있는 다른 교회들의 상황이 궁금했습니다. 이미 성장한 교회, 현재 성장하고 있는 교회들에는 성장하는 분명한 이유가 있기 때문에 그러한 교회들을 참고하면 무엇인가 될 것이라는 기대감이 있었습니다. 그래서 많은 서적과 세미나 자료들을 찾아보았습니다. 그러나 이미 성장한 교회와 관련된 자료들 중에 친구들교회와 같은 개척교회에 도움이 될 만한 자료들은 거의 없었습니다. 그러한 자료들은 대부분이 친구들교회와 같은 개척교회의 상황과는 거리가 있었기 때문에 그대로 도입해서 시도하기가 쉽지 않습니다. 그러나 그러한 자료들을 검토하다보니 몇 가지의 유형이 있음을 알게 되었습니다.

유형 1: 프로그램 전도법

성장하는 교회나 교회를 성장시킨 교역자들이 제시한 자료를 검토한 후 분류할 수 있었던 첫 번째 유형은 프로그램 전도법입니다. 프로그램 전도법이란 특정한 프로그램을 주일학교에 도입해서 실시하는 것입니다. 예를 들어 사랑방 전도, 쿵두리 전도법, 교사교육 프로그램, 특정 단체에서 제공하는 전도 프로그램 등을 이용해 전도를 해보니 많은 열매가 있었다는 것입니다. 그들은 이러한 프로그램들을 도입해서 성장할 수 있었고, 성장하고 있다고 말합니다.

그러나 이러한 프로그램 전도법에는 한계가 있습니다. 하나하나의 문제점을 기술할 수는 없지만, 공통적으로 이러한 프로그램 역시 개척교회의 상황에는 맞지 않는다는 문제를 가지고 있었습니다. 프로그램 전도를 하기 위해서는 자원resource이 될 수 있는 어느 정도의 학생들이 있어야 합니다. 프로그램 전도가 이루어지는 큰 맥락은 자원이라 할 수 있는 소수의 학생들을 움직이고, 그들을 훈련시킨 후, 그 다음에 그들이 열매 맺기를 기대하는 것입니다. 하지만 개척교회에서는 바로 이 역할을 할 학생이 없을 수 있고, 그들을 훈련시킬 교역자나 교사가 없을 수도 있습니다. 이런 상황에서 프로그램 전도를 활용한다는 것은 쉬운 일이 아닙니다.

유형 2: 행사 전도

두 번째 유형은 행사 중심의 전도로서 달란트 잔치, 새생명 축제 혹은 친구초청 잔치, 총동원 주일, 성경학교 혹은 캠프, 하교길 전도, 요리경연대회 등을 그 예로 들 수 있습니다. 행사 전도의 유형은 많은 교회에서 실시하고 있습니다. 게다가 많은 교역자들이나 교사들이 다양한 행사를 기획하며 아이디어를 내기 때문에 그 종류가 방대한 편이어서 구체적으로 그 종류를 열거하는 것에도 한계가 있습니다. 이러한 행사 전도 유형은 잘만 준비하면 좋은 결과를 맺을 수 있으며, 행사를 통해서 새로운 팀워크를 만들 수 있다는 장점이 있습니다.

그러나 행사 전도에도 분명한 한계가 있습니다. 첫째, 행사를 중심으로 하여 학생들의 욕구를 지속적으로 충족시키기가 어렵습니다. 학생들의 욕구는 끊임없이 변하기 때문입니다. 포스트모던시대를 살고 있는 학생들은 어른들이 볼 때는 조잡하고 현란한 것들에 많이 노출되어 있습니다. 디지털문화는 학생들의 삶 전반에 엄청난 변화를 초래하여 현실 세계에서 불가능한 일들을 가상 세계에서 펼칠 수 있도록 했습니다. 이러한 디지털시대에 노출되어 있는 학생들의 욕구는 날로 발전하며 더 큰 자극을 요구합니다. 이러한 학생들의 욕구를 충족시켜주는 것은 쉬운 일이 아닙니다. 그렇기 때문에 대다수의 학생들이 교회 행사를 식상하게 생각하고, 시대에 부합하고 있지 못하다고 생각합니다. 성경학교나 캠프, 달란트 잔치와 같은 특별 행사의 어려움이 바로 이것입니다. 끊임없이 변화하는 학생들의 욕구를 그러한 행사들을 통해 충족시켜주어야 한다는 엄청난 과제가 있습니다.

이러한 입장에서 학생들을 교회의 성경학교나 수련회로 불러들이기 위해서는 성경학교나 수련회가 PC방보다 재미있어야합니다. 달란트 잔치를 열 경우에는 달란트 잔치가 대형 마트에서는 경험하지 못하는 독특함을 가지고 있어야 합니다. 그러나 현실에서 그렇게 하기는 쉽지 않습니다. 많은 노력을 기울여 특별한 행사를 준비한다고 해도 대부분의 학생들이 가지고 있는, 교회의 행사는 지루하고 따분하다고 생각하는 선입관을 극복해야 하는 문제가 있습니다. 그러나 이러한 행사를 통한 전도 역시 개척교회보다는 재정이 풍족하고 인적자원도 충분한 대형교회나 중형교회에 적용하기에 적합합니다. 대부분의 개척교회는 재정과 인적자원이 부족합니다. 많은 개척교회들이 무에서 유를 창조해내야 하는 것과 같은 상황에 직면하고 있다는 것입니다.

유형 3: 여가 활용 전도법

세 번째의 유형은 여가를 활용한 전도법입니다. 여가를 활용한 전도법은 동아리 만들기, 공부방 운영, 문화센터 운영 등을 말합니다. 요즘은 교회 내에 많은 동아리들이 있습니다. 축구부, 족구부, 농구부, 만들기부, 악기부 등의 다양한 공식적, 비공식적 동아리들이 있습니다. 또한 공부방이나 문화센터를 운영하는 교회들도 많이 있습니다.

그러나 이러한 방법들도 개척교회의 상황과는 맞지 않습니다. 이러한 여가 활동을 통하여 전도를 하기 위해서는 인적자원과 물적 자원, 공간 등이 필요하지만 개척교회에서는 이러한 자원을 확보하기가 쉽지 않습니다. 예를 들어 축구부를 만들기라도 하려면 최소한 11명 정도의 인원이 있어야 같이 뛸 수 있는 선수들이 확보가 됩니다. 혼자서 공을 가지고 축구를 할 수는 없습니다. 그들을 가르칠 코치가 필요하고 이에 따른 재정지원도 이루어져야 하는데 개척교회가 그러한 짐을 지기에는 한계가 있습니다.

유형 4: 관계 전도

마지막 유형은 관계 전도입니다. 이것은 학생들과 교역자 혹은 교사와의 관계를 활용하여 전도하는 방법입니다. 예를 들면 제자훈련반, 새가족반, 전도특공대 등을 운영함으로써 학생들과 관계를 맺어서 전도하는 것입니다.

이를 위해선 관계가 중요하지만 개척교회에서는 이러한 관계를 맺기가 어렵습니다. 개척교회는 모든 것이 불안정하기 때문입니다. 특히 교역자들이 불안정합니다. 개척교회의 교역자들은 유동성이 많습니다. 교역자와 학생들이 관계를 맺기 위해서는 적지 않은 시간이 필요한데 대부분의 개척교회에선 교역자들이나 교사들이 학생들과 이 시간을 갖지 못하기 때문에 쉽게 관계가 형성되지 못합니다. 학생들은 관계를 맺고 싶어도 관계를 맺을 대상이 없는 것이고 그렇기 때문에 관계를 통한 전도가 쉽지 않습니다.

학생들이 전도의 주체가 되어야 한다

주일학교에서 '전도의 주체는 누가 되어야 하는가'의 문제는 매우 중요합니다. 이에 대한 답은 그 주체가 누가 되었을 때 더 효과적이고 효율적인 전도가 이루어지느냐 하는 것에 달려 있습니다.

주일학교에서 전도의 주체를 다음과 같이 살펴볼 수 있습니다.

교역자 혹은 교사 중심의 전도

교역자나 교사가 중심이 되어 학생들을 전도하는 형태입니다. 대표적인 예가 하교길 전도입니다. 하교길 전도란 학생들이 수업을 마치는 시간에 학교 문 앞에서 전도지나 먹을 것 등을 나누어주면서 학생들을 전도하는 방식을 말합니다. 많은 교회에서 하교길 전도를 하고 있습니다. 하교길 전도는 특별한 기술이나 재정적인 지원, 인적 자원이 필요한 것은 아니기에 개척교회에서도 손쉽게 할 수 있다는 장점이 있습니다. 더러는 여기에 많은 재정과 인적자원을 투입하는 교회들도 있습니다. 하교길 전도는 그 형태도 다양하여 먹을 것과 함께 전도지를 나누어주기도 하고, 풍선으로 어린이들에게 무엇인가를 만들어주기도 하며, 마술쇼와 같은 이벤트를 벌이면서 어린이들을 전도합니다.

이러한 하교길 전도는 어느 교회에서나 손쉽게 할 수 있다는 점이 오히려 문제가 될 수 있습니다. 하교길 전도를 나가보면 한 학교의 교문 앞에 많은 교회들이 진지를 구축하고 있는 경우가 많습니다. 어떤 학교에서는 아이들이 나올 길이 없을 정도로 여러 교회에서 자리를 지키고 있기도 합니다. 그러다보니 학생들에게는 집에 가는 길이 군것질거리를 해결하는 하나의 좋은 통로가 되어버립니다. 학교에서 나와 이 교회 저 교회 사람들을 만나면서 사탕이나 솜사탕, 아이스크림, 과자 등을 챙겨서 집에 갑니다.

이렇게 학교 교문 앞에서 하교길 전도를 하다보면 여러 교회에서 나온 사람들 사이에 끼어서 '내가 지금 무엇을 하는 것인가?' 하는 생각이 듭니다. '이러한 모습이 진정 복음을 전하는 것일까?' 중요한 것은 이러한 하교길 전도방법의 효과가 너무 미미하다는 점입니다. 교회를 어느 정도 알릴 수는 있지만 효과적이지 못하므로 새로운 방법을 모색할 필요가 있습니다.

학생 중심의 전도

전도의 주체가 학생들이 되는 것입니다. 학생들이 움직이고 중심이 되어서 전도할 대상을 찾고 자신들이 직접 초청하는 방식입니다. 예를 들면 관계전도, 친구초청 잔치, 새생명 전도 축제 등의 방법이 있습니다.

전도의 주체가 학생들이 되기 위해서는 무엇보다 확실한 동기부여가 있어야 합니다. 동기부여를 위해서는 제자훈련, 새가족반, 새생명 전도 축제, 친구초청 잔치, 달란트 잔치 등과 같은 많은 프로그램들을 시행할 수 있습니다. 이런 프로그램들은 현재 많이 계발되어 있고, 교회마다 다양한 프로그램들을 실시하고 있습니다.

학생들이 전도의 주체가 되었을 때는 많은 장점이 있습니다.

첫째는 그들이 더 전도 대상과 친해지기가 쉽습니다. 하교길 전도를 하면서 느낀 어려움 중 하나는 학생들이 패쇄적이기 때문에 어른이 다가가기가 쉽지 않다는 점입니다. 요즈음 어린이/학생들은 낯선 사람들에게 매우 패쇄적이기 때문에 다가가서 친해지기가 쉽지 않습니다. 먹을 것을 주고, 선물도 주며 접근을 해보지만 그뿐입니다. 마음의 문을 열지 않습니다. 다시 만날 것을 약속하거나 연락처를 물어보면 열에 아홉은 대답하지 않습니다. 혹시나 가르쳐준다고 해도 잘못된 연락처일 때가 많습니다.

그러나 전도의 주체가 학생들이 되면 어른이 들이는 것보다 더 짧은 시간과 노력만으로도 다른 학생들과 친해지는 일이 가능합니다. 아이들은 친구나 또래에게 마음의 문을 쉽게 엽니다. 그래서 학생들이 전도하는 것이 더욱 효과적이고 효율적인 전도 방법입니다.

둘째는 전도 받은 학생들이 교회에 적응하기가 쉽습니다. 교회에서 친구초청 잔치나 새생명 전도 축제, 달란트 잔치 등과 같은 행사를 실시하면 많은 학생들이 오긴 옵니다. 행사가 끝나고 돌아가는 학생들에게 다음 주에도 만날 것을 다짐해보지만 대부분의 다짐은 깨집니다. 그냥 행사에 참석하기 위해서 오거나 선물을 받기 위해서 오는 경우가 많기 때문입니다. 그렇지만 자신의 친구를 전도했다면 이야기는 달라집니다. 이럴 경우 특별한 프로그램이 없어도 교회에 쉽게 적응합니다. 단지 친구들이 있기 때문에 흥미와 재미를 느낄 수 있습니다. 또래집단의 위력이라고 할 수 있습니다.

셋째는 장기적으로 교회에 비전을 기대할 수 있기 때문에 학생 중심의 전도가 더 효과적입니다. 교역자나 교사들은 바뀔 수 있습니다. 교역자는 교회를 떠나면 그만이고, 교사는 교사를 하지 않으면 끝입니다. 이렇게 되면 주일학교에 더 이상 전도할 사람이 없게 됩니다. 그러나 학생들은 다릅니다. 학생들은 특별한 일이 있기 이전에는 교회를 떠나지 않습니다. 그 교회에서 소속감을 느끼거나 또래집단에서 재미와 자신의 욕구가 충족된다면 절대로 떠나지 않습니다. 또한 학생 시절에 전도의 필요성을 인식하고, 사명감을 가질 수 있다면 그 학생은 어른이 되어서도 계속해서 전도자로 남을 수 있습니다.

그러므로 전도의 주체는 학생이 되어야 합니다. 학생들이 움직이고, 중심이 되어야 효과적으로 전도가 이루어질 수 있습니다. 교회나 교역자 혹은 교사는 학생들이 움직여서 전도의 주체가 될 수 있도록 그들에게 확실한 동기를 부여하고 필요할 때 도움을 주어야 합니다. 이렇게 볼 때 어린이/학생 전도에 있어서 교역자/교사와 어린이/학생 간에 어느 정도 역할 분담이 이루어진다고 할 수 있습니다. 동기부여를 하고 격려해주고 위로해주는 것은 교회나 교역자 혹은 교사의 주된 몫이 되어야 하고, 전도의 주된 주체는 학생들이 되어야 더욱 효과적인 전도가 가능합니다.

지역에 효과적인 전도 방법 찾기

전도를 하면서 많은 '시행착오'를 겪기는 했지만 이제는 효과적인 전도가 무엇인가를 알게 되었습니다. 하나님은 실패와 시행착오 끝에 은혜를 부어주셨습니다. 이제 하나님께서 부어주신 은혜에 대해서 소개하고자 합니다.

먼저 철저한 분석이 필요하다

시행착오는 현장을 잘못 분석해서 겪는 것이라고 생각합니다. 분석이 철저하게 이루어졌다면 시행착오를 겪지 않을 수 있습니다. 전도도 마찬가지입니다. 전도를 하기 위해서는 철저하고 치밀한 분석이 필요합니다. 그러나 사역자들이 빠지기 쉬운 함정이 있다면, 사역 기간이 길면 길수록 '분석'의 과정을 잊어버리고 과거의 경험에 의존하려는 경향이 있다는 것입니다. 그동안 쌓아온 자기만의 방법과 경험에 대해서 자만하기가 쉽습니다.

분석해야 할 것에는 여러 가지가 있습니다. 먼저 교회의 상황을 분석해야 합니다. 우리 교회의 상황이 어떠한지를 분석해야 합니다. 교회의 장점과 단점을 분석하고 어려움이 무엇인지 알아야 합니다. 교회가 쓸 수 있는 자원을 분석하고 파악해야 합니다. 재정적인 지원 가능성, 인적 자원의 동원 여부, 공간 및 물적 자원의 확보 등 교회의 전반적인 것들을 분석하고 적절하게 활용할 수 있는 방안을 수립해야 합니다.

둘째는 지역을 분석해야 합니다. 지역의 특성, 경제적인 수준 등을 철저하게 분석해야 합니다. 교회 주변 지역이 어떠한 특성을 가지고 있는지, 주변 가정들의 경제적인 수준이 어느 정도인가를 분석해야 합니다. 이러한 분석이 있어야 어떠한 전도 방법을 활용해야 될지 대안을 찾을 수 있기 때문입니다.

2003년에 교회성장연구소에서 조사한 자료를 보니까 한국교회에서 교회를 개척하기 전에 지역을 조사하는 목회자의 비율은 69%였습니다. 지역에 대해서 아무런 조사를 하지 않은 목회자가 31%나 된다는 것은 철저하고도 적절한 조사가 교회개척의 중요한 단계라는 사실을 목회자들이 제대로 인식하지 못하고 있다는 것입니다. 개척교회에서 지역조사를 하는 것은 그러한 지역조사를 통해 획득한 자료를 기초로 교회의 전도 전략과 사역 방향을 효과적으로 세울 수 있기 때문입니다. 지역조사가 없으면 교회 운영을 계획적으로 할 수 없고 전략의 부재 가운데 시행착오를 반복할 수밖에 없습니다.

이러한 지역조사의 필요성은 전도를 함에 있어서 더욱 중요합니다. 어떻게 보면 전도 대상이 어린이/학생들이라면 더욱 세심한 지역조사가 있어야 합니다. 교회 주변에 어떤 초, 중, 고등학교가 있고 어떤 종류의 학원이 있는지, 각 학교 학생들의 교복은 어떤 것인지, 각 학교 및 학원의 수준과 특성은 어떤지 파악해야 합니다. 친구들교회가 위치하고 있는 분당 지역은 지역적인 특성상 많은 학원들이 있습니다. 학원들의 위치만 파악하기도 쉽지 않습니다. 그러나 요즘 학생들은 어른들보다 더 빠듯한 일정을 가지고 학교와 학원을 오고 다닙니다. 그러한 학생들을 만나고 관리하기 위해선 그들의 동선 상에 있는 학교와 학원 등을 반드시 분석할 필요가 있습니다.

셋째는 학생들을 분석하고 파악해야 합니다. 특히 교회에 소속되어 있는 학생들을 분석해야 합니다. 학생 개개인의 전반적인 사항을 교역자와 교사는 파악하고 있어야 합니다. 자신이 가르치는 양의 상태를 분석하고 파악하는 것은 그 양과 관계를 맺는 첫 단계입니다.

이러한 분석 없이는 효과적인 전도를 하기가 힘듭니다. 분석 없이는 효과적인 전도 방법을 찾기 어렵고 실패할 가능성이 높습니다.

치밀한 전략과 전술이 필요하다

전투를 할 때, 중요한 것은 어떠한 전략과 전술을 사용하느냐에 따라 승패가 좌우된다는 점입니다. 전도는 '영적 전투'입니다. 영적 전투인 전도에서 승리하기 위해서 고도의 전략과 전술이 있어야 합니다. 이 전략과 전술을 수립함에 있어서 철저한 분석이 선행되었다면 우선은 성공한 것입니다. 이를 기초로 해서 어렵지 않게 전도의 전략과 전술을 수립할 수 있기 때문입니다. 이제 전도의 무대와 대상을 분석했다면 그 상황에 맞는 전도 방법을 찾고, 어떠한 것이 더욱 효과적이고 효율적인가를 결정해야 합니다. 그리고 그에 맞는 치밀한 전략과 전술을 수립해야 합니다.

경험상 동일 지역이라 해도 경우에 따라선 다른 전도 방법을 활용해야 할 때가 있습니다. 같은 지역에서도 관계 전도가 효과적일 때도 있고, 노방 전도가 효과적일 때도 있습니다. 같은 지역임에도 불구하고 전도에 반응하는 정도가 다릅니다. 같은 지역 안에 있더라도 경제적인 상황이 다른 그룹들이 있을 수 있기 때문입니다. 같은 지역에서 한쪽은 경제적으로 넉넉한 사람들이 거주하기도 하고, 다른 한쪽은 그렇지 못한 사람들이 거주하기도 합니다. 이럴 경우에는 다른 전도 방법을 시행해야 합니다. 이처럼 전도를 할 때는 철저한 분석에 따른 전략과 전술의 수립이 매우 중요합니다.

일어나서 나가야 한다

철저한 분석과 그에 따른 전도 전략과 전술을 가지고 있다고 해도, 행함이 없으면 아무런 소용이 없습니다. 전략과 전술을 구상했으면 움직여야 합니다. '이것이 될까?' '내가 할 수 있을까?' 하는 나약한 생각은 버리고 움직이고 행동해야 합니다. 하다보면 어려움과 답답함이 있을 것입니다. 그러나 거기서 주눅이 들면 안 됩니다. 확신을 가지고 움직이고 행해야 합니다.

"뚜껑은 열어보아야 한다." 뚜껑을 열지 않으면 그 안에 무엇이 있는지는 아무도 모릅니다. 많은 시행착오를 경험하면서 여러 가지 전도 프로그램에 대한 한계점과 문제점을 인식하게 됩니다. 그리고 현실에 맞게, 상황에 맞게 전도 프로그램들을 수정, 보완하여 시행할 수 있게 됩니다. 또 그

| New SS교육지표 | 지역에 효과적인 전도법 찾기 |

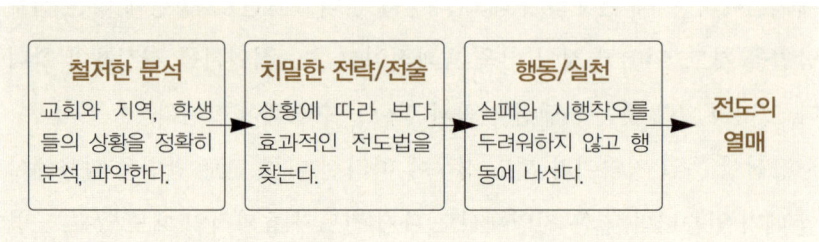

러한 경험들을 통해 어떤 방법들을 적용하다가 한계점이나 문제점에 봉착하게 될 때 새로운 방법을 동원하는 유연성을 기를 수 있습니다. 실패하면 수정하고 보완하고, 또 수정하고 보완하는 작업을 하면서 해당 지역에서 가장 효과적인 전도 방법들을 찾아가는 것입니다. 시도해보지 않고는 열매를 딸 수 없습니다. 시도하기 위해서 일어나 나가야 합니다.

효과적이었던 전도 방법 1: 관계전도

관계전도 방법은 부연 설명이 필요 없을 것입니다. 전도에서 관계의 중요성은 두말할 필요가 없습니다. 주일학교에서 나타나는 관계 하면 교역자와 학생들의 관계, 교역자와 교사의 관계, 교사와 학생들의 관계를 흔히 생각하기가 쉽습니다. 그러나 막상 전도를 할 때 가장 중요한 것은 위에 언급한 세 가지 관계가 아니었습니다. 우리가 미처 보지 못했던 학생과 학생 사이의 관계가 전도의 핵심임을 발견했습니다. 그래서 학생과 학생 간의 관계를 전도에 적극적으로 활용하기 위해 노력했습니다.

논어에 보면 '삼인행필유아사三人行必有我師'라는 말이 있습니다. "세 사람이 길을 같이 걸어가면 반드시 내 스승이 있다"는 뜻입니다. 스승은 다른 사람들을 이끌어 가게 마련인데, 이러한 모습은 반드시 스승과 제자 사이에서만 찾아볼 수 있는 것은 아니었습니다. 동갑내기 또래집단 내에도 그들에게 영향력을 행사하는 리더가 있습니다. 그러므로 그 리더를 찾아내어 공략하면 나머지 친구들을 함께 전도하기가 쉬워집니다.

길거리에 함께 어울려 몰려다니는 학생들의 무리 속에는 분명 리더가 있습니다. 그렇다면 우리는 그 리더들을 얻기 위해서 노력과 시간을 투자해야 할 것입니다. 이러한 리더는 생각보다 쉽게 발견할 수 있습니다. 학생들은 적게는 두 명, 많게는 십여 명까지 같이 어울려 다니는 경향이 있습니다. 그 소집단을 움직이는 리더 격인 학생을 교회에 나오게 하면 나머지 학생들의 전도는 의외로 쉬워집니다.

잠재적인 리더를 통한 관계 전도법은 다음과 같이 설명할 수 있습니다.

잠재적 리더를 찾아라!

초등학생이건 청소년이건 학생들 중에는 집단을 이끌어 가는 잠재적인 리더가 있습니다. 그 리더가 누구인지를 파악하는 것이 중요합니다. 그러기 위해서는 학생들을 철저하게 분석해야 합니다. 교회 안에서도 주변에 언제나 친구들이 모이는 학생이 있는데 그런 학생이 잠재적인 리더일 가능성이 높습니다.

먼저는 교회에 나오는 학생들의 성품, 인격, 가정환경, 학업성적 등을 분석한 다음 학생들이 함께 모일 때 관찰을 하면서 잠재적인 리더가 누구인가를 발견해야 합니다. 학생들과 어울리다 보면 자연스럽게 주변에 많은 친구들이 몰리는 학생이 누구인가를 알 수 있습니다. 학생들의 무리는 대부분 이러한 한두 명의 학생들에 따라 움직입니다.

잠재적인 리더와 사랑을 나누라!

잠재적인 리더를 찾았으면 그와 사랑을 나누어야 합니다. 인격적이고 사랑스러운 관계가 되어야 합니다. 무조건 친해질 것을 권합니다. 여러 가지 수단과 방법을 통해서 잠재적인 리더와 그리스도의 사랑을 나눌 수 있는 사이가 되어야 합니다.

그러면서 잠재적인 리더의 모든 것을 파악하고 있어야 합니다. 가정환경을 비롯해서 학교생활 등 사소하다고 느껴지는 모든 것까지 파악하고 있어야 합니다. 다른 학생들도 상황은 같습니다. 목자는 맡고 있는 양들의 상태를 정확하게 파악하고 있어야 합니다.

잠재적인 리더를 용사로 훈련시켜라!

그 다음엔 학생들을 훈련시켜야 합니다. 프로그램들을 적용하는 것을 너무 어렵게 생각하지 말아야 합니다. 교회에 특정한 프로그램을 도입하기가 불가능한 상황이라면 프로그램에 의존하지 않아도 됩니다. 개척교회에서 어린이와 학생들을 훈련시키기에는 어려움이 많습니다. 그렇다면 먼저 설교 시간을 최대한 활용해서 전도의 중요성과 필요성을 교육시키는 데 중점을 둘 수 있습니다. 그러면서 잠재적인 리더들에게는 일대일 양육 방식으로 전도 훈련을 시키는 것이 바람직합니다. 이러한 강조점을 지속적으로 가지다보면 학생들이 전도를 사명으로 생각하게 됩니다.

훈련하는 동시에 파송하라!

잠재적인 리더들을 훈련시키면서 동시에 파송해야 합니다. 훈련이 끝나고 나서 세상을 향해 나아가는 것이 아니라 훈련을 받으면서 세상을 향해

나갈 수 있게 해주어야 합니다. 그래서 친구들교회에서는 훈련을 시작하면서 '전도특공대'를 임명했습니다. 처음에는 두 명의 학생으로 시작했습니다. 지금은 어린이부에 소속된 모든 학생들이 전도특공대로 활동하고 있습니다.

전도특공대를 임명할 때는 확실하게 그 임무의 시작과 동시에 동기를 부여해주어야 합니다. 친구들교회는 처음 여섯 명의 학생들 중에서 두 명의 학생을 전도특공대로 임명했고, 나머지 학생들이 부러워할 정도로 임명식을 거창하게 해주었습니다. 이러한 임명식이 다른 학생들에게 자극이 되고 촉진제가 되었습니다.

자주 만나라, 연락하라!

잠재적인 리더들과 함께하는 시간을 많이 확보해야 합니다. 자주 만나서 그들의 존재감을 높이고 교회에 대한 소속감을 심어주어야 합니다. 소속감을 심어주면서 자주 만나기 위해 교회 차를 활용하는 것은 좋은 방법입니다. 우리 학생들은 너무 바쁘기 때문에 주중에는 만나기가 매우 힘든 상황입니다. 그러나 교회 차를 가지고 학생들의 이동을 도와준다면 이런 어려움을 극복할 수 있습니다. 교회 차를 이용하여 아이들이 학교에서 학원, 혹은 학원에서 집으로 갈 때 발이 되어주는 것입니다. 이렇게 되면 학생들에게 교회의 소속감을 심어줄 수 있을 뿐 아니라 이동하는 시간에 학생들과 친해질 좋은 기회를 얻을 수 있습니다.

자주 놀아주라!

학생들을 붙들기 위해서 중요한 것은 그들과 자주 놀아주는 것입니다. "많이 놀면 많이 기도한다"More Play, More Pray!는 말이 있습니다. 함께 좋아하는 운동(축구나 농구)을 하고 나서는 아이스크림 같은 먹을 것을 사주며 교제해야 합니다. 이렇게 할 경우 좋은 점은 다른 어린이나 학생들을 자연스럽게 그 자리에 초청할 수 있다는 것입니다. 어린이들과 재미있게 놀고 있으면 주변에 있는 다른 친구들이 함께 놀고 싶다며 놀아달라고 부탁하는 경우가 종종 있습니다. 같이하자고 권유하지 않아도 재미있어 보이니까 관심을 보이는 것입니다. 특히나 요즘은 아이들이 가정에서 홀로 외롭게 자라나다 보니 집이나 공원에 나와도 어울릴 친구나 무리들이 없습니다. 이러한 어린이들에겐 여러 명의 친구들이 어울려 노는 모습이 너무나 부럽고 좋아 보이는 것입니다.

이렇게 논 다음에는 절대로 그냥 헤어져서는 안 됩니다. 학생들을 집까지 태워다 주든가 아니면 아이스크림이라도 하나 사 먹으면서 이야기를 나누고 서로를 알아가는 시간을 가져야 합니다. 단 1분이라도 학생들과 함께 시간을 보내는 것이 중요합니다.

아이들이 쉽게 찾아올 수 있도록 하라!

학생들이 교회의 문턱을 쉽게 넘을 수 있어야 합니다. 왠지 모를 두려움을 갖게 해서는 안 됩니다. 교회에 처음 나오는 학생들이 쉽게 교회에 들어올 수 있게 해주어야 합니다. 그러기 위해서는 모일 때 교회에서 모이거나 학생들의 모임을 일차적으로 교회에서 갖게 하는 것이 좋습니다. 전도되기 전에 최소한 한 번 이상은 교회에서 놀면서 교회와 교회 사람들을 친숙하게 여기게 해줄 필요가 있습니다.

시너지 효과를 기대하라!

학생들이 교회에 나오기 시작하면 그들의 가정환경을 철저하게 분석하기 위해 노력해야 합니다. 그들의 부모님은 어떤 분이신지, 형제자매들은 어떤지 등을 파악해야 합니다. 가정에 대해서 많은 정보를 얻으면 얻을수록 좋습니다. 교회에 전도된 학생들의 가정은 대부분의 경우 기독교가정이 아닙니다. 이러한 측면에서 볼 때 교회에 혼자 출석하는 학생들은 새로운 전도 자원이 될 수 있습니다. 특히 그들의 형제자매를 전도할 수 있다는 점에 주목해야 합니다. 또한 학생들은 그들의 부모를 전도할 수 있는 징검다리가 됩니다.

효과적이었던 전도 방법 2: 친구초청 잔치를 이용한 전도

친구초청 잔치는 많은 교회에서 여러 제목으로 시행되고 있습니다. 친구들교회에서는 '사랑과 행복 나눔 축제'라는 제목으로 시행되고 있습니다. 다른 교회와는 달리 친구들교회에선 친구초청 잔치가 1년 52주 동안 계속된다고 해도 과언이 아닙니다. 친구들교회에서는 거의 모든 행사에 '친구초청'이라는 부제를 붙이기 때문입니다. 예를 들어 영화상영도 친구초청, 달란트 잔치도 친구초청, 견학을 가도 친구초청, 체육대회도 친구초청이라는 부제를 붙입니다. 학생들에게 전도할 수 있는 동기를 부여하기 위해서입니다.

실제로 친구들교회에서는 일 년에 두 번 '사랑과 행복 나눔 축제'를 8주나 10주에 걸쳐 실시합니다. '사랑과 행복 나눔 축제'라는 큰 주제를 가지고 긴 친구초청 잔치를 시작하는 것입니다. 8주에서 10주 동안 다양한 프로그램들을 학생들에게 제시하며 친구들을 초청하도록 도전을 줍니다. 친구초청 요리경연대회, 친구초청 달란트 잔치, 친구초청 영화상영, 친구초청 운동회, 친구초청 견학 등을 여는 것입니다. 이렇게 다양한 프로그램을 제시하면서 학생들에게 전도 동기를 부여했더니 학생들이 움직이기 시작했습니다.

효과적이었던 전도 방법 3: 여가 활용을 이용한 전도

학생들이 여가를 활용할 수 있도록 도와주는 것도 좋은 방법입니다. 이를 위해 친구들교회에서는 어린이들을 위한 동아리를 운영하고 있습니다. 현재는 워십부, 운동부, 핸드메이드부, 제과제빵부 동아리를 운영하고 있습니다. 동아리는 주일에 모임을 갖지 않습니다. 단지 다음에 만날 날짜만 약속합니다. 그리고 주중에 담당 교사들과 학생들이 함께 만나서 동아리 활동을 합니다. 적어도 일주일에 한 번씩은 모임을 갖고 교사들이 학생들과 만나거나 연락을 취할 수 있도록 합니다.

동아리 활동은 교회에 등록하면 자유롭게 가입할 수 있고, 가입을 권유하고 있습니다. 이를 통해 새로 등록한 학생의 정착을 돕고 있습니다. 새신자반을 운영하는 것도 좋은 방법이지만 새로 등록한 학생들이 동아리 활동을 통해서 다른 친구들과 훨씬 더 쉽게 친해지고 교회에 잘 적응해가는 모습을 보았습니다.

많은 교회에서 학생들의 교회 정착 문제를 고민합니다. 친구들교회도 사역 초반에는 예외가 아니었습니다. 달란트 잔치나 체육대회, 친구초청 잔치와 같은 행사를 통해서 새로운 학생들이 교회에 오기는 했으나 행사가 끝난 다음 주에 그들을 보기가 어려웠습니다.

그러한 문제를 해결하기 위해서 동아리 활동을 실시했던 것입니다. 효과는 기대 이상이었습니다. 우선 동아리에 소속된 학생들은 담당 교사들이 주중에도 계속해서 관심을 갖습니다. 또 동아리 활동을 위해서는 회원들이 주중에 최소한 한 번은 만나야 합니다. 이런 과정 속에서 자연적으로 교회 정착률이 높아졌습니다. 아울러 학생들의 장점과 특기를 살릴 수 있는 기회를 줄 수 있었습니다. 다양한 동아리 활동을 통해서 학생들이 자신의 특기를 발견하고 적성을 찾기도 했습니다. 교사들은 동아리 활동을 통해서 알지 못했던 학생들의 은사를 발견하게 됩니다.

앞으로는 이러한 동아리 활동을 발표할 수 있는 무대를 준비하여 어린이들에게 새로운 기회를 열어주려고 합니다. 이러한 일들은 교회 정착률을 높일 뿐만 아니라 교회가 어린이들의 문화적인 삶에도 영향을 미친다는 점에서 의미가 있습니다. 학생은 여러 동아리에 들어가 직접 만들고, 연습하여 그들의 활동들을 펼쳐 보이면서 교회에 또 다른 재미를 더할 것입니다.

효과적이었던 전도 방법 4: 축구단을 이용한 전도

축구단을 만들어 보자! 이것은 2008년 어린이 주일학교의 작은 비전이었습니다. 축구단을 만들기 위해서는 적지 않은 수의 학생들이 필요합니다. 최소한 11명 이상의 학생들이 있어야 합니다. 드디어 얼마 전 25명 정도의 학생들로 초등부 축구단을 만들어서 정식으로 발대식을 가졌습니다. 이 축구단은 모집부터가 관심거리였습니다. 요즘 초등학교 학생들은 축구에 많은 관심이 있습니다. 축구단원 모집 광고를 하자마자 많은 학생들이 지원을 했습니다. 학생들은 또한 교회에 출석하지 않는 친구들 중에 축구에 관심이 있는 아이들을 소개시켜주었습니다. 그들은 전도 대상자들이 되었습니다.

축구단은 학생들의 건강과 교회 정착률을 높이기 위해서 만들었습니다.

축구단이 창설되자 예상 외로 외부의 많은 학생들이 교회에 등록을 했습니다. 교회 초등어린이부 축구단이므로 교회에 등록해야 한다는 자격 조건이 있었기 때문입니다. 지금도 여러 어린이들이 관심을 가지고 있습니다. 이러한 어린이들은 모두가 잠재적인 전도 대상자들입니다.

축구단의 운영과 활용은 어렵지 않습니다. 요즘엔 초등학교마다 축구단이 구성되어 있어서 그들과 정기적으로 시합을 주선하면 됩니다. 두 주에 한 번이나 한 달에 한 번 정도의 시합을 통해서 학생들의 결속력과 소속감을 높일 수 있습니다. 축구단을 두 팀으로 나누어서 자체 시합을 해도 좋습니다. 중요한 것은 지속적으로 정기 모임을 가지며 시합을 할 수 있어야 한다는 것입니다.

효과적이었던 전도 방법 5: 공원(놀이터) 전도

개척교회에서 적용하기에 좋은 전도 방법으로 공원(놀이터) 전도가 있습니다. 주일 오후에 공원에 나가보면 많은 교회에서 교회 주보나 사탕, 풍선 등을 가지고 전도하는 모습을 쉽게 볼 수 있습니다. 그러나 이러한 전도 방법은 하교길 전도만큼이나 효과가 없습니다.

제가 제안하는 공원(놀이터) 전도는 봄부터 이른 여름까지 또 가을에서 초겨울까지 어린이들과 선생님들이 함께 공원이나 놀이터에 가서 재미있게 놀면서 전도하는 것입니다. 한 겨울과 한 여름에는 공원에 나가도 날씨 때문에 전도할 사람을 만나기도 어렵고 전도하는 당사자들도 힘이 들 수밖에 없습니다.

교회 주변에 어린이들이 잘 찾는 공원이나 놀이터를 파악한 다음에 일정 기간 매주일 오후에 나가서 어린이들과 즐겁게 노는 것으로 공원(놀이터) 전도는 시작됩니다. 매주 나가다보면 자연스럽게 얼굴을 익히게 되는 어린이들이 생깁니다. 그러다보면 인사를 나누고 함께 놀게도 됩니다. 어느 정도 놀다가 준비해간 간식을 함께 먹으면서 이야기를 하며 친교를 나눕니다. 주일마다 반복되는 공원(놀이터) 전도이기 때문에 다음 주일에 또 만나자고 약속을 할 수도 있습니다. 그러면서 자연스럽게 교회 행사에 초청을 하고 전도의 문을 여는 것입니다.

이러한 공원(놀이터) 전도는 초등학교 저학년을 대상으로 했을 때 유용합니다. 이 전도의 매력은 교회 근처에 있는 공원이나 놀이터에서 하는 것이기 때문에 거기에서 놀다보면 교회에 출석하는 어린이들의 친구들을 자연스럽게 만날 수 있다는 점입니다. 또 전에는 나왔지만 지금은 나오지 않는 어린이들도 만날 수 있습니다. 그렇게 만난 어린이들을 교회의 다른 프로그램과 연계해서 전도하면 됩니다. 구체적인 방법들은 교회별로 조금만 고민하면 됩니다.

청소년들을 처음 전도할 때도 이 방법은 효과적이었습니다. 처음에 학생들이 아무도 없는 상태에서 무조건 오후 시간에는 학교 운동장으로, 저녁 시간에는 공원으로 나갔습니다. 학생들과 함께 놀고 간식을 나누면서 천천히 관계를 맺었습니다. 그리고 나중에 교회로 인도했습니다.

부흥은 절대로 그냥 오지 않는다!

전도를 하면서 많은 실패와 시행착오를 겪었습니다. 이를 통해서 깨달은 것은 "부흥은 절대로 그냥 오지 않는다"는 것입니다. 과실을 맺기 위해서는 많은 요소들이 필요합니다. 부흥도 그렇습니다. 기도와 눈물이 있어야 합니다. 땀과 노력이 있어야 합니다. 시간의 투자와 헌신이 있어야 합니다. 열정과 도전이 있어야 합니다. 부흥은 이러한 요소들이 있어야만 열매를 맺습니다.

파도가 일렁이듯이 부흥에도 흐름이 있습니다. 큰 파도가 밀려오는가 하면, 작은 파도가 오고, 아니면 잔잔한 물결이 치듯이 부흥에도 흐름이 있습니다. 교역자는 이러한 흐름을 보고 읽을 수 있어야 합니다. 이렇게 하기 위해서 교역자는 항상 준비되어 있어야 합니다. 기도와 말씀으로 무장하고 열정과 헌신, 땀과 노력으로 움직여야 합니다.

New SS 혁신 토의

1. 관계전도에 대해서 느낀 점을 말해보라.
2. 당신이 발견한 가장 효과적인 전도 방법을 나누어 보라.

제8장

방법론을 터득하라

우리는 전통적으로 방법론을 경시해왔습니다. 생명, 진리, 이런 단어들에 비해 방법은 경박하고 본질에서 비껴난 무엇인 양 멸시했습니다. 하지만 교육은 일련의 구체적인 노력들 없이 저절로 이루어지는 것이 아닙니다. 여기 탁월한 교육가 예수님께서 삶 속에서 직접 보여주신 교육 방법론을 중심으로 우리 아이들에게 하나님의 말씀을 효과적으로 전하는 방안들에 대해 생각해봅니다.

이번 장에서는 현장에서 적용할 수 있는 교육 방법론을 소개합니다. 초판에서는 '6장 축제로서의 예배'에 이어서 바로 방법론에 대해서 이야기를 했습니다. 그러나 이번 책에서는 방법론을 논하기 이전에 어떻게 해서 아이들을 모을까 하는 것이 많은 교회에서 더 시급한 문제이기 때문에 7장에서 '아이들 모으기'를 먼저 소개했습니다. 이제 아이들을 모았으면 예배와 분반공부를 통해 하나님의 말씀을 가르쳐야 할 필요가 있습니다.

짧은 시간 안에 드리는 주일학교 예배에서 하나님의 말씀을 전하고, 분반공부를 통해 하나님의 말씀을 나누는 일은 참으로 중요합니다. 예배에는 여러 요소가 있지만 그 중 하나님의 말씀을 듣고 배우는 시간이 성공적

> **New SS교육지표**   교육 방법론 갱신을 위한 세 가지 제안
>
>  **제안 1**
> 성령님의 역사와 인간의 조력을 조화하라.
>
>  **제안 2**
> 교육자들의 마음에 열정을 불어넣으라.
>
>  **제안 3**
> 배우는 자의 상황과 심정을 이해하라.

이지 못하면 참담한 실패를 맛보게 됩니다. 6장에서는 예배 중 찬양과 그 외의 시간 활용법에 대해 언급했는데, 여기서는 특별히 하나님의 말씀을 어떻게 하면 잘 전할 수 있을지에 대해 살펴보려고 합니다. 특별히 예배에서 가장 중요한 부분을 차지하는 설교와 분반공부를 통해 하나님의 말씀을 잘 가르칠 수 있는 전략을 세워가고자 합니다. 이에 대해 이야기할 때는 먼저 교육 방법론을 언급하지 않을 수 없습니다. 교육 방법론과 연관된 중요한 사실 몇 가지를 우선 살펴보겠습니다.

성령님의 역사와 인간의 조력

잘 가르치기 위해서는 성령의 도우심을 의탁하여 그와 함께 동역해야 한다는 사실은 가장 기본적인 원칙입니다. 이것은 그 어떤 교육적 시도보다 우선됩니다. 기독교교육의 독특성을 든다면, 모든 교육 과정에 성령님께서 능동적으로 관여하신다는 것입니다. 성경은 성령을 가리켜 '가르치

는 영, 권위하는 영'이라고 표현하면서 그의 가르치는 역할을 언급하고 있습니다요일 2:27. 교회교육 사역자로서 잘 가르치기 위해서는, 먼저 어떤 교육 환경에 있든지 늘 성령의 조명과 인도하심에 민감하며, 아울러 늘 그분에게 의탁하고 그분의 도우심을 구해야 합니다. 아무리 탁월한 은사를 가진 사역자라 할지라도 겸손히 성령님께 의지함으로써 성령의 역사를 통해 사람들이 하나님의 말씀을 깨닫고 결단하여 변화된 삶을 살도록 기도해야 한다는 것입니다.

성령을 의지함과 동시에 교회교육 전담자는 하나님께서 성경 안에서 보여주신 다른 교육 방법과 일반 자연계시 속에서 발견된 교육 방법도 적극적으로 연구하여 효과적으로 사용할 수 있어야 합니다. 사실 성경은 다양한 교육적 접근 방법에 대한 아이디어를 제공해줍니다. 특별히 예수님의 발자취를 보면 그분이 제자들을 만날때부터 시작하여 다양한 사람들과 접촉할 때마다 얼마나 많은 접근 방법들을 사용하셨는지 알 수 있습니다.

반면, 우리들은 가르치는 일에서 균형 있게 접근하지 못하는 경우가 많습니다. 성령의 도우심을 의지한다면서 '하나님께서 다 하실 거야. 하나님께서 깨닫게도 하시고 삶에 적용하게도 하시고, 결단하여 살도록 도전도 하시지'라고 생각하면서 더 이상의 노력을 기울이지 않습니다. 모든 교육 과정에서 하나님께서 일하시도록 의탁하는 데는 익숙하지만, 하나님께서 주신 성령의 조명을 따라 학습자가 어떻게 하면 좀더 잘 배울 수 있고 어떻게 하면 그들에게 좀더 효과적으로 접근할 수 있을지에 대해서는 별로 의식이 없습니다.

더군다나 이를 위해 연구하는 일에는 전혀 열심을 내지 않습니다. 더 심각한 것은, 지금까지 익숙해온 교육적 접근 – 가르치는 자가 가르치고자 하는 모든 것을 준비하고 학생들에게 전달하는 것, 교사는 늘 정보를 전달해주고 학생은 늘 듣고 정보를 받는 자리에 서는 것 – 이 성경에서 말하는 유일한 교육 방법이라고 믿고는 이것만 꼭 붙잡는 교육지도자들의 태도입니다. 이러한 접근 방법이 정말로 성경적인지에 대한 평가도 없이 맹목적으로 그런 방법만 사용하는 것은 문제가 아닐 수 없습니다.

사실, 지금 우리에게 익숙해 있는 교육적 접근 방법의 대부분이 헬라 문화에서 왔습니다. 그 대표적인 예가 교탁입니다. 교탁을 중심으로 교사와 학생이 나뉘어 있는 모습은 우리가 자라면서 학교에서 익힌 교육 모델입니다. 우리는 이 모델을 아무런 비판 없이, 단지 익숙한 방법이기 때문에 늘 그대로 사용하고 있습니다. 그러나 이제는 이런 방식 외에 또 다른 접근 방법은 없는지 생각해봐야 합니다.

가르치고 깨닫게 하며 사람을 변화시키는 것은 하나님께서 성령을 통해 일하실 때 가능하다는 말은 물론 옳은 지적입니다. 그러나 잊지 말아야 할 중요한 사실은, 하나님께서 사람을 변화시킬 때는 성령을 통해 사람들이 연구하고 발견한 좋은 교육적 접근 방법들도 함께 사용하신다는 것입니다. 따라서 우리는 좀더 잘 가르치기 위한 접근 방법들을 연구해야 합니다.

방법론에 대한 연구를 무시하는 경향은 참으로 위험한 생각입니다. 이는 곧 하나님께서 우리에게 주신 일반계시를 무시하는 결과가 되기 때문입니다. 사실 교육 방법과 관련된 많은 것들이 일반계시를 통해 발견되고 있습니다(이에 대해서는 4장을 참조하십시오). 일반계시를 통해 우리는 사람을 이해할 수 있고, 동시에 자연을 통해 우리에게 주신 하나님의 진리를 찾을 수 있습니다. 성경의 조명 아래 일반계시를 잘 연구함으로써 하나님께서 보여주신 진리를 발견하고 이를 가르치는 현장에 잘 이용하는 것이 중요합니다. 이런 면에서 교육지도자는 성경을 신학적 기초로 하고, 동시에 교육학적 사회학적인 입장에서도 진리를 통합해서 볼 수 있는 안목을 가질 필요가 있습니다.

교육자의 덕목 1호, 열정

마가복음 6장 34절을 보면 이런 말씀이 나옵니다.

"예수께서 나오사 큰 무리를 보시고 그 목자 없는 양 같음으로 인하여 불쌍히 여기사 이에 여러 가지로 가르치시더라."

이 말씀 바로 뒤에는 오병이어의 기적에 대한 이야기가 나옵니다. 사람들은 일반적으로 예수님께서 보리떡 다섯 개와 물고기 두 마리로 5,000명을 먹이시고도 음식이 남았다는 사건 자체만 중요시하고, 왜 이 사건이 일어나게 되었는지에 대해서는 관심을 두지 않습니다. 정작 우리가 눈여겨봐야 할 점은 예수님께서 이 사건을 일으키시게 된 배경입니다. 왜 예수님은 이 사건을 일으키셨습니까? 그것은 곧 사람들을 향한 열정 때문이었습니다. 예수님께서 사람들을 보시면서 제일 먼저 가졌던 심정은 그들을 불쌍히 여기는 마음이었습니다. 열정passion이 있었다는 것입니다. 예수님의 열정은 그분의 가르치는 사역에서 표현됩니다. 사람을 향한 예수님의 열정은 그들을 잘 돕고자 하는 마음에서 비롯되어 다양한 방법들을 구사하면서 다양하게 가르치시는 모습으로 나타납니다.

이처럼 가르치는 자가 갖추어야 할 무엇보다 중요한 자질 중의 하나가 열정입니다. 특별히 하나님의 사역자들이 맡은 사역을 잘 감당하기 위해서는 열정이 있어야 합니다. 그런 열정이 있어야 좀더 넓은 범위로 사역의 질과 양을 확대시킬 수 있기 때문입니다. 이런 열정을 가늠할 수 있는 척도는 여러 가지입니다. 배우는 자에 대한 사랑, 자신이 가르치고 나누고자 하는 내용에 대한 뜨거운 확신, 가르치고 난 후 배운 이들에게 나타날 열매들에 대한 기대 등은 가르치는 자의 열정을 표현할 수 있는 중요한 영역입니다.

주일학교에서 학생들을 가르치는 교사에게는 이러한 열정이 있어야 합니다. 학생들은 가르치는 자의 열정에 따라 각기 다르게 반응하기 때문입니다. 그러므로 가르치는 자는 계속해서 열정을 달라고 하나님께 기도해야 하며, 아울러 영혼을 향한 열정이 식지 않도록 영적 긴장감을 놓치지 말아야 합니다.

가르치는 데 있어서 소극적이거나 자유방임형의 접근 방법은 효과적인 교육을 위해서는 바람직하지 못합니다. 그러므로 가르칠 때는 항상 자신의 열정이 목소리와 자세, 태도 등에 나타나도록 힘써야 합니다. 그렇다고 너무 적극적인 나머지 독재형으로 치달으라는 이야기는 아닙니다. 열정을 표현하는 것과 모든 주도권을 혼자 쥐는 것은 차원이 다릅니다. 때에 따라 주도권을 학생들에게 내어줄 수도 있어야 하기 때문입니다. 그러나 그런 가운데서도 가르치는 자의 열정은 다양하고 적극적으로 표현되어야 합니다. 아울러 가르치는 자는 가르치는 내용을 분명히 확신함으로 열정을 드러내야 하며, 학생들에 대한 기대감을 표현함으로써 그들을 향한 하나님의 열심과 지도자로서의 열심을 나타내야 합니다.

학습자를 중심에 놓으라

기독교교육은 텍스트(성경)와 콘텍스트(상황)를 연결하는 학문이라고 했습니다. 2장에서 언급했듯이, 콘텍스트에 대한 이해는 교육에서 매우 중요합니다. 그리고 콘텍스트 연구에서 가장 중요한 실체는 바로 사람입니다. '사람은 도대체 어떻게 배우는가?'에 대한 기본적인 연구 없이는 콘텍스트 연구가 제대로 이루어지지 않습니다. 사람에 대한 연구 결과들을 이용해야만 사역자들의 설교도 효과적으로 전해지고, 교회에서의 가르침도 훨씬 더 정확한 목표에 접근할 수 있습니다. 기독교교육자가 사람에 대한 연구를 계속해야 하는 것은 이 때문입니다. 사람에 대한 이러한 이해는 신학적인 접근과 함께 사회학적으로나 심리학적으로도 이루어져야 합니다.

그런데 그동안 효과적인 가르침에 대해 말할 때 많은 사람들은 가르치는 방법에만 관심을 두고 주로 교수법에 대해서만 이야기해왔습니다. 사실 예전에는 많은 교육학자들도 이런 입장에서 예외가 아니었습니다. 그러나 최근에 와서는 효과적인 가르침에 대해 논할 때 가르치는 방법론 자체를 놓고는 그리 많이 언급하지 않습니다. 과거에는 대부분의 이론들이 "어떻게 하면 잘 가르칠 수 있나?"에 대한 답을 소개하는 데 치중해 있어서 소위 교수법에 관한 책들이 많았습니다. 「교수법」「66교수 스타일」「교육방법론」 등의 책들을 보면 교수법에 대한 소개가 주를 이룹니다. 그런데 요즘엔 교수이론과 연관해서 학습이론에 대한 언급도 많아졌습니다. 계속 교육을 하면서 선생님이 가르치는 방법이 무엇이냐 하는 문제보다도 배우는 사람이 어떻게 배우느냐를 연구하는 것이 더 중요하다는 사실을 발견하게 된 것입니다. 그래서 최근에는 가르침teaching이라는 말보다는 배움learning, 즉 학습자에 관한 연구가 많아지고 있습니다.

저는 박사학위 논문으로 사람들의 '인지 스타일' Cognitive Style에 대한 연구 논문을 썼습니다. 이것은 학습 스타일Learning Style과도 연관된 개념인데, 이론상으로 학습이론Learning Theory에 포함된 내용입니다. 그 내용의 핵심은 사람마다 자기 나름대로 자기에게 주어진 정보를 소화하는 스타일이 있다는 것입니다. 주어진 정보나 지식을 처리하고 배우는 데 자기에게 편하다고 느끼며 이용하는 스타일이 각자 있다는 뜻입니다. 이론적으로 이러한 인지 스타일은 하루아침에 형성되는 것은 아닙니다. "그 사람이 어떻게 자랐느냐? 핵가족 속에서 자랐느냐, 아니면 대가족 속에서 자랐느냐? 시골에서 자랐느냐, 도시에서 자랐느냐? 부모로부터 많은 꾸중을 들으면서 엄한 훈련을 받으며 자랐느냐, 자유로운 환경과 분위기에서 자랐느냐? 또한 그 사람이 사용하는 언어가 무엇이냐?"에 따라서 개인의 인지 스타일, 배우는 스타일은 다르게 나타납니다.

제 연구 결과로는 동양에서 자란 사람과 서양에서 자란 사람들의 인지 스타일에도 약간의 차이가 있습니다. 대부분의 동양 사람들은 전체적인 wholistic 생각을 많이 합니다. 그러나 서양 사람들은 분석적인 analytic 생각을 많이 합니다. 동양 사람들은 주어진 정보에 의존하면서 그 정보를 있는 그대로 수용하는 입장에서 받아들이지만, 서양 사람들은 주어진 정보를 자기 나름대로 재구성하거나 재해석해서 받아들인다는 뜻입니다.

그래서 어떤 학습 이론가들은 교육현장에서 학생들마다 주어진 정보를 소화하는 스타일이 다르기 때문에, 가르치는 자가 배우는 자의 스타일에 맞추어 가르칠 때 훨씬 더 효과적인 교육을 할 수 있다고 제안합니다. 사람마다 각자 잘 배우는 스타일이 있는데 그 스타일에 맞춰 가르치면 교육 효과가 훨씬 높다는 것입니다.

사실, 우리나라 사람들은 아무 자료 없이 강의를 듣는 것보다는 주어진 자료에 따라서 강의 듣는 것을 더 편하게 느끼는 경향이 있습니다. 또 일반적으로 그룹 활동을 선호합니다. 강의를 듣다가 중간쯤에 그룹 활동 하는 것을 매우 좋아합니다. 이것은 그룹 속에 자신을 숨기기 좋아하는 경향 때문으로 보입니다. 그러므로 우리나라 사람을 가르칠 때는 그룹을 활용하면 훨씬 더 효과적인 교육을 할 수 있습니다. 반면, 서양 사람들은 개인적인 견해 드러내기를 더 좋아하다보니 개인적으로 무언가 연구해서 발표하기를 즐겨합니다. 따라서 그들에게는 개인적으로 연구해서 발표하는 방법을 사용하는 것이 가장 효율적입니다.

우리는 이제 가르치는 사역에서 이렇게 배우는 사람들의 성향을 고려해 각기 다른 접근법을 쓰는 것에 대해 생각할 필요가 있습니다. 특별히 각 개인마다 차이가 있다는 사실을 유념하면서 학습자들이 편하게 느끼는 방법을 찾아 접근하는 것을 우선적으로 시도해볼 만합니다. 이것이 오늘날의 학습이론입니다. 저는 이러한 이론을 긍정적으로 봅니다. 물론 가르치는 입장에서 배우는 자에게 편한 스타일만을 찾아가는 것이 최선의 길은 아닙니다. 때에 따라서는 학습자의 스타일이 한쪽으로 치우지지 않고 좀더 폭넓은 스타일을 가질 수 있도록 전혀 다르게 접근하여 스타일의 변화를 도모하는 것도 필요합니다. 그러나 일단은 배우는 자의 스타일에 맞추는 것이 필요하고 어느 정도 시간이 지나면 전혀 다른 스타일도 경험하도록 해야 합니다.

과거에는 가르치는 사람이 모든 내용을 준비해 와서 가르치는 사람의 입장에서만 가르치고 교육을 끝냈습니다. 그러나 오늘날의 흐름은 가르치는 사람보다 배우기 위해서 앉아 있는 사람의 상태가 어떠한가를 먼저 연구하고 살펴본 다음에 가르치는 방법을 택하라고 권유합니다. 이것은 새로운 관점에서 교육을 보는 시각인데, 무척 성경적이라고 생각합니다. 오늘날 우리는 교회교육에서 여러 가지로 가르치는 방법들을 선택할 수 있지만, 그에 앞서 학생들이 어떻게 하면 잘 배울 수 있는가를 먼저 배려해야 합니다.

예수님께 배우자

그렇다면 예수님은 도대체 어떤 교육 방법론을 사용하셨을까요? 예수님은 다양한 교육 방법론을 사용하셨습니다.

예수님의 교육 방법론 1: 발달 단계별로 민감하게 가르치라

먼저, 예수님은 사람의 발달 단계를 민감하게 고려한 가르침을 시도하셨습니다. 사람들에게는 나름대로 발달 단계가 있습니다. 장 피아제의 인지 발달 단계나 콜벅Lawrence Kohlberg의 도덕 발달 단계, 파울러James Fowler의 신앙 발달 단계에 대한 이론은 이미 교육계에 널리 알려진 이론입니다. 그런데 이 모든 발달 단계 이론에서 가장 기본적인 개념은 "사람은 발달한다"는 것입니다. 사람은 태어난 뒤 어른이 되어가면서 지적으로, 도덕적으로, 인격적으로, 또 신앙적으로 발달하는 단계를 거친다고 봅니다.

예수님은 이미 사람들에게 이런 발달 과정이 있음을 아셨습니다. 신앙 성숙의 여정에서도 이런 발달의 과정을 거쳐 간다는 사실을 아셨습니다. 그래서 예수님도 발달 단계에 따라 민감하게 사람들을 가르치셨습니다. 제자들과 함께 지내면서 그들을 가르칠 때, 바리새인들의 비판이나 공격이 있으면 제자들을 적극 보호하는 입장에서 그들을 지도해 주셨습니다. 금식에 대한 것이라든지 안식일에 먹는 문제, 손을 씻지 않고 음식을 먹는 일 등 모든 부분에서 다른 사람들의 공격이 있을 때마다 예수님은 즉시 막아주셨습니다. 뿐만 아니라 왜 그렇게 보호해주셨는지 설명하며 옹호해주기도 하셨습니다. 그러나 제자들을 훈련하는 막바지 단계에서는

New SS교육지표 — 예수님의 교육 방법론

- 교육 방법론 1
  발달 단계별로 민감하게 가르치라.

- 교육 방법론 2
  대화를 통해 가르치라.

- 교육 방법론 3
  학습자가 스스로 발견하도록 하라.

- 교육 방법론 4
  실천적 연습을 통해 가르치라.

- 교육 방법론 5
  팀워크로 가르치라.

제자들을 세상 속으로 내보내면서 따라가시거나 하지 않고 각자 자신의 역할을 감당하게 하셨습니다. 제자들의 신앙 성숙도에 따라 교육 방법을 달리하신 것입니다.

기독교교육학을 공부하면서 제가 누린 특권이 있었다면 바로 이런 발달 단계에 따라 지도를 받을 수 있었다는 것입니다. 유학할 당시, 그곳 선생님들은 학생들을 가르칠 때, 학생들의 수준에 맞추어서 가르쳐주셨습니다. 그때 가장 영향을 많이 주신 분은 워렌 벤슨Warren Benson 교수님과 논문 지도 교수였던 테드 워드Ted Ward 교수님이었습니다. 당시 유학 온 많은 학생들은 각기 수준차가 많이 나서 어떤 사람은 앞서가기도 하고 어떤 사람은 뒤처졌으며, 어떤 사람은 그 분야에서 아주 탁월한 경험과 전문지식이 있는가 하면 어떤 사람은 경험이 매우 짧기도 했습니다. 그런데 이런 부분에 대해서 그분들이 얼마나 세심한 배려를 하셨는지 모릅니다.

일반적으로 선생님들은 학생들을 비교하는 데 익숙합니다. 그러고는 못 따라오는 학생들을 무시하는 경향이 있습니다. 그런데 저를 지도한 교수님들은 절대로 저를 다른 사람과 비교하지 않았습니다. "자네 수준이 어디에 있나? 자네 수준에서 조금이라도 발전한다면 나는 내가 지도하는 학생에 대해서 성공한 것이라고 생각하네"라고 하시면서 "지금 수준에서 조금이라도 나아졌다면 자네는 발전한 거네"라는 말씀을 덧붙여주셨습니다. 그러면서 항상 제 수준에 맞춰서 가르쳐주려고 애를 쓰셨습니다. 제게 있는 잠재력과 가능성들을 많이 격려해주신 셈입니다. 그런 격려와 위로 덕분에 유학 초기의 어려움들을 극복할 수 있었습니다. 그런데 나중에 제가 학문적으로 진보하여 어느 정도의 수준에 올라가자 그때부터 그분들은 가차 없이 비판을 하며 가르침의 스타일을 바꾸셨습니다.

학위를 거의 마칠 단계에 들어가면 구두시험을 거치는데, 평상시에는 제 생각을 많이 격려해주시던 분들이 시험을 치르는 자리에서는 제 사상과 이론들에 가차 없이 비판을 가해 왔습니다. 왜 그랬을까요? 그것은 제가 어느 정도 그 비판을 소화하고 점검할 수 있는 능력이 되었기 때문입니다. 그런 교수법이 개인적으로 제게 얼마나 많은 도움이 되었는지 모릅니다. 이처럼 발달 단계를 민감하게 고려해서 가르치는 것은 매우 중요한 사항입니다.

발달 단계에 따른 가르침을 주일학교에 적용해 본다면 다음과 같은 것일 수 있습니다. 주일학교에서 우리가 가르치는 대상은 대부분 어린아이들과 중학생, 고등학생입니다. 그런데 그 중 제일 다루기 힘든 그룹을 택하라면 아마 중학생 그룹이 아닌가 싶습니다. 중학생은 청소년이 되면서 몸집이 커지기 때문에 조금씩 어른 티를 내려고 합니다. 이 때문에 그들을 다루는 데 상당한 어려움이 따릅니다.

그래서 저는 중학생 사역에 성공하는 사람은 어느 사역에서든지 성공할 수 있다고 말합니다. 저는 주일학교 가운데 모든 부서들의 사역들이 발전되기를 바라지만, 특별히 중학생 사역에 관심을 쏟고 있습니다. 중학생 시절은 여러 발달 단계상 복잡 미묘한 위치에 놓여 있는 소위 질풍노도의 시기일 뿐만 아니라, 대학입시에 대한 압박감을 받는 고등학교에 진학하기 전에 신앙의 틀을 잡아주고, 확실한 기독교적 가치관을 심어줄 수 있는 적기이기 때문입니다.

예수님의 교육 방법론 2: 대화를 통해 가르치라

예수님의 교육 방법이 지닌 또 다른 특징은 대화를 통해서 가르치셨다는 것입니다. 마태복음 16장 15-16절에는 예수님께서 질문하시고 거기에 대답하는 베드로가 나옵니다. "너희는 나를 누구라 하느냐 시몬 베드로가 대답하여 이르되 주는 그리스도시요 살아 계신 하나님의 아들이시니이다." 이 외에도 예수님을 따르던 사람들이 너무 힘겨워서 예수님을 떠나 뿔뿔이 흩어질 때 예수님께서 제자들에게 "너희도 가려느냐?"라는 질문을 하시는 장면이 요한복음 6장 67절에 나옵니다.

이런 부분들을 가만히 살펴보면, 예수님은 제자들에게 무척이나 다정다감하게 말씀하셨다는 사실을 찾아볼 수 있습니다. 예수님의 사역 가운데서 대화는 제자들을 가르칠 때 사용한 매우 중요한 교육 방법이었습니다. 마태복음 17장 25절에 보면, 성전에 세금을 내는 문제에 대해서도 예수님께서 베드로의 견해를 물으시는 장면이 나옵니다. 이뿐만이 아닙니다. 요한복음 9장 1절 이하에는 태어나면서부터 소경 된 자를 고치시는 내용이 나오는데, 예수님은 제자들의 질문에 답하는 형식으로 대화를 하셨습니다. 그러면서 소경된 자를 고치셨습니다.

이처럼 대화를 이용한 가르침은 중요합니다. 교육 방법론에서 대화가 차지하는 중요성은 최근에 와서 더욱 강조되고 있습니다. 저 역시 주일학교 교육에서 대화의 방법을 많이 강조합니다. 대화는 분반공부의 효과를 높이는 데 결정적인 역할을 하기 때문입니다.

그러나 대화는 쉬운 과정이 아닙니다. 사람이 일대일로 대화를 한다는 것은 서로를 존중할 때라야 가능합니다. 한 사람이라도 상대편을 무시하거나 상대편보다 자신이 우위에 있다는 생각을 가지고 접근할 때는 대화가 성립되지 않습니다. 그건 단지 지시하거나, 지식이나 정보를 제공해주는 것에 불과할 뿐 솔직하게 서로의 견해를 내놓고 나누는 대화가 아닙니다. 대화란 서로의 인격을 존중하는 바탕 위에 형성된다는 것을 잊지 말아야 합니다. 교회교육에서도 대화가 성립되려면 학생들과 선생님들 사이에 얼마나 충분히 존중하는 관계가 형성되어 있느냐가 관건입니다.

그러므로 가르치는 자는, 서로를 존중하는 바탕이 없으면 건강한 대화가 형성되지 않고 건강한 대화가 없으면 바른 교육적 접근 역시 기대하기 어렵다는 사실을 늘 인식해야 합니다.

예수님의 교육 방법론 3: 학습자가 스스로 발견하도록 하라

예수님의 교육 방법이 지닌 세 번째 특징은 발견 학습Discovery Learning을 강조하는 것입니다. 이것은 학습자가 발견을 통해서 배우도록 하는 방법입니다. 예수님은 어떤 문제에 부딪혔을 때 제자들에게 곧장 정답을 가르쳐주기보다 그들 스스로 창조적인 생각을 갖고 문제를 해결해가도록 하셨습니다. 이것은 당시 교육에 대한 사회적 통념과는 전혀 다른 방법이었습니다.

그 당시 가르치는 자의 지도자급에 있던 바리새인들은 율법을 암기하는 방법으로 교육에 접근했는데, 그런 방법으로는 학습자가 스스로 진리를 발견하기엔 어려움이 있습니다. 반면에 예수님은 말씀하실 때 설화체(구어체)를 많이 사용하셨는데, 이는 그 이야기를 통해서 제자들의 사고 능력이 계발되기를 원하셨기 때문으로 보입니다. 예수님은 가끔 의미가 분명치 않은 말씀을 하실 때도 있었는데 거기에는 분명한 이유가 있었습니다. 그것은 제자들이 스스로 그 이유를 발견하고 찾아서 진리를 배울 수 있도록 하기 위해서였습니다.

예수님의 이런 가르침을 살펴보면, 학생들은 선생님들이 제공해주는 지식을 통해서 배울 때보다 성경을 통해 스스로 발견해가면서 배울 때 더 많은 것을 깨달을 수 있다는 것을 알게 됩니다.

예수님의 교육 방법론 4: 실천적 연습을 통해 가르치라

예수님께서 행하셨던 네 번째 가르침은 실천적인 연습을 통한 가르침입니다. 예수님은 항상 실천적인 연습을 통해서 가르치셨습니다. 구약 성경에 자주 나오는 '안다'라는 의미의 히브리말은 '야다'인데, 이 개념 속에는 생각뿐만 아니라 경험까지도 내포되어 있습니다. 즉 실천적인 교육경험을 통한 앎을 암시하고 있는 것입니다. 예수님은 제자들에게 말씀을 가르치실 때 무엇이든 실제로 해보는 과정을 통해 배울 수 있도록 이론을 실제 현장에 적용하게 하셨습니다. 예수님은 먼저 교훈 Instruction을 주신 후 그 교훈을 바탕으로 제자들이 실제 삶에서 경험한 것들을 나눔의 시간 Debriefing을 통해 나누도록 하셨습니다. 그리고 바로 그 실천적 경험의 결과들을 들으면서 교훈을 강화하셨습니다.

모든 배움은 연습을 통해서 극대화될 수 있습니다. 무엇이든 실제로 해보는 것입니다. 수영을 배우려는 사람은 말만 듣고 수영을 배울 수 없습니다. 저는 바닷가에서 자랐는데도 어른이 되어서야 뒤늦게 수영을 배웠습니다. 어른이 되어 수영을 배우면서 깊이 느낀 사실이 하나 있었습니다. 모든 배움은 말로만 해서 되는 게 아니라는 사실입니다. 친구가 아무리 옆에서 "이렇게 저렇게 하면 되잖아"라고 말해줘도 제 몸은 그가 가르친 대로 움직이지 않았습니다. 수영을 할 수 있는 힘은 결국 제가 물속에서 몸을 이리저리 움직여 봐야 길러지는 것입니다. 실제로 해보지 않는 한 절대 수영을 배울 수 없었을 겁니다. 교육에서 실천적 연습이 얼마나 중요한지 알 수 있습니다.

예수님의 교육 방법론 5: 팀워크로 가르치라

예수님께서 행하셨던 독특한 교육 방법론이 있습니다. 예수님은 제자들을 가르치실 때 개인적으로 가르치기보다 여러 사람들과 함께 팀을 이루어 이곳저곳으로 다니시며 군중들과 관계를 맺으시면서 훈련을 시켰습니다. 영적인 진리는 혼자 배울 때보다 팀으로 배울 때가 훨씬 효과적입니다. 교회 안에서 그 무엇보다 중요한 교육 환경setting이 소그룹인 것은 이런 이유 때문입니다. 소그룹이라는 환경 속에서 아이들을 가르칠 때 훨씬 더 잘 가르칠 수 있습니다.

예수님의 교육 방법론을 살펴보면서 우리는 예수님께서 상황에 따라 각각 차이를 두고 제자들을 다양하게 가르쳤던 모습을 보게 됩니다. 이것들을 참고로 이제 우리도 실제 교육현장 속에서 어떠한 교육 방법론들을 선택해서 가르칠 것인가를 늘 염두에 두어야 합니다.

교실에 끌어와야 할 삶의 상황

여기서 주일학교 교육에서 실제로 사용해야 할 전략 몇 가지를 소개합니다. 전략들을 소개하기에 앞서 강조하고 싶은 것은, 주일예배에 대한 인식입니다. 교회교육 현장에서 주일 오전예배는 예배인 동시에 교육의 장이라는 것입니다. 주일 오전예배는 사람의 입장에서는 하나님께 예배를 드리는 시간이지만, 하나님 편에서는 하나님께서 말씀을 통해 우리에게 교육하는 시간입니다. 그러므로 주일 오전예배를 디자인할 때는 예배적인 측면과 교육적인 측면을 동시에 생각해야 합니다. 예배도 잘 드리고 하나님의 말씀을 잘 교육하는 것이 우리의 의무입니다. 다음의 전략들이 우리의 교육현장들을 더 흥미롭고 활력 있게 만들기를 소원합니다.

교회교육을 위한 교육 방법론 1: 설교와 분반공부의 주제를 단일화하라

주일 오전예배가 좋은 교육의 장으로서 역할을 다하기 위해서는 무엇보다도 가르치는 주제를 단일화하는 것이 중요합니다. 이 부분은 6장 말미에서 잠시 언급했습니다만, 주일 오전예배가 교육적인 측면에서 자리매김을 하기 위해서는 전하는 하나님의 말씀이 학생들에게 영향력 있는 말씀이 되어야 하는 것에 누구나 동의할 것입니다. 그런데 지금 우리 주일 오전예배의 현장은 그런 형편이 못 됩니다. 제가 최근에 조사한 바에 의하면 아직도 87%의 교사들이 주일 오전예배의 교육 효과에 대한 확신이 없습니다.

가르치는 하나님의 말씀이 조금이라도 영향력이 있기 위해서는 말씀을 단순하게 전달할 필요가 있습니다. 우리 학생들은 많은 정보를 소화할 만한 능력이 없습니다. 정보 소화 능력에 있어서는 어른들도 마찬가지입니다. 게다가 요즘 우리 학생들 주변에는 너무 많은 정보들이 넘쳐 납니다. 그 양이 너무 많아 학생들은 중요한 정보와 그렇지 못한 정보를 구분하기 어렵습니다. 그래서 정보를 소홀히 대하는 경향이 생깁니다. 요즘 젊은 세대들에게 깊이가 없다는 이야기도 그런 맥락에서 이해할 수 있습니다. 이런 시대 상황에서 우리 학생들이 교회에서 제공하는 정보라고 해서 집중하면서 듣겠습니까? 그렇지 않습니다.

New SS교육지표 — 교회교육을 위한 교육 방법론

- 교육 방법론 1
  설교와 분반공부의 주제를 단일화하라.

- 교육 방법론 2
  실천적 연습을 통해 가르치라.

- 교육 방법론 3
  지식을 잘 전하기 위해선 감동을 주라.

- 교육 방법론 4
  행동의 변화를 위해선 표현할 기회를 주라.

그럼 어떻게 접근하는 것이 좋겠습니까? 전하는 정보를 가능한 한 단순화하는 것입니다. 그런 면에서 설교 시간과 분반공부 시간에 다루는 성경 내용을 동일하게 해야 합니다. 동일한 주제를 찬양, 기도, 주제 제기, 설교, 분반공부 등과 같은 시간에 반복 내지는 보완해야 합니다. 그러면 모든 프로그램을 마쳤을 때쯤 우리 학생들에게 그날의 주제어 정도는 전달되지 않겠습니까? 최근 '빅 아이디어 설교'라는 것이 소개되고 있습니다. 「빅 아이디어」(데이브 퍼거슨 외 2인, 도서출판디모데)라는 책을 참고하면 그 개념을 알 수 있는데, 이 전략과 동일한 것입니다. 한 가지 주제에 집중하라는 것입니다.

많은 교회들이 이 전략을 따르고 있기 때문에 이 부분에 대해서는 많은 지면을 할애하고 싶지 않습니다. 그런데 최근 저의 조사를 보면 아직도 44%에 해당하는 교회들이 주일 오전예배에서 가르치는 교육의 주제를 단일화하지 못하고 있습니다. 이 단순한 전략은 아무리 강조해도 지나치지 않습니다.

교회교육을 위한 교육 방법론 2: 실천적 연습을 통해 가르치라

이 전략은 삶의 상황들을 교회교육의 현장으로 끌어옴으로써 진리를 삶의 현실에 적용하도록 하는 방법입니다. 이 전략은 교육을 더욱 현실적이며 실감나는 교육으로 만듭니다.

오늘날 기독교교육의 가장 큰 문제는 현실감각을 상실한 것입니다. 그 대표적인 예로 신학교육의 비현실성을 드는 사람도 있습니다. 신학교육이 교회의 현실 상황에 잘 접목되지 못하고 있다는 것입니다. 교회에서 이루어지는 많은 교육들도 현실과 동떨어져 있어 교인들은 교회에서 많은 교훈과 진리를 배우지만 그것을 현실에 적용하는 능력은 상당히 뒤떨어져 있습니다. 이런 면에서 교회에서 가르치는 내용들이 현실과 좀더 밀접하게 연관되어야 합니다.

우리는 '산학협동'이라는 말을 낯설지 않게 듣습니다. 그 의미가 무엇입니까? 산업체와 학교가 이론을 공유해서 좋은 물건을 만들자는 의미가 아닙니까? 이런 말이 나오기까지는 다음과 같은 이유가 있습니다. 그동안 학교에서는 학생들을 교육시켜 산업체 현장으로 보냈는데, 막상 학생들은 학교에서 배운 것들을 현장에 제대로 적용하지 못했습니다. 그래서 기업체마다 학생들을 재훈련시켜야 했는데, 이렇게 이중으로 교육하는 낭비를 막기 위해 산학협동이 생겨났습니다. 기업체에서 필요로 하는 사항들을 학교에서 가르칠 수 있도록 기업체가 여러 모로 지원해주는 것입니다. 이 말은 곧 학교에서 배운 이론과 기업체의 현실이 많이 달랐다는 뜻입니다. 그래서 그 차이의 간격을 좁히자는 뜻으로 산학협동이 생겨난 것입니다.

이와 똑같은 현상이 교회에서도 나타납니다. 성경의 진리는 학교의 이론과 같고 우리의 삶은 기업체의 현장과 같습니다. 성경의 이론을 삶의 현장에 옮겨야 하는 것은 모든 그리스도인의 임무입니다. 이때 문제가 무엇입니까? 성경의 원리는 저만큼 높은데 우리들의 생활은 완전히 밑바닥을 기고 있다는 사실입니다. 그러다보니 어떤 성도들은 목사님의 설교를 들으면서 이런 생각을 합니다. '네, 목사님, 맞습니다. 지당하신 말씀입니다. 맞고말고요. 그런데 목사님도 한번 내려와서 살아보시죠.'

이것은 무슨 말입니까? 목사가 아무리 열심히 설교를 해도 성도들의 삶은 설교 이론과는 너무 동떨어져 있다는 이야기입니다. 우리의 삶과 성경의 가르침의 간격이 너무 멀다는 뜻입니다. 따라서 사역자는 이런 성경의 원리와 삶의 현실 간의 거리를 좁히는 작업을 교회의 교실 안에서 해야만 됩니다.

1) 뜨끈뜨끈한 현장을 잡아내라

주일학교에서도 마찬가지입니다. 성경의 원리를 적용하는 데 있어 아이들의 삶은 그 원리와 너무나 먼 거리에 있습니다. 그러므로 교육자는 가능한 한 그 간격을 좁히기 위해 노력해야 합니다. 이를 위해서는 삶의 현장을 학생들의 교육 현장에 가져오는 작업을 해야 합니다.

가령, 학생들에게 "거짓말하지 말라. 정직하게 살라"고 가르친다고 해봅시다. 그랬을 때 우리가 사용하는 일반적인 접근 방법은 무엇입니까? 강대상에 선 전도사님이나 목사님이 "여러분, 정직하세요. 여러분, 거짓말하지 마세요"라고 직접적으로 설교하는 것이 일반적인 모습입니다.

저는 바로 여기서 우리들의 삶을 끌어오자고 제안하고 싶습니다. 실제로 학생들이 그들의 삶에서 정직을 실천할 수 있는 가장 중요한 현장을 끌어오자는 것입니다. 그곳이 어디입니까? 대표적으로 그들이 시험 칠 때 경험하는 커닝 현장을 들 수 있습니다. 저는 이런 현장을 교실로 끌어오기 위해 드라마를 사용하도록 권면합니다. 드라마로 구현할 수 있으면 드라마를, 그렇지 못할 때 – 가령 술, 담배에 관계된 것들 – 는 비디오를 사용하는 것이 좋습니다. 우리 아이들의 커닝 현장을 드라마로 끌어와 한번 재현해봅시다.

먼저 다섯 명이 앉아서 시험을 치르는 장면을 연출합니다. 시험이 시작된 지 얼마 후, 한 학생이 뒤에서 갑자기 몸을 움직이면서 앞 사람의 시험지를 훔쳐보는 행동을 하기 시작합니다. 이런 연기가 벌어지면 아이들의 반응은 어떻습니까? "와" 하고 웃습니다. 왜 그렇습니까? 그것이 바로 자기들의 모습이기 때문입니다. 그것이 현실입니다. 교육은 거기서부터 시작됩니다. 아이들이 이렇게 확실한 반응을 보일 때 그런 현장이 그들의 삶에 어떻게 작용하는지 나누면서 아이들의 입장을 듣고 성경의 가르침을 그 사건에 연결짓는 것입니다. 단순히 "거짓말하지 말라, 속이지 말라"는 말만 하는 것보다 훨씬 효과적인 교육 효과를 기대할 수 있습니다.

우리가 학생들에게 '우정'에 대해 가르칠 때도 늘 인용하는 본문이 있습니다. 우정 하면 '다윗과 요나단'의 얘기가 안 빠집니다. 학습자는 그 본문을 초등학교 1학년 때부터 고등학교 때까지 내내 배웁니다. 정말이지 다윗과 요나단의 이야기 말고는 우정에 대한 다른 본문을 찾아볼 수 없을 정도입니다. 그러나 학생들이 실제로 우정을 실천해야 될 곳이 어디인가 생각해봅시다. 저는 'K2'라는 영화를 통해 우정을 가르쳐본 일이 있습니다. 이 영화야말로 '우정'이라는 뚜렷한 주제를 가지고 접근한 영화입니다.

K2봉을 정복하고 내려오는 두 친구 이야기가 주를 이루는데, 두 친구 중 한 친구가 K2봉을 내려오다가 그만 부상을 입습니다. 부상당한 친구는 자기를 버리고 가라고 친구에게 말하지만, 친구는 그를 데리고 끝까지 죽을 고비를 넘기며 산을 내려옵니다. 그 과정에서 묻어나는 끈끈한 우정과 사랑이 얼마나 아름답게 전해지는지 모릅니다. 이 영화를 보여주면서 학생들에게 "너라면 저런 상황에서 어떻게 하겠니?"라는 문제 제기를 해주고, 그리스도인의 우정은 어떠해야 할 것인지 성경과 연결하면서 교육할 때 좀더 생생한 교육이 됩니다.

2) 가상 연습으로 가르치라

'아폴로 13호'란 영화가 있습니다. 그 영화는 아폴로 13호가 달 정복을 목적으로 출발했다가 기체가 고장 나서 영원히 우주 미아가 될 뻔했던 사건을 다루고 있습니다. 그 영화에는 다른 사건들이 많이 있지만 우리가 주의 깊게 봐야 할 부분은 우주선이 지구 궤도로 들어오기 위해 마지막으로 준비하는 모습이 아닐까 싶습니다. 우주선이 지구 궤도로 들어오기 위해서는 그 궤도를 뚫고 들어올 만한 전기 힘이 있어야 합니다. 문제는 우주선에 전기가 부족하다는 것입니다. 승무원들이 관제탑에 타진해보고 우주선에 남아 있는 모든 전기를 모아야 한다는 사실을 알아냈습니다. 그러나 전기 모으는 방법을 실제로 실험할 수는 없었습니다. 실험을 하면 전기를 잃기 때문입니다. 그래서 지상 관제소에서는 전기를 모으는 일을 연구하게 됩니다.

이때 결정적인 역할을 한 사람이 있습니다. 아폴로 13호의 탑승자로 결정이 되어 훈련까지 끝냈는데 병으로 인해 우주선을 타지 못한 사람입니다. 그 사람은 전기를 모으는 연구를 하기 위해 한 곳으로 들어갑니다. 소위 시뮬레이션 박스simulation box라는 곳입니다. 비행기 조종사 연습생들 역시 이 시뮬레이션 박스를 이용해 조종 연습을 합니다. 가상현실 속에서 실제와 똑같은 연습을 하는 것입니다. 이 기계의 장점은 실전에서 바로 행동으로 옮길 수 있도록 가상의 현실을 설정해놓고 연습을 할 수 있다는 점입니다.

오늘날 우리 삶의 현실은 어떻습니까? 맘 놓고 연습할 수 있습니까? 그렇지 않습니다. 현실 속에서 직접 실천하는 삶은 실습용이 아닙니다. 일단 행동에 옮긴 것은 상대방에게 어떤 면에서는 치명적인 영향을 줄 수도 있습니다. 한 번의 행동이 상대방의 평생에 아주 중대한 영향을 미칠 수도 있습니다. 따라서 할 수 있는 대로 가상 연습을 많이 해봐야 합니다. 가상 연습을 많이 하면 할수록 배운 것이 삶 속에 스며들었다가 자연스럽게 나오게 됩니다. 배우기만 하면 모든 행동이 저절로 나오는 게 아닙니다. 연습을 많이 해야 합니다. 대표적으로 군인들의 훈련이 그렇지 않습니까?

이런 면에서 우리 학생들의 삶을 교실로 끌어와서 계속 가상 연습을 해보도록 하고, 학생들이 충격과 도전을 받아 배운 것들이 그들의 삶에 자연스럽게 재현되도록 해야 합니다. 이런 경험을 가능한 한 교실로 끌어들여야 하는 이유는 학생들이 그런 경험을 교육 현장에서 충격적으로 접할 때 오래 기억하기 때문입니다. 사람은 하루에도 많은 정보를 듣습니다. 그러나 그 많은 정보를 다 기억할 수 없습니다. 다 잊어버리고 다만 그 시간에 충격적으로 받아들인 정보만 기억합니다. 경험도 마찬가지입니다. 이 땅에 살면서 겪은 많은 경험을 다 기억할 수는 없습니다. 그러나 충격으로 와 닿았던 경험은 기억합니다.

저는 물에 빠진 경험이 많습니다. 수영을 못해서 바닷가에 가서도 물을 먹고 수영장에 가서도 물을 먹었습니다. 그렇게 물에 빠진 경험이 많은데도 잊지 못할 기억이 하나 있습니다. 어렸을 때 엄마와 함께 목욕탕에 가서 목욕탕 물에 빠진 경험입니다. 파랗고 작은 타일들이 바닥과 벽에 다닥다닥 붙어 있는 원형의 욕탕이었는데, 물에 빠진 저를 보고 엄마가 놀라서 뛰어 들어오던 모습이 지금도 머릿속에 선명하게 남아 있습니다. 왜 그렇습니까? 충격적이었기 때문입니다.

삶의 현실을 끌어온 그 자리에서 학생들은 충격적으로 받아들일 만한 경험을 하며 "진짜 정직하게 사는 것이 뭘까? 우정이 뭘까?"라는 질문을 받고 이에 대해 고민할 때, 그들의 뇌리 속에 계속해서 그 문제가 기억되면서 그 가르침에 영향을 받을 수 있습니다.

교회교육을 위한 교육 방법론 3: 지식을 잘 전하기 위해선 감동을 주라

교회교육을 하는 데는 두 가지 목표가 있는데, 하나는 지식을 습득하도록 하는 것이고 다른 하나는 행동의 변화를 도모하는 것입니다. 이 두 가지의 목적 중 어느 하나도 소홀히 할 수 없지만 일차적으로는 지식을 잘 습득하도록 해주어야 합니다. 지식이 있어야 그것이 연결고리가 되어서 행동의 변화를 낳기 때문입니다. 기본적으로 교회교육은 행동의 변화에 목표를 두지만, 일단은 지식이 기억에 오래 남도록 하는 데서 시작되어야 한다는 뜻입니다.

교육에서 기본적으로 가장 중요한 것은 지식입니다. 지식 없이는 아무것도 할 수 없습니다. 이런 면에서 기본적으로 지식을 갖추는 작업은 참으로 필요합니다. 그러기 위해서는 우리가 지금 사용하는 교회교육 방법론에 손댈 필요가 있습니다. 지식을 습득케 하기 위한 내용 전달의 측면에서는 감동의 효과를 노리는 교육 방법론을 권합니다. 감동 중심의 방법론은 주로 내용을 전달하는 데 강조점을 둡니다. 주로 듣는 것, 보는 것, 맛보는 것, 냄새 맡는 것, 만지는 것 등을 포함하는 방법론이라고 말할 수 있습니다. 강의와 매스미디어를 이용하는 것도 여기에 포함됩니다.

강의는 보편적으로 많은 사람들에게 익숙한 교육 방법입니다. 강의는 사람들에게 감동을 주기 때문에 전달되는 지식에 대해서 수용적인 태도를 취하게 하는 장점이 있습니다. 좋은 강의를 들을 때면 사람들은 '그렇지' '아하, 진짜 그렇구나' '저거 맞는 말이야' '앞으로 저럴 가능성이 있지' 하는 등의 동의를 보내며 감동을 받습니다. 그러므로 강의라는 교육 방법을 사용할 때는 그 목표를 '감동'에 두어야 합니다.

사람은 감동을 받으면 우호적인 태도를 갖게 되고 마음의 문을 엽니다. 아울러 강사가 들려주는 모든 내용을 그대로 수용합니다. 그러면 그 내용이 기억에 오래 남습니다. 반면, 감동을 받지 못하면 어떻습니까? 수용이 안 됩니다. 수용이 안 되면 강사가 아무리 좋은 말을 많이 하더라도 그 내용이 듣는 자들에게 스며들지 않습니다. 정보가 입력되지 않고 튕겨나가 배우는 자들이 전혀 지식을 얻을 수 없습니다. 그렇게 되면 배우는 자에게는 그 강의를 듣는 시간이 전혀 무의미한 시간이 되고 맙니다.

설교를 생각해보시기 바랍니다. 교육 방법론상으로 이야기한다면 설교는 사실상 강의형입니다. 따라서 설교를 통한 접근의 중요한 목표도 '감동'이어야 합니다. 이 말은 설교자는 어떻게 해서라도 설교 시간에 성도들에게 감동을 주어야 한다는 뜻입니다. 설교를 다 전했는데도 성도들이 전혀 감동을 얻지 못했다면, 사실상 설교자는 방법론적으로 볼 때 제대로 목적을 달성하지 못했다고 말할 수 있습니다. 그렇다고 감동을 주기 위해 큰 소리로 악을 써야 한다는 뜻은 아닙니다. 잔잔하게 설교를 하면서도 뭉클한 감동을 전할 수 있으면 됩니다. 감동이 없는 설교는 오래 기억되지 않기 때문입니다. 그러므로 모든 목회자들은 언제나 교인들이 '아하, 그렇구나' 하며 감동할 수 있도록 설교를 준비하고 접근해야 합니다.

1) 감동 없는 분반공부, 이대로 좋은가

주일학교 교사들에게도 이 문제는 마찬가지입니다. 그들이 가르치는 내용을 잘 전달하기 위해서는 무엇보다 아이들에게 감동을 줘야 합니다. 주일학교 담당 교역자들도 설교 시간에 말씀을 전할 때에는 감동을 주도록 메시지를 준비하고, 또한 그렇게 전해야 합니다. 그렇지 않으면 사용한 방법론의 고유 목적을 달성하지 못하게 됩니다.

주일학교 선생님들이 분반 성경공부 시간에 성경 말씀을 소개할 때, 처음부터 끝까지 성경 내용만 소개하는 것은 바람직하지 못합니다. 분반공부와 관련해서는 이어서 언급하겠습니다만, 분반공부 안에는 성경의 내용을 소개하는 부분이 있고, 또 어떤 면에서는 학생들에게 강력하게 메시지를 전달해줘야 할 때도 있습니다. 짧은 시간이지만 학생들에게 강력한 메시지를 전해주어야 할 때 가장 중요한 것은 학생들에게 감동이 일어나도록 해야 한다는 점입니다.

이때는 평상시에 이야기하듯 편하게 말하면 아이들에게 감동을 주지 못합니다. 감동을 받지 못하면 영감도 받지 못합니다. 그러므로 선생님은 감동을 줄 수 있도록 제스처와 억양과 표정 등 할 수 있는 모든 방법을 동원해야 합니다. 아이들이 선생님을 보며 '우리 선생님이 지금 생명을 걸고 말씀하고 있구나. 뭔가 여기에 중요한 내용이 있는가 보다'라고 느낄 수 있도록 해야 하는 것입니다.

선생님들은 주일학교 분반공부 시간에 학생들에게 많은 성경 이야기를 들려줍니다. 그런데 문제는 학생들이 감동받으며 그 이야기를 듣는 경우가 그리 흔치 않다는 데 있습니다. 선생님들은 대부분 성경을 펼쳐 그냥 읽거나 구술해서 설명하는 정도로 그치기 때문에 아이들에게 감동을 주지 못합니다. 그러나 구연을 잘하는 선생님이 성경 이야기를 할 때 아이들의 반응이 어떻습니까? 선생님의 말 한 마디 동작 하나하나에 확 빠져 들어갑니다. 아이들의 눈빛이 빛납니다. 이것은 곧 아이들이 그 이야기에 감동받고 있다는 증표입니다.

감동을 주지 못하는 선생님들이 반을 맡고 있음에도 불구하고 어쩔 수 없이 그대로 분반을 운영해가는 것은 합당치 못하다고 저는 생각합니다. 많은 교사들이 성경의 지식을 잘 소화해서 감동적으로 잘 전할 수 없다면, 그 시간에 차라리 다른 방법으로 감동을 전하는 것이 좋습니다.

예를 들어 감동을 줄 수 있는 선생님을 별도로 세워 성경 이야기 구연을 하도록 하는 것입니다. 학생들의 그룹이 비록 커지더라도 목표가 성경의 지식을 얻게 하는 것이라면, 한 사람이 나서서 효과적으로 구연함으로써 학생들을 감동시키는 것이 지식이나 내용 습득 면에서 훨씬 효과가 큽니다. 이렇게 되면 분반공부 시간에 교사가 하는 역할은 다른 방향으로 조정되어야 할 것입니다. 이에 대해서는 다음에 나오는 표현적인 교육 방법론에서 언급하겠습니다.

2) 지천으로 깔린 교육 기회를 활용하라

감동을 주는 방법론 중에 매스미디어를 이용하는 방법도 있습니다. 사람들은 매스미디어를 통해서 많은 감동을 받기 때문에 미디어를 활용하면 효과가 아주 좋습니다. 저는 과거의 어려운 때, 곧 6·25 전쟁 때나 보릿고개 시대를 배경으로 한 드라마가 나오면 집안 어른들이 그걸 보며 마냥 우시는 모습들을 많이 보았습니다. 왜 그렇습니까? 그 드라마를 보니 자신들의 지난날이 생각나고, 드라마 속의 기쁨이나 슬픔, 애환 등이 가슴 깊이 다가와 눈물을 흘리는 것입니다. 이처럼 우리는 드라마나 비디오를 보면 감동을 많이 받습니다.

이전에 '모래시계'라는 TV드라마가 많은 사람들에게 인기가 높았습니다. 그 드라마에서 제일 감동을 주는 사람 중 한 명이 보디가드로 나온 이정재 씨였습니다. 드라마에서 그는 자기가 섬기고 있던 여인을 위해 죽습니다. 그가 드라마 상에서 죽었을 때 대한민국의 뭇 여성들이 참 많이도 울었다고 합니다. '왜 내게는 저런 멋있는 남자가 없을까? 나를 위해서 과감하게 죽어줄 수 있는 남자는 누구일까?'라고 생각하면서 한 여인을 위해 결연하게 죽어가는 보디가드의 모습에 감동을 받고 울었다고 합니다. 이처럼 감동이 동動해서 눈물까지 흘린 사건들은 그렇게 쉽게 지워지지 않습니다. 그래서 많은 사람들이 아직도 '모래시계' 하면 그 장면을 떠올리는 것입니다.

제가 본 드라마 가운데 아직도 잊히지 않는 감동적인 드라마가 있는데, '형제의 강'이라는 드라마입니다. 그 드라마에는 준수, 준식, 준호, 정자라는 이름의 4남매가 나옵니다. 워낙 감동적으로 보았기 때문에 이 4남매의 이름을 지금도 잊지 않고 있습니다. 특히 4남매 중에 제일 멋있게 나오는 준식이를 잊을 수 없습니다. 옛날 시골에서는 자식들 가운데 장남이 제일 큰 우대를 받았습니다. 그래서 어른들 가운데는 "다른 자식 놈들 다 소용 없다. 장남만 잘 되면 다 먹고 산다"라고 말씀하는 분들도 있었습니다.

이 드라마 속에서도 아버지가 장남을 잘 키우려고 발버둥을 치다보니 다른 자식들은 찬밥신세가 됩니다. 둘째인 준식이는 아예 서자 취급을 받습니다. 늘 아버지로부터 "이 놈의 소똥 대가리야"라는 욕을 들으면서 자라납니다. 그럼에도 불구하고 준식이의 모습을 보면 참 감동적입니다. 아버지가 그렇게 구박을 하는데도, 마지막까지 가정을 살리고 아버지의 체면을 살리고 형제간의 우애를 지키려고 형제들을 계속 챙기는 모습이 참 아름답게 연출됩니다. 그렇게 아름다움이 느껴지면 드라마에서 감동을 받고, 감동을 받으면 아무리 많은 시간이 지나도 잊어버리지 않을 만큼 오래 기억됩니다.

비디오의 장점이 바로 이런 것입니다. 영상으로 일단 깊은 감동을 줄 수 있다는 점입니다. 그렇게 되면 학생들은 전달된 메시지를 오래 기억합니다. 이런 면에서 비디오나 드라마 같은 것들을 교회에서 많이 사용할 필요가 있습니다.

3) 실천의 중요성

그러나 이 비디오를 교육 시간 내내 보는 것은 반대합니다. 대부분 '시청각교육'이라고 하면 비디오를 한 편 틀어주고 마는 것이라고 생각하는데, 이는 잘못된 생각입니다. 시청각교육은 가르치고자 하는 목적을 이루기 위해 이용하는 데서 그쳐야 합니다. 무작정 비디오 한 편을 틀어놓고 그것을 보며 아이들이 무엇인가를 배울 거라고 생각한다면 너무 무책임하고 안일한 태도가 아닐 수 없습니다.

비디오를 활용하는 데는 분명한 목적이 있습니다. 보는 이들에게 감동을 주고, 가르치고자 하는 내용을 오래 기억에 남도록 하는 것입니다. 이런 비디오의 특성을 이용하여 시청각교육을 해야지, 무조건 비디오 한 편을 틀어주는 것으로 교육목적이 달성되리라고 생각한다면 시간만 낭비될 뿐입니다. 필요한 내용만 편집해서 짤막짤막하게 전해주는 식으로 교육한다면, 아이들은 그 내용을 훨씬 오래 기억할 것입니다. 시청각교육의 목적이 내용을 충분히 숙지하도록 하는 데 있기 때문에 이런 방법이 도움이 될 것입니다.

10-15분간의 분반공부 시간에 성경 이야기를 감동적으로 전하지 못할 바에는 차라리 비디오를 준비해서 7-10분 동안 성경 내용을 한 번 보여주는 것이 학생들에게 선명한 이미지를 남겨 훨씬 높은 교육 효과를 기대할 수 있으리라 봅니다. 비디오가 없으면 앞서 설명한 대로 동화구연을 잘하는 선생님을 한 분 세워서 동화를 들려주면 학생들은 훨씬 더 그 내용을 잘 기억하게 됩니다. 이런 방법으로 접근하는 것이 실제로 학생들에게 지식을 전달해주는 데 유익이 됩니다.

지금까지의 이야기를 이렇게 적용해보면 좋을 것 같습니다. 분반공부 시간에서 모든 선생님들이 감동도 없이 똑같이 하는 성경 이야기 시간, 10-15분 정도를 빼는 것입니다. 그 시간에 모든 선생님들을 쉬게 하고, 성경 이야기를 감동 있게 전할 수 있는 선생님, 곧 동화구연을 잘 하는 선생님 한 분을 세우는 것입니다. 아니면 성경 이야기를 잘 담은 비디오들이 시중에 많이 있는데 그런 것을 가져와 우리 학생들이 꼭 알아야 하는 내용을 담은 부분만 편집합니다. 그래서 동화구연이든지, 비디오든지 10분 이내로 감동 있게 전하면 내용을 전달하는 데는 최선일 것입니다.

그러나 교회교육의 궁극적인 문제는 학생들이 감동을 받았다고 해서 행동마저 바뀌는 것은 아니라는 점입니다. 우리도 목사님에게 설교를 듣고 감동을 받을 때는 "그래, 목사님 말씀하신 대로 해야지" 하고 다짐해보지만 실제 삶으로 돌아오면 그대로 살지 못하는 때가 얼마나 많습니까?

감동을 받고 많이 울었는데도 삶에는 변화가 찾아오지 않더라는 것입니다. 사실, 생각보다 많은 그리스도인들이 목사님의 메시지를 듣고 우는 것만큼 변화된 삶을 살지 못하기 때문에 힘들어하고 갈등하고 씨름합니다. 그와 같이 감동을 받는 것과 실제로 그렇게 사는 것 사이에는 큰 간격이 있습니다.

교회교육을 위한 교육 방법론 4: 행동의 변화를 위해선 표현할 기회를 주라

학생들에게 감동을 주는 것으로 모든 교육이 끝난다고 생각한다면 기독교교육이나 일반교육이나 다를 바가 없습니다. 기독교교육은 단순한 지식 전수를 교육목표에 두지 않기 때문입니다. 기독교교육자는 학습자가 지식 습득뿐만 아니라 그것을 기초로 행동의 변화까지 일으킬 수 있도록 도와줘야 합니다.

그러기 위해 사용해야 할 또 다른 방법은 '표현적인 방법' 입니다. 표현적인 방법이란 주로 자기의 생각을 표현해보는 기회를 갖는 것입니다. 이 방법은 학생들이 자신의 생각을 표현하는 과정을 통해 행동의 자극을 받는 데 목표를 둔 것으로 대화라든지 토론, 글쓰기, 촌극, 단막극 같은 형태를 사용합니다.

일례로, 이 책을 읽는 독자들이 지금까지 이 책의 내용을 강의로 들었다고 생각해보십시오. 그리고 들은 내용을 한번 말해보라고 한다면 과연 얼마만큼 잘 정리해서 말할 수 있을까요? 아마 듣고 읽은 것에 비해 말로 전달하기가 훨씬 더 어려울 것입니다. 뭔가 많이 듣긴 들은 것 같은데 실제로 말하려고 하니 어려움을 느낍니다. 그러나 그 순간부터 두뇌회전이 빨라지는 것을 발견할 수 있습니다.

이처럼 질문을 받은 사람들은 무언가 대답하기 위해서 머릿속에서 많은 운동을 해야 합니다. 강의를 듣고 수긍하거나 감동을 받을 때는, 그런 대로 기분은 좋지만 수동적인 입장이기 때문에 막상 말하려고 하면 들은 내용이 정리되어 있지 않음을 발견하게 됩니다. 그래서 말을 해야 하는 상황에서는 머릿속에서 활발한 운동이 일어나 지금까지 들은 내용을 서로 연결시키는 과정이 일어납니다. 그리고 그 관련된 내용들을 일렬 종대로 집합시켜 정보를 정리하게 되는 것입니다.

이 말은 곧 강의를 듣거나 책을 읽을 때 머릿속에 들어간 수많은 정보들은 자신의 말로 표현하기 전까지는 그냥 공중에 붕붕 떠 있는 조각난 지식들에 불과하기 때문에 시간이 지나고 나면 다 잊힌다는 것입니다. 이것이 소위 감동적인 강의가 갖는 큰 한계입니다.

설교가 그렇습니다. 미국의 경우 설교 후 사람들이 집으로 돌아가면서 설교 내용의 20%를 기억한다고 합니다. 우리는 어떨까요? 저의 제자들을 통해 조사한 바로는 5% 미만입니다. 5%의 정보를 가지고 어떻게 삶이 변화되겠습니까? 많은 사람들이 설교를 듣고 '아! 좋았다'라고 느끼지만 교회 문을 나서면서 그 내용을 거의 다 잊어버리고 맙니다. 설교를 자기 것으로 소화하지 못하는 것입니다. 여기에 설교의 한계가 있습니다. 그러므로 설교 하나를 가지고 모든 교육을 다 할 수 있다고 생각하는 것처럼 어리석은 일도 없습니다. 이 말은 설교가 필요 없다는 말이 아닙니다. 설교는 전통적으로 내려온 중요한 말씀 전파의 도구입니다. 설교를 통해서 놀라운 일들이 일어났습니다. 그럴 수 있었던 것은 설교 가운데 성령의 역사가 함께 있었기 때문입니다. 사실 성령의 역사를 빼면 설교는 상당히 제한된 방법입니다.

1) 머리에서 가슴으로

그런데 들은 내용을 자기의 말로 표현해볼 때는 다릅니다. 어떤 정보든지 자신의 말이나 글로 표현할 수 있을 때 비로소 그 정보가 자신의 것이 됩니다.

제가 여러분에게 지금까지 읽은 내용 중 기억나는 것을 하나 말하라고 한다고 합시다. 그러면 처음에는 무슨 말을 해야 할지 생각이 나지 않습니다. 듣거나 읽는 것은 말하는 것과 다른 것입니다. 그러나 시간이 지나면서 말할 것을 정리합니다. 그리고 말합니다. 그런데 말하고 나서 만족하는 사람이 있을까요? 그렇지 않습니다. 말을 해놓고 이런 생각을 합니다. '이렇게 대답했다면 훨씬 더 좋았을 것을…' 이것은 우리가 말을 할수록 머리에 있는 정보들이 정리가 된다는 것입니다. 그리고 말을 계속 하면 머릿속에 있는 정보들이 점점 선명하게 정리가 되면서 가슴까지 내려옵니다. 나중에는 가슴에서 이야기하게 됩니다. 이렇게 가슴까지 내려온 정보가 결국 사람의 생각과 행동을 바꿉니다.

여러분이 이 책을 읽으면서 깨달은 내용 곧 "지식을 전하는 데는 감동을 주는 것이 중요하다"는 말을 처음 했다고 생각합시다. 그리고 사람들을 만날 때마다 이 말을 계속한다고 합시다. 처음에는 단순히 머리에서 말할 것입니다. 그러나 시간이 지나면서 많은 사람에게 말을 할수록 이 말은 점점 머리에서 가슴으로 내려옵니다. 그러다가 결국에는 가슴에서 이야기하게 됩니다. "지식을 잘 전하기 위해서는 감동을 주어야 한다." 후에는 이 말이 여러분의 생각과 행동을 지배하게 됩니다. 그래서 여러분은 '지식을 잘 전하려면?' '감동을 주어야 한다'라고 생각하게 됩니다.

여러분, 아무리 많은 정보를 가졌다 할지라도 말을 하지 않으면 자기 것이 되지 않습니다. 지식이 내면화되지 않기 때문입니다. 말하는 과정을 통해서 내가 알고 있는 지식이 내면화 되는 것입니다. 글을 쓰는 것도 똑같습니다. 그래서 말하는 것과 글쓰는 것이 중요합니다.

저는 미국에 있는 동안, 그곳 어른들이 아이들의 말을 매우 주의하여 듣는다는 사실을 발견할 수 있었습니다. 아무리 어린 아이라도 일단 말을 시작하면 주변에 있는 어른들이 모두 하던 일을 멈추고 그 애를 주목합니다. 우리나라와는 너무 대조적이지 않습니까? 우리는 아이들이 어른들 가운데 있으면 귀찮아하고 시끄럽게 할까봐 몰아내는 형편입니다. "애들은 가라. 애들은 조용히 해라." 주로 이런 식입니다.

그러나 이런 자세는 아이들의 잠재력이나 능력을 죽이는 것과 같습니다. 이런 여건 속에서는 아무리 경쟁력을 강조한다 해도 창의적인 아이디어가 나오기 어렵습니다. 아이들에게 말할 수 있는 기회를 주어야 그 과정을 통해 아이들의 이성과 창의적인 아이디어들이 발달되는 것입니다. 옛날에 "말 잘하는 사람 치고 머리 나쁜 사람 별로 못 봤다"는 말을 들은 적이 있는데, 예외도 있겠지만 대체로 말 잘하는 사람을 보면 머리 회전이 빠른 것을 봅니다. 이런 면에서 아이들을 키울 때는 가능한 한 말할 수 있는 기회를 많이 주어야 합니다.

그런데 보편적으로 사람들은 말을 잘 하지 않는 사람들을 듬직하다고 합니다. 저도 예전에는 말수 없는 사람을 좋아했습니다. 그러나 이제 생각을 바꾸기로 했습니다. 알고 보니 사람들이 말을 안 하는 데는 두 가지 이유가 있었습니다. 먼저는 너무 많이 알아서 이야기 주제에 끼어드는 것이 오히려 창피스럽다고 생각하기 때문입니다. 두 번째 경우는 잘 모르기 때문에 말을 안 하는 것 같습니다. 아니, 몰라서라기보다 정리가 잘 안 돼서 말을 안 하는 것 같습니다.

　말을 못하는 사람은 없습니다. 어느 인류학자가 여러 종족들을 대상으로 조사한 바에 따르면, 모든 사람들은 말하기를 좋아하는 성향이 있다고 합니다. 말할 기회가 주어지지 않아서 못하는 것이지 자리만 만들어주면 누구나 말을 한다는 것입니다.

　교회학교에서도 학생들에게 하나님의 말씀을 전해놓고 그 지식을 전한 상태로만 멈추어버리면 안 됩니다. 전한 지식이 학생들 마음속에 들어가고 그들에게서 그 지식이 표현되어야 합니다. 학생들에게 성경공부 시간이나 설교 시간에 들은 하나님의 말씀에 대해 다시 한 번 말해볼 수 있는 기회를 주라는 것입니다.

　어른 예배에서 설교 후에 바로 그 자리에 앉아 방금 들은 하나님의 말씀을 어떻게 이해하고 느꼈는지 이야기하는 시간을 갖는다면 어떻게 될까요? 사람마다 반응이 다르겠지만 들은 하나님의 말씀을 내면화하는 데 참 중요한 접근이라 여겨집니다. 하나님의 말씀을 듣고 나서 깨달은 것을 바로 이어서 정리한다면 그 내용을 훨씬 더 삶과 긴밀하게 연관 지을 수 있고 덜 잊어버리게 될 것입니다.

　심리학자들의 자료에 따르면, 사람이 어떤 정보를 받으면 두 시간 이내에 가장 많은 양을 잊어버린다고 합니다. 그 이후에는 잊어버리는 양과 속도가 덜해진다고 합니다. 이렇게 보았을 때 두 시간 이내에 복습을 한다면 얻은 지식을 오랫동안 기억할 수 있을 것입니다.

　그러므로 교회 안에서 학생들을 가르칠 때 말할 기회도 함께 주어야 합니다. 최소한 자신의 생각을 기록해볼 수 있는 기회를 제공해야 합니다. 글로 쓰는 것도 말하는 것 못지않게 중요합니다. 글 쓰는 과정을 통해서 생각이 정리되기 때문입니다. 학생들과 함께 수련회를 가든지 할 때 매시간 배운 말씀을 중심으로 촌극을 한번 해보는 것도 좋습니다. 이렇게 자기를 표현하는 기회를 가지면 학생들은 배운 내용을 훨씬 더 밀접하게 자기 삶에 연관 지을 수 있고, 더 나아가 행동의 변화까지 일으킬 수 있을 것입니다. 저는 교회학교 분반공부의 중요성을 이런 점에서 찾고 있습니다.

2) 분반공부를 없애지 못하는 진짜 이유

저는 주일학교 학생들로부터 분반공부에 대한 부정적인 선입견을 듣고 사실 분반공부를 없애버리려고 했습니다. 70-80분밖에 주어지지 않는 주일학교에서 분반공부 하는 시간이 최소한 25-30분은 되는데, 그 상당한 시간이 학생들에게 하나님의 말씀을 전하는 데 썩 만족스러운 과정이 되지 못한다면 분반공부는 실패한 것이나 다름없습니다. 게다가 학생들이 제일 싫어하는 시간이 바로 분반공부 시간이라는 보고는 더욱 충격적이었습니다. 학생들은 이 시간을 제일 지겹게 느끼고 있었습니다. 그러니 아등바등하면서 분반공부를 애써 할 필요가 없었습니다. 그럴 바에야 차라리 교역자들 중심으로 좋은 프로그램을 화려하게 만들어 아이들에게 감동을 준다면, "야! 멋있다"라는 소리는 듣지 않겠습니까? 최소한 교회를 멋있는 곳으로 인식하게 할 수 있지 않겠습니까? 온갖 애를 다 쓰면서 분반공부를 준비하고도, 교회를 지겨운 곳으로 인식시킬 필요가 없는 것입니다.

그럼에도 불구하고 제가 분반공부를 없애지 않은 가장 중요한 이유가 있습니다. 바로 우리 학생들이 하나님의 말씀을 듣고 자기의 생각을 표현해볼 수 있는 기회가 분반공부 시간밖에 없다고 믿었기 때문입니다. 그래서 저는 분반공부 시간의 성격을 바꾸어야 한다고 제안합니다. 지금까지는 교사가 말을 많이 하면서 준비한 내용을 가르치는 데 강조점을 두었다면, 이제부터는 학생들이 말을 많이 하고 교사는 들어주는 시간으로 분반공부의 패러다임을 바꾸라는 뜻입니다. 기독교교육, 특별히 교회교육의 중요한 목표는 학생들의 행동 변화를 도모하는 것이기 때문에 분반공부를 통해서 아이들이 자기 생각을 표출하는 기회를 갖는 것이 상당히 중요하다고 봅니다. 그래야만 분반공부가 학생들의 삶에 어느 정도 영향을 줄 수 있기 때문입니다.

저는 이런 분반공부를 장려합니다. 분반공부의 성격을 완전히 바꾸어야 합니다. 그런데 문제는 교사들이 가르침에 대한 편협한 생각을 고치지 못하는 데 있습니다. 말을 많이 하지 말고 학생들에게 말할 기회를 많이 주라는 충고의 의미를 잘 이해하지 못합니다. 대체로 주일학교 교사들은 자신이 말을 많이 해야 잘 가르치는 것으로 이해하고 있는 것 같습니다. 사실 지금까지 우리가 보아왔고 배워온 가르침의 모델은 말을 많이 하는 모델이었습니다. 학교를 가서도 학생이 말할 수 있는 기회는 거의 없었고, 늘 선생님이 말을 많이 했습니다. 그러다보니 우리의 무의식 속에 자리 잡은 선생님의 모습은 늘 학생들에게 어떤 정보를 제공해주는 사람, 그리고 늘 교단에 서서 계속 말을 하며 가르치는 사람으로 각인되었습니다.

그러나 이런 모델은 성경적이라고 말할 수 없습니다. 선생님이 학생들 앞에 서서 일방적으로 이야기하며 전달하는 교육 스타일은 헬라 문화의 산물입니다. 헬라에서 선생님은 구별된 자였기 때문에 교탁이나 강단도 헬라시대 때 생겨났습니다. 예수님은 잠시 그런 방식을 회당에서 이용하신 것일 뿐이지 사실 그런 형태는 히브리인의 문화가 아니었습니다. 헬라 문화권에서 선생님은 늘 정보를 제공해주는 사람이고 학생은 그 정보를 받는 사람이었습니다. 그러다보니 교육에 필요한 모든 것을 선생님이 다

준비해가지고 왔고, 학생들은 전해주거나 지시해준 것을 듣기만 하면 되었습니다. 이것이 요즘 우리에게 익숙한 일반적인 교육 방식으로 굳어진 것은 헬라의 교육 형태가 서구 문화를 통해서 지금까지 이어져 왔기 때문입니다.

그러나 히브리 문화에서의 교육 방식은 이런 것과는 사뭇 달랐습니다. 히브리 교육은 선생님이 무리 가운데 있는 교육이었습니다. 가르치는 자가 무리와 구별되는 자리에 있지 않고 무리 가운데 들어가서 함께 나누는 교육이었습니다. 하나님께서 히브리 사람들에게 보여주셨던 교육 형태는 바로 이런 것이었습니다.

3) 교육의 주체는 교사가 아닌 학습자다

요즈음의 교육 방법론은 '학생들이 어떻게 하면 잘 배울까'에서 시작합니다. 옛날에는 '어떻게 하면 내가 잘 가르칠까?'를 생각했는데, 최근에는 교육 주체가 달라져서 어떻게 하면 학생들이 잘 배울 수 있을까를 생각합니다. 그래서 옛날에는 '교수법'이라는 말을 많이 썼는데, 요즘은 '학습법'이라는 말을 많이 씁니다. 아이들이 어떻게 배우는지 교사가 빨리 터득하고 거기에 맞춰서 가르치는 것이 훨씬 더 효과적이라는 것입니다. 그러다보니 교사가 말을 많이 하는 것보다 학생들이 가지고 있는 것들을 끄집어내는 것이 중요하다고 보게 되었습니다.

어떤 교사가 준비해온 내용대로 일사천리의 명 강의를 했다고 한번 가정해봅시다. 그렇게 가르쳐주어도 학생들이 귀를 막거나 다른 생각을 하면서 들으면 그 강의는 아무런 소용이 없습니다. 그러나 선생님이 가만히 서서 학생들이 알고 있는 내용을, 아무리 작은 것이라도 드러내게 해주면 그것 자체가 교육이 됩니다. 사실 누구든 아무리 자신이 알고 있는 것이라 해도 말로 표현한다는 게 결코 쉬운 일은 아닙니다. 이렇게 볼 때 우리 학생들이 알고 있는 지식을 직접 말이나 글로 표현하도록 분반공부를 운영하는 것은 매우 중요한 일입니다.

이렇게 해보면 어떻겠습니까? 학생들이 배워야 할 성경 지식을 비디오나 드라마 또는 구연이나 설교를 통해 보여주거나 알려준 다음 교사가 분반공부 시간에 학생들과 둘러앉아 이런 대화를 나누는 것입니다.

"오늘, 뭐 배웠니? 네가 아는 것 한번 이야기해볼래?" 이렇게 해도 되고, 아니면 "성경 본문에 무슨 내용이 있었니? 거기에 나오는 사람들이 누구니?" 하면서 육하원칙에 따라서 단답형으로 대답하도록 유도하면 됩니다. 누가, 언제, 어디서, 무엇을, 어떻게 했는지를 주로 물어봅니다. '왜' why는 상당히 어려운 질문이므로 우선 빼고, 학생들이 어느 정도 대화에 익숙해질 때까지 기다리는 것도 좋습니다.

이런 대화를 나눌 때 학생들은 대부분 대답을 잘 합니다. "예수님이 어디에 있었니? 제자들이 몇 명 있었니? 사건이 언제 일어났어?"라고 몇 마디 질문하고, 이에 아이들이 어느 정도 단답형으로 대답하고 나면 그 많던 성경 이야기도 순식간에 정리될 수 있습니다. 이렇게 대화를 시작해서 이끌다보면 학생들은 그들이 보고 발견한 것들을 말했다는 사실 자체에 기뻐할 뿐 아니라, 말하는 과정을 통해 그 내용이 머릿속에 박히고 마음속에 남는 유익을 얻을 수 있습니다.

이에 비해 학생들이 안 듣고 있음에도 불구하고 악착같이 지식을 그들의 머릿속에 집어넣으려고 하는 우리의 우둔함이란 얼마나 답답한 것입니까? 이런 것을 소위 '은행적금식 교육' Banking Education이라고 합니다. 은행에 돈을 집어넣듯이 악착같이 집어넣는 식의 교육 형태를 말합니다. 그러나 이러한 접근은 학생들에게 참으로 좋지 않습니다.

이제 우리의 생각을 바꿔야 합니다. 예수님은 참으로 대화를 많이 나누셨습니다. 그분은 제자들과 사람들에게 자꾸 물어보시면서 그들 스스로 대답하도록 유도하셨습니다. "사람들이 나를 누구라고 하느냐?"라고 물으며 계속 대화를 이끌어 가신 분이 예수님입니다.

그런데 이렇게 말을 해도 우리 교사들은 악착같이 혼자 말씀을 다 전하려 합니다. 우리 학생들이 분반공부를 싫어하는 이유 중의 하나는 교사가 혼자서 말을 많이 하기 때문이라고 누구이 말해도 아랑곳하지 않습니다. 아마 습관이 되어 버릇을 고치기가 쉽지 않은가 봅니다.

4) 단답형으로 시작하라

그런데 교사들이 아무리 대화 위주로 교육을 하려고 해도 학생들이 말을 잘 안 하기 때문에 교육 방법이 달라지기 어렵다는 데도 문제가 있습니다. 제가 관찰한 바로는 우리 학생들이 초등학교 3학년까지는 대체로 말을 잘 합니다. 오히려 그때까지는 너무 말을 많이 해서 말시키기가 겁날 정도입니다. 그런데 초등학교 3학년이 지나면서부터는 차츰 말을 안 하기 시작합니다. 점점 뒤로 앉기 시작하고, 중학교, 고등학교로 올라갈수록 "날 잡아 잡수쇼. 나를 가만 놔두는 것이 나를 도와주는 겁니다"라는 태도로 그냥 버티고 앉아 있습니다. "제발 말 좀 해라. 야, 이게 뭐니?"라고 다그쳐보지만 아무 반응도 없습니다. 그래서 결국은 교사들만 기다리다 지쳐버립니다. 그러고는 "그래, 네가 말을 안 해? 좋다. 그럼 내가 다 할게" 하면서 혼자서 말해버리는 것입니다. 이처럼 대화 위주의 수업이 안 되는 데는 학생들에게도 원인이 있습니다.

그런데 가만히 살펴보면 학생들에게도 말을 하고 싶은 마음이 있습니다. 그러므로 교사는 질문을 던진 후 얼마간 침묵이 흘러도 기다려줄 필요가 있습니다. 그 침묵을 참지 못해 교사가 성급하게 말해버리는 경우를 조심해야 합니다.

청소년과의 대화에는 '18초의 원칙'이 있다고 합니다. 대화를 할 때는 18초를 기다려야 한다는 원칙입니다. 이 법칙에 따르면 학생들이 직접 입술을 떼기까지 최소한 18초 동안은 기다리라는 것입니다. 18초는 결코 짧은 시간이 아니기 때문에 기다림과 인내가 필요합니다. 그런데 어떤 선생님은 질문을 해놓고 학생이 대답을 안 하면 바로 다른 학생한테 질문을 돌리는 나쁜 버릇이 있습니다. 이런 태도 때문에 아이들이 말을 더 안 하게 됩니다.

질문에 대답이 없으면 18초는 상당히 긴 시간이어서 잘못하면 리듬이 끊어질 수 있기 때문에 약 10초 정도를 기다리면 좋을 것 같습니다. 그런 후에도 대답이 없으면 질문을 바꾸어야 됩니다. '내가 혹시 어려운 질문을 하지 않았나?' 돌이켜보면서 어떻게든 쉬운 질문을 던져야 합니다. 그래도 대답이 없으면 성경 지식이 있는 부분을 가리키면서 "성경이 이렇게 이야기하지 않니?"라고 물으면서 예, 아니요 대답만이라도 할 수 있도록 유도해야 합니다. 그래야만 학생들이 다음에라도 또 말을 할 수 있습니다. 대답을 하지 않는다고 기다림 없이 바로 다른 학생에게 질문을 돌리면 대답하지 못한 학생이 큰 상처를 받을 수 있습니다.

대체로 학생들은 질문을 받으면 처음에는 대답하기를 주저합니다. 그것은 어른도 마찬가지입니다. 그러므로 가르치는 자는 오래 참아야 하며 학생들이 두루 함께 분반공부에 참여하도록 이끄는 자세가 필요합니다. 이것은 하루아침에 이루어지지 않습니다. 교사나 학생 모두에게 훈련이 필요합니다. 조금만 훈련되면 우리 학생들도 말하기를 좋아해서 자기가 경험한 비밀스런 이야기들까지도 나누게 됩니다. 그럴 때 교회 안에 끈끈한 관계가 형성됩니다.

교사들이 말을 많이 하는 또 다른 이유가 있습니다. 질문만 하면서 가르치니까 가르치는 것 같지 않다는 것입니다. 다시 말해, 질문만 하니까 스트레스가 안 풀린다는 이야기입니다. 여러분이 준비한 내용을 학생들이 듣든 안 듣든 약 20분 정도 쭉 이야기하면 어떻습니까? 후련합니다. 시원합니다. 그러면서 참 잘 가르쳤다는 생각이 듭니다. 그런데 학생들이 들었습니까? 그렇지 않습니다. 중요한 것은 내 마음이 시원한 것이 아니라 학생들이 아는 것입니다. 그런데 학생들이 아는 것은 말로 표현될 때 확인할 수 있는 것입니다. 내가 잘 가르쳤는지 못 가르쳤는지는 학생들의 대답이 무엇이냐에 달려 있습니다. 우리는 학생들의 말을 들으면서 우리의 교육도 평가하고, 그들의 사고를 자극하여 자꾸 표현하도록 하며, 표현을 통해 내면화된 지식이 행동의 변화를 가져오는 교육을 해야 합니다.

방법론에 앞서 목표 점검을

지금까지 교육 방법론에 대해 언급했습니다만, 방법론은 교육에서 최종 목표, 곧 종착역이 결코 아닙니다. 방법론은 하나의 수단에 불과합니다. 일반적으로 교육에 대해 언급할 때 크게 세 가지의 영역을 염두에 둡니다. 성경, 즉 교육 내용과 교사, 학생입니다. 가르치는 내용과 가르치는 자와 가르침을 받는 자, 이 세 요소는 서로 밀접하게 연관되어 있습니다. 학생들과 교사의 관계 속에서 가르치는 내용을 검토하는 것이 바로 방법론입니다.

우리 모두에게 주어진 중요한 책무이자 가장 큰 숙제는 '변치 않는 하나님의 말씀을 어떻게 하면 잘 펴 보일 수 있을까?' 하는 것입니다. 하나님의 말씀은 변치 않고 모든 사람에게 동일하게 주어지는데 그 말씀을 어떤 그릇, 어떤 방법론에 담아서 표현하느냐 하는 접근 방법에 따라 교육효과는 크게 달라질 수 있기 때문입니다.

결론적으로 우리는 교육 방법론을 생각할 때 교육목표를 먼저 생각하지 않을 수 없습니다. 교육목표에 따라서 교육 방법론을 다양하게 선택할 수 있기 때문입니다. 기독교교육에서 교육목표를 어디에 두느냐, 개교회의 교육목표를 무엇으로 설정하느냐에 따라서 다양한 방법론들을 선택할 수 있습니다. 따라서 획일적으로 하나의 방법만 고집해서는 안 됩니다. 지적인 부분과 감성적인 부분, 의지적인 부분이 잘 조화를 이룬 영성의 사람을 만들어내는 것이 우리의 목표이기 때문입니다. 지적인 면에서 성경을 가르치고, 감성적인 면에서 학습자들이 주님을 느끼도록 하고, 의지적인 면에서 좀더 능력 있게 주님의 말씀에 순종하도록 가르치는 것이 우리의 교육목표인 것입니다.

오늘날 대부분의 교회들은 실제로 이런 교육목표를 가지고 있으면서도, 정보와 지식을 전달하는 것만으로 교회교육의 소임을 다 이룬 것처럼 생각하는 경향이 많아 안타깝습니다. 교회교육의 목표 중 가르치는 과정에서 중요한 사항은 지식 전달과 함께 행동의 변화를 도모하는 일입니다. 말씀을 가르치는 데서 끝나지 않고 그것이 학생들의 삶 속에서 열매를 맺도록 하는 것이 우리의 궁극적인 목표입니다.

따라서 이러한 교육목표에 기초해서 교육 방법론을 선택해야 할 뿐 아니라, 성경의 내용이나 가르치고자 하는 바를 효과적으로 학생들에게 잘 전달해서 충분한 지식을 습득할 수 있도록 하는 데 중점을 두고 방법을 선택해야 합니다. 또한 어떻게 하면 우리 아이들이 좀더 효과적으로 하나님의 말씀에 순종하면서, 배운 대로 그들의 삶 속에 적용하며 살게 할 수 있을까를 고민하며 교육 방법론을 선택해야 합니다.

> **New S S 혁 신 토 의**
>
> 1. 당신에게 익숙한 교육 방법은 무엇인지 말해보고 그 방법론이 몇 개나 되는지 정리해보라.
> 2. 예수님의 교육 방법론이 무엇인지 토론해보고 그 특징을 말해보라.
> 3. 감동 중심의 교육 방법론이 무엇인지 설명해보라.
> 4. 대화나 토론을 통해 말로 표현하거나 글로 쓰는 것과 같은 방법론이 갖는 장점이 무엇인지 서로 말해보라.

제9장

소그룹이 살면 전체가 산다

한국교회 주일학교는 분반공부라는 역동적인 소그룹 구조를 가지고 있습니다. 그럼에도 그 진가를 파악하지 못하고 주일학교가 잘 안 돌아가면 프로그램 탓, 강습회 탓만 합니다. 이제 서로가 서로를 세워주며 성장하는 소그룹으로서 분반공부의 개념을 다시 정립해야 합니다. 분반공부가 살아나면 주일학교 전체가 살아나는 것은 시간문제입니다.

소그룹 문제는 교회뿐만 아니라 사회에서도 보편적으로 거론되는 주제이기 때문에 그 중요성에 관해서는 재론의 여지가 없습니다. 최근에 부흥하는 교회나 성장하는 교회를 분석해보면, 소그룹을 중심으로 많은 사역들이 확장되는 모습을 발견할 수 있습니다. 이런 면에서 소그룹 사역은 21세기를 지향하는 교회들에게 가장 중요한 사역 중 하나가 될 것으로 전망됩니다.

주일학교를 중심으로 한 교회교육에서는 다른 어떤 사역보다 많은 소그룹 활동이 벌어집니다. 그러나 대부분의 소그룹들은 활동 면에서 지지부진합니다. 또한 애착을 갖고 관여하도록 끌어당기는 힘이 없어 보입니다.

그런 면에서 오늘날 교회 지도자들은 소그룹 사역을 연구할 필요가 있습니다. 소그룹 사역 연구를 통해 배우고 익힌 내용들을 교회 안의 다양한 소그룹에 적용한다면 지금보다 훨씬 능력 있는 사역을 펼칠 수 있을 것입니다. 사실 지금까지 교회 안에 소그룹이 없어서 문제가 된 것은 아닙니다. 그 소그룹들을 효율적으로 운영하지 못해서 열매를 얻지 못한 것이 문제였습니다.

주일학교에서는 각 분반공부반이 소그룹에 해당됩니다. 분반공부는 소그룹이란 교육 환경에서 이루어집니다. 그런데 분반공부는 주일학교 프로그램 중 시간 비율로 따지면 최소한 40% 이상을 차지합니다. 이렇게 많은 부분을 차지하고 있음에도 불구하고 그 효율성은 거의 미미한 상황입니다. 학생들이 마음속으로 '아예 이 소그룹 모임이 없었으면' 하고 여길 정도입니다. 그 원인을 분석해보면 여러 이유가 있겠지만, 소그룹의 특성을 제대로 살리지 못한 것이 가장 큰 원인 중의 하나가 아닌가 싶습니다.

이 장에서는 이 소그룹에 대한 개념을 이해하고, 소그룹 사역을 효과적으로 하는 데 도움이 될 수 있는 영역들을 다루어 보겠습니다.

소그룹 사역의 유래

실제로 소그룹 사역이 교육계의 관심을 불러 모으기 시작한 지는 그리 오래지 않습니다. 소그룹에 대한 연구는 2차 세계대전이 진행되는 동안 뜻있는 몇몇 학자들에 의해서 이루어졌습니다. 그 과정은 다음과 같습니다.

공산주의와 서방 자유 진영 사이에 냉전 분위기가 고조되어 있던 당시, 서방 자본주의 진영의 일부 사람들은 무기를 만들어 공산 진영을 위협하는 전략을 중요하게 생각했고, 어떻게 하면 민주주의를 계속해서 발전시킬 수 있을지에 대해 연구하기 시작했습니다. 그 사람들은 자유 민주주의를 살려내기 위하여, 무기 외에 다른 도구로 공산주의를 물리칠 수 있는 방법을 모색하자는 운동을 일으켰습니다. 이 과정에서 나타난 운동이 바로 그룹 사역Group Ministry입니다.

그룹 사역을 전개한 주역은 컬트 르윈Kurt Lewin으로서, 그가 그룹에 관한 연구 분야를 새롭게 열었다고 해도 과언이 아닙니다. 지금의 폴란드에서 태어난 그는 1910년에 20세의 나이로 베를린대학에서 철학과 심리학을 공부했습니다. 뒤이어 1914년에 군에 입대했고 나중에는 베를린대학에서 학문을 가르치기도 했습니다. 그러다가 1933년에 히틀러가 정권을 잡는다고 하여 미국으로 이민을 갔고, 그 뒤 미국의 코넬대학과 MIT에서 가르쳤습니다. 그리하여 1930년대에 그룹 이론에 대해 가장 영향을 크게 끼친 인물로 알려집니다.

당시 그가 연구한 것은 서로 다양한 유형의 리더십 패턴이 각 그룹의 구성원들에게 어떤 영향을 미치는가에 대한 내용이었습니다. 인도자 한 사람에 따라 그룹의 성향이 어떻게 바뀌어 가는가를 연구하는 것입니다. 그는 이 연구를 위해 10-11세 된 어린아이들로 그룹을 짰습니다. 그리고 그 그룹을 운영하면서 몇 주 동안 세 가지 유형의 리더십을 적용해 보았습니다. 그 중 한 그룹의 어린아이들에게는 독재적인 방식의 리더십 스타일을, 또 다른 그룹에는 민주적인 리더십 스타일을 적용했고, 나머지 세 번째 그룹에는 자유방임형 리더십을 적용했습니다.

독재적인 리더십 그룹에는 어떤 규칙을 정해놓고 그 규칙에 따라 모든 것을 압박하는 스타일, 즉 권위를 내세워 전체 그룹을 이끌어 가도록 했습니다. 민주적인 리더십 그룹은 서로의 참여를 유도하는 스타일로 이끌게 하고, 자유 방임형은 그룹만 조직해놓으면 어떻게든 돌아간다는 의식을 갖고 옆에서 지켜보면서 방향만 지시하고 그냥 놔두도록 했습니다.

르윈은 이상의 세 가지 리더십을 적용하면서 각각의 그룹이 어떻게 진행되어 나가는가를 주의 깊게 관찰했습니다. 그런데 각각의 리더십에 따라 아이들은 전혀 다른 반응을 보였습니다. 그룹 활동이 동시에 시작됐는데, 민주적인 리더십을 가진 그룹은 계속해서 성장하는 반면, 독재적인 리더십을 가진 그룹은 몇 개월이 지나서 파괴되는 모습을 보였습니다.

이 실험 결과는 많은 파장을 가져왔습니다. 특히 민주주의를 계속 신장시키는 방법으로 그룹 사역을 도입한 것은 뜻있는 일이었습니다. 이때를 기점으로 그룹 안에서 민주적인 리더십 스타일을 권장하게 되었고, 그런 리더십 그룹이 신장될수록 민주주의가 계속 확장되어 나갈 것이라고 생각하게 되었습니다. 그리하여 이 사역은 2차 대전 후에 힘 있게 퍼져 나갔으며 60, 70년대를 지나면서 교회에까지 이 개념이 들어와 이제 그룹 사역은 보편화되었습니다. 그리고 그룹 사역에 대한 개념이 발전되면서 소그룹 사역의 발판이 마련되었습니다.

그룹이란 무엇인가?

그러면 그룹이란 도대체 무엇입니까? 그룹에 관한 개념은 전문가들 사이에서도 여러 각도에서 논의되고 있습니다. 일반적으로 많이 언급되는 그룹에 대한 정의는 다음과 같은 일곱 가지의 개념으로 정리됩니다.

먼저 그룹이란 상호작용이 있는 개인들의 모임이라는 것입니다. 다음의 세 가지 정의는 모두 상호작용을 그룹의 우선적인 특징으로 언급하고 있습니다.

"그룹은 여러 사람이 모여서 상호작용하는 모임이다. 그룹이 다른 집합체와
구별되는 것은 상호작용의 과정이 있기 때문이다." - 보너Bonner

"그룹은 자유롭게 상호작용하는 체계로 간주될 수 있다. 그 안에서는
상호행위가 조직체계를 결정하고, 성공적인 상호작용은
조직체의 본질에 영향을 준다." - 스토드길Stodgill

"그룹은 많은 시간을 할애해서 서로 대화하는 사람들을 의미한다. 그들은
다른 사람을 통하지 않고 얼굴과 얼굴을 맞대고 서로 충분히 이야기한다."
- 호만스Homans

그룹에 대한 두 번째 정의는 그룹이란 멤버십에 대한 인식을 가진 모임이라는 것입니다. 이는 그룹이 되기 위해서는 구성원들이 그룹의 일원이라는 사실을 인식하는 것이 필수적이라는 얘깁니다.

"소그룹은 얼굴과 얼굴을 맞댄 일회적 혹은 여러 번의 모임을 통해서
상호작용하는 모임이다. 그 안에서는 각각의 멤버가 다른 멤버에게 알려지
기도 하고 또한 다른 멤버를 통해 영향을 받기도 한다. 개인적으로
다른 멤버에게 질문도 하고 반대의사도 표현할 수 있다." - 베일스Bales

"우리는 그룹을 여러 구별된 지체로 구성된 한 소단위로 정의한다.
그 지체들은 그들의 연합에 대해서 잘 이해하고 있고
서로 공리적인 태도로 행동할 수 있는 능력이 있다." - 스미스Smith

세 번째 정의는 그룹은 상호의존적인 모임이라는 것입니다. 이는 한 사람이 다른 사람에게 영향을 미칠 정도로 그룹 구성원이 서로에게 의존할 때 그룹이 이뤄진다는 의미입니다.

> "그룹은 상당한 부분에서 상호 의존하도록 관계를 맺고 있는 사람들의 모임이다. 구성원들 사이에 상호 공유해야 할 재산을 가지고 있는 사람들을 말한다." - 카트라이트Cartwrigt & 젠더Zander
>
> "그룹이라는 말은 공동 운명을 나누는 개인들의 모임이라는 의미를 갖는다. 즉 그것은 한 멤버가 다른 모든 멤버에게 영향을 끼친다는 측면에서 상호의존적이라는 것이다." - 피들러Fiedler
>
> "역동적 총체로서 그룹을 인식하는 것은, 멤버들 간에 상호의존적이라는 사실에 기초한 그룹의 정의를 포함해야만 한다." - 르윈Lewin

네 번째 정의는 그룹은 한 목표를 성취하기 위해 함께한 사람들의 모임이라는 것입니다. 이는 하나의 목표를 성취하기 위해 모인 사람들을 강조한 개념입니다.

> "간단히 말하자면 소그룹은 한 목적을 위해 두세 사람이 함께 모인 그룹이다." - 밀스Mills
>
> "심리학적으로 그룹은 상호의존적인 목적을 의욕적으로 추구하는 사람들의 모임이다." - 도이치Deutsch
>
> "그룹은 공통된 목적을 성취하기 위해 모인 사람들이다." - 프리먼Freeman

다섯 번째 정의는 그룹이란 서로의 연합을 통해 자신의 필요를 채우고자 하는 사람들의 모임이라는 것입니다. 이 정의는 개인의 필요를 채움으로써 만족을 얻고자 하는 점을 강조합니다.

> "우리는 그룹을 개인적 보상을 바라는 사람들의 모임이라고 정의한다."
> - 바스Bass

"그룹에 대한 가장 본질적인 정의는, 그룹이란 어떤 개인의 필요를 채워주기 위해 상호 존재가 필수적인 유기체의 모임이라는 것이다." - 카텔Cattell

여섯 번째 정의는 그룹이란 규칙과 역할이 주어진, 조직화된 관계가 있는 모임이라는 것입니다. 이 정의는 그룹은 나름대로 구성원의 역할이 있어야 할 뿐더러 구성원에 대한 기대치가 있어야 함을 말하고 있습니다.

"사회 심리학적으로 그룹은 어떤 기능을 수행하기 위하여 상호 관계가 있는 두세 사람으로 조직된 체계로서 멤버들 각자가 모두 적정한 역할을 해야만 하고, 멤버들이 지켜야 하는 내규를 가져야 한다."
- 맥데이비드McDavid & 하라리Harari

"그룹은 서로 신분과 역할 관계가 분명한 개개인들로 구성된 사회 구성 단체이다. 그룹은 그룹의 연속성을 위해 또 그룹 구성원 개인의 행위를 규제하기 위해 일정한 가치기준과 원칙을 갖는다." - 셰리프Sherif & 셰리프Sherif

마지막 일곱 번째 정의로 그룹은 구성원 상호간에 영향을 미치는 모임이라는 것입니다.

"그룹은 상호작용함으로 서로 영향을 주고받고 하는 두 명이나 그 이상 여러 명의 모임으로 정의된다." - 쇼Shaw

이상의 정의들을 보면 그룹은 다양한 의미를 포함하고 있습니다. 또한 나름대로 그룹을 정의한 여러 사회학자들은 마치 장님이 코끼리를 만지듯, 그룹의 부분적인 특징들을 제한적으로 언급하고 있습니다.
그러나 그룹은 앞서 언급된 모든 개념을 포함한다고 할 수 있습니다. 그래서 존슨Johnson은 그룹에 대해 이렇게 정의합니다. "그룹은 두 명 혹은 그 이상의 개인들의 모임으로서, 얼굴을 맞대고 상호작용하는 가운데 그룹에서의 멤버십을 인식하고, 그룹에 속해 있는 다른 사람들과 더불어 서로의 목표를 성취할 때 서로 의존적이라는 사실을 능동적으로 인식하는 사람들이다."

존슨은 여기서 포괄적이면서도 모든 그룹의 특징을 통합한 정의를 말하고 있습니다. 이는 그룹에 대한 최선의 정의로 생각됩니다. 이 정의는 우리가 평소 여러 사람들의 모임을 대할 때에도 그것이 진정한 그룹인가 아닌가를 구별케 해주는 잣대로 작용할 수 있습니다. 이 잣대를 따른다고 할 때, 비행기를 타고 제주도로 여행가는 사람들의 모임, 스타 농구선수와 사진을 찍기 위해 줄을 서 있는 어린이들의 모임, 30대 독신 남성들의 모임 등은 그룹이라고 할 수 없습니다. 그룹을 정의하는 가장 중요한 요소인 상호작용, 상호의존, 상호영향의 요소들이 결여되어 있기 때문입니다.

앞서 존슨이 내린 정의에 따르면, 우리가 그룹 활동을 하는 데 있어 무엇을 중요하게 다루어야 할 것인가를 알 수 있습니다. 효과적인 그룹 활동을 이끌어 가기 위해서는 그룹 구성원 간에 상호활동이 이루어져 피차 의존적인 관계가 되고, 서로 영향을 줄 수 있도록 해야 합니다. 또한 일정한 조직체계 안에서 멤버십을 유지하고 그룹의 필요에 따라 일정한 목표를 이룰 수 있도록 해야 합니다.

성경에 나타난 소그룹 활동과 기능

그렇다면 성경에서는 소그룹에 대해 어떻게 말씀하고 있을까요? 여기서는 신약 성경에 나타난 소그룹의 모습을 살펴보면서 그룹에 대해 좀더 정확히 이해를 하고자 합니다. 신약 성경에 나타난 소그룹은 이렇게 정의

New SS교육지표 — 소그룹은 무엇인가?

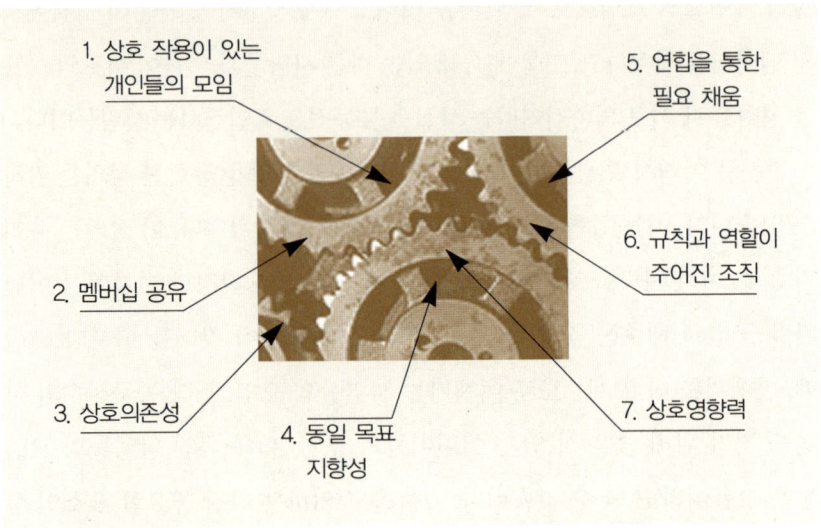

1. 상호 작용이 있는 개인들의 모임
2. 멤버십 공유
3. 상호의존성
4. 동일 목표 지향성
5. 연합을 통한 필요 채움
6. 규칙과 역할이 주어진 조직
7. 상호영향력

될 수 있습니다.

'더 좋은 예수 그리스도의 제자가 되기 위해 함께 노력하기로 헌신한 세 명 또는 열두 명의 의도적인 모임.'

여기에 보면 세 가지의 독특한 단어가 나옵니다. '제자' '함께 노력한다' '헌신한다'는 단어들입니다. '제자'란 어떤 면에서는 소그룹의 목표를 말하고, '함께 노력한다'는 수단을 말하며, '헌신'은 방법을 말한다고 할 수 있습니다. 즉 어떤 목표와 함께, 어떤 수단과 방법을 이용해 노력함으로써 그룹 구성원들 간에 상호작용이 있는 그룹, 이것을 소그룹이라고 말합니다.

그런데 예수님은 소그룹을 어떻게 이용하셨습니까? 성경을 살펴보면 예수님께서 소그룹 활동을 계속하면서 보여주신 특징을 다음과 같이 정리할 수 있습니다.참고, 요 1:35-40, 막 1:16-20, 막 3:14.

먼저, 예수님은 그룹 구성원들과 함께 사셨습니다. 예수님은 당신을 좇는 사람들을 당신이 거하시는 곳으로 불러 그들과 함께 지내셨습니다. 그 다음에 제자들에게 제자도를 가르치셨습니다. 예수님은 제자들이 전적으로 예수님께 위탁되고 또한 세상에서는 증인으로서 살도록 도전하면서, 결국은 제자들이 종으로 살아가도록 가르치셨습니다. 뿐만 아니라 그들이 복음을 전할 수 있도록 준비시키는 작업도 하셨습니다. 이렇게 예수님은 제자들과 함께 살면서 상호작용을 가지셨고, 소그룹 안에서 어떻게 해서든지 복음을 전해야 한다는 목표를 가지고 사람을 준비시키는 방법으로 소그룹 활동을 이끌어 가셨습니다.

예수님만 소그룹 활동을 하신 것은 아닙니다. 초대교회 안에서도 소그룹 활동이 상당히 활발하게 이루어졌음을 성경에서 볼 수 있습니다. 먼저, 오순절 때 형성되었던 새로운 공동체가 갖는 특징들을 살펴보면 소그룹의 모습이 얼마나 역동적이었는지 알 수 있습니다. 사도행전 2장 37-47절을 보십시오. 초대교회가 소그룹을 중심으로 형성되어 발전되어 가는 모습을 볼 수 있습니다. 그 중 42-47절 말씀에 주목해야 합니다.

"그들이 사도의 가르침을 받아 서로 교제하고 떡을 떼며 오로지 기도하기를 힘쓰니라 사람마다 두려워하는데 사도들로 말미암아 기사와 표적이 많이 나타나니 믿는 사람이 다 함께 있어 모든 물건을 서로 통용하고 또 재산과 소유를 팔아 각 사람의 필요를 따라 나눠주며 날마다 마음을 같이 하여 성전에 모이기를 힘쓰고 집에서 떡을 떼며 기쁨과 순전한 마음으로 음식을 먹고 하나님을 찬미하며 또 온 백성에게 칭송을 받으니 주께서 구원 받는 사람을 날마다 더하게 하시니라."

이 말씀은 초대교회 소그룹의 네 가지 특징을 잘 말해주는 본문입니다. 첫째는 상호성입니다. 성경을 보면 '서로서로'라는 말이 많이 나오는 걸로 봐서 초대교회 소그룹에 상호성이 컸다는 사실을 알 수 있습니다.

둘째로는 책임감입니다. 소그룹 안에 속한 성도들은 서로서로 각 사람의 필요를 충분히 채워줄 만큼 서로에게 책임감을 많이 느끼고 있었습니다.

그 다음은 섬김입니다. 성경은 '서로 통용했다'는 말을 하고 있는데, 이는 사도행전에 나타난 교회에서 자주 사용된 말입니다. 초대교회는 소그룹으로서 다른 사람들에게 많은 아량을 베풀면서 물건을 나누어 사용했습니다.

마지막으로 초대교회 소그룹은 사랑과 전도의 모습을 보여주었습니다. "온 백성에게 칭송을 받으니 주께서 구원 받는 사람을 날마다 더하게 하시니라"는 말씀에서 보듯이 많은 사람들에게 칭찬을 들을 정도로 삶에서 사랑을 보여주었습니다. 그래서 초대교회의 소그룹은 자연스럽게 복음을 전하는 최전방 부대의 역할을 하게 된 것입니다.

이어서 초대교회의 소그룹이 갖는 기능을 세 가지 정도로 요약할 수 있는데, 이는 초대교회 소그룹이 보여준 특징들의 연장선상에 있다고도 할 수 있습니다.

소그룹의 첫 번째 기능은 상호사역을 하는 기능입니다. 은사에 대한 말씀이 나오는 고린도전서 12장 1-11절을 보면 서로 돕기 위해서 은사가 필요함을 언급합니다. 하나님께서 성도들의 공동체 안에 은사를 주신 것은 상호사역을 하도록 하기 위함이라는 것입니다.

그 다음으로는 선행과 구제의 기능을 들 수 있습니다. 사도행전 2장 43-47절, 히브리서 10장 24-25절에 이 기능이 잘 소개되고 있는데, 이 기능 역시 성도들이 소그룹 안에서 지내며 서로의 형편을 이해하는 가운데 나타나는 행동들이었습니다. 이는 소그룹 안에서만 나타나는 모습입니다.

마지막으로, 미래 지도자를 키우고 가르치는 기능을 들 수 있습니다. 디

| New SS교육지표 | 초대교회 소그룹(행 2:42-47)의 특징

```
                    초대교회
    ┌─────────────────────────────────────┐
    │ 1. 상호성 : "서로서로"                 │
    ├─────────────────────────────────────┤
    │ 2. 책임감 : 생활의 필요를 채워줌       │
    ├─────────────────────────────────────┤
    │ 3. 섬김 : 서로 통용함                  │
    ├─────────────────────────────────────┤
    │ 4. 사랑과 전도의 공동체 : "칭송을 받으니" │
    └─────────────────────────────────────┘
```

모데후서 2장 2절은 초대교회의 관심이 어디에 있었는지를 단적으로 보여주는데, 앞선 신앙의 선배들로부터 받은 신앙의 본질을 다음 세대에 계속 전달하는 것이 믿음의 공동체가 해야 할 중요한 일임을 말하고 있습니다. 소그룹은 사람을 키우기 위해 가르치는 장이라는 것입니다. 이런 의미에서 소그룹은 다음 세대의 지도자가 자랄 수 있는 모판이 되어야 합니다.

다음의 성경구절을 참고해보면 초대교회 때 소그룹이 어떻게 활용되었는지 좀더 포괄적으로 이해할 수 있을 것입니다. 사도행전 5장 42절, 12장 12절에서는 소그룹의 기도하는 기능에 대해서 말하고 있고, 로마서 16장 5절에서는 적은 무리를 중심으로 해서 교회가 시작되는 모습, 사도행전 18장 3절에서는 직업을 서로 돌보는 모습을 보여줍니다. 초대교회는 바로 이런 소그룹을 통해서 모든 일들을 행하고 있었습니다. 여기에서 보여주는 것처럼, 그들 대부분의 삶은 소그룹 활동을 중심으로 이루어지고 있었습니다. 예수님 때뿐 아니라 초대교회 때도 소그룹 활동이 아주 힘 있게 움직였다는 사실을 보여주고 있는 것입니다.

소그룹 사역은 왜 중요한가?

앞서 언급된 대로라면 소그룹은 성경뿐만 아니라 우리들의 삶 구석구석에서 많이 사용된다는 사실을 알 수 있습니다. 아마도 그것은 소그룹이 나름대로 많은 장점과 중요성을 갖고 있기 때문일 것입니다. 여기서는 그 점에 대해 몇 가지 정리해보겠습니다.

오늘날 소그룹 사역이 중요한 첫째 이유는, 소그룹이 성령님께서 다양하게 일하실 수 있는 장을 제공하기 때문입니다. 대그룹 안에서도 성령님께서 사역하시지만 소그룹 안에서는 훨씬 더 역동적으로 일하신다는 것을 의미합니다. 좀더 자세히 설명한다면, 성령님께서 대그룹 안에서 사역한다고 할 경우 말씀을 전할 사역자를 통해 일하시기 때문에 성령의 사역은 사역자라는 통로를 이용할 수밖에 없다는 한계가 있습니다.

목사님이 설교할 때를 생각해봅시다. 성령의 감동하심을 따라 목회자가 깨달은 바를 정리해서 설교라는 통로로 전할 때는 성령의 사역이 단선적으로 이루어집니다. 물론 듣는 사람들 각자의 마음속에서 성령님께서 여러 모양으로 일하시기도 하지만, 말씀이 깨달은 사람들의 입을 통해 밖으로 표출되지 않기 때문에 그 성령의 사역은 내면적으로만 이루어지는 셈입니다. 이럴 경우에는 다른 사람에게 별다른 영향을 주지 않습니다. 이런 의미에서 성령의 사역에 단선적인 경향이 있다는 뜻입니다.

그러나 소그룹 안에서 이루어지는 성령의 사역은 상당히 역동적입니다. 이는 성령님께서 좀더 다양한 방향에서 다양한 사람들을 통해서 일하신다는 뜻입니다. 예닐곱 명의 예수를 믿는 사람들이 소그룹으로 둘러앉았을 때를 생각해봅시다. 나 자신 안에서 성령님께서 일하시며 조명하시는가 하면 건너편에 앉아 있는 사람에게도 성령님께서 일하시며 깨달음을 주시기도 하고, 또 다른 사람들 안에서도 성령님께서 그 기쁘신 뜻을 따라 일하십니다. 이렇게 볼 때 소그룹 안에 있는 각 사람들이 성령님께서 일하시는 개체가 됩니다.

그런데 그 개체들이 소그룹 활동이라는 틀 속에서 각자가 성령을 통해 받은 깨달음과 은혜들을 말로, 아니면 다른 도구를 이용해 밖으로 내보인다고 생각해봅시다. 성령님은 각 사람의 인격과 경험, 모든 것들을 사용해 일하시기 때문에 훨씬 다양한 모습으로 드러날 수밖에 없습니다. 게다가 소그룹 구성원 전체가 상호 긴밀하게 연결되어 있는 상황이라면 성령은 훨씬 능력 있고 힘 있게 역사할 수 있습니다. 그래서 어떤 면에서는 한 사람이 깨달은 바를 혼자 전하는 것보다, 소그룹으로 둘러앉아 여러 사람들이 깨달은 내용을 서로 말하면 훨씬 더 풍요하고 부요한 교훈을 받을 수 있을 것입니다.

소그룹 사역이 중요한 두 번째 이유는, 소그룹에 사람을 변화시키는 능력이 있기 때문입니다. 이것은 앞서 언급한 성령의 사역 때문이기도 하지만, 소그룹이라는 여건 속에서는 성령님께서 각 사람에게 다양한 영향을 미치면서 구체적인 행동의 변화를 가져오는 효과가 탁월하기 때문입니다. 세례를 줄 때면 간증을 하는 일이 종종 있습니다. 간증하는 사람들의 이야기를 들어보면 대부분의 경우 그들이 소그룹에서 변화되는 경험을 했다고 합니다. 이것은 소그룹이 갖는 특성으로 인해 그룹 구성원들 사이에서 많은 영향력을 주고받았다는 것입니다. 즉 그들은 어떤 교육 프로그램에 의해서가 아니라 소그룹에서 여러 명이 모여 하나님의 말씀을 놓고 같이 배우면서 변화되었다는 이야기입니다.

설교가 아니라 소그룹을 통해 변화되었다는 간증은 어떻게 생각하면 설교자에게는 섭섭하게 들릴 수도 있지만, 하나님께서 우리 안에서 일하신다는 사실로 인해 우리는 동일한 마음으로 기뻐하고 하나님께 영광을 돌리게 됩니다. 물론 설교를 통해서도 하나님께서 일하십니다. 그러나 소그룹 안에서는 성령님께서 일하시는 방편이 약간 다른 것 같습니다. 그래서 우리는 각각의 장점을 잘 활용해서 사역해야 함을 인식하고 때와 여건에 따라 이것을 다양하게 사용할 수 있는 능력을 키워야 합니다.

특히 사람의 생활 행태나 습관들을 고치는 데는 소그룹처럼 좋은 환경이 없습니다. 술이나 담배, 도박 같은 남자들의 습관들은 목회자의 설교를 통해서는 잘 교정되지 않습니다. 그러나 소그룹 안에 서로 모여서 같은 남자들끼리 문제를 내어놓고 이야기하다보면 서로에게 공감되는 내용들이 많이 오가면서 문제를 갖고 있는 분들의 행동이 조금씩 변해갑니다.

고질적인 습관들, 나쁜 행위들을 고치는 데는 소그룹 사역이 훨씬 더 효율적이라는 것입니다. 이는 자기의 생각을 고백하고 표현하는 과정을 통해서, 또는 다른 사람들의 이야기를 듣는 과정을 통해 어느 정도 서로의 삶을 비추어보게 되므로 상호간에 강한 영향력을 주고받기 때문입니다. 물론 그 과정에서 성령님께서 힘 있게 역사하시는 것도 중요한 이유입니다.

그룹 구성원은 풍부한 자원 그 자체

세 번째 이유는, 소그룹의 교육 기능에 있습니다. 소그룹의 탁월한 면 중 하나는 그룹 구성원들 간의 상호관계를 이용한 학습이 가능하다는 것입니다. 소그룹은 오늘날 논의되는 많은 교육 환경 중에서 가장 효율적인 것으로 인식되고 있습니다. 그것은 소그룹에 교육적인 능력이 있기 때문입니다. 그럴 수밖에 없는 것이 많은 그룹 구성원들 자체가 이미 교육에 중요한 자료가 되기 때문입니다. 소그룹에 참여한 사람들은 풍부한 자원 그 자체라고 말할 수 있습니다. 그들은 모두 나름대로의 자료를 가지고 있습니다. 그들이 알고 있는 지식뿐만 아니라 그들의 삶을 통해 얻은 많은 경험까지 모두 자료가 됩니다.

이런 면에서 소그룹의 일원으로 앉아 있는 사람들은 누구나 풍부한 자료를 가진 재원이고, 이 재원들이 대화를 시작하면 풍성한 나눔이 나타납니다. 일례로 직분이 다른 그리스도인들이 모이면 직종이 다 다르고, 자라온 배경이나 환경, 생활 여건도 다르기 때문에 그 안의 그룹 구성원들끼리 공유하는 자원은 엄청나게 풍성해집니다. 이런 면에서 다른 사람을 통해 배울 수 있는 가능성도 훨씬 더 커집니다. 그래서 소그룹 활동을 자주 하다보면 지식이 풍부해집니다. 소그룹의 교육적인 능력이 탁월한 이유가 여기에 있습니다.

요즘 대기업이라든지 일반사회에서 교육을 시도할 때도 강의식 스타일을 피하고 가능한 한 소그룹을 통한 그룹 토의식 운영을 많이 합니다. 소그룹의 장점들을 극대화하기 위해서입니다. 교회 안에서 성경공부나 공과공부 시간에 소그룹을 운영하는 것도 바로 이런 면에서 효과가 높기 때문입니다.

네 번째, 소그룹의 또 다른 장점을 들자면 사회적으로 외로운 사람들이 자기를 표현하는 장이 된다는 점입니다. 현대사회의 특징을 이야기한다면, '군중 속의 고독'이라는 표현이 의미하는 바처럼 핵가족화의 영향으로 많은 사람들이 외로움을 느낀다는 것입니다. 다변화된 사회 속에서는 더욱더 그런 현상이 많습니다. 그래서 많은 사람들이 외로움을 달래기 위해 어디로든 빠져나가고 싶어 합니다. 외로움을 달래려고 대마초에 손을 대고 감옥을 왔다 갔다 하는 사람들이 얼마나 많습니까?

사람들을 보십시오. 겉보기에 얼마나 화려해 보입니까? 그러나 그들 중 상당수가 외로워합니다. 사정이 이렇다보니 현대 교회에서 외로움이라는 주제를 가지고 프로그램이나 행사를 하면 상당히 인기를 끌 수 있다고 합니다. 사실 고독의 문제는 창조의 문제입니다. 하나님께서 아담을 창조해 놓았을 때, 아담의 문제가 무엇이었습니까? '독처'였습니다. 독처라는 것은 바로 외로움의 문제입니다. 외로움은 인생의 모든 문제를 포괄합니다. 현대에 이르러 이 문제는 더욱 심각해지고 있습니다. 사회적으로 외로운 사람들이 너무 많은 세상입니다. 그들은 자신들의 평안을 위해 무엇인가 기댈 수 있는 장을 찾고 있습니다. 이럴 때 소그룹 안에서 소속감을 느끼게 된다면 정말 큰 위안을 얻을 것입니다.

우리 학생들도 마찬가지입니다. 교회 안에서 소그룹이 활성화될수록 아이들이 크게 보호받을 수 있습니다. 요즘 학교에서 폭력과 따돌림의 문제가 심각합니다. 이 문제는 초등학교 때부터 시작됩니다. 그래서 많은 아이들이 학교 가기를 싫어합니다. 그 일로 집에 와서 고민하다가 자살까지 기도합니다. 그러나 교회 안의 소그룹에 들어와서 그런 문제를 놓고 교사와 상담하고, 자신들의 고민을 그룹 안에서 조금이라도 해소한다면 아이들은 건강하게 자랄 수 있습니다.

그런 면에서 교회의 소그룹은 상당히 중요합니다. 일반적으로 교회에서 잘 생활하는 아이들이 사회나 학교에 나가서도 잘 생활하는 편이지만, 좀 내성적인 아이들이 신앙적으로 바르게 서려고 할 때 학교에서 활발하게 지내지 못하다보면 아이들로부터 따돌림을 받을 수 있습니다. 그렇기 때문에 아이들을 사회적으로 외롭지 않도록 보호하는 측면에서라도 교회가 신경 써서 소그룹 활동을 더욱 활성화시켜야 합니다.

문제의 객관화를 통한 치료 효과

다섯 번째 장점으로, 소그룹은 자아의식Self-Identity을 제공합니다. 이는 소그룹을 통해서 자기 자신을 이해하게 된다는 의미입니다. 소그룹에 몸을 담고 어느 정도의 시간을 보내게 되면 그룹 구성원들과의 다양한 인간관계를 통해서, 또는 소그룹 활동에 참여하는 자신의 모습을 보면서 '내가 어떤 사람인가?'에 대해 좀더 소상히 알게 됩니다. 예전에는 감춰져 있던 자신의 특징, 이를테면 자존심이 강하다든지, 대화하는 데 다혈질 기질이 있다든지를 인식하게 됩니다.

소그룹의 여섯 번째 장점은 심리적으로 건강해지고 치료 효과가 있다는 점입니다. 소그룹의 특징 가운데 하나가 '일반화'라는 것인데, 그것은 내가 고민하고 걱정하고 있는 문제가 나만이 안고 있는 문제가 아니라 다른 사람의 문제이기도 하다는 점을 공감하는 것입니다. '아! 저 사람도 나와 비슷한 고민을 하고 있구나!' '우리 아버지가 밤마다 술 먹고 들어와서 엄마하고 싸우는 것 때문에 고민했는데 쟤도 그런 문제가 있구나'라는 생각을 하게 된다는 뜻입니다. 그렇게 모든 문제를 나만의 문제가 아니라 다른 사람도 겪는 문제로 일반화시키면, 이전에는 심각하고 해악을 가져다주는 요소로만 인식되던 문제들도 어느 정도 자유함을 가지고 볼 수 있는 시각이 생깁니다.

성인들과 성경공부를 하다보면 이제 갓 시집간 여성들이 늘 하는 이야기가 있습니다. 펑펑 울면서 쏟아놓는 이야기는 주로 시어머니에 대한 내용입니다. 시댁과의 관계는 부인들에게 늘 힘든 부분인 것 같습니다. 아무리 좋은 관계라 해도 시댁 식구에 대해서는 대부분의 부인들이 힘들어 합니다. 이를테면 누군가가 "우리 시어머니 때문에 머리 아파서 못 살겠어. 지금까지 모시고 살기는 살지만 그 양반 내 형편도 모르시고…"라는 말을 했다고 가정해봅시다.

그러면 주변에서 자연스럽게 비슷한 이야기들을 쏟아놓습니다. 한번 이야기가 나오기 시작하면 그동안 마음에 담아두었던 이야기들이 꼬리를 물면서 계속 이어집니다. 이런 말들을 듣다보면, 시어머니와의 문제가 나만이 안고 있는 문제가 아니라 모든 여성들이 고민하는 문제임을 이해하면서 그 문제를 일반화하게 되므로 치료 효과가 나타나는 것입니다.

일곱 번째 장점으로, 소그룹에서는 모방 효과를 볼 수 있습니다. 이는 다른 사람들이 잘하는 것을 보고 그대로 따라함으로써 발전을 도모하는 것을 말합니다. 그래서 효과적인 소그룹 활동을 하려면 늘 활동에 잘 참여하는 한 사람이 있어야 합니다. 학생들과 함께 소그룹을 하든, 교사들과 함께 소그룹을 하든 잘하는 사람 한두 사람을 키워놓으면 그 사람들의 모범이 다른 사람들에게 미치는 영향력은 상당히 큽니다. 지도자의 영향력도 마찬가지입니다. 소그룹을 해보면 모든 그룹 구성원이 결국은 지도자의 모습을 많이 닮아갑니다. 기도하는 것이나 성경공부 인도하는 것도 그렇습니다.

아울러 그룹 안에서 한 사람이 변화되는 사건도 동일한 효과를 가져다줍니다. 그 사람의 변화된 사건이 다른 사람에게도 자연스럽게 영향을 미치기 때문입니다. 그러므로 소그룹을 운영할 때 가장 먼저, 소그룹을 시작하고 나서 6개월 안에 한두 사람을 변화시키라고 강조합니다. 소그룹에 참여한 구성원 중에서 한 사람만 변화되면, 나머지 사람들은 자연스럽게 영향을 받습니다. 이것은 서로를 모방하기 때문에 나타나는 현상으로서, 이후에는 그룹 전반에 새로운 분위기가 형성되는 것을 느낄 수 있습니다. 이런 과정을 통해 소그룹 안에서 많은 사람들이 정신적인 치유를 경험합니다.

말하는 기술, 말하지 않는 기술

소그룹의 여덟 번째 장점은 서로 간에 개인적인 관계를 맺을 수 있는 기술을 계발한다는 점입니다. 사람들의 가장 큰 관심사 중 하나는 관계를 맺는 기술인데, 소그룹 활동을 하면서 많은 사람들이 이 관계 맺는 훈련을 많이 하게 됩니다. 그룹 활동을 하다보면 어떤 사람들은 말을 너무 열심히 합니다. 그래서 다른 사람들이 끼어들지 못하도록 합니다. 그런 사람은 대체로 한번 말을 시작했다 하면 10분이 넘어갑니다. 지도자가 언제 말을 끊을까를 생각해야 할 정도입니다. 그럴 때 지도자에게 기술이 필요합니다. 마음에 상처를 주지 않으면서도 지혜롭게 말을 멈추도록 해야 하기 때문입니다.

적절한 곳에서 "아, 집사님, 됐습니다. 그 정도면 집사님이 말하고 싶은 내용을 저희들이 충분히 이해할 수 있습니다"라고 하면서 다른 사람에게 "집사님은 어떻게 생각하십니까? 집사님이 한번 이야기해보시죠"라며 바통을 넘겨줘야 합니다. 이런 과정이 몇 차례 지나고 나면 그 사람은 자연스럽게 자신의 말이 너무 길었다고 생각하면서 좀더 주의하려고 합니다. 처음에 말할 때는 다른 사람들이 그래도 봐주고 들어주는 것 같았는데, 시간이 지나면서 차츰 머리를 숙인다든지 코를 만지는 식의 시큰둥한 반응을 보이는 모습을 보게 됩니다. 그러면 그 사람도 눈치를 채고 '이제 끝낼 때가 되었구나'라고 생각하며 말을 맺는 것입니다. 그런 식으로 반복하다보면 소그룹 안에서 대인관계를 맺는 기술이 형성되어 대화나 토론에서 자기가 끼어들 때와 물러설 때를 알게 됩니다. 논리성이 부족한 사람이 계속적인 그룹 활동을 통해 많은 대화를 나누면서 논리적인 사람이 되기도 합니다.

마지막 아홉 번째로 소그룹은 교회에 유익을 가져다주는 장점이 있습니다. 구체적으로 말해보면, 먼저 성도들이 은사를 발견하게 됩니다. 소그룹 활동을 하다보면 자신이 잘하는 일이 무엇인지를 발견하게 됩니다. 또 주위 사람들이 자신의 은사를 발견해서 찾아주기도 합니다. 이렇게 발견한 은사를 통해 그 사람은 교회에 이바지하게 됩니다.

또한 소그룹은 평신도 지도자들을 계발해준다는 측면에서 교회에 기여합니다. 교회에서 사역할 때 함께 일할 좋은 평신도 지도자를 계발하는 것은 참으로 중요한 일입니다. 우리는 각 교회에서 목사를 돕는 작은 지도자들을 볼 수 있습니다. 그들은 대부분 소그룹 안에서 발견되고 훈련되고 세움을 입습니다. 그런 평신도 지도자는 교회에서 아주 중요한 역할을 해야 하기 때문에 그 누구보다도 섬세하게 검증되어야 합니다. 그런데 이 검증은 소그룹이라는 상황, 즉 아주 가까이에서 관찰할 수 있는 환경에서만 가능합니다.

지도자 훈련은 개인적으로 이루어져야 그 질이 향상됩니다. 교사들과 함께 둘러앉아서 소그룹 활동을 할 때, 예전에는 발견하지 못했던 지도자적 은사들을 그들 안에서 발견합니다. 그리고 그들을 보면서 어떻게 하면 지도자로 잘 키울 수 있겠는지를 배려하는 감각도 갖게 됩니다. 이 모든 것이 소그룹을 통해 이뤄집니다. 소그룹에 들어가야만 필요한 사람을 뽑아낼 수 있다는 뜻입니다. 이런 과정을 통해 평신도 지도자가 자라면 결국 그것은 교회에 유익이 됩니다.

소그룹이 교회에 주는 또 다른 유익은, 소그룹을 잘 운영하면 교인 관리를 효과적으로 할 수 있다는 점입니다. 소그룹 인도자를 통해 그 구성원들을 돌보면 더 효과적이고 능률적인 관리가 되는 것입니다.

소그룹이 교회에 주는 마지막 유익은 소그룹의 열매로 감사와 찬양이 넘치게 된다는 점입니다. 소그룹이 활성화되면 그 구성원들 안에 만족이 있습니다. 구성원들이 그 그룹을 사랑하게 됩니다. 그룹 구성원들이 감사와 찬양에 힘쓰는 분위기가 조성되면 각자가 영적으로 성장합니다. 또 그 좋은 소그룹을 다른 사람에게 소개하면서 전도의 열매도 생겨나 교회는 수적으로 성장합니다.

성장그룹의 다양한 목표들

교회마다 다양한 소그룹 모델들이 있습니다. 행정그룹, 토론그룹, 기도그룹, 교제그룹, 치료그룹, 봉사그룹, 성장그룹 등이 그것입니다. 일반적으로 교회에서 우리가 사용하는 그룹은 어린아이들과 어른들을 교육시키는 데 많이 사용하는 성장그룹입니다. 성장그룹이라고 부르는 이유는 '어떻게 하면 영적으로 구성원들을 성장시킬 수 있을까?'에 그 목표를 두기 때문입니다. 우리가 분반공부나 성경공부에서 주로 사용하는 소그룹이 바로 성장그룹인데, 이 그룹을 좀더 효율적으로 운영하기 위해 염두에 두어야 할 몇 가지 사항을 정리해봅니다.

먼저, 성장그룹의 목표를 점검해봅시다. 이 그룹의 목표는 계속적인 배움과 순종의 삶을 추구하는 헌신된 예수 그리스도의 추종자가 되는 데 있습니다. 이 목표를 이루기 위해서는 다음과 같은 것들이 꼭 필요합니다. 먼저는 예배하는 삶입니다. 대개 많은 사람들은 그룹 활동에서 교제만 잘하면 그룹이 잘 운영될 것이라고 생각합니다. 그러나 성장그룹에서는 교제만으로 그룹을 유지하기 어렵고 성장도 거의 기대할 수 없습니다. 반드시 예배 활동이 있어야 이를 통해 구성원들이 은혜를 받고 하나님 앞으로 더욱 가까이 나아가게 됩니다. 여기서 예배라는 개념은 꼭 전통적인 예배의 틀에 따라 드리는 것을 의미하지는 않습니다. 찬양과 말씀과 기도가 힘 있게 드러나는 예배를 말합니다.

다음으로 성장그룹에는 변화의 증거가 있어야 합니다. 그룹 활동이 진행되는 동안에 변화된 사람이 한 사람도 없다면 그 그룹은 더 이상 역동적으로 움직일 수 없습니다. 성장그룹이 제 기능을 발휘하려면 얼마간의 시간이 지난 다음에는 꼭 그룹 구성원 가운데서 변화하는 역사가 일어나야

| New SS교육지표 | 소그룹 사역의 아홉 가지 중요성 |

합니다. 그래야만 그 역사가 다른 사람에게 영향을 미치면서 계속적으로 성장해 나가는 생명력을 유지할 수 있습니다. 예수 그리스도를 위해 헌신하는 사람들이 계속 나타나야 이 그룹은 성장의 과정을 밟아갈 수 있는 것입니다. 주일학교 학생들이 아무리 어리다고 해도 이런 영적인 변화의 역사가 일어나야 합니다. 주일학교의 소그룹 분반공부에서 이런 역사가 일어나면 분반공부는 새로운 전기를 맞게 될 것입니다.

또한 성장그룹에는 봉사가 꼭 필요합니다. 소그룹 구성원들이 아무리 예배를 드리면서 은혜를 받았다고 해도 봉사활동을 통해 그 은혜를 표현하지 않으면 그 그룹은 계속 움직여 나가기가 어렵습니다. 그러므로 성장그룹에서는 구성원들이 어느 정도 성장의 대열에 들어섰다고 판단될 경우, 바로 봉사를 통해 또 다른 성장을 도모할 수 있도록 도와주어야 합니다. 주일학교에서 학생들에게 봉사할 수 있는 기회를 주는 것은 이런 이유

| New SS교육지표 | 성장그룹(분반공부반)의 목표 |

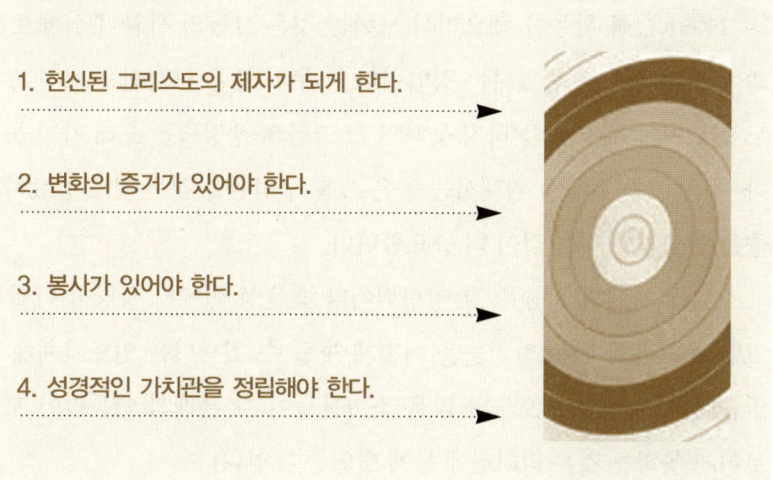

에서 참으로 중요합니다.

다음으로 성장그룹에서는 그리스도인의 가치관 계발을 위해 다양한 활동을 모색해야 합니다. 그리스도인에게는 가치관의 정립이 매우 중요합니다. 그 가치관이 그리스도인다운 삶을 가능케 하기 때문입니다. 그런데 가치관은 소그룹 안에서 많은 대화를 통해 조금씩 형성되어 갑니다. 가령 돈에 대한 가치관, 성공에 대한 가치관 등을 소그룹 안에서 잘 다룰 수 있다면 우리는 능력 있는 그리스도인을 길러낼 수 있습니다.

이상의 요소들은 분반공부나 성경공부와 같은 성장그룹을 이끌어 가는데 꼭 명심해두어야 할 사항들입니다. 아울러 성장그룹이 좀더 잘 되기 위해서는 지도자를 중심으로 한 구성원들의 자기 개방이 있어야 하고, 지도자의 계속적인 지원과 격려가 따라야 합니다. 무엇보다 중요한 것은 이 모든 과정을 통해 구성원들을 그리스도께 인도하는 것입니다.

좋은 소그룹 리더의 특징들

그동안 그룹 활동을 해오면서 느끼는 것은 그룹의 사활이 실제로 그룹의 인도자에게 달려 있다는 점입니다. 아무리 좋은 구성원을 가지고 있어도 인도자가 제 역할을 하지 못하면 그 그룹의 생명력은 오래 가지 못합니다. 좋은 그룹 활동을 위해서는 좋은 그룹 구성원을 갖는 것도 중요하지만 좋은 인도자를 갖는 것이 더 중요합니다.

소그룹 자체의 기능은 그 영향력이나 효율성 면에서 상당히 탁월한데, 그런 소그룹의 많은 장점들을 어떻게 누릴 수 있느냐는 인도자에게 달려 있습니다. 그러므로 오늘날 많은 소그룹들이 그 본래의 역동적인 모습을 보이지 못하는 것은 리더십에 문제가 있는 것입니다.

주일학교에서도 마찬가지입니다. 아무리 우리의 환경이 열악하다 할지라도 좋은 리더십이 있으면 그 그룹에는 생명력이 있습니다. 학생들에게 활력이 있습니다. 그러나 리더십이 제 역할을 발휘하지 못하면 나쁜 환경과 함께 부정적 영향이 서로 상승작용을 일으켜 학생들은 그룹 자체를 전혀 의미 없는 것으로 여기게 됩니다.

따라서 교회에서 교육을 담당하는 사람들은 그 직책이 무엇이든 소그룹 리더로서 새롭게 자신을 계발하고 훈련해야 합니다. 소그룹 리더는 교회 안에서 교육을 위해 다양한 소그룹 활동을 지도해야 하는데, 그 구성원이 어른들일 수도 있고 어린이나 청소년일 수도 있습니다. 이처럼 어떤 그룹 활동을 지도하든지 우리는 좋은 리더로서 역할을 감당하기 위해 준비해야 합니다. 사실 정직하게 살펴보면, 교회 안의 많은 성도들이 자기가 속해 있는 그룹의 리더에 대해 썩 긍정적이지 못하다는 걸 알 수 있습니다. 그들은 좀더 나은 리더를 만나고 싶어 하며, 그런 리더를 찾기가 어렵다는 사실에 안타까워하고 있습니다.

그렇다면 좋은 소그룹 리더는 어떤 사람입니까? 이는 주일학교 교회교육을 감당하는 교사들이 어떤 사람이어야 하는가를 말해줍니다. 다음의 특징들이 우리 주일학교 교사들 모두에게 풍성하기를 소원해 봅니다.

첫째, 무엇보다도 예수 그리스도와의 관계에서 성숙해야 하고, 아울러 그 성숙의 깊이가 점점 더해가는 사람이어야 합니다. "나는 포도나무요 너희는 가지라 그가 내 안에, 내가 그 안에 거하면 사람이 열매를 많이 맺나니 나를 떠나서는 너희가 아무것도 할 수 없음이라" 요 15:5. 이 말씀대로 좋은 소그룹 인도자는 예수님의 뜻을 찾는 소원이 있어야 하고 또한 그분이 다스리도록 기꺼이 순종하는 겸손한 태도를 가져야 합니다.

둘째, 소그룹 리더는 개인의 삶이 명료하고 맑아야 합니다. 이는 자신의 장단점을 잘 알면서 자기가 할 수 있는 일과 할 수 없어 도움을 구해야 할 일이 무엇인지를 스스로 인식하는 것을 의미합니다. 스스로 분명히 확신한 일에 대해서는 위험을 무릅쓰고서라도 기꺼이 전진할 수 있어야 하고, 동시에 윤리적인 면에서도 깨끗해야 합니다. 소그룹 리더는 이성 문제나 돈 문제 등 윤리적인 문제에서 인도자라는 신분을 이용해 잘못을 범하지 않도록 주의해야 합니다.

셋째, 좋은 소그룹 리더는 다른 사람을 인도해오는 일에 대한 강력한 소명을 주님으로부터 받아야 하고 이에 따른 열정이 있어야 합니다. 소명감에 대한 열정은 사역자에게 아무리 강조해도 지나치지 않습니다. "여호와께서 이르시되 내가 애굽에 있는 내 백성의 고통을 분명히 보고 그들이 그들의 감독자로 말미암아 부르짖음을 듣고 그 근심을 알고" 출 3:7. "예수께서 시몬 베드로에게 이르시되 요한의 아들 시몬아 네가 이 사람들보다 나를 더 사랑하느냐 하시니 이르되 주님 그러하나이다 내가 주님을 사랑하는 줄 주님께서 아시나이다 이르시되 내 어린 양을 먹이라 하시고"요 21:15.

넷째, 좋은 소그룹 리더는 예수님과의 관계뿐만 아니라 다른 사람과의 관계에서도 투명하고 정갈해야 합니다. 그래서 다른 사람이 성숙하는 데 관심을 갖고 계속적인 관계를 유지해야 합니다. 그는 자신에 대해서 외식한다거나 감추려 하지 않고 잘 열어 보여줍니다. 소그룹을 인도하는 일이라면 기꺼이 시간과 정열을 쏟습니다. 동시에 늘 종으로서 섬기려는 자세를 갖고 그룹 구성원들의 말을 듣는 데도 민감하고 섬세합니다. "인자가 온 것은 섬김을 받으려 함이 아니라 도리어 섬기려 하고 자기 목숨을 많은 사람의 대속물로 주려 함이니라"마 20:28.

다섯째, 좋은 소그룹 리더는 믿는 사람들을 주님께 잘 인도하고자 하는 소원이 있는 사람입니다. 자원하는 심령이 있어야 하는 것입니다. "너희 중에 있는 하나님의 양 무리를 치되 억지로 하지 말고 하나님의 뜻을 따라 자원함으로 하며 더러운 이득을 위하여 하지 말고 기꺼이 하며 맡은 자들에게 주장하는 자세를 하지 말고 양 무리의 본이 되라"벧전 5:2-3.

여섯째, 좋은 소그룹 리더는 미래의 다른 인도자를 세우고자 하는 비전을 가져야 합니다. "또 네가 많은 증인 앞에서 내게 들은 바를 충성된 사람들에게 부탁하라 그들이 또 다른 사람들을 가르칠수 있으리라"딤후 2:2.

이러한 여러 표준은 좋은 소그룹 리더가 되기 위해 꼭 명심하고 자주 들여다보아야 할 거울과 같은 사항들입니다. 우리는 이러한 거울을 들여다보며 소그룹 리더로서 성경이 말하는 리더십을 갖추어가고 있는가를 스스로에게 늘 되물으며 자신을 다듬어야 하고, 동시에 지도자로서 자신의 역할을 더욱더 날카롭게 돌아보아야 합니다.

이러한 내용들은 다른 소그룹 리더를 세우는 데 있어서도 참고하여 잣대로 삼아야 할 중요한 기준입니다. 주일학교에서 일일이 이런 기준에 따라 소그룹 리더를 세우는 일은 거의 어렵겠지만, 우리는 이런 기준을 적용하면서 사람을 찾도록 노력해야 하고 그렇지 못할 때는 교사들이 이런 리더십을 가진 자로 성장하도록 도와주어야 합니다. 주일학교에서 준비된 리더십은 주일학교 사역의 승패를 가르는 중요한 요소입니다.

생산적인 소그룹 리더의 아홉 가지 습관

우리는 모두 좋은 리더가 되기를 원합니다. 실제로 소그룹 상황에서 효과적인 인도자가 되기를 원합니다. 어떻게 하면 능력 있고 효과적인 소그룹 리더가 될 수 있습니까? 다음의 몇 가지 제안은 실제적인 제안이기 때문에 각각의 영역에서 훈련만 된다면 효과적인 인도자로 서는 데 다소나마 도움이 될 것입니다.

첫째, 그룹 구성원들이 스스로 자신들의 생각이나 감정을 자연스럽게 표현할 수 있는 기회를 제공해야 합니다. 사람은 누구나 자기 이야기를 하고 싶어 한다고 합니다. 자기표현을 할 기회를 제공하면 그룹 구성원의 참여가 강화되고, 그 적극적인 참여로 인해 그룹은 좀더 역동적으로 움직이게 됩니다.

둘째, 주제와 연관된 토론을 인도해야 합니다. 보통 교회교육의 큰 문제점 가운데 하나는 어떤 가르침을 주든 간에 거의 결론이 똑같다는 것입니다. 이에 학생들은 식상해 합니다. 물론 우리의 많은 가르침들이 결론적으로는 서로 통하는 데가 있습니다. 그러나 하나같이 명백하고 공통된 결론을 내기보다는 가르치고자 하는 주제를 전달할 수 있어야 합니다. 거기서 좀더 나아가면 많은 주제들이 뒤섞이는 경우가 있기 때문입니다.

예를 들어 사랑을 가르치고 또한 친구 간의 우정을 가르친다고 했을 때,

> **New SS교육지표** 소그룹을 살리는 좋은 지도자의 여섯 가지 특징
>
> 1. 성숙과 성장이 있는 사람
> 2. 깨끗한 생활과 균형잡힌 성품의 소유자
> 3. 소명감과 열정이 있는 사람
> 4. 투명한 인간관계의 소유자
> 5. 영혼에 대한 열정이 있는 사람
> 6. 사람 키우는 일에 열심이 있는 사람

잘못하면 사랑과 우정을 베풀어 친구들을 예수님께 인도하자는 쪽으로 결론을 끌어갈 수 있습니다. 이러다보면 사랑과 우정, 전도라는 개념들이 뒤섞여버리고 맙니다. 가르침이 우정이나 사랑이라는 개념으로 시작됐다가 전도라는 개념으로 끝나고 맙니다. 따라서 우리는 가르칠 때 서로 관련된 주제만 다루도록 해야 합니다. 특히, 관련된 주제와 연결해서 가지치기를 너무 많이 하는 것도 효과적이지 못하므로 유의해야 합니다.

셋째, 전하고자 하는 말을 짧게 표현할 수 있어야 합니다. 소그룹 리더가 말을 너무 많이 하면 그룹 구성원들이 힘들어 한다는 사실을 꼭 기억해야 합니다. 가능한 한 질문을 많이 하고 꼭 전해야 할 교훈이 있을 때는 짧은 5분 스피치로 명료하게 전해야 합니다.

넷째, 쉬운 질문을 이용해서 대화를 유도해야 합니다. 질문은 소그룹 활동에서 윤활유와 같습니다. 적절한 질문은 소그룹의 분위기를 좋게 합니다. 그러므로 지도자는 우선 쉬운 질문을 하며 대화를 끌어가야 합니다. 앞서 설명한 것처럼, 단답형 질문이나 배우는 내용을 육하원칙에 따라 물어

보는 질문으로 대화를 트는 것이 좋습니다.

다섯째, 가르치는 내용의 핵심을 이해하도록 도와주어야 합니다. 분반 공부나 소그룹 성경공부에서는 가르치고자 하는 주제가 있습니다. 보통 그러한 주제와 연관된 가르침의 내용은 단순합니다. 그러므로 가르치는 자는 그 핵심을 늘 붙잡고 잘 드러낼 수 있도록 집중해야 합니다.

여섯째, 들어온 질문을 다시 그룹 구성원에게 돌리는 재치가 있어야 합니다. 이는 곧 질문이 들어왔을 때 백과사전처럼 인도자가 다 대답하는 것이 아니라, 그 질문에 대한 다른 사람들의 생각은 어떤지 물어보기 위해 질문을 다시 다른 그룹 구성원에게 던져보는 과정입니다. 이런 과정은 그룹 구성원들에게 긴장을 주기 위해서도 필요하지만, 이런 과정을 통해 질문자는 스스로 문제의 해답을 찾아가는 능력을 갖게 됩니다.

일곱째, 결론을 잘 요약해주어야 합니다. 주일학교에서는 시간이 부족하다보니까 교사가 종종 저지르는 실수가 결론을 잘 정리하지 못한다는 점입니다. 짧은 시간 안에 가르치고자 하는 내용을 다 소화하지 못했을 경우 "얘들아, 시간 다 됐다. 여기서 마치자"는 식으로 끝낸다는 것입니다. 반드시 이 점에 주의해야 합니다. 시간이 부족해서 내용을 다 소화하지 못하면 마쳐야 할 그때까지의 내용만이라도 마무리하면서 학생들이 꼭 배워야 할 한 가지 요점을 결론적으로 정리해 깊은 인상을 남겨야 합니다.

여덟째, 침묵의 시간이 가끔 있더라도 그것을 참아낼 수 있어야 합니다. 소그룹 리더는 침묵을 두려워해서는 안 됩니다. 소그룹에서 침묵은 그룹 구성원들에게 긴장을 주고 생각을 정리하도록 하는 데 꼭 필요한 시간입니다. 그러므로 오랜 시간 동안 침묵이 흐르는 것을 인도자가 참지 못하고 덤벙대는 것은 바람직하지 못합니다.

특히, 주일학교에서는 학생들이 말을 많이 하지 않기 때문에 더 긴 침묵이 흐를 수 있습니다. 청소년과 대화할 때 '18초의 원칙'이 있다고 한 것처럼 최소한 18초를 참는다는 생각으로 기다리며 침묵을 다룰 수 있어야 합니다. 물론 아무런 생각 없이 무조건 기다리라는 것은 아닙니다. 약 10초 정도가 지나면 인도자는 만약의 사태, 즉 전혀 대답이 나오지 않을 때를 대비해 다른 질문으로 바꾸어 물을 수 있도록 구상해야 합니다. 이때 주의해야 할 점은 대답이 없다고 해서 그 질문을 다른 학생에게 돌리지 말라는 것입니다. 그러면 대답하지 못한 학생이 상처를 받을 수 있기 때문입니다.

아홉째, 칭찬과 격려를 할 수 있어야 합니다. 저는 주일학교 소그룹 활동에서 이 점을 많이 강조합니다. 사람은 칭찬과 격려를 먹고 삽니다. 어른들이나 어린이, 청소년 누구나 마찬가지입니다. 저는 자라는 동안 이런 격려를 많이 받아본 적이 없습니다. 그런데 미국에서 공부할 때 교수들로부터 받은 많은 격려를 지금도 잊을 수 없습니다. 과제를 제출하면 꼭 뒷면에 "네가 내 학급에 있어 기쁘다. 네 영어 실력이 점점 좋아지고 있다. 코리안 스타일에서 아메리칸 스타일로 바뀌고 있다"고 써줍니다. 제가 그 글들을 보았을 때 얼마나 기뻤겠습니까? '내 영어 실력이 점점 좋아지고 있다니…' 하면서 많은 힘을 얻었습니다. 사실은 이 격려로 인해 제 인생이 바뀌었습니다. 덕분에 저는 좀더 적극적이고 진취적인 사람이 되었습니다. 이처럼 좋은 인도자는 칭찬과 격려를 아끼지 않습니다.

소그룹 리더가 피해야 할 아홉 가지 금기

효과적인 소그룹 리더가 되기 위해서는 계발해야 할 일도 많지만 하지 말아야 할 사항들도 있습니다. 효과적인 소그룹 리더가 금해야 할 것은 무엇일까요?

첫째, 토론을 독점하는 것입니다. 소그룹 리더가 전체 대화를 일방적으로 끌어가는 것은 소그룹 활동에 치명적일 수 있습니다.

둘째, 누군가가 대화를 독점하도록 허용하는 것입니다. 소그룹 리더가 마음을 순하게 가진 나머지 그룹 구성원 가운데 몇몇이 모든 대화를 독점하도록 방치해두어서는 안 됩니다.

셋째, 모든 답을 이미 다 아는 듯이 행동하는 것입니다. 리더가 모든 것을 다 알고 있는 것처럼 보이는 것만큼 재미없는 일은 없습니다. 리더는 알아도 모른 척할 수 있어야 합니다. 또한 정말 모르는 것은 겸손히 모른다고 말하고, 생각해본 적이 없는 문제라면 그렇다고 인정하면서 다음에 말해 줄 수 있어야 합니다.

넷째, 침묵하는 분위기에서 당황하는 것입니다. 교사들이 말을 많이 하게 되는 이유 가운데 하나는 오래 기다리지 못해서입니다. 교사들 대부분이 "얘들아! 너희들이 한번 말해봐라"고 시켜놓고는 10초를 넘기지 못합니다. 말이 안 나오면 자기가 불안해서 못 견딥니다. 그래서 말을 해버립니다. 10초 정도 지나서 아이들이 생각을 정리한 후에 말을 시작하려고 하는데 먼저 말을 해버리면 교사 혼자 북 치고 장구 치는 시간으로 흘러버릴 수 있습니다. 좀더 기다릴 수 있어야 합니다.

다섯째, 한창 이야기되는 주제와 별 관련 없는 주제에 대한 토론을 시작하는 것입니다. 이런 경우는 어린아이들에게는 드물지만 어른들에게는 종종 있습니다.

여섯째, 논쟁을 허용하는 경우입니다. 소그룹 리더는 그룹 구성원들 사이에서 일어난 논쟁을 그대로 봐주어서는 안 됩니다. 논쟁도 어느 정도는 필요하지만 적정선을 넘어서면 그룹의 분위기를 해칠 수 있기 때문에 적절히 차단해야 합니다.

| New SS교육지표 | 생산적인 소그룹 지도자의 아홉 가지 습관과 금기 |

	아홉 가지 습관	점수	아홉 가지 금기	점수
1	자기표현의 기회 제공		토론을 독점한다	
2	주제와 연관된 토론을 인도		누군가에게 대화독점을 허용한다	
3	많은 말을 짧게 표현함		모든 답을 아는 듯이 행동한다	
4	쉬운 질문을 이용한 대화 유도		침묵이 흐르면 당황한다	
5	내용의 핵심을 이해하도록 도움		관계없는 토론으로 끌고 간다	
6	질문을 다시 그룹 구성원에게로 돌리는 재치		논쟁을 허용한다	
7	결론을 잘 요약		잘못된 결론을 방치한다	
8	침묵을 참아내는 인내심		반대되는 의견에 동의하는 척한다	
9	칭찬과 격려		늘 동의를 기대한다	

매우 그렇다(5), 그렇다(4), 그저 그렇다(3), 그런 것 같지 않다(2), 그렇지 않다(1), 전혀 그렇지 않다(0)

▶ '아홉 가지 습관'의 총 점수에서 '아홉 가지 금기'의 총 점수를 뺍니다.
▶ 25~34점: 우수하지만 개선의 여지가 있는 지도자
▶ 15~24점: 보통이지만 문제점을 빨리 고칠 필요가 있는 지도자
▶ 15점 이하: 자질을 심각하게 고민해야 할 지도자

일곱째, 잘못된 결론을 방치하는 것입니다. 간혹 리더는 일부 그룹 구성원의 강한 주장에 맞부딪히기 싫어 그냥 넘어가려고 하는 수가 있습니다. 잘못된 결론은 다른 그룹 구성원에게 나쁜 영향을 주기 때문에 인도자는 이를 분명하게 바로잡아 말할 수 있어야 합니다.

여덟째, 반대하는 의견에 동의하는 척하는 행위입니다. 리더가 마음으로는 동의하지도 않으면서 너무 심하게 말하는 것이 힘들어서, 또는 상처

를 안 줘야겠다는 생각 때문에 동의하는 척 행동할 수가 있습니다. 그러나 생각이 다르다면 그것을 그대로 분명히 표현해야 합니다.

아홉째, 늘 동의를 기대하는 태도입니다. 소그룹의 특징은 다양성입니다. 리더는 자신의 생각이 그룹 구성원들의 생각과 다를 수 있음을 인정하고 다른 견해에 열려 있는 모습을 보여야 합니다. 그렇지 않고 그룹 구성원들이 자신의 의견에 늘 동의해주기를 기대하는 듯한 인상, 그룹 구성원들이 자신의 의견과 다른 말을 하면 잘 받아주지 않는 듯한 인상을 주게 되면, 그룹 구성원들은 더 이상 그룹 활동에 적극 동참하지 않게 됩니다.

소그룹 운영의 실제

다음은 소그룹 리더가 주일학교의 실제 교육상황에서 소그룹을 운영할 때 기억해야 할 내용들입니다. 주일학교 분반공부에서 효과적인 교사가 되기 위해 유의해야 할 사항이라 할 수 있습니다.

첫째, 소그룹으로 모일 때는 먼저 자리 배치를 잘 고려해야 합니다. 앞서 저는 장의자에 앉아서 분반공부를 할 경우와 개인의자에 앉아서 공부할 경우 각각 소그룹의 분위기가 얼마나 달라지는지를 설명했습니다. 비디오카메라로 찍어서 보았더니 개인의자에 둘러앉은 그룹과 장의자에 길게 늘어앉은 그룹은 분위기가 완전히 달랐습니다. 장의자에 앉을 경우 아이들이 일렬로 앉기 때문에 교사는 아이들의 시선을 놓칠 때가 많았습니다. 반면, 개인의자에 앉을 경우 아이들의 집중도가 좋고, 교사와 눈을 마주치는 횟수도 많으며, 훨씬 덜 떠들었습니다. 그러므로 소그룹을 잘 인도하려면 무엇보다 자리 배치를 잘해야 합니다.

어떤 선생님은 분반공부를 할 때 "얘들아, 다 둘러앉아라!" 하고는 아이들을 그냥 내버려둡니다. 그러면 애들은 의자 옮기기가 싫어서 있는 자리에서 살짝 의자만 돌려놓고 앉습니다. 전체적으로 어중간한 다각형 모양입니다. 그렇게 되면 선생님의 이야기가 잘 들리지도 않고 집중도 안 됩니다. 그러므로 가능한 한 교사는 분반공부 시간이 되면 재빨리 의자의 위치를 다시 정리할 필요가 있습니다. 원형으로 만들어 아이들이 그 안에 들어와서 앉으면, 위에서 내려다볼 때, 완전히 도넛 모양이 될 수 있도록 해야 합니다. 아이들은 서로 머리를 맞대면 조용해지고 집중도가 높아집니다. 이럴 때 소그룹의 효과가 훨씬 높게 나타납니다.

둘째, 교사는 학생들을 만져주고 보듬어주어야 합니다. 소그룹을 잘 인도하기 위해 교사는 아이들의 머리를 한 번씩 쓰다듬어줄 필요가 있습니다. 친근감을 주는 이런 태도는 좋은 관계를 형성하는 데 좋습니다. 아이들은 선생님이 그들을 사랑하고 관심 있어 한다는 사실을 이런 행위를 통해 인식할 수 있습니다. 그러나 고등학교 학생들을 맡은 남자 교사는 여학생에게 절대로 이런 행동을 해서는 안 됩니다. 요즘에는 중학생들도 조심해야 합니다. 쓰다듬는 모습이 인간관계 면에서는 좋은 것이지만 이성의 눈으로 서로를 바라볼 수 있는 나이에서는 간혹 오해를 살 수 있기 때문입니다.

셋째, 질문을 할 때 관찰, 반응, 적용의 틀을 따라 해야 합니다. 질문을 할 때는 귀납적 성경공부의 구성대로 먼저는 육하원칙에 따라 내용을 확인하는 질문을 하고, 다음에는 반응을 위한 질문을 하면서 어떻게 느끼는지 물어봅니다. 마지막으로 "여기서 우리가 배울 수 있는 점은 무엇이니? 어떻게 하면 너의 다짐을 실천할 수 있겠니?" 등의 적용 질문을 하면서 소그룹을 이끌어야 합니다.

넷째, 말을 잘하는 아이들만 주목할 게 아니라 말을 잘 안 하는 아이들도 내버려두지 말고 그들에게 자꾸 말할 수 있는 기회를 주어야 합니다. 적극적인 아이들은 늘 자기 생각을 표현하기를 좋아합니다. 선생님에게 사랑을 받고자 하거나 관심을 끌고자 하는 아이들도 마찬가지입니다. 그러나 교회 소그룹에서는 잘 드러나지 않는 아이들을 주목해서 보아야 합니다. 내성적이거나 여러 가지로 덜 성숙해서 분위기를 잘 맞춰 따라오지 못하는 아이들에게도 교사는 그들의 이름을 불러가면서 참여할 기회를 주어야 합니다.

다섯째, 주의 깊게 들어야 합니다. 아이의 말을 주의해서 듣지 않는 성향은 우리 문화권에 사는 어른들의 일반적인 모습입니다. 우리 아이들은 이런 일들로 인해 마음이 많이 상해 있습니다. 따라서 교회학교 교사는 그들의 말을 잘 들어주어야 합니다. 대화중에 그들의 말을 잘 듣고 있다는 사실을 나타내는 의미에서 눈을 맞추고 그들의 말을 확인하는 질문을 던져보는 것도 필요합니다.

각개전투로 임하라

여섯째, 지적인 정보를 전해주기보다는 학생들과의 관계를 우선적으로 생각해야 합니다. 주일학교 소그룹에서는 '관계'가 가장 중요합니다. 학생들은 관계를 통해 배웁니다. 특별히 청소년들은 더욱더 그렇습니다. 그들은 관계가 형성되기 전까지는 전혀 말을 듣지 않습니다. 듣는 척할 뿐입니다. 따라서 주일학교에서는 관계 형성을 위해 함께 활동하는 노력이 상당히 중요합니다. 학생들과 함께 만들고 놀고 뛰는 활동이 소그룹에서 관계를 세우는 데 매우 중요합니다. 특히 연초에 아이들과 처음 만났을 때 교사는 먼저 그들과 좋은 관계가 형성되도록 노력해야 합니다. 그런 의미에서 연초에는 분반공부를 몇 번 정도는 하지 않아도 좋습니다. 아이들과 관계가 형성되도록 우선 대화를 많이 하는 게 오히려 좋습니다.

저는 주일학교 시절에 배운 내용을 지금은 하나도 기억하지 못합니다. 다만, 저와 함께했던 사람들이 보여주었던 모습들, 그 관계들만 남아 있습니다. 우리는 관계를 통해 아이들에게 가르칠 수 있어야 합니다. 단순한 지식이나 정보로 아이들을 가르치려고 하면 실패할 것입니다. 농구나 다방구 등의 놀이를 하면서 아이들과 관계를 맺는 것이 그룹을 활성화하는 데 좋습니다.

일곱째, 말을 적게 해야 합니다. 주일학교에서 학생들이 제일 싫어하는 시간이 분반공부 시간이라고 했는데, 그 이유 중의 하나가 선생님이 말을 너무 많이 하기 때문입니다. 말을 줄이는 노력이 필요합니다.

여덟째, 그룹 구성원들을 개인적으로 지도해야 합니다. 오늘날 우리는 군중 속에서 살고 있습니다. 그래서인지 우리의 의식 속에는 그룹을 중시하면서 개인은 소홀히 여기는 경향이 있습니다. 그러나 개인 없는 그룹은 있을 수 없습니다. 우리는 다시 각 개인을 좀더 주의 깊게 볼 수 있어야 합니다. 우리 교사들과 교역자들은 일반적으로 학생들이나 성도들을 그룹별로 지도하는 데는 익숙해 있고 훈련도 잘 되어 있어 비교적 잘합니다. 반면 그룹 지도에 비해 개인 지도는 잘 못합니다. 개인을 중요시하고 그들을 돕는 훈련이 안 되어 있어서 그렇지 않나 생각됩니다. 그런데 주일학교는 아무리 그룹으로 잘 돕는다 하더라도 개인적인 돌봄이 없으면 안 됩니다. 사람은 누구나 개인적인 관계를 필요로 하기 때문입니다.

소그룹 안에서 내가 맡은 한 학생을 믿음 안에서 잘 자라도록 돕는다면 우리는 세상을 바꿀 수 있습니다. 오늘날 교회교육은 많은 학생을 교회 안으로 인도할 뿐만 아니라 한 학생을 세상에서 영향력 있는 사람으로 키우는 것에 심혈을 기울여야 합니다. 이 일을 위해 학생들을 개인적으로 돌보는 일은 아무리 강조해도 지나치지 않습니다.

아홉째, 일을 시켜 봉사하도록 해야 합니다. 아무리 잘 가르쳐도 아이들이 가르침을 받는 데는 한계가 있습니다. 그것은 곧 가르침을 받아 지식을 얻는 데만 머무르는 경우가 있다는 뜻입니다. 교육의 핵심 목표는 삶에서 열매를 거두는 것입니다. 그래서 교육은 현실적이어야 합니다. 아이들을 교육할 때 너무 교실 안에서만 머무르며 선생님이 전해주는 지식이나 듣게 하고 끝나는 식으로 해서는 안 됩니다.

이런 의미에서 아이들이 아무리 어려도 봉사를 통해, 자신도 남을 도울 수 있고 하나님나라에 이바지할 수 있음을 알도록 해야 합니다. 봉사는 그들의 성장 과정상의 특성과도 잘 어울립니다. 어린이나 청소년들은 봉사하는 일을 즐겨 합니다. 그러므로 그룹 안에서 교사가 아이들에게 어떤 일을 시켜서 봉사하도록 여건을 만들어주는 작업은 매우 중요합니다. 심부름을 시킨다든지, 대신 출석을 부르도록 한다든지 해서 봉사의 장을 마련해 아이들이 적극 참여하도록 신경을 써야 합니다.

열째, 심령을 부흥케 해야 합니다. 소그룹 활동을 할 때 교사가 늘 명심해야 할 사항은 학생들의 심령이 부흥해야 한다는 점입니다. 소그룹 활동을 하는데 그룹 구성원의 심령이 냉랭하다고 한번 생각해보십시오. 그 그룹은 얼마 지나지 않아 와해될 것입니다. 소그룹에는 늘 하나님의 말씀을 뜨겁게 사랑하는 열정과 함께 그룹 구성원들끼리 함께 기도하고 찬양하는 뜨거운 열정이 있어야 합니다. 이를 위해 지도자는 늘 영적으로 깨어 있어야 합니다.

주일학교에서도 마찬가지입니다. 우리 아이들이 아무리 어리다 하더라도 그 심령은 부흥해야 합니다. 이를 위해서는 먼저 선생님들의 심령이 부흥해야 합니다. 주일학교 교사가 소그룹을 지도하기 위해 다양한 기술을 배워야 하겠지만, 그 어느 것보다 선행되어야 할 것은 스스로의 심령이 은혜로 부흥해야 한다는 점입니다. 그래야만 그의 지도를 받는 학생들도 영향을 받을 수 있기 때문입니다. 그러므로 교사는 늘 하나님 앞에서 자신의 심령이 부흥하도록 기도해야 합니다. 아울러 주일학교 지도교역자들도 교사의 심령이 늘 영적으로 부흥하도록 유념하여 그들을 영적으로 도전하면서 지도해야 합니다.

열한째, 교사는 소그룹이 계속 성장하도록 해야 합니다. 소그룹은 정체될 때가 문제입니다. 소그룹이 생명력을 갖기 위해서는 계속해서 새로운 생명이 탄생해야 합니다. 교사가 학생들을 직접 전도하여 자리에 앉히기가 쉽지 않습니다. 주일학교 전체의 전도 프로그램을 따라가는 것이 필요하겠지만 내 소그룹을 통해서도 새로운 학생들이 들어오도록 힘써야 합니다.

새로운 학생을 인도하는 가장 좋은 방법은 학생이 학생을 전도하는 것입니다. 소그룹에 있는 학생들을 도와 함께 전도하도록 해야 합니다. 학생들이 전도해서 다른 학생들을 데려오는 것에 관심을 갖도록 늘 강조하고, 친구들과 모임을 만들어 선생님과 함께 만나는 장을 많이 만들도록 시간과 열정을 내는 것입니다. 내가 맡은 소그룹에서 새 생명이 탄생하는 것이 가장 큰 기쁨이요, 그때 소그룹의 생명력은 더 강화됩니다.

New S S 혁 신 토 의

1. 소그룹의 장점을 정리해보고 이에 추가할 다른 장점을 말해보라.
2. 당신이 소그룹 인도자(교사, 순장, 구역장 등)가 된 이유를 나누어보라. 그 동기에 대해 어떻게 생각하는지 말해보라.
3. 효과적인 그룹 인도자가 되기 위해 당신의 소그룹에서 적용하고 싶은 것은 무엇인가?

N·e·w·S·S·혁·신·보·고·서

4
모병에서 각개전투로

'좋은 교사가 없어서….' 한탄만 하시렵니까? 교사 모집과 훈련에도 특급 노하우가 있습니다. 좋은 교사 골라내서 적절히 배치하기, 지속적으로 교육하기, 은사 발견과 보충법 등 주일학교의 꽃, 교사에 관한 모든 지침을 내놓습니다. 평소에는 찬밥 취급을 당하다가 아쉬울 때만 탓하는 행정, 막상 하려면 막막하고 번거롭기만 행정의 ABC를 익힙시다. 이 책을 읽고 나면 당신도 주일학교 일등 오거나이저(organizer)! 교육목사론, 교육지도자론도 빠뜨리지 마십시오.

NewSS 혁신 보고서

제10장

교사가 서야 교육이 산다

'좋은 교사가 없어서…' 한탄만 하시렵니까? 교사를 모집하고 훈련하는 데도 특급 노하우가 있습니다. 좋은 교사 골라내서 적절하게 배치하기, 지속적으로 교육하기, 은사 발견과 보완법 등 주일학교의 꽃, 교사에 관한 모든 지침이 여기 있습니다.

소그룹 활동에서 리더의 역할은 매우 중요합니다. 특히, 분반공부를 통해 이루어지는 주일학교 소그룹에서 리더인 교사의 역할은 아무리 강조해도 지나치지 않습니다. 주일학교의 여러 어려움을 극복하는 요소는 바로 준비된 교사, 헌신된 교사입니다. 교사가 소그룹 리더로서 제 역할을 제대로 하기만 하면 시간이나 공간 등 어떤 제약도 문제가 되지 않습니다. 이것은 그동안의 주일학교 사역을 통해서 확실히 검증된 바입니다.

그런데 우리의 고민은 그런 준비되고 헌신된 교사를 많이 확보하기가 어렵다는 것입니다. 확보했다고 하더라도 그런 교사들이 오랫동안 봉사하지 못하고 있다는 것이 문제입니다. 사정이 이렇다보니 주일학교 현장에서의 교사 문제는 생각보다 매우 심각합니다. 소형교회는 더욱 치명적일 것입니다.

어떻게 하면 준비된 교사를 많이 모집할 수 있을까, 어떻게 하면 교사의 일을 헌신적으로 하게 할 수 있을까, 그리고 어떻게 해야 교사들이 좀더 넓은 식견과 안목을 가지고 계속해서 봉사하게 할 수 있을까, 이런 것들은 주일학교 사역에서 빼놓을 수 없는 고민거리입니다.

주일학교 자원봉사자의 실태

1990년대 중반에 서울 소재 31개 교회 주일학교 교사 1,043명을 대상으로 설문조사를 한 적이 있습니다. 설문에 참여한 교사의 성 비율은 남자가 358명으로 34%, 여자가 685명으로 66%였습니다. 제가 대학 강단에서 가르쳤던 학생들의 소속 교회를 중심으로 주일학교 교사들을 무작위로 추출해 조사한 것이어서 이 설문조사는 어떤 특정지역에 국한되어 이뤄진 것은 아닙니다.

조사한 바에 따르면, 주일학교 교사의 남성과 여성의 비율은 보통 3.5대 6.5로 여성이 높고, 연령 분포는 20–30세가 60% 625명, 31–40세가 22.6% 246명, 41–50세까지가 13% 136명, 50세 이상이 4.4% 46명였습니다.

이런 결과를 보면 대체로 주일학교에서 자원봉사를 하고 있는 교사들은 20, 30대가 가장 많고, 30대 이후 40, 50대는 현저하게 적다는 걸 알 수 있습니다. 저는 이 연령 분포도를 보면서 우리나라 주일학교 봉사자들의 은퇴 시기가 너무 빠르다는 생각을 했습니다. 주일학교 교사 중에 나이 많은 분들이 거의 없다는 것입니다.

요즘 들어 사회에서 크게 부각되는 조기은퇴 문제는 교회 안의 봉사현장에서도 심심찮게 나타나는 문제입니다. 평신도들의 봉사 참여율이 점점

| New SS교육지표 | 주일학교 자원봉사자의 실태 |

주일학교 교사 남녀 성비율

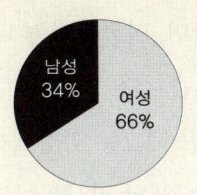

주일학교 교사의 연령분포

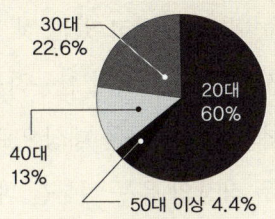

여교사의 직장 소유 비율

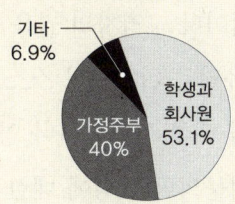

주일학교 교사로 봉사하는 이유

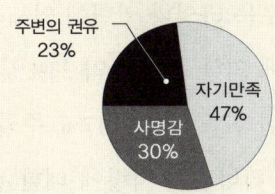

주일학교 교사의 봉사 만족도

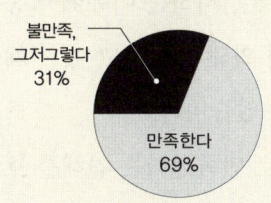

봉사 만족의 요소

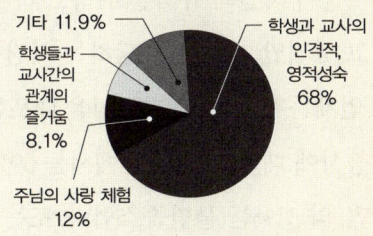

봉사를 방해하는 요소

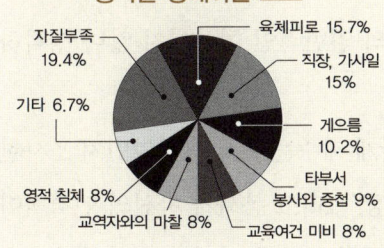

교사로서의 자질에 대한 회의 이유

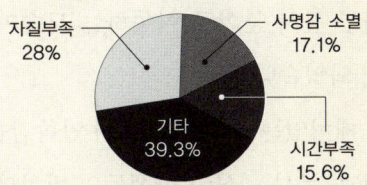

떨어지고 있는데, 그 원인 중 하나가 바로 나이 드신 분들이 봉사에 참여하지 않기 때문입니다. 우리나라 사람들은 나이가 들면 들수록 아이를 돌볼 수 있는 기력이 없다고 스스로 느끼는가 하면, 아이들도 나이 든 사람을 싫어할 거라는 편견을 갖고 있는 것 같습니다. 반면, 미국에서는 나이 든 사람들이 봉사 그룹에 들어가 활동하는 경우가 많습니다.

한국교회의 봉사자들을 대상으로 여러 조사를 해보는 과정에서, 특별히 여성일 경우 직장의 유무 여부를 파악한 결과, 학생과 회사원이 전체 여성의 53.1%를 차지했고, 가정주부는 약 40%를 차지하고 있었습니다. 봉사를 하는 이유로는 타의나 권면에 의해서, 즉 목사님이나 교역자의 권유 등 주위의 권유에 의한 동기가 약 23%였고, 자기의 유익을 위하거나 스스로 좋아서 봉사한다는 사람이 47%, 주일학교 교육에 대한 사명감이나 영적인 이유, 또는 하나님의 사랑에 대한 감사, 교사 직분의 중요성에 대한 자각 때문에 봉사한다는 사람이 30%를 차지하고 있었습니다. 즉 많은 주일학교 교사들이 자신의 유익을 위하고 하나님의 은혜에 감사하는 이유에서 봉사하고 있지만, 23%에 해당하는 사람들은 타의에 의해 봉사하고 있기 때문에 언제든지 그만 둘 가능성을 내포한다고 볼 수 있습니다.

봉사에 대한 만족도 면에서는 69%가 그런대로 만족한다는 견해를 보인 반면, 약 31%는 불만족스럽다, 또는 그저 그렇다는 반응을 보였습니다. 저는 이 결과를 보면서 연말에 30% 가량의 교사들이 교사직을 그만두거나 다른 봉사 분야로 이동하는 모습이 거의 일반적인 현상이지 않나 생각하게 되었습니다.

재미있는 것은 봉사에서 만족감을 갖게 해주는 요소가 무엇인지 조사한 결과, 봉사 대상인 학생들의 변화와 성장, 그리고 봉사자 자신의 인격적이고 영적인 성숙 때문에 만족한다는 견해가 68%를 차지한다는 점입니다.

그 다음으로는 주님의 사랑을 체험할 수 있어서 만족한다는 사람이 12%, 학생들과의 관계 때문이라는 사람이 8.1%를 차지했습니다. 이 결과에 따르면, 일반적으로 교사에게 만족감을 가져다주는 요소는 아이들의 변화와 본인의 영적 성장에 있다고 볼 수 있습니다. 저는 다른 교사와의 관계가 교사의 만족도에 큰 영향을 미칠 줄 알았는데, 그것은 그다지 중요한 요소가 아니었습니다.

이런 조사 결과들을 통해, 교사가 영적인 면이나 아이들의 신앙 성숙 면에서 만족감을 얻는다면 봉사 기간을 연장할 수도 있지만, 그렇지 않다면 어려움을 겪게 된다는 사실을 추측해볼 수 있습니다.

주일학교 봉사를 하는 데 방해되는 요소가 무엇인지 조사한 항목에서는 여러 가지가 지적되었습니다. 교사로서의 자질 부족이 19.4%를 차지했고, 육체적인 피곤함이 15.7%, 직장일이나 가정일이 15%, 게으름이 10.2%, 다른 부서의 봉사와 겹치는 데서 오는 어려움이 9%, 교육여건 미비가 8%, 영적인 침체가 약 8%, 봉사 중 교역자와의 충돌로 인한 상실감이 8%였습니다.

이 결과들을 종합해보면, 육체적인 피곤함이라든지 직장일, 교육 여건 등의 방해 요소들만 모두 55.7%로 자신의 의사와는 상관없는 외적인 요소에 의해서 봉사의 어려움을 겪고 있는 경우가 많다는 사실을 알 수 있습니다. 외적인 요인 때문에 교사의 헌신도가 점점 약해지고, 봉사 연륜이 짧아진다는 것입니다. 실제로 봉사를 한 지 1-3년 사이에 많은 사람들이 이동하는 현상도 이런 맥락에서 이해할 수 있습니다.

다음으로 교사들이 지치고 회의를 느끼는 이유에 대해서 물어보았는데, 자질 부족 때문이라고 말하는 사람이 28%나 되었습니다. 사명감의 소멸은 17.1%, 가정일과 직장일로 인한 시간 부족은 15.6%였습니다. 조사 결과를 볼 때, 교사들은 의외로 자신의 자질 부족 때문에 지치고 힘들어한다는 사실을 알 수 있습니다. 그래서 그런지 건의사항 중 교사 자질 향상 프로그램을 디자인해서 거기에 예산을 투자했으면 좋겠다는 의견이 69%나 차지했습니다. 많은 교사들이 교사의 자질 향상을 위한 교육 프로그램에 갈급해 하고 있는 것입니다.

이와 같은 결과들을 보며 몇 가지 중요한 사실들을 요약해낼 수 있습니다. 교회 안에서 여성들의 봉사 비율이 점차 높아지고 있고, 연령 분포는 점점 20, 30대로 집중되고 있으며, 봉사 만족도 면에서는 대체로 만족하고 있으면서도 약 30%에 해당되는 사람들은 불만족과 함께 훈련 부족으로 갈등을 겪고 있다는 사실입니다.

교회 내 인력 부족 현상

이런 상황에 대한 인식을 바탕으로 자원봉사자 모집과 운영에 관한 문제점들을 살펴보면서, 앞으로 자원봉사자 문제를 어떻게 진단하고 대안을 세워나가야 할지 생각해보고자 합니다.

먼저 우리는 자원봉사자를 모집하는 일이 얼마나 어려운 일인지를 생각해야 합니다. 에스겔서 22장 30절을 보면 "이 땅을 위하여 성을 쌓으며 성 무너진 데를 막아 서서 나로 하여금 멸하지 못하게 할 사람을 내가 그 가운데에서 찾다가 찾지 못하였으므로"라는 말씀이 있습니다. 여기서 에스겔이 겪는 어려움은 "함께 일할 사람이 없다"는 것입니다. 또 누가복음 10장 2절 말씀을 보면 예수님께서 겪은 어려움이 나와 있습니다. "이르시되 추수할 것은 많되 일꾼이 적으니 그러므로 추수하는 주인에게 청하여 추수할 일꾼들을 보내주소서 하라." 즉 "추수할 것은 많되 일꾼이 없다"는 것이 어려움이었습니다.

이 문제와 관련하여 저는 중요한 사실을 한 가지 발견했습니다. 예나 지금이나 자원봉사자 모집이 상당히 어렵다는 사실입니다. 저는 미국에 있는 동안 미국의 주일학교가 어떻게 변천해왔는가를 연구한 적이 있습니다. 사실 미국의 역사는 어떤 면에서 주일학교의 역사라고 해도 과언이 아닙니다. 미국의 서부 개척사는 모두 주일학교Sunday School의 역사입니다. 미국 사람들이 동부를 개척하고 서부로 계속 이동할 때도 개척지에 제일 먼저 자리를 잡은 것이 주일학교였습니다. 그 주일학교를 근거지로 마을이 확장되어간 것입니다. 그런데 주일학교 역사에서 가장 큰 이슈 중의 하나가 바로 자원봉사자를 모집하는 일이었다고 합니다. 예전에도 자원봉사자를 모집하는 문제가 가장 어려운 일이었나 봅니다. 앞으로는 자원봉사자를 모집하는 일이 더욱더 어려워질 거란 예상이 듭니다.

요즘 많은 사람들은 미국의 주일학교가 쇠퇴한 이유를 놓고 여러 관점에서 말들을 합니다. 그런데 저는 자원봉사자 문제와 관련해서 그 원인을 다음과 같이 분석합니다. 첫째는 1920년대를 기점으로 미국 교회교육의 많은 부분이 '양육'에 강조를 두었기 때문입니다. 양육이 강조되면서 다른 사람에게 복음을 전하고 그리스도께 인도하는 '전도'가 상대적으로 상당히 약해져서 주일학교에 사람이 줄어든 것입니다.

둘째 원인은 자원봉사자의 감소입니다. 미국에서 주일학교를 연구하는 대부분의 사람들은 자원봉사자의 감소로 미국의 주일학교가 쇠퇴하기 시작했다고 말합니다. 자원봉사자의 감소는 곧 인력 부족으로 인한 주일학교 사역의 쇠퇴를 의미했기 때문입니다. 교회 안에서 자원봉사자의 역할은 매우 크기 때문에 자원봉사자들이 줄어들면 자연스럽게 사역이 위축될 수밖에 없습니다. 이런 일련의 현상들을 볼 때, 21세기 교회교육에서 자원봉사자 확보는 큰 숙제가 아닐 수 없습니다.

교사에게도 사례금을 줘야 한다?

그러면 왜 이렇게 자원봉사자 모집이 어려워졌을까요? 그것은 아르바이트 개념의 확장으로 사회가 늘 '시간=돈'이라는 등식을 보편화해왔기 때문입니다. 그래서 교회에서도 무슨 일을 시킬 때는 늘 돈 계산이 따라야 하는 버릇이 생기게 되었습니다. 이 사회가 모든 일들을 돈으로 환산하다 보니 교회 안에서도 월급을 받는 스태프들이 많이 늘어난 것입니다.

그 예로 교회 봉사자 중에서 특별히 사무직원들은 모두 월급을 받습니다. 같은 평신도 중에서 이렇게 풀타임full-time 근무자가 급료를 받는다면 파트타임part-time 봉사자도 당연히 급료를 받아야 한다는 인식이 뒤따라 생겨났습니다. 아르바이트 개념이 교회 안까지 들어왔다는 뜻입니다. 예전의 자원봉사 개념은 이제 다 사라지고 말았습니다.

사정이 이렇다보니 이제 교회는 자원봉사자보다는 아르바이트하는 사람을 쓸 수밖에 없는 형편이 되고 말았습니다. 대학생들도 자원봉사보다는 아르바이트를 선호합니다. 저는 개인적으로, 이런 경향들이 성가대를 중심으로 일어나면서 교회 전반에 좋지 않은 영향을 끼쳤다고 생각합니다. 물론 신실한 봉사자들도 있지만, 요즘 큰 교회의 성가대 솔리스트나 악기 연주자들은 아르바이트 개념으로 종사하는 듯한 인상을 줍니다. 심지어는 악기를 나르는 데도 수고비를 줘야 합니다.

물론, 돈을 지불하는 이런 현상은 교회에서 사람을 키우자는 선한 의도에서 비롯되었지만, 여기서 제가 지적하고자 하는 점은 각 개인에게 '수고비' 조로 돈을 줌으로써 마땅히 해야 할 교회 봉사를 돈 받고 하는 아르바이트 개념으로 변질시켰다는 사실입니다.

일반 성가대원들은 전공자가 아니라는 이유로 돈을 못 받고 있지만, 그들도 전공자라면 얼마든지 돈을 달라고 요청할 수 있는 풍토가 되어버렸습니다. 이런 인식이 교회 안에 퍼지기 시작하면서 유급 아르바이트로 봉사를 대신하는 경향이 확산되어 교회 안의 '자원봉사' 개념이 약화되었습니다.

자원봉사자 모집이 어려운 또 다른 이유로 여성의 취업인구가 늘어났다는 점도 들 수 있습니다. 사회가 다변화되면서 여성들이 결혼 후의 가사 책임을 남편들과 공유하기 시작했습니다. 제가 대학에서 강의할 때 여학생들에게 "여러분은 졸업 후 어떤 계획을 가지고 있나요?" 하고 물었더니 모두가 직업을 갖겠다고 대답했습니다. 결혼 후에도 계속 직장에 나가겠다고 했습니다. 직업을 가지지 않고 집안 살림만 하겠다는 사람은 한 명도 없었습니다. 직장생활을 하려는 이유에 대해서도, "집에서 아기 보느라 시달리는 것보다는 재미있게 일도 하고 무언가 성취하는 것이 좋잖아요"라고 대답했습니다. 그래서 제가 "그러면 집안일은 누가 하는데요?" 했더니, 그들의 대답은 간단했습니다. "시어머니한테 맡기면 되죠." 요즘 젊은 학생들은 이런 생각을 갖고 있습니다. 여자로서 가사를 돌보는 일에 대한 개념이 점점 미약해지고, 집에서 아기를 키우기보다는 일단 나가서 활동하는 게 더 편하다는 인식을 보편적으로 가지고 있습니다.

아마도 요즈음 젊은 여성들은 일반적으로 이런 생각들을 하고 있을 것입니다. 여성의 취업인구가 점점 증가되는 현상도 이런 생각이 반영되기 때문입니다. 문제는 직장 여성들이 점점 늘어나면서 그들의 피곤함이 가중되고 시간의 여유가 없기 때문에 교회에서 봉사하는 인구도 줄어든다는 점입니다. 예전에는 여성들이 가사만 했기 때문에 교회가 필요로 할 때면 언제나 교회 봉사에 앞장섰습니다.

그러나 요즘 서울의 어느 외곽 지역에서는 금요일 오전에 구역예배 모임을 갖기가 어렵다고 합니다. 대부분의 여성들이 일하느라 밖에 나가 있기 때문입니다. 이들 중에는 집안 형편이 어려워서 일을 나가는 경우도 있지만, 대부분은 자기 성취를 위해 일을 합니다. 이런 여성들이 점점 늘어날 추세입니다. 이런 현상은 앞으로 교회 사역에 상당한 영향을 끼칠 것입니다. 그러므로 교회 지도자들은 이런 추세를 예측하면서 교회가 대처해야 할 방향을 제시하고, 시대적 흐름에 부응하는 교회 사역을 계획해야 합니다.

자원봉사자 확보가 힘든 셋째 이유는 편부, 편모슬하에서 자라는 아이들이 많아지고 그런 가정들이 늘어나기 때문입니다. 시대가 흐를수록 이혼율은 점점 높아지고 있습니다. 요즘은 좀 줄어들고 있습니다만, 1990년대 후반만 해도 서울 서초구의 경우 결혼한 사람 열 명이 결혼 신고를 하면 네 명이 이혼 신고를 하는 사실을 확인할 수 있었습니다. 이혼하는 가정이 많아지면 자연히 편모 가정은 생활력 부재로 자녀 양육보다는 우선 일거리를 찾아나서야 합니다. 이런 사람들이 많아지면서 예전에는 자원봉사 영역의 가장 중요한 핵이라고 할 수 있었던 여성 그룹들이 점차 줄어들기 시작한 것입니다.

봉사도 굵고 짧게 한다

자원봉사자 모집이 어려운 넷째 이유는 급변하는 사회적 요청으로 많은 사람들의 행동반경이 넓어지고, 이로 인해 자주 이사를 해야 한다는 점입니다. 요즘처럼 사람들이 직장을 자주 바꾸는 시대도 없었습니다. 시대가 지나면서 이런 현상은 더 심화될지도 모릅니다. 그동안 우리는 한 번 직장에 들어가면 평생 일한다는 생각을 해왔지만 이제는 그런 기대를 할 수 없습니다. '평생직장'의 개념이 사라졌을 뿐 아니라 노동의 유연성을 확보하고자 하는 기업체들 때문에 언제 그만두어야 할지 모르는 형편에서 살고 있습니다. 이제는 퇴직금도 없습니다. 연봉제도의 확대로 인해 사실상 매년 갱신되는 계약에 따라 근무해야 할 지경에 이르렀습니다.

이는 미국을 중심으로 한 선진국들의 흐름이었지만, 서서히 우리나라에도 들어와 굳어지고 있습니다. 미국인들은 평생직장에 대한 개념이 없고, 자주 직장을 옮길수록 자신의 경력이 쌓여간다고 생각합니다. 실제로 그런 사람들이 우대를 받습니다. 그래서 어느 정도 기본적인 근무 연수만 채우면 자기 경력을 위해서 다른 직장으로 옮겨갑니다. 이런 현상이 우리나라에도 이미 나타나기 시작했습니다. 연봉제 때문에 노동자들은 매년 새롭게 봉급을 올려주겠다는 곳으로 이직하는 현상을 보입니다. 필요에 따라서는 지방으로 옮겨가기도 합니다.

이제 현대사회는 잦은 이직과 이사가 하나의 특징이 되어버렸습니다. 이사가 많아지다 보면 자연히 교회에서 봉사하는 사람들도 한 곳에서 오랫동안 봉사할 수 없습니다. 그러므로 자원봉사자가 어느 부서에서 일 년 정도 봉사하면 교역자는 그가 그나마 오래 봉사했다고 생각해두는 편이 좋습니다. 몇 년이고 계속 있을 것으로 생각하고 계획을 세우면 차질이 생길 수도 있기 때문입니다.

자원봉사자 확보가 어려운 다섯째 이유는 교사들에게 사건과 변화가 많기 때문입니다. 사건과 변화는 봉사 기간을 단축시키는 요인이 됩니다. 주일학교 교사들 중에는 결혼하는 사람들이 왜 그렇게 많은지 결혼하기 위해서 주일학교에 들어오는 것 같은 인상을 받을 정도입니다. 많은 봉사자가 결혼 적령기에 있기 때문입니다.

YMCA에서 봉사하는 사람들을 대상으로 '봉사 의식'을 조사해보았더니, 일반적으로 사람들은 집약적으로 하는 봉사를 더 선호하는 것으로 나타났습니다. 같은 분량의 일이라도 6개월 동안 나누어서 봉사하기보다는 4주 동안 집약해서 한꺼번에 봉사하는 편이 더 낫다고 생각합니다. 대부분의 사람들은 단번에 무엇인가를 끝내려고 하지, 오랫동안 봉사하는 일에 대해서는 별로 흥미도 없고 좋아하지도 않습니다. 이런 성향 때문에 봉사자의 봉사 기간은 점점 단축되어 가고 있습니다.

기도만이 해결책

자원봉사자 모집이 어려운 여섯째 요인으로, 장년사역 Adult Ministry의 성공을 들 수 있습니다. 이는 교회 내에서 어른들을 중심으로 하는 다양한 성경공부와 프로그램이 활성화되어 자원봉사자 모집이 어렵다는 뜻입니다. 장년사역이 활성화되지 않았을 때에는 어른들이 대부분 주일학교에 와서 봉사하는 가운데 배우곤 했습니다. 그런데 이제는 각 교회마다 성인 대상 프로그램이 활발해져 주일학교 봉사 프로그램에 대한 관심과 흥미가 자연히 사라졌습니다. 자신이 현재 배우고 있는 곳에서 만족하다보니 거기에 머무르고 마는 것입니다.

일곱째 요인은, '나 중심의 사회' 분위기를 들 수 있습니다. 다가오는 시대를 소위 '미-제너레이션' Me-Generation 시대라고 하는데, 이는 곧 나 중심의 세대가 된다는 뜻입니다. 생활의 중요한 축이 자기 자신이 되므로 교회를 위해서 무슨 일을 하기에 앞서 자신이 무엇을 포기해야 할지를 먼저 생각하게 된다는 것입니다. 이렇게 되면 점차 자원봉사자 모집이 어려울 수밖에 없습니다.

여덟째 이유는, 봉사에 관한 성경적 신학의 부재입니다. 자본주의 사회에서 모든 활동은 자기에게 돌아올 이익과 관계가 있습니다. 이것은 앞으로 점점 더 예수님께서 제자들의 발을 씻긴 모습과 같은 섬김의 의식을 가지고 봉사에 접근하는 사람이 매우 드물어진다는 뜻입니다.

아홉째 이유는 '두려움'입니다. 사람들은 '주일학교에 한 번 발을 들여놓으면 언제 이곳을 빠져나갈 수 있을까? 혹시 못 빠져나가지는 않을까?' 하는 두려움을 갖습니다. 보통 처음에는 두 시간 정도만 봉사하기로 하고 주일학교에 들어왔는데, 실제로 봉사를 하다보면 "이것도 해주십시오. 저것도 해주십시오" 하는 요구를 받게 됩니다.

그래서 주일에 대여섯 시간 동안이나 봉사하게 되고, 그러다보니 어쩔 수 없이 질질 끌려 다니면서 '어떻게 하면 빠져나갈까?' 하는 것만 궁리합니다. 그래서 기회가 생기면 잽싸게 빠져나갑니다. 그런데 그렇게 빠져나가고 나선 입방아를 찧습니다. "휴, 주일학교는 말도 마. 거긴 사람 잡아!" 이런 이야기가 돌다보면 주일학교는 완전히 '3D 업종'이 되고 맙니다. 또 이런 두려움도 있습니다. '아이들이 너무 거칠게 나오거나 나를 무시하지는 않을까?' '내가 아이들에게 얼마나 호소력 있게 다가갈 수 있을까?' 하는 등의 두려움입니다.

마지막 열째 이유는 '누군가 하겠지' 하는 의식입니다. 여러 사람이 함께 일하는 여건에서는 완전히 헌신된 사람이 없는 한 많은 사람들이 서로 일을 미루는 경향이 있습니다. 이런 여러 가지 요인들이 자원봉사자 모집을 어렵게 만들고 있습니다.

그러나 무엇보다 중요한 문제는 자원봉사자 모집을 위해 기도하지 않는다는 사실입니다. 자원봉사 활동을 신장시키는 데 가장 좋은 방법은 자원봉사자 확보를 위해서 기도하는 일입니다. 그래서 저는 주일학교에서 좋은 자원봉사자를 확보하지 못하는 이유는 기도하지 않기 때문이라고 지적합니다. 마태복음 9장 38절에 보면, 주님이 우리들에게 가르쳐주신 중요한 내용이 있습니다. 일꾼을 보내달라고 주인에게 요청하라는 것입니다. 즉 기도입니다. 사실 우리는 일꾼이 필요하다는 사실을 알면서도 이 일을 놓고 "하나님, 이런 사람이 필요합니다. 좀 도와주십시오!"라고 합심해서 기도하는 데는 상당히 게으릅니다.

자원봉사자 확보를 위한 특급 노하우

주일학교에서 자원봉사자 확보는 중요한 이슈입니다. 평신도 자원봉사자의 리더십에 따라서 교회학교 전체가 결정된다고 해도 과언이 아닙니다. 기존의 리더들이 좋은 리더로 설 수 있도록 돕는 것과 함께 건강한 새로운 리더들을 세우는 데 관심을 가져야 합니다. 우선 급한 것은 헌신된 평신도 리더들을 가능한 한 빨리 확충하는 것입니다. 이런 면에서 전반적인 교사 확충이 충분히 되어야 합니다. 교사 확충은 어떻게 할까요? 많은 교회들이 어려움을 겪고 있는 부분입니다. 기존의 자원들이 충분치 않아 모을 만한 사람도 없는 교회가 대부분일 것입니다. 그렇지만 계획과 전략을 가지고 접근해야 합니다.

우선 교사 모집에 있어서 염두에 두어야 할 것이 있습니다. 그것은 교사의 역할을 가르치는 일로만 제한하지 말라는 것입니다. 사실 잘 가르치는 사람을 찾기란 쉽지 않습니다. 그리고 주일학교에 가르치는 사역만 있는 것이 아닙니다. 가르치는 일 외에 다양한 봉사의 영역들이 있습니다. 예배를 돕는 음악, 음향, 환경 등을 담당하는 사람도 필요하고 행정적인 일을 하는 사람들도 필요합니다. 이들이 꼭 가르치는 사람이어야 하는 것은 아닙니다. 단순히 그 일만 하면서 주일학교에서 봉사할 수 있습니다.

또 이들이 이런 역할을 해주면, 실제로 가르치는 일을 하는 교사는 주일학교를 위한 다른 일에 시간이나 에너지를 빼앗기지 않고 학생들을 가르치고 돌보는 일에만 집중할 수 있는 유익이 있습니다. 이런 면에서 교사를 모집할 때 꼭 가르치는 사역만 생각하지 말고 다양한 역할을 담당할 사람을 찾는다는 생각으로 접근해야 합니다. 그래서 교사라는 말 대신에 자원봉사자라는 용어를 사용하는 것이 좋을 듯합니다. 그렇다면 주일학교에서는 어떻게 자원봉사자를 모집해야 할까요?

첫째, 자원봉사자 모집을 위한 위원회committee를 구성해야 합니다. 자원봉사자 모집을 위해서는 사명자가 필요합니다. 그런데 이 사명자를 구하는 일처럼 어려운 일이 없습니다. 앞으로 교회는 사람들이 교회에 처음 등록할 때부터 적절한 대책을 세워서 그러한 사명자들을 적당하게 배치하고 참여케 할 수 있도록 근본적인 연구를 해야 합니다.

사실 교회 안에 많은 사람들이 들어오고 있기는 합니다. 그 사람들에게는 훈련과 교육도 필요하지만 동시에 봉사도 필요합니다. 훈련과 교육을 받는다고 해서 봉사를 시키지 않으면 그들은 균형 있는 성장을 이루기 어렵습니다. 그러나 현실적으로, 교회 내에서 교육은 이루어지고 있지만 봉사에 대한 동기부여는 잘 이루어지지 않고 있는 실정입니다.

어느 교회에서 아주 독특한 방법으로 자원봉사자를 모집하는 것을 본 적이 있습니다. 보험 세일즈 경력이 있는 사람에게 자원봉사자 모집을 맡긴 것입니다. 그 결과, 전임사역자로 임명받은 그 사람은 눈만 떴다 하면 주일학교를 소개하고, 자원봉사자를 모집하기 위해 돌아다닌다고 합니다. 만나는 이들에게 아주 작은 것이라도 교회를 위해 할 수 있는 봉사를 권하고 상담해주고 연결하는 역할을 합니다.

모든 교회가 이런 경우처럼 유급으로 사람을 쓸 수는 없겠지만, 교회생활을 오래 하고 발이 넓은 사람을 활용한다면 자원봉사자 모집이 지금보다는 훨씬 더 효과적으로 이루어지지 않을까 싶습니다. 사교성이 뛰어난 사람이나 사람을 좋아하는 사람, 또 영업을 잘하는 사람들을 중심으로 위원회를 만들어 일 년 열두 달 계속 자원봉사자를 모집할 수 있도록 하는 대책이 필요합니다.

둘째, 자원봉사자를 모집하는 채널을 다양화해야 합니다. 집사님들이 주로 모이는 교회의 제직회, 소그룹 리더가 모이는 각 그룹, 또는 소그룹 모임을 통해서 자원봉사자 모집의 채널을 열어야 합니다. 이 외에도 젊은 이부서, 새가족반 등 여러 영역에서 자원봉사자를 끌어낼 수 있는 채널들을 만들어 놓아야 합니다. 특히 대학부와 청년부에서 정기적으로 교사를 수급 받을 수 있도록 하는 것이 좋습니다.

셋째, 항시 모집을 위한 계획을 작성해야 합니다. 이것은 모든 교회에서 잘 안 되는 부분 중의 하나입니다. 보통 연말에 주일학교를 위한 자원봉사자를 모집하고 끝나는데 연중 중간 중간에도 모집을 계속해야 합니다. 소식지나 광고를 활용하거나 일정 기간의 캠페인, '주일학교의 날' '주일학교의 밤' 등의 행사들을 통해 모집해보는 것도 좋습니다(행사시 자원봉사자 신청서를 봉사 영역과 시간을 표시해 나눠주고 후에 연락하여 봉사하게 합니다).

넷째, 브로셔나 주일학교를 소개하는 팸플릿을 만들어 교회의 일정한 장소에 비치해두고, 그 소개지 안에 신청서 양식을 집어넣어 언제든지 자원봉사자로 자원할 수 있도록 하는 것입니다.

자원봉사자를 모집하는 데 있어서 꼭 필요한 것이 있습니다. 그것은 개인적인 인터뷰와 상담입니다. 지원한 자원봉사자들을 개인적으로 만나 그들의 신앙 정도와 봉사 가능 정도, 봉사할 영역 등을 살펴야 합니다. 자원봉사를 위한 문이 넓게 열린 만큼 사람들을 잘 쓰는 것이 중요합니다.

이 모든 일들을 잘 하기 위해서는 자원봉사자 모집을 담당하는 한 사람을 둘 것을 제안합니다. 교회 안에서 주일학교를 많은 사람들에게 소개할 수 있고, 또 많은 사람들을 끌어당길 수 있는, 소위 마당발이면서 호감 있는 사람으로 하면 좋습니다.

자원봉사자의 본질과 활용 방안

자원봉사자들을 확보하는 일도 중요하지만, 확보된 자원봉사자들을 계속 양육해서 그들이 지속적인 동기부여를 받으면서 일할 수 있도록 도와주는 일이 더욱 중요하다는 사실을 인식해야 합니다. 설문조사에 따르면, 약 29%에 해당하는 교사들이 스스로도 자신을 훈련시켜 달라는 요청을 하고 있습니다. 또, 직장에 다니면서 일하는 여성의 수가 급진적으로 늘어남에도 불구하고 일반적으로 교회 교인의 30-65%에 속하는 사람들은, 교회가 필요로 하고 자신이 가진 능력을 활용할 수 있는 의미 있는 일이 주어진다면 기꺼이 봉사하려는 마음을 가지고 있다고 합니다.

그런데 교회의 자원봉사자들은 그 구성 형태가 매우 다양합니다. 그들 중에는 능력 있고 좋은 인격을 갖춘 훈련된 자들도 있지만, 훈련되지 못하고 영특하지도 못하며 심지어 이기적인 사람도 있습니다. 또 결혼한 사람, 미혼이거나 이혼한 사람, 과부, 중년층, 장년과 노년층까지 구성원이 다양하게 분포되어 있습니다. 따라서 이들을 잘 양육하여 훌륭한 재원으로 활용하는 일은 너무도 중요합니다.

자원봉사자들은 두 가지 중요한 특징을 보입니다. 첫째, 교회에 시간과 에너지를 기꺼이 제공합니다. 그들은 자신의 노력에 대해서 금전적인 대가를 바라지 않고 다른 방법으로 보상받기를 바랍니다. 둘째, 자원봉사자는 교회를 위해서, 또 교회를 통해서 무언가 가치 있는 일을 하기 원합니다. 이러한 과정을 통해 그들의 삶의 깊이와 넓이가 확대되기를 기대합니다.

그러므로 자원봉사자를 잘 활용하는 문제는 교회 지도자들이 감당해야 할 중요한 몫입니다. 교회 지도자들은 자원봉사자의 본질과 그들을 활용할 방안에 대해 잘 알아둘 필요가 있습니다. 더글라스 존슨Douglas W. Johnson은 "자원봉사자는 스태프가 아니다"라고 말합니다. 이것은 사역자들이 자원봉사자를 대상으로 행사할 수 있는 권위가 제한된다는 의미로서, 자원봉사자들과 일할 때는 권위보다는 설득으로 이끌어야 한다는 것을 강조하는 말입니다.

또한 존슨은 "자원봉사자는 전임사역자가 아니다"라고 말합니다. 이는 자원봉사자가 시간을 잘 내지 못할 수도 있다는 사실을 인식하라는 뜻입니다. 어느 주간이나 어느 달에는 봉사하는 시간이 적절할 수 있지만 어느 때는 아주 적은 시간밖에 낼 수 없거나 거의 시간을 못 낼 수도 있습니다. 그들은 각각 교회를 위해 봉사할 수 있는 시간이 줄어들기도 하고 넉넉해지기도 합니다. 그들의 삶은 교회에 완전히 속한 것이 아니라는 것입니다.

또 존슨은 "자원봉사자의 봉사를 당연하게 여겨서는 안 된다"고 말합니다. 자원봉사자는 시간을 내서 수고를 할지 안 할지 스스로 결정하는 사람들입니다. 때에 따라서는 감정적으로 시간을 내기도 하고 내지 않을 수도 있는 사람들이라는 것입니다.

이 외에도 우리가 알아야 할 자원봉사자의 특성들이 있습니다. 우선 자원봉사자는 돈을 받지 않습니다. 그러므로 자원봉사자들이 투자할 수 있는 자원은 제한되어 있습니다. 자원봉사자들이 교회를 위해서 일하다보면 돈을 써야 할 때도 있습니다. 그러나 그들이 돈을 너무 많이 쓰는 것은 좋지 않습니다. 그러므로 자원봉사자들을 돌볼 때 그들이 직접 돈을 지불하는 일이 생기지 않도록 해야 합니다.

또한 자원봉사자들은 오랜 기간 동안 교회에 매여 있지 않습니다. 그들의 삶의 여건은 불규칙적으로 바뀝니다. 이는 곧 자원봉사자들이 무한정으로 시간을 제공할 수는 없다는 뜻입니다. 또 자원봉사자들은 자신이 맡은 일에 관심이 더해갈 수도 있지만 줄어들 수도 있습니다. 따라서 사역자들은 자원봉사자의 봉사가 늘 일시적이라는 사실을 유념해야 할 필요가 있습니다. 이러한 특징들을 인식하고 자원봉사자들을 활용해야 합니다. 어떻게 하면 그들을 잘 활용할 수 있을까요?

배치와 오리엔테이션의 중요성

먼저 배치를 적절히 해야 합니다. 자원봉사자가 오면 제일 먼저 배치를 잘하는 것이 지혜로운 태도입니다. 배치에서 중요하게 고려해야 할 점은 봉사자의 기능과 관심입니다. 대부분의 주일학교에서는 "교사는 가르치는 일이 전부다"라고 생각하고 가르치는 일에만 집중하려고 합니다. 그러다 보면 교사의 기능이 효과적으로 수용되지 못합니다. 그러므로 현재의 교육행정 체계를 바꿀 필요가 있습니다. 좀더 많은 부분에서 기능을 중심으로 자원봉사의 영역을 계발해야 합니다(이에 대해서는 다음 장에서 자세히 다루겠습니다).

선생님들 가운데는 잘 가르치는 사람이 있는가 하면, 그보다 다른 기능적인 측면에서 탁월한 사람도 있습니다. 그런데 우리는 가르치는 일만 요구하기 때문에 잘 가르치지 못하는 사람들은 주일학교에 들어오지 않으려고 합니다. 그러나 이런 사람들에게도 가르치는 것 외에 다른 기능의 일들을 맡겨야 합니다. 그러면 다른 교사들은 가르치는 일에 훨씬 더 집중할 수 있고, 더 많은 시간을 할애할 수 있습니다. 그러므로 봉사자들의 관심과 은사에 따라 지혜롭게 역할을 배치해줄 필요가 있습니다. 자원봉사자의 기능에 관해 사려 깊게 분석하지 않고 배치를 한다든지, 그들에게 자신이 소속된 기관을 충분히 이해시키지 않고 일을 맡기면 대단히 위험한 결과가 초래됩니다.

그러므로 자원봉사자들이 봉사하는 동안 기관의 발전에 이바지하고 개인적으로도 성장할 수 있도록 적절하게 역할을 배치하는 것은 물론 오리엔테이션을 잘 하는 것이 매우 중요합니다. 봉사할 일에 대한 내용과 자원봉사자들이 갖추어야 할 태도, 그리고 각종 정보에 대한 자료가 있다면 상대적으로 배치가 쉬워질 것입니다. 또 자원봉사자들이 선택한 봉사에 그들을 곧바로 투입할 수 없을 때에는 새로운 프로그램을 소개하고 대기자 명단을 작성하여 면담을 해야 합니다.

자원봉사자 활용과 연관해 다음으로 생각할 것은 일을 잘 할당하는 것입니다. 자원봉사자들에게 일을 할당하는 사역은 거의 예술적인 작업과도 같아서 일의 각 단계를 주의 깊고 섬세하게 살펴야 합니다. 즉 자원봉사자들에게 일을 할당하는 사람은, 자원봉사자들이 그 일에 대해서 전혀 모르고 있다는 사실을 깊이 염두에 두어야 합니다. 또한 오래 참기도 해야 합니다. 자원봉사자가 그 일을 해본 경험이 있다고 하더라도 그의 지난 경험을 현재에 그대로 적용하기는 좀 어렵다고 가정하는 것이 안전합니다.

그러므로 일을 할당하는 일은 무엇보다 세부적이어야 합니다. 자세한 설명이 필요합니다. 보통 주일학교 교역자들은 교사들이 처음 부임해오면, 자세히 이야기해주기가 귀찮아서 "그냥 한번 해보세요. 하다보면 되는 거예요"라며 넘어가버립니다. 그러나 그렇게 해서는 안 됩니다. 자기가 못하면 부장이나 다른 담당자를 세워서라도 그 봉사자가 맡은 일에 대한 성격과 그 요구되는 바를 정확히 이해시켜줘야 합니다. 그것도 해야 할 일들의 항목들을 정확하고도 자세하게 일러주고, 아울러 그 일을 해야 하는 이유까지 분명히 말해주어야 합니다.

이러한 배치의 문제 외에 주의할 점 한 가지는 봉사 시간과 관련해서 자원봉사자들을 속이지 말아야 한다는 점입니다. 약속한 시간을 지키라는 뜻입니다. 한 시간 정도 시간을 내면 되는 일이라 해놓고 세 시간을 붙잡고 있으면 안 됩니다. 자원봉사자들은 시간이 그리 많지 않습니다. 자원봉사자는 개인의 스케줄에 영향을 받기 때문에 자신이 어느 정도의 시간을 할애해야 하는지 정확히 알아야 합니다. 그래야 봉사할 시간을 미리 염두에 두고 스케줄을 짤 수 있습니다. 아울러 사역자는 자원봉사자들이 스스로 할애할 수 있는 가능한 시간에 적절한 일들을 잘 감당할 수 있도록 도와주어야 합니다.

탈진을 치료하는 유일한 해독제

이미 언급했듯이, 자원봉사자를 훈련시키는 일은 자원봉사자를 확보하는 일보다 더 중요합니다. 헌신된 사람, 준비된 사람을 확보하는 것은 어렵지만 그런 사람을 만들어 가는 일은 우리가 할 수 있습니다.

자원봉사자를 훈련하는 데 있어서 무엇보다 중요한 것은 영적인 영역입니다. 자원봉사자들이 정말로 필요로 하는 것이 무엇일까요? 앞의 통계에서 본 것처럼 영적인 부분이라는 점을 명심해야 합니다. 그들에게는 기술적인 부분이 주요 관심사가 아닙니다. 우리는 이 부분을 놓치지 말아야 합니다.

오스왈드 샌더스 Oswald J. Sanders 는 자원봉사자들이 탈진하는 원인이 대부분 영적인 것에 있다고 했습니다. 그는 "사람들이 영적으로 새로워지고 있다고 느낄 때는 탈진하는 경우가 거의 없다. 탈진이 주로 비관, 환멸, 자기비난, 그리고 절망으로 나타나는 데 비해 영적인 부요는 기쁨, 평화, 자존, 타인에 대한 사랑으로 나타난다. 그들이 좀더 깊은 영적 각성으로 들어가도록 기회를 제공하는 것이야말로 탈진을 치료하는 해독제이다"라고 했습니다.

데일 해거드Dale Haggard는 바울의 동기부여 능력에 대해서 분석한 바 있습니다. 그는 "바울이 어떻게 사람들에게 동기부여를 했는가?"를 연구했는데, 바울은 대부분 영적인 부분을 다루며 동기부여 하는 방법을 택했다고 했습니다. 바울의 동기부여 요소의 80%가 영적인 부분을 다루는 데 초점을 둔 것이었다고 합니다. 또 바울의 가르침을 분석해보았더니 75%가 영적인 것에 관한 내용이었습니다.

신약 성경에 나타난 동기부여에 대한 영적인 요소는 우선 초대교회 신자들의 복음 전도활동에서 찾아볼 수 있습니다. 그들은 자신들이 감격스럽게 경험한 하나님의 사랑 때문에 복음 전도를 해야겠다는 강한 동기를 부여받았습니다. 초대교회 신자들은 예수 그리스도 안에 있는 믿음과 일치하는 삶을 살아야 한다는 책임감을 깊이 느꼈습니다. 또한 그리스도를 알지 못하는 사람들에 대한 사랑과 관심은 그들에게 땅 끝까지 복음을 전해야 한다는 강한 동기를 부여해주었습니다.

한편, 바울이 사람들에게 복음전도의 긴급성을 반복해서 강조한 것도 큰 동기부여가 되었을 뿐만 아니라, 그리스도를 증거하는 증인들이 많이 생겨난 것도 동기부여의 큰 요소가 되었습니다. 주변 사람들의 모습 때문에 또 다른 사람이 동기부여를 받았던 것입니다.

이처럼 하나님의 명령과 내주하시는 성령의 지시에 순종하는 마음이야말로 신약에서 말하는 이상적인 동기부여의 통로라는 사실을 알 수 있습니다. 정리하자면, 영적인 각성이 사람들에게 의외로 동기부여를 많이 한다는 것입니다. 영적인 감화가 있을 때, 교사들은 더욱 새로운 힘을 얻습니다. 그러므로 교회에서 교육을 담당하는 교역자들은 무엇보다 영성이 있어야 합니다. 또한 영적인 도전을 줄 수 있도록 메시지를 강화하고 정기적으로 하나님의 말씀을 통해 도전을 받을 수 있도록 해야 합니다.

자원봉사자 훈련의 원리들

자원봉사자들과 함께 일하는 사역자의 주요 책임은 그들 각각을 준비시켜 그들이 무슨 일을 맡든지 잘 수행할 수 있도록 하는 데 있습니다. 사실 교회가 고유하게 가진 책임도 자원봉사자들에게 기초적인 훈련을 시켜 효과적으로 그리스도의 복음을 전하도록 하는 데 있습니다. 이런 훈련을 위해서는 존슨D. W. Johnson이 제안한 원리들을 참고하면 도움이 될 것입니다.

우선, 모든 자원봉사자들에게는 훈련이 필요합니다. 우리가 종종 속기 쉬운 것이 있는데, 이전의 다른 교회에서 열심히 봉사했던 사람들의 경우, 이미 경험이 있기 때문에 별다른 훈련이나 오리엔테이션 없이도 잘 봉사할 수 있다고 생각하는 것입니다. 그래서 타 교회 생활을 오래 한 사람이 교사로 들어왔을 때 일반적으로 간과하고 소홀히 하는 것이 이 훈련 부분입니다. '잘하겠지' 하는 마음으로 그냥 맡겨놓는 것입니다. 문제는 바로 여기에서 생깁니다. 따라서 이전에 주일학교 봉사 경험이 있는 사람이라 하더라도 새로운 여건, 새로운 시대 환경에 맞도록 훈련시킬 필요가 있습니다. 이전의 경험이 생소한 상황과 장소에서 동일하게 맞아 들어가는 경우는 거의 없기 때문입니다.

어느 교회든 대체로 그 교회에서 자라 처음으로 교사 활동에 참여하는 사람들에게 교회의 교육철학과 방법론을 얘기해주고 그대로 하라고 하면 잘 합니다. 그런데 제일 말 안 듣는 사람은 주일학교에서 스스로 오랫동안 몸담았다고 생각하는 사람입니다. 이런 사람은 능구렁이처럼 말을 잘 안 듣습니다. "집사님, 제발 좀 말을 적게 하십시오. 아이들에게 질문을 하고 함께 이야기하면서 아이들의 이야기를 많이 들으려고 애써주십시오." 이렇게 권면하면 "그래야죠. 다음에는 그렇게 하겠습니다"라고 말해놓고는 다음에 점검하면 또 예전 그대로입니다. 그렇기 때문에 어떤 교사이든지 이미 봉사한 경험이 있는 사람은 처음부터 주의를 기울여 잘 가르쳐야 합니다. 훈련을 시킬 필요가 있다는 뜻입니다.

둘째, 훈련을 체계화해야 합니다. 보통 자원봉사자들은 따로 시간을 내서 훈련받는 것을 꺼리는 경향이 있습니다. 처음에는 열심을 내지만 조금 지나면 열정이 식어서 그런지 따로 시간을 내서 배우는 것을 부차적인 문제로 여깁니다. 이런 면에서 자원봉사자들의 훈련을 지혜롭게 시킬 필요가 있습니다. 제가 다른 교회들의 주일학교를 돕기 위해 이곳저곳을 다녀보면, 요즘 주일학교 교사들의 상당수가 배우려고 하지 않는다는 걸 느낄 수 있습니다. 예전의 주일학교 교사들은 그래도 열심히 배우려고 했는데, 요즘은 기껏해야 배우러 가는 곳이 성경학교 강습회가 전부입니다. 더군다나 주일학교에서 강습회나 세미나를 개설해도 잘 참여하지 않습니다.

그러므로 처음부터 훈련을 시켜야 하고, 훈련은 이원화된 과정으로 진행해야 합니다. 훈련 과정의 첫 번째 단계는 일반적인 교훈과 정보를 제공하는 단계입니다. 누군가 주일학교 봉사자로 들어왔을 때 그에게 주일학교의 전반적인 과정과 내용을 알려주는 것을 말합니다. 두 번째는 봉사자 개인에게 더욱 관심을 가지고 세부적인 사항들을 잘 익힐 수 있도록 도와주며 훈련시키는 단계입니다.

　이 두 가지 단계를 구분하기 위해 몇 가지 통로를 활용할 수 있는데 그 하나가 교사훈련원 같은 것입니다. 교사를 처음 지원한 사람들은 의무적으로 교사훈련원을 통해 일 년 과정의 커리큘럼(봄, 가을 2학기 각각 12주 과정으로 매주 월요일 저녁 7:30-9:30에 갖는 기독교교육 전반에 대한 기초과정)을 이수하도록 할 수 있습니다. 다음은 교사들에게 교사들이 숙지해야 할 일반적인 정보들을 정리해놓은 「교사핸드북」과 같은 책을 다 읽게 하는 것입니다.

　이런 기초 훈련이 끝나면 다음으로 교역자들이 세부적인 훈련을 시킵니다. 이때, 담당부서의 교역자들은 심방을 훈련의 중요한 한 과정으로 삼아야 합니다. 단순히 그 대상자의 집만 방문하는 심방이 아니라 교육적인 심방이 이루어지도록 교역자들이 직접 모범을 보여주는 것입니다. 즉 심방 시간을 통해 교사 한 사람 한 사람에게 주일학교 교육에서의 중요한 내용들을 말해주고, 각 개인이 특별히 힘들어하는 영역에 대해 구체적인 대안이나 방법을 가르쳐주는 것입니다.

　셋째, 상호관계를 세우는 훈련을 해야 합니다. 훈련에서 제일 중요한 사항은 인간관계를 계발하고 발전시키는 일입니다. 따라서 다른 교사들과 함께 좋은 인간관계를 맺을 수 있도록 관계 훈련을 시켜야 합니다. 이를 위해서는 교사들 사이에 소그룹을 만들고 선임교사를 임명하여 소그룹 활동을 하도록 하는 것이 좋습니다.

　넷째, 실습할 수 있는 기회를 제공해야 합니다. 사람은 행함으로 배운다고 했습니다. 봉사자가 주일학교에 들어오면, 그 사람에게 무조건 반을 맡기지 말고 한두 번이라도 실습해볼 자리를 마련해준 뒤, 그 과정을 점검해서 보완할 것을 도와주고 고쳐주는 섬세함이 필요합니다. 이때 작은 일들에 대한 조언을 간과하지 말아야 합니다. 세세한 내용이라도 가르쳐주는 것이 좋습니다. 가령, 교회 예배실로 들어갈 때 열쇠 처리를 어떻게 하는지, 악기 연주를 한 다음에 악기 정리는 어떻게 하는지, 출석부는 어떻게 정리하는지 등의 세세한 부분도 반드시 가르쳐주어야 합니다.

자원봉사자를 계속 돌보라

다섯째, 양육 훈련을 제공해야 합니다. 이것은 심방을 통해서 해결하는 것이 좋습니다. 교사의 영성이나 개개인의 능력 차이를 해결하는 데 좋은 방법이 바로 이 양육 훈련인데, 심방을 통해 교역자가 한 사람씩 양육하는 것입니다.

여섯째, 일의 순서를 세세히 알려주고 교육 자료를 제공해야 합니다. 자원봉사자가 주일에 교회에 도착해서 어떤 절차를 밟아 봉사에 임하는지에 대한 일정들을 일목요연하게 정리해서 가르쳐줄 뿐만 아니라 필요한 정보나 자료들을 얻는 방법, 물건 구입처, 자료 구입 방법 등을 꼭 알려주어야 합니다.

자원봉사자를 훈련하는데 있어서 훈련 내용뿐만 아니라 훈련 방법도 중요합니다. 이제 자원봉사자를 훈련할 때 어떤 방법을 사용해야 할까요? 다음의 세 가지 방법을 들 수 있습니다.

첫째, 사회성 중심의 프로그램들을 운영하는 방법입니다. 곧 그룹 활동을 이용하는 훈련 방법을 말합니다.

둘째는 개별화된 양육입니다. 이를 위해서는 주일학교에 코치 제도와 같은 조직이 필요합니다. 주일학교에서 선생님들로 4-6명씩 그룹을 이루도록 합니다. 이것을 '교사 소그룹'이라고 부를 수도 있습니다. 이 교사 소그룹에는 그 모임의 리더 격인 순장을 둡니다. 순장들은 일반 교사들을 돌보고 같은 교사로서 다른 교사들의 현실적인 문제를 비롯하여 영적인 필요들을 도와주는 역할을 합니다. 이렇게 하면 사실 교역자가 일일이 교사들을 돌보고 상담하는 것보다 훨씬 더 효율적인 사역이 이루어집니다.

셋째는 기술 계발(연습과 역할극)이 필요합니다. 모든 사역에는 이론과 실제가 필요한데, 실제에 참여할 수 있도록 여건을 마련해주는 것입니다.

이처럼 자원봉사자의 양육에 접근하는 방법은 매우 다양합니다. 이는 자원봉사자의 계층이 다양하기 때문입니다. 이제 또한 유념해야 할 것은 자원봉사자들이 계속 일할 수 있도록 지속적으로 돌보는 일입니다. 자원봉사자를 계속 양육하려면 어떻게 해야 할까요?

첫째, 팀워크를 창조하시기 바랍니다. 주일학교 자원봉사자들의 계속적인 발전은 건강한 팀워크에서 나옵니다. 그러므로 주일학교 지도자는 교사들끼리 팀워크를 만드는 일에 많은 신경을 써야 합니다. 이를 위해서는 교회 사역이 팀별로 이루어지도록 정리해야 합니다. 사역을 팀 단위로 나누면 팀에 속한 사람의 중요성을 인식하게 되는데 이때 팀워크가 발달됩니다.

둘째, 교역자가 개인적인 관심을 보여야 합니다. 저는 주일학교 교사에 대한 최상의 동기부여가 개인적인 관심을 보이는 일이라고 생각합니다. 주일학교 교사가 고3 자녀를 두고 씨름하고 있는데도 시험 보는 당일에 전화 한 번 하는 관심 정도로는 주일학교 지도자의 역할을 제대로 할 수 없습니다. 그들의 필요를 채워주면서 개인적인 관계를 맺으면 교사들이 교역자의 좋은 동역자가 될 것입니다.

셋째, 주일학교 안에서 지도자와 자원봉사자들, 그리고 모든 자원봉사자들 사이에 의사전달이 잘 되도록 해야 합니다. 효과적인 팀워크의 관건은 의사전달이 얼마나 잘 되는가에 달려 있습니다. 주일학교 지도자들은 교사들의 필요와 요청이 무엇인지 잘 알아듣는 훈련이 되어 있어야 합니다.

넷째, 기대치를 분명히 제시해야 합니다. 자원봉사자들은 자신들에게 기대되는 표준이 분명하게 설정되어 있을 때 그에 맞추어 일을 하게 된다는 사실을 잊지 말아야 합니다. 물론 기대치를 너무 높게 설정해서는 안 되겠지만, 적절한 기대치를 설정해줘야 교사들이 거기에 맞추어 나가려고 할 것입니다.

예를 들어 "주일 아침 기도회에 몇 시까지는 오셔야 합니다"라는 식의 분명한 기준을 세워줘야 합니다. "주일에 기도회가 있는데요. 오셔도 되고 안 오셔도 됩니다"라고 하면 누가 오겠습니까? 주일학교 봉사를 하려면 어느 정도 헌신을 해야 한다는 적정선을 정확히 그어주는 것이 좋습니다. 이것이 정확해야만 나중에 책임을 물을 수 있습니다. "제가 이것을 요청했는데 문제가 있었습니까? 어려웠나요? 왜 못 나오셨나요?"라고 할 수 있는 것입니다. 어느 정도 수준을 높여 놓아야 교사들이 그 수준에 맞춥니다.

다섯째, 교사들과 활발한 관계를 맺어야 합니다. 일부러라도 교사들과 교제하는 시간을 많이 갖기 바랍니다. 이 일에는 많은 시간이 필요합니다. 그러나 사역에서 가장 중요한 것이 관계인 것을 안다면 그 무엇보다 우선적으로 시간을 할애해야 할 것입니다.

교육전도사들은 이것을 매우 어려워하리라 생각됩니다. 학교에서 공부하랴, 교회에서 사역하랴 참 쉽지 않을 것입니다. 그래서 저는 전도사 시절에 교사들과 관계를 맺기 위해 주일에 밥을 같이 먹는 방법을 주로 사용했습니다. 교사들과 함께 밥을 먹으며 이야기하는 시간을 가졌는데 그렇게 해서라도 교제의 기회를 많이 갖는 것이 좋습니다. 그러나 할 수만 있다면 특별히 시간을 내서 교사 심방을 하도록 권하고 싶습니다. 요즘 들어 "심방 사역은 별로 소용이 없다. 요청 심방만 하자"는 이야기가 많이 들리긴 합니다만, 심방 사역은 나름대로 장점이 있습니다. 관계를 맺을 수 있기 때문입니다. 교제 관계를 위해 집을 한번 방문하는 것과 그저 교회에서 만나 잠깐 이야기하는 것은 차이가 큽니다.

여섯째, 많은 사역을 위임해야 합니다. 특별히 교회 각 부서에서 어느 정도 제 역량을 발휘하는 사람에게는 과감히 사역을 위임하기 바랍니다. 위임할 때는 위임받는 자가 위임받기에 합당한 자인가를 잘 점검해야 합니다. 또한 위임된 일의 진행 상황도 점검해야 합니다. 아무리 평신도 지도자들이 일을 잘 한다고 하더라도 제때마다 점검하지 않으면 마지막 순간에 문제가 생길 수 있습니다. 그러므로 일을 맡길 때에는 미리미리 맡기고 반드시 일주일 전, 삼 일 전, 하루 전, 이렇게 시간을 정해서 점검을 해야 합니다. 이러한 점검 작업은 매우 중요합니다. 또한 위임할 때는 일에 대한 책임 소재를 분명히 해야 합니다. 아울러 일을 보고하는 체계를 정확히 해주는 것도 도움이 됩니다.

일곱째, 교사들에게 변화에 대한 도전을 주어야 합니다. 하나님께서 성장과 변화를 요구하신다는 사실을 늘 기억하고, 선생님들이 변화해갈 수 있도록 계속해서 도전한다면 그들은 영적으로 성장해갈 것입니다.

자원봉사자들의 필요를 채우라

자원봉사자들과 동역할 때 중요한 것은 그들이 오랫동안 사역에 참여할 수 있도록 하는 것입니다. 이를 위해서는 그들의 필요를 채워주어야 합니다. 자원봉사자들의 필요를 채워주기 위해서는 다음의 세 가지 사항을 꼭 기억하기 바랍니다.

첫째, 자원봉사자는 "고맙다"는 말을 듣고 싶어 합니다. 격려를 받고 싶어 합니다. 따라서 교역자들은 그들에게 고맙다는 말을 많이 해야 합니다. 감사하다는 말을 많이 해서 손해 보는 사람은 없습니다.

둘째, 자원봉사자들은 인정과 칭찬을 필요로 합니다. 사람은 모두 자신이 누군가에게 필요한 존재라는 사실을 인정받기 원합니다. 주일학교 교사들이 없어서는 안 될 귀한 사람들이라는 사실을 말로 확인시켜주어야 합니다. 약간 부족한 점이 있다 하더라도 그들이 이룬 귀한 일들, 애쓴 노력에 대해서 칭찬을 아끼지 마시기 바랍니다.

셋째, 자원봉사자들은 공손히 대접받기를 원합니다. 자원봉사자들을 함부로 대해서는 절대로 안 됩니다. 교역자들이 교사와 특별히 친하다보면 그들을 정중히 대하지 못하는 경우가 종종 있습니다. 그러므로 교역자들은 자원봉사자들과 가능한 한 친하게 지내면서도 그들을 늘 공손히 대하는 훈련이 필요합니다. 이런 원리들을 잘 유념해두고 자원봉사자들과 동역한다면, 훨씬 더 효과적일 뿐만 아니라 함께 일하는 사람들도 더 많이 늘어날 것입니다.

대부분의 교회는 연말에 자원봉사자들의 이동이 많습니다. 약 30% 정도가 그만두거나 자리를 옮깁니다. 제가 섬겼던 교회에서는 몇 가지 이유로 인해 주일학교의 회기연도가 끝나는 시점을 12월 31일에서 2월 28일로 바꾸었습니다. 연말에 교사들이 많이 이동하는 이유를 조사해보았더니, 연말연시의 들뜬 분위기가 한 요인이었기 때문입니다. 그래서 2월로 옮겨보니 연말에 한꺼번에 그만두는 현상이 사라졌습니다. 약간의 변동은 있습니다만 극소수에 불과했습니다. 이처럼 회기연도를 조정함으로써 연말에 빈번해지는 자원봉사자의 유동을 막는 것도 자원봉사자 관리의 한 좋은 방법이 될 것입니다. 그러나 자원봉사자 교사를 모집하는 일과 더불어 그들을 훈련시키는 일도 지속해야 합니다.

 교회학교를 운영하는 데는 어느 것 하나 쉬운 일이 없습니다. 우리의 진액을 뽑아내야 하는 어려운 일들입니다. 그렇지만 이 모든 어려움은 다음 세대를 키우기 위해 우리가 마땅히 져야 할 짐이라는 사실을 잊어서는 안 됩니다. 충성하다보면 하나님께서 우리를 도우실 것입니다.

 작은 교회에서 자원봉사자 이야기도 못 꺼내는 분들이 있을 것입니다. 저도 개척교회를 하면서 부족한 교사의 문제로 많이 고민하고 있습니다. 낙심하지 마시기 바랍니다. 하나님은 여러분을 일당 천으로 사용할 계획을 가지고 계신지도 모릅니다. 개인적으로, 준비되지 않은 10명의 교사가 각각 4명씩 40명을 지도하는 것보다 오히려 헌신된 2-3명의 교사가 각각 15명 내외의 학생을 맡아서 지도하는 것이 더 좋다고 생각합니다. 하나님께서 사람들을 보내실 때까지 좀더 수고한다고 생각하고 헌신하시기 바랍니다. 하나님께서 위로해주실 날이 곧 있을 것입니다.

New SS 혁신 토의

1. 자원봉사자들을 운영하는 데 어떤 어려움들이 있는가?
2. 자원봉사자를 확보하는 대안으로 어떤 것들이 있는가?
3. 자원봉사자의 동기부여 방법에서 영적인 부분이 차지하는 위치를 말해보라.
4. 자원봉사자 교육에 필요한 사항들은 무엇인지 서로 이야기해보라.
5. 자원봉사자들이 오랫동안 사역에 참여할 수 있도록 배려할 수 있는 일은 무엇인가?

제11장

행정은 동사무소에서?

평소에는 찬밥 취급하다가 아쉬울 때만 탓하는 행정. 교회교육 행정의 핵심은 무엇이고 어떻게 해야 하는 것일까요? 막상 하려면 막막하고 번거롭기만 한 행정의 ABC를 익힙시다. 시스템이 약하니 주일학교 교회교육이 자주 흔들리는 게 아닙니까? 이 책을 읽고 나면 당신도 주일학교 일등 오거나이저organizer가 됩니다.

지금까지 주일학교에 있으면서 경험한 교회교육 행정체계는 어떤 것입니까? 많은 사람들이 주일학교에서 일반적으로 경험하는 교육 행정체계는 다음과 같습니다. 먼저는 교장이 있습니다. 담임목사의 이름이 거기에 있습니다. 그리고 부서를 총괄하는 부장이 있습니다. 장로나 곧 장로가 될 고참 집사들이 맡고 있습니다. 그 밑에 총무가 있습니다. 빠릿빠릿하게 움직이는 젊은 집사입니다. 총무 아래에는 서기, 회계, 학년주임, 음영AV담당 등이 있고 어떤 교회는 아직도 교무처, 학생처, 생지처(생활지도처) 등이 병렬로 연결되어 있습니다.

이런 조직으로 주일학교를 운영하다보면, 위의 각 부서들이 제 역할을 제대로 하고 있는지 의문이 생깁니다. 대부분 형식적으로 이름만 걸고 있을 뿐, 실제로 일하는 사람은 소수의 몇 사람에 국한되어 중직들만 과중한 업무에 눌리게 되기 때문입니다.

대부분의 주일학교 부장들은 실질적인 일을 하지 않습니다. 부장 스스로도 "나는 뒤에서 열심히 돕겠습니다"라고 말하면서 주로 지원하는 일만 합니다. 그러다보니 주일학교에서는 총무가 실무적인 일을 하는 형편입니다. 제가 섬기던 교회 주일학교도 역시 이와 비슷한 형편의 체계였습니다.

그러나 이런 행정체계는 앞서 언급한 새로운 교육철학과 예배 형태를 뒷받침하는 데는 적절치 않았습니다. 다시 말해 우리 학생들이 좀더 나은 예배를 드릴 수 있도록 드라마를 하고, 영상물을 제작, 기획, 편집하며, 끊임없이 예배의 변화를 시도하는 임무를 수행하는 데는 적절치 못한 시스템이라는 것입니다. 새로운 모습의 주일학교를 위해서는 다양한 아이디어가 동원되어야 하고 그 아이디어를 실행에 옮길 수 있는 능력도 갖추어야 하는데, 과거의 '부장과 총무 시스템'으로는 예배의 혁신을 꾀하기가 쉽지 않았습니다.

또 한 가지는 부장, 처장, 총무라는 이름이나 위치 자체가 위계상의 직책을 나타내기 때문에, 자기도 모르는 사이에 주일학교 부장을 성경적인 개념보다는 일반 직장이나 회사에서 통용되는 부장의 개념으로 생각하는 오류를 범하기 쉽습니다. 그래서 평신도들 가운데는 연말에 누가 주일학교 부장으로 임명되느냐에 관심이 많습니다. 그러다보니 부장을 맡으면 큰 감투라도 쓴 것처럼 생각해서 자연스럽게 총무를 거느리는 현상이 나타납니다. 총무를 부장보다 한 층 아래의 직책으로 생각하기 때문에 부장 하면 명령 하나로 한꺼번에 수하의 여러 교사들을 다스리는 직책으로 인식하는 것입니다. 이처럼 주일학교 안에서도 직분이 위로 갈수록 자신의 신분이

상승되는 것으로 착각하는 사람이 많습니다.

사정이 이렇다보니, 주일학교에서 섬기는 일꾼들 각자가 충실한 자기 역할 수행을 통해 서로 수평구조로 엮여야 함에도 불구하고, 어느 사이엔가 계급적이고 수직적인 조직구조가 형성되는 것입니다. 그러나 하나님나라의 권위는 사람들 앞에 권세를 나타내고 권위를 행사함으로 얻는 것이 결코 아닙니다. 우리가 피차 추구해야 할 권위는 섬김을 통한 권위요, 하나님 앞에서의 봉사를 통한 권위라고 성경은 말합니다.

그러나 안타깝게도 지금까지 한국교회에서는 이런 과정을 통해 권위를 형성해가는 사람이 많지 않았습니다. 교회 지도자들은 권위를 형성하기 위해 스스로를 높은 위치에 올려놓았고, 그 위치를 유지하기 위해 모든 조직과 행정체계를 수직적인 구조로 만들어버리고 말았습니다. 오늘날 교회 안 곳곳에 깊이 뿌리박힌 이러한 수직적 구조로 인해 많은 해악들이 생겨난 것은 교회 지도자들이 범한 큰 실수 때문이라고 할 수 있습니다.

이렇게 경직된 교회 구조와 주일학교 시스템은 주일학교 학생 한 명 한 명을 효과적으로 돕기 위한 생명력 있는 조직이 되기보다는 교사와 학생들을 관리하고 운영하기 위한 명령 조직이 되어버리고 말았습니다. 업무와 역할에 따라 말단의 기능이 효과적으로 살아나면서 학생 한 명 한 명에게 그 혜택이 돌아갈 수 있도록 하는 기능적 전환은 전혀 없고, 교사들끼리의 모임을 유지하는 기능만 가진 고착화된 체계로 변질되어간 것입니다.

그런 상황에서 아무런 힘도 없는 담당 교역자는 이전에 부장이나 총무, 교사들이 해오던 대로 따라가게 되고, 새로운 변화를 시도하거나 약점을 고칠 생각은 전혀 못 하게 됩니다. '그렇게 하는 데는 무슨 이유가 있겠지. 좋은 게 좋은 것 아니겠어?' 라고 생각하며 체념하기도 합니다.

목회자는 매니저다

제가 유학 시절에 교회 행정에 대해 깊은 관심을 갖고 연구한 것도 이런 상황에 대한 안타까움 때문이었습니다. "성경적인 행정 원리가 무엇인가?"라는 물음 아래 그 원리를 찾고 자료를 정리해 나갔습니다. 그렇게 해서 얻은 결과에 따라 사랑의교회 주일학교의 행정조직과 체계에 많은 변화를 시도했고, 오늘날과 같이 이전과 전혀 다른 새로운 모습으로 행정 시스템을 구축하기에 이른 것입니다.

우리는 행정 원리를 새롭게 검토하기 위해 먼저 행정 자체에 대한 오해부터 불식시켜야 합니다. 일반적으로 교회 안에서는 행정이 별로 대접을 받지 못합니다. 교회 지도자들은 행정에 대해 상당히 큰 오해를 가지고 있습니다. 이를테면 '교회 일은 은혜로 하는 것이지, 결코 행정조직을 가지고 하는 게 아니다'라는 생각을 가지고 있기 때문에 행정을 연구하려고 하지도 않고 관심도 두지 않습니다.

우리가 갖고 있는 행정에 대한 대표적인 오해 세 가지를 살펴보면 다음과 같습니다.

첫째, "행정은 단순히 결재 라인을 따라 서류를 옮기는 작업이다"라는 오해입니다. 보통 행정을 잘한다는 교회일수록 서류가 많고 그 서류 형태가 규격화되어 있습니다. 대부분 일반 사회에서 통용되는 양식을 모방한 이 서류 양식들은 맨 앞에 수신자, 발신자 란이 있고, 그 옆에 꼭 결재 란이 있어서 담당자, 사무장, 담당 장로 등이 서명 혹은 결재하도록 합니다. 이런 서식 형태들이 오가다보니 나중에는 행정 자체에 식상하게 됩니다. 또 교회 안에 인간적인 정감이 점차 퇴색하면서부터 행정을 부정적으로 보게 되기도 합니다. 사람들이 '행정이란 서류를 어떤 계통을 따라 옮기는 것'

| New SS교육지표 | 주일학교 행정에 대한 세가지 오해 |

1. 행정은 단순히 결재라인을 따라 서류를 옮기는 작업이다.
2. 행정은 별로 중요하지 않다.
3. 행정은 세속적인 것이다.

으로 오해하고 있는 것입니다. 그러나 행정에는 단순히 서식을 옮기는 것 이상의 의미가 있습니다.

둘째는 "행정은 별로 중요하지 않다"라는 오해입니다. 교회에서는 기도하고 말씀 보며 설교하는 것이 중요하지 행정은 별로 중요하지 않다고 여깁니다. 그래서 교역자들은 행정을 소홀히 여기고 관심도 두지 못했습니다.

셋째, "행정은 세속적인 것이다"라는 오해입니다. 일반적으로 한국교회에서는 목회자를 기도하고, 말씀 연구하고, 심방하고, 설교하는 사람으로만 인식합니다. 그러다보니 목회자가 행정에 너무 깊이 관여하면 은혜가 없는 목사로 평가하게 되었습니다. 행정은 장로들이 하는 것이지, 목사는 기도와 말씀 전하는 일에만 전념해야 한다고 인식하는 것입니다.

그런데 사회가 다변화되면서 목회자에 대한 인식이 바뀌기 시작했고, 그에 따라 목회자는 다양한 역할을 요구받게 되었습니다. 그 가운데 대표적인 것이 '매니저' 역할입니다. 교회 안에서 일어나는 모든 일들을 목회자가 모를 수도 없지만, 몰라서도 안 됩니다. 또한 목회자는 자신의 견해를 최소한으로 반영하면서도 정확한 관점을 가지고 교회를 이끌어 가야 합니다. 이런 측면에서 매니저가 되어야 한다는 것입니다.

행정적인 용어로 'CEO' Chief Executive Officer로 불리는 그룹과, 'COO' Chief Operation Officer로 불리는 두 그룹이 있는데, 일반적으로 교회의 담임목사나 교회의 최고 지도자를 'CEO'라고 부를 수 있습니다. 그들은 역할 면에서 단순히 정해진 업무만 수행하는 것이 아니라 새롭게 비전과 방향을 제시하며 나아가야 하기 때문입니다.

저는 목사들 가운데 스스로 "나는 매니저다"라고 자신 있게 말하는 사람을 한 번도 본 적이 없습니다. 대부분의 목사들은 자신을 설교자라고 밝히고, 또 그렇게 인식되기를 바랍니다. 그런데 미국에 있을 때 자신을 매니저라고 소개하는 목사를 만난 적이 있습니다. 그 사람은 바로 윌로우크릭커뮤니티교회의 빌 하이벨스 목사였습니다. 그는 40대 초반의 젊은 목사로서 20대 후반에 교회를 개척했습니다. 주로 젊은이들, 청소년 그룹을 대상으로 사역을 시작한 그는 복음을 전하면서 새로운 접근을 많이 시도했습니다. 그 접근 방식 중 하나인 드라마는 사람들에게 상당한 호응을 얻었습니다. 엊그제까지만 해도 제멋대로이던 청소년들이 이 드라마를 보고 새 사람으로 변화되면서 회심을 경험하게 된 것입니다.

그런 일들이 발생하자 주변에 있던 어른들이 "도대체 어찌된 일인가? 엉망이던 우리 아이들이 어딘가 한번 갔다 오더니 새로워졌다!"며 관심을 갖기 시작했습니다. 그리고 부모들이 그 원인을 찾아본 결과 바로 빌 하이벨스 목사가 담임하는 교회 때문이라는 사실을 알게 되었습니다. 흥분한 부모들은 "이런 교회라면 우리가 돕자"며 일어서게 되었는데, 그것이 바로 윌로우크릭커뮤니티교회가 부흥하게 된 비밀입니다.

빌 하이벨스 목사는 자신을 가리켜 "나는 매니저다"라고 말합니다. 이런 모습에 혹자는 그를 세속적이라고 평가할지 모르겠습니다. 그러나 그는 결코 세속적인 사람이 아닙니다. 오히려 자신을 상당히 솔직하게 표현한 사람입니다. 큰 교회를 조직하고 지도하려면 매니저 감각이 필수적이기 때문입니다. 그는 매니저 역할을 탁월하게 수행합니다.

그에게서 볼 수 있는 또 다른 특이한 점은, 자신을 복음전도자 Evangelist 라고 말한다는 점입니다. 그러면서 그는, 자신이 복음전도와 교회 운영의 일에는 앞서가지만, 성도들을 훈련하고 양육하는 일에는 별로 달란트가 없다고 말하면서 매우 겸손해 합니다. 그래서 그는 매니저의 역할과 전도설교만 하고, 성도들을 양육하고 교육하며 훈련하는 모든 프로그램들은 은사 있는 다른 교역자들을 초청하여 아예 맡겨버립니다.

우리는 그에게서 "이 시대의 목회자는 하나의 매니저다"라는 생각을 배워야 하며, 목회자는 매니저로서 기능을 효과적으로 수행하기 위해 통찰력을 키워야 한다는 사실을 알아야 합니다. 이제는 매니저 감각을 키워야 합니다. 비록 작은 교회 주일학교를 맡고 있는 사람이라 하더라도 역시 매니저의 감각을 가져야 합니다. 이런 매니저의 감각을 익히는 데는 행정에 대한 개념과 식견이 필요합니다. 그런 의미에서 먼저 행정에 대한 성경적 기초를 정리해보고자 합니다. 성경은 의외로 여러 부분에서 행정적 개념에 대해 많이 언급하고 있습니다.

위임이라는 복병

성경에 나타난 행정의 원리를 살피는 데 주로 인용되는 말씀은 출애굽기 18장, 느헤미야 1-5장, 사도행전 6장 1-7절입니다. 이 본문에 기록된 내용 가운데 우리가 발견할 수 있는 행정의 원리가 무엇인지 찾아보고자 합니다.

먼저, 출애굽기 18장 13-27절을 봅시다. 당시 이스라엘 백성들이 수많은 문제들을 내놓으면서 모세에게 판결을 요청하는데, 이 장면에서 그 문제들을 혼자서 처리해야 하는 모세의 어려움을 읽을 수 있습니다. 판단을 내려야 할 사람은 한 사람뿐이고 해결할 과제는 산적해 있었기 때문에 모세도 힘들고 백성들의 기다림도 소모적일 수밖에 없었습니다. 이때, 이 상황을 극복케 하는 성경의 원리가 바로 '위임'입니다. 이 원리는 모세의 장인 이드로의 권면에 따른 것으로 천부장, 백부장, 오십부장, 십부장을 세워 그 무겁고 산적한 문제들을 그들에게 나누어 해결하도록 합니다.

우리는 이런 내용을 보면서 "권력은 분배해야 한다" 또는 "일을 위임할 때는 정확한 원리를 가르쳐야 하며, 위임받은 사람은 주어진 방법에 따라야 한다" "지도자는 혼자 모든 것을 해서는 안 된다" "역할분담을 통해서 집중된 권력을 분산해야 한다"는 등의 여러 가지 견해들을 가질 수 있습니다. 그러나 어떤 견해를 갖든 이러한 상황의 핵심에는 '위임의 원리'가 숨어 있다는 사실에 모두 동의할 것입니다.

모세는 사람들을 돌보느라 아침부터 저녁까지 쉴 틈이 없었습니다. 많은 시간이 낭비되었습니다. 더욱 큰 문제는 재판할 사람이 모세 혼자밖에 없었다는 사실입니다. 문제들 속에 묻혀 있던 모세는 위임의 원리를 발견하지 못했습니다. 이것을 본 모세의 장인 이드로가 위임의 원리를 소개하면서 모세를 권면했습니다. 모세는 그 충고에 따라 일을 위임하기 위해 "재덕을 겸하고 진실 무망하며 하나님을 경외하고 죄를 미워하는 의로운 자"를 천부장, 백부장, 오십부장, 십부장으로 뽑고 그들의 역할을 명확한 기준에 따라 나누어줍니다.

이 본문은 우리가 당하는 어렵고 복잡한 일들을 위임을 통해 효과적으로 나누어 처리하되, 우리가 하는 일에 열매가 없거나 문제가 발생할 가능성이 있을 때에는 언제든지 그것을 다시 점검, 재고해서 행정적인 실수를 없애고 더 나은 방안을 검토하도록 가르치고 있습니다.

지도자, 탁월한 매니저

느헤미야 1-5장에도 행정에 관한 가르침이 많이 담겨 있습니다. 느헤

느헤미야는 3차 포로귀환자로서, 이스라엘 포로 이후에 이스라엘 백성들이 예루살렘 성전을 재건하는 장면을 기록한 사람입니다. 그는 탁월한 지도력을 발휘하면서 흩어져 있는 이스라엘 백성을 모으고 그들과 함께 예루살렘 성전을 건축해가고 있었습니다.

1장과 2장에는 문제 해결을 위한 다양한 행정적 관심이 나타납니다. 그는 먼저 총독으로서 예루살렘의 상황을 들었습니다 1:2-3. 그리고 수심이 가득한 채 기도하는 모습이 나옵니다 1:4-11. 그런데 그는 곧장 문제 처리에 들어가지 않고 상황을 파악하기 위해 현장으로 갑니다 2:11-15. 이것이야말로 지도자로서 감각 있는 처신입니다. 이야기를 듣고 문제점을 파악했으면 직접 가서 사실 확인부터 해야 하는 것입니다.

그는 상황을 파악한 후 자기 나름대로 가진 내적 확신을 다른 사람들과 공유했습니다. 그리고 이야기를 나누는 과정에서도 절차를 밟습니다. 어떤 절차입니까? 먼저 두어 사람을 선택해서 밤에 함께 현장으로 나가보았을 뿐 아니라 2:12, 그 상황을 지도자들에게 언급합니다 2:16-17. 그는 또한 상대편 나라의 왕을 설득하고, 왕과의 관계 속에서 공무원들을 다루는 데도 카리스마 있는 지도력을 발휘합니다. 이런 모습들을 볼 때 느헤미야는 탁월한 매니저입니다. 그는 성전 재건을 위해 어떻게 해야 할 것인가를 알고 있었을 뿐만 아니라, 일을 추진하는 방법과 절차까지도 다 알고 있었던 지도자 중의 지도자였습니다.

이 본문은 지도자가 어떤 절차를 밟아 일을 처리해나가야 하는지 잘 보여줍니다. 지도자는 먼저 상황을 정확히 파악해야 합니다. 문제 처리 과정에서는 상황에 대한 정확한 인식이 가장 중요한 기본이기 때문입니다. 상황을 놓고 현재 당면하고 있는 문제의 핵심이 무엇인지 분석하고 인식해야 합니다. 그러고 나서 직접 현장을 방문해야 합니다. 정황을 듣고 파악한 문제가 사실

> **New SS교육지표** | 교회 행정의 원리 _ 위임(Delegation)의 원리
>
> - 모세가 천부장, 백부장, 오십부장, 십부장을 뽑은 사례에서(출 18장)
> - 느헤미야가 성전 재건을 위해 지도자들을 설득하는 사례에서(느 1-5장)
> - 사도들이 과부 공궤를 집사들에게 맡기는 사례에서(행 6:1-7)

인지 아닌지 직접 현장을 중심으로 확인하는 절차가 필요합니다. 그런 다음, 자신이 듣고 본 사실을 다른 사람들과 공유하면서 문제 해결을 위해 다른 사람들도 같은 의식을 갖도록 해야 합니다. 이런 절차가 끝나면 함께 일할 사람들 가운데 핵심 멤버 몇 명을 선택한 후, 문제 해결의 폭을 좀더 확대하여 필요한 절차에 따라 관계되는 사람들을 만나 주어진 일들을 처리해갑니다.

　사도행전 6장 1-7절은 또 어떤 내용입니까? 교회가 어려움을 겪는 헬라파 과부와 히브리파 과부를 도와주는 일에 공정치 못해서 일어난 문제를 다루고 있습니다. 공정치 못하게 사람들을 대우하는 문제는 초대교회뿐만 아니라 오늘날의 교회에서도 동일하게 생길 수 있는 문제입니다. 그러면 초대교회 지도자들은 이 문제를 어떻게 풀어가고 있습니까? 역시 자기들의 일을 과감하게 위임함으로써 해결하고 있습니다.

　이처럼 성경 본문들에서 발견할 수 있는 중요한 행정의 원리는 바로 위임Delegation입니다. 위임의 원리를 문제 해결의 과정에 도입해서 많은 사람들을 참여케 하고, 마지막에는 만장일치의 원리를 이용해서 문제를 해결해갑니다. 즉 지도자는 어떤 일을 수행할 때 사람을 선택하여 함께 일할 줄 알고, 적절하게 위임 위탁하며, 그들이 일할 수 있도록 여건을 만들어주어야 함을 강하게 시사합니다.

이렇게 볼 때 교회 행정적인 차원에서도, 우리가 안고 있는 모든 문제점들을 정확히 보고 함께 있는 성도들의 형편을 살펴서 '어떻게 하면 사역을 위임하여 참여케 하는 가운데 그들에게 혜택benefit을 줄 수 있을까?'를 생각하는 방향으로 과감한 변화를 시도해야 합니다. 무엇보다 교회 일을 할 때 함께 일한다는 의식을 가져야 합니다. 함께 일하는 과정 속에서도 팀 의식을 가져야 하며, 일에 필요한 사람을 뽑아 적절한 위치에 두는 스태핑Staffing이나, 모든 사람과 함께 어울려서 일할 수 있는 시스템을 적절하게 갖추어 나가야 합니다.

주일학교 행정 시스템의 약점 중 하나는 이 위임 체계가 제대로 안 잡혀 있기 때문에 서로 정보를 교환하거나 의견을 모으는 측면에서 여러 가지로 제약을 받는다는 점입니다. 성경적인 원리로 볼 때, 어떤 면에서는 기존의 많은 시스템이 오히려 교회와 주일학교의 행정을 돕는 데 부적절하다는 결론을 내릴 수도 있습니다.

일반적으로 행정이란 "사람들로 하여금 행동하도록 하여 어떤 목적이든 그 기관의 목적을 성취하려는 행위"로 정의됩니다. 이 정의대로 일반 행정가들은 소속 기관의 목적을 성취하기 위해 수단과 방법을 가리지 않습니다. 그러나 그리스도인 행정가들은 성경적인 원리를 따라서 그 목적을 추구하려고 애써야 합니다.

주일학교 스태핑, 어떻게 해야 이상적인가?

그런데 여기서 한 가지 짚고 넘어가야 할 문제가 있습니다. 일반 사회의 많은 행정가들이 중요한 경영의 원리라고 강조하는 많은 원리들이 실제로 성경적이라는 사실입니다. 피터 드러커Peter Drucker나 톰 피터스Tom Peters와 같은 몇몇 경영 전문가들의 책을 읽다보면, 그들이 경영에서 가장 중요하게 다루고 있는 원리들이 성경이 말하는 원리와 매우 가깝다는 사실을 발견할 수 있습니다. 그들은 사회를 통해서 배우고, 사회학적으로 탐구해서 발견했다고 하지만 그 학문적, 실천적 열매들이 결국 성경적인 원리였다는 사실을 보면서, 새삼 성경적인 원리에 기초해서 효과적으로 행정을 수행하는 것이 얼마나 가치 있고 중요한 일인가를 알게 됩니다.

스태핑을 할 때 유념해야 할 사항은 최종적인 지도력에 관한 문제입니다. 어느 그룹이든지 지도자를 세워놓으면 나름대로의 지도력을 발휘하게 되어 있습니다. 그러므로 질서를 위해 최종적인 지도력은 하나여야 합니다. 지도력을 갖는 사람이 여러 명일 경우 그 기관에 문제가 생기기 때문입니다.

교회는 그 본질 면에서, 요한복음 17장에 나와 있는 것처럼 유기체로서 하나 됨이 매우 중요합니다. 예수님은 교회의 하나 됨을 강조하시면서 그것을 성부, 성자, 성령의 하나 됨에 비유해서 설명하셨습니다. 성부가 지도력을 발휘하고 중심이 되어 하나로 이끌어 가는 원리를 설명하시면서, 하나의 지도력이 갖는 하나 됨을 강조하신 것입니다. 가정에서도 남편이라는 지도력을 중심으로 할 때 하나 됨이 가능합니다. 교회에서도 한 사람의 지도력이 하나 됨을 위해 중요합니다. 마찬가지로 주일학교에서도 지도력은 하나여야 합니다. 그러면 주일학교의 지도력은 누가 가져야 합니까? 이것이야말로 초미의 관심사입니다.

저에게 장로들이나 교역자들이 찾아와서 묻는 질문이 있습니다. "교육위원장은 누가 맡아야 합니까? 목사입니까, 장로입니까?" 저는 이런 질문을 받을 때마다 교육위원장 자리에 누가 앉아야 하느냐를 놓고 많은 교회들에 긴장이 있는 것을 느낍니다. 연장선상에서 주일학교 각 부서에서는 부장과 교역자들 사이에 긴장이 있습니다. 누가 지도력을 갖느냐 하는 것입니다.

저는 목회적인 측면에서 교역자가 지도력을 가져야 한다고 생각합니다. 주일학교 사역에서 왜 장로나 부장집사들의 지도력을 강조하는지 그 형편을 저는 이해합니다. 많은 한국교회들이 작은 교회입니다. 그런 교회에서는 목회 지도자들이 많이 바뀌는 형편입니다. 특히 주일학교 교회교육을 위한 지도자는 대부분 교육전도사로서 그 전문성이 떨어지고 오래 봉사하지도 못합니다. 그러다보니 자연스럽게 주일학교 교회교육 사역에 오래 몸을 담은 평신도들보다 감각이 떨어지는 경우도 많이 생깁니다. 이런 현실에서 각 교회마다 주일학교 전도사는 자주 바뀌고, 그렇다고 전도사가 와서 사역이 특별히 발전하는 것도 아닙니다. 그렇다면 경험 많은 평신도 지도자들이 지도력을 발휘하는 것이 낫지 않겠느냐는 여론이 형성되는 것입니다. 이런 흐름 속에서 장로들이나 부장집사들이 지도력을 갖게 되었습니다.

그러나 분명한 것은 평신도 지도자들이 리더십을 갖는 교회보다, 교역자가 나름대로 지도력을 발휘할 수 있도록 여건을 마련해주는 교회가 더 성장한다는 것입니다. 이런 사실을 고려해야 합니다. 평신도 지도자들이 리더십을 발휘하는 교회는 현상유지는 될지 모르지만 발전적이지 못한 것을 부인할 수 없습니다. 평신도들은 주일학교 사역에 집중할 수 있는 여유와 여건이 형성되어 있지 않은 반면, 목회자는 관여하고 있는 사역에 대해 전문적으로 배울 뿐만 아니라 교회 사역에 대한 감각이 있기 때문에 좀더 폭넓은 지도력을 발휘할 가능성이 높습니다.

아무튼 지도자가 결정되고 나면 그 기관의 지도자를 중심으로 행정을 조직화해가는 작업을 가리켜 '시스템을 형성해간다'고 말합니다. 이 시스템 형성을 위해 지도자가 지녀야 할 자질은 사람을 보는 눈입니다. 특별히 교역자에게는 사람을 보는 눈이 필요합니다. 어떤 교역자는 "목사의 가장 큰 축복 중의 하나는 사람을 잘 만나는 것이다"라고 얘기하기도 하는데, 실제로 어떤 교역자들은 평생 대하기 힘든 사람을 만나서 참 힘들게 살기도 합니다.

따라서 목회자가 지도자로서 역할과 감각을 잘 발휘하려면, 사람을 잘 만나는 복도 있어야 하지만 함께 일할 조력자들을 잘 발굴해내는 눈도 가져야 합니다. 지도력을 뒷받침해줄 주일학교의 스태프는 인격이 좋으면서도 탁월한 기능을 갖추어야 하기 때문에 지도자는 그런 양면을 잘 볼 수 있는 안목을 갖추어야 합니다. 따라서 지도자는 일을 단순히 분배하는 형식으로 조직을 운영하기보다 함께 일할 사람들의 기능을 최대한 살리는 방향으로 조직을 운영해 나가야 합니다.

이런 시스템화 과정에서 중요한 것은 팀 스피릿Team Spirit입니다. 요즘 사업하는 사람들은 대다수가 팀 중심의 조직 체계를 매우 선호하는데, 이는 그 조직 체계가 상당히 능률적이기 때문입니다. 팀 중심의 조직은 수직적인 개념보다는 수평적인 개념을 많이 갖습니다. 성경에서 보여주는 많은 조직 체계들도 수평적인 조직체계를 가지고 있습니다. 그런 의미에서 교회 안에서도 팀 중심의 사역이 구체화되어야 하는데, 이렇게 팀 중심의 사역이 가능하려면 탄탄한 팀 의식이 전제되어야 합니다.

이 문제와 관련하여 유념할 것이 있습니다. 일반적으로 어떤 일을 분담하는 것을 '팀 사역'이라고 생각하는데, 일을 분담하는 것만으로는 '팀 사역'이 될 수 없다는 것입니다. 단순히 일을 분담해서 하는 것만을 가지고 "우리 교회는 팀 사역을 하고 있다"고 말하는 교회들이 있습니다.

그러나 저는 팀 사역에서 가장 중요한 문제는 '일의 나눔'이 아니라 '의식Spirit의 나눔'이라고 생각합니다. "그 사역을 이루어 가는 사람들이 서로 사역에 대한 의식을 같이할 수 있는가?" "나의 목회 정신과 목회 비전, 사역의 방향성 면에서 의식을 같이 나눌 수 있는가?" 등을 점검해야 한다는 뜻입니다. 먼저 의식을 공유한 후 일을 나누어야 진정한 분담이 되고, 진정한 조력자로서 역할을 할 수 있습니다.

이런 면에서 지도자는 사람을 뽑을 때 자기와 의식을 함께 나눌 사람을 뽑아야 합니다. 그렇게 하지 못했다면, 자기의 의식을 기존 조직 체계 안에 있는 사람들과 함께 나눌 수 있도록 시간과 정열을 투자해야 합니다. 저는 제가 기획하는 주일학교 교회교육의 모델들을 교회에 접목하기 위해서 동역하는 교역자들과 함께 오랜 시간을 보냈습니다. 그들과 함께하면서 "나는 이렇게 생각한다. 여러분의 생각은 어떠냐?" 하며 많은 대화를 나누었고 조금씩 생각을 공유해 나갔습니다. 이런 과정을 통해서 저는 의식을 나누고자 했습니다. 함께 같은 길을 가려는 정신, 이것이 가장 중요한 문제입니다.

팀 사역의 원리와 유익

대부분의 주일학교 담당 교역자들은 직접 평신도 지도자를 뽑을 수 없습니다. 대부분의 경우 교회가 이미 정해놓은 사람과 함께 일을 해야만 합니다. 주일학교 사역자들이 겪는 가장 큰 어려움 중의 하나가 이것일 것입니다. 그래도 심방 부교역자는 담임목사님 하고만 호흡을 맞추면 어느 정도 사역을 할 수 있는데, 교육부서 사역자들은 잘 알지 못하는 평신도 지도자들과 호흡을 맞추면서 사역을 해야 하는 것입니다. 이런 측면에서 교역자는 자신의 교육사역과 어린이 청소년 및 젊은이 사역에 대한 철학이나 생각, 의식 등을 평신도들과 공유하지 않으면 안 됩니다. 이런 공유가 있어야 비로소 마음이 통하고, 생각이 통하고, 그런 가운데 창의적인 아이디어들도 내놓을 수 있는 것입니다.

아울러 교회교육 담당 교역자들은 의식이 통하는 사람들과 함께 일할 수 있는 여건을 만드는 일에 우선적인 관심을 가져야 합니다. 물론 대부분의 주일학교 현장은 선별해서 사람을 뽑을 만큼 인력상의 여유가 없습니다. 부족한 인력으로 인해 아무나 봉사하도록 하기 때문에 함께 의식을 나누면서 주일학교 사역의 비전을 공유할 수 있는 사람을 찾기란 쉽지 않습니다. 그럼에도 불구하고 우리는 사람을 찾는 일에 힘써야 합니다. 그러면서 기존의 사람들을 붙잡고 의식을 공유하기 위해 노력해야 합니다.

의식을 같이하는 여러 사람이 어울려 팀을 이루고 사역하는 모습은 참으로 아름답습니다. 그러한 팀 사역에는 다음과 같은 유익이 있습니다.

첫째, 구성원 간에 상호 훈련을 할 수 있습니다. 요 4:37-38, 고전 3:7-8 참고. 팀 사역의 장점은 동료의식을 길러준다는 것입니다. 평신도들이라 할지라도 팀으로 어울려 있으면 동역자라는 생각을 갖게 되고, 서로에게 영향을 주어 서로 발전해 나갑니다.

둘째, 생산성이 극대화됩니다. 우리 옛말에 "백짓장도 맞들면 낫다"는 말이 있습니다. 팀으로 구성된 사람들이 서로 힘을 모아 프로그램을 디자인하면 훨씬 다양한 아이디어들이 나옵니다. 그러나 교회 안에는 다양한 특성을 지닌 사람들이 많이 있음에도 불구하고 그들의 잠재력과 달란트가 제대로 계발되지 못하고 묻혀버리는 경우가 허다합니다. 특히 대형교회의 구성원들에게 이런 가능성이 더 큽니다. 일할 사람이 많을 거라고 생각하고 자신은 사역에서 빠지는 경우가 흔하기 때문입니다.

셋째, 서로 격려하면서 보호할 수 있습니다. 팀으로 함께 사역하면 동료의식이 생긴다고 했는데, 이는 곧 구성원들 간에 서로를 격려하며 보호해주려는 의식이 강화된다는 의미를 함축합니다. 팀원들끼리는 서로 짐을 나누고자 하는 마음도 생깁니다. 사도 바울은 항상 그의 서신서 마지막 부분에서, 함께 일하는 많은 평신도 지도자들을 격려하고 그들에 대해 염려하는 모습을 보여줍니다.딤후 4:21, 행 28:15 참고.

넷째, 사역이 신속하게 진전됩니다. 팀을 이루는 구성원들이 마음을 모으면 그룹의 능력이 발휘되어 어떤 일이든지 신속하게 처리하여 시간을 법니다.

다섯째, 순결성과 정직성을 유지할 수 있습니다. 어떤 조직이든지 팀을 이루면 그 구성원이 다양해지기 때문에 구성원들 중 서로 다른 윤리적·도덕적 기준을 가진 사람도 나타납니다. 또 각자의 문화적 배경, 교육 정도, 경험, 자라온 환경에 따라서 다양한 개성을 가진 사람들이 모이게 됩니다. 이렇게 서로 다른 사람들이 가지고 있는 각각의 주장으로 인해 팀은 영향을 받는데, 그 가운데서도 목적의식과 가치관이 뚜렷한 사람이 미치는 영향은 상당히 클 수 있습니다. 바로 이런 영향 관계로 인해 교회 안에서 팀을 이루면 순결성과 정직성이 더욱더 오래 유지될 수 있습니다.

사역 팀을 만드는 것은 교회의 크기에 따라 다르게 해야 합니다. 개척교회와 중형교회, 대형교회, 초대형교회가 다 똑같은 시스템을 갖출 수는 없습니다. 개척교회 수준의 주일학교에서 중형교회의 주일학교 시스템을 생각하면서 움직인다면 그 시스템은 제대로 움직일 수 없습니다. 많은 교역자들이 이런 실수를 합니다. 시스템은 주일학교의 크기에 따라 달라야 합니다. 작은 교회에서는 시스템을 만들기조차 힘이 듭니다. 작은 교회에서는 담당 교역자 아니면 평신도 지도자 한두 명이 헌신적으로 이 일 저 일을 다 해야 할 것입니다.

저의 개인적인 경험으로는 작은 교회에서는 시스템을 이용해 주일학교를 세우려고 하지 말고, 오히려 학생들과 직접 접촉하면서 학생들이 재미있고 흥미로워서 주일학교를 자주 찾는 형태로 끌어가는 것이 좋을 듯합니다. 시스템을 만들려고 하다보면 오히려 그로 인해 맥빠지는 경우도 많이 있습니다. 시스템을 만들려면 사람이 필요한데 작은 교회에서는 그럴 사람이 없습니다.

사람이 없는데 자꾸 시스템에 채워 넣을 사람을 생각하니 힘이 빠지는 것입니다. 시스템에 대한 기대가 더 힘들게 하는 것입니다. 아예 시스템이 없으니 내가 다 한다는 식으로 각오하고 접근하는 방식이 낫다는 것입니다. 그러나 크기가 자라가면서도 그 단계에 머물러 있으면 안 됩니다. 자라가는 단계에서는 시스템이 그 속도를 더 강화시켜주기 때문입니다.

중형 이상 어느 정도 규모가 되는 교회를 위해서 제가 디자인한 교회교육 행정 시스템은 한 부서에 다섯 명의 평신도 지도자 스태프들을 두는 것입니다. 그래서 각 부서는 다섯 명의 평신도 스태프와 담당 교역자가 모여서 하나의 협의회를 형성하는 팀이 됩니다.

교회마다 다르겠지만 전임사역자가 있는 경우는 전임사역자 한 명에 인턴전도사 한두 명이 조력하도록 되어 있습니다. 그렇지 못한 교회는 전임사역자나 교육전도사, 곧 파트타임 전도사가 전체를 주관할 것입니다. 중요한 것은 교역자 그룹에서 먼저 아이디어를 내는 것입니다. 어느 정도 정리가 된 내용을 가지고 평신도 스태프들이 참여하는 협의회 회의에 들어가 이야기를 나누어야 합니다.

"이번 주일예배는 어떻게 진행할 것인가?" "전달하려는 주제에 어떻게 접근할 것인가?"에 대해 서로 대화를 나누다보면 아이디어들이 교환됩니다. 그런 과정을 통해 서로가 서로를 훈련시키게 됩니다. 또한 이 과정을 통해 많은 아이디어가 생기고, 그에 따라 생산성이 높아집니다. 이런 시스팀 속에서 교역자는 그 협의회에 소속된 평신도 스태프들로부터 큰 힘을 얻습니다. 피차 많은 격려를 받습니다. 이런 것이 바로 팀 사역의 유익이라고 할 수 있습니다.

오늘날 프로세스 구조조정이라는 것이 있습니다. 예전에는 구조조정하면 인력적인 측면만 생각했는데 요즘은 프로세스를 생각해야 한다는 것입니다. 이제 인력을 구조조정 하는 것만으로는 생산성을 끌어 올리는 데 한계가 있다고 판단하고, 일이 진행되는 프로세스에서 손실이 없는지 파악하고 그 프로세스를 가장 높은 생산성을 올릴 수 있는 구조로 바꾸는 것입니다.

저는 현대 교회에 바로 이런 구조조정이 필요하지 않은가 합니다. 우리 주일학교 교회교육에서 인력을 효과적으로 사용하는 것과 동시에 그들이 효과적으로 일하도록 돕는 프로세스를 다 검토해야 합니다.

제가 제안한 시스템에 대한 설명은 뒤에서 다시 하겠습니다만, 주일학교의 크기에 따라, 또한 현재의 필요에 따라서 어떤 때는 전부, 때로는 일부분만 사용하는 형식으로 이 시스템에 접근해보면 도움이 될 것입니다.

좋은 팀워크를 위한 몇 가지 원리

팀 사역을 잘 하려면 좋은 팀워크를 갖춰야 하는데, 좋은 팀워크를 갖추기 위해 팀원들이 알아야 할 몇 가지 원리가 있습니다.

첫째, 팀원들 사이의 신뢰관계를 통해서 각자가 많은 자유를 누릴 수 있어야 합니다. 서로에게 부담이 덜 되어야 한다는 뜻입니다.

둘째, 서로를 주시하면서 관심을 가져야 합니다. 팀원들은 서로의 개인적인 일에 관심을 표명하고 자신의 일처럼 생각하며 접근해야 합니다.

셋째, 각자가 가진 영적인 은사를 인정해주어야 합니다. 서로 잘하는 부분을 칭찬하고 격려하면서 세워주어야 합니다.

넷째, 유연성이 있어야 합니다. 원리원칙만 따지기보다 유연성을 보이면서 때에 따라서는 파격적인 처신을 하는 것도 필요합니다. 늘 회의 식으로 진행하던 정기 모임을 때로는 식사하면서 갖기도 하고, 때로는 취소하기도 하는 등 꼭 정해진 틀만 따라갈 필요는 없습니다.

다섯째, 열린 대화를 가져야 합니다. 팀원들 사이에 잡다한 대화도 자주 할 수 있어야 하고, 농담도 쉽게 할 수 있어야 합니다. 팀원들이 가진 생각을 자유롭게 표현할 수 있는 분위기가 되어야 합니다. 서로 눈치 보면서 대화를 잘 못 나누면 팀워크에 문제가 발생합니다.

여섯째, 격려하는 분위기가 있어야 합니다. 팀원들 간에 잘하는 부분들을 서로 높여줄 수 있는 분위기가 조성되어야 합니다.

일곱째, 실패할 수 있는 기회도 제공해주어야 합니다. 사람은 누구나 실패를 두려워하지 않을 때 창의적일 수 있습니다. 실패해도 괜찮다는 인식이 형성된 분위기야말로 좋은 팀이 보여주는 특징입니다.

여덟째, 일에 대한 보상을 어느 정도 실시하는 것이 좋습니다. 이것은 격려를 위한 하나의 수단입니다.

아홉째, 제안되는 아이디어들에 열린 마음을 가져야 합니다. 팀원들이 아이디어를 제안할 때 일단 긍정적인 관점에서 볼 수 있어야 합니다. 아이디어를 내놓아도 그 실현 여부를 놓고 난점들만 부각시키면 사람들은 아이디어를 낼 때 먼저 부정적인 면들만 많이 생각하게 됩니다.

열째, 다양한 정보들을 나누는 토론이 이루어져야 합니다. 팀 사역에서 토론은 윤활유와 같습니다. 팀원들은 모일 때마다 자신들이 알고 있는 정보나 최근에 새로 얻은 지식들을 자유롭게 나누면서 구체화할 수 있어야 합니다. 그래야 생각지도 않던 개념들이 발전될 수 있습니다.

열한째, 팀원들끼리는 하루에 잠깐만이라도 만나거나 전화 통화를 나누는 것이 좋습니다. 좋은 팀워크는 관계를 통해 발전합니다. 팀원들끼리 자주 만나고, 자주 대화할수록 그 관계는 돈독해집니다.

열두째, 즐거운 일터가 되도록 분위기를 만들어야 합니다. 팀원들끼리 만나면 늘 즐거워서 서로 보고 싶도록 팀의 분위기를 만드는 것이 필요합니다.

마지막으로, 지도자는 비전이 있어야 합니다. 좋은 팀워크를 위해서는 역시 지도자의 역할이 중요합니다. 팀 사역은 소그룹 형태이기 때문에 지도자의 영향력이 절대적입니다. 팀워크는 팀이 계속 발전할 때 더 강화되는데, 팀이 발전되기 위해서는 지도자의 비전과 그 비전을 향한 열정이 있어야 합니다. 좋은 팀워크는 "좋은 게 좋다"는 식이 아닙니다. 지도자가 분명한 비전을 가지고 나아가고 거기에 다른 스태프들이 호흡을 맞출 때 좋은 팀워크는 만들어집니다.

스태핑에 접근하는 방법

팀을 이루어 가는 데 있어서 스태프를 어떤 방식으로 구성할 것인가가 중요합니다. 일반적으로 알려진 세 가지의 스태핑 방법이 있는데 참고가 되었으면 합니다.

첫째, 일 중심의 접근 방법입니다. 먼저 일을 디자인하고 나서 그 일을 맡을 사람을 찾는 것입니다.

둘째, 사람 중심의 접근으로서 좋은 사람을 찾아놓고 일을 맡기는 방식입니다.

셋째, 일과 사람을 둘 다 강조하는 방법으로서 '관리망 접근방식'이라고 합니다. 일과 사람을 둘 다 강조하되 상황에 따라 인력을 구성하는 방법입니다.

일반적으로 사람들이 선호하는 방식은 세 번째 방법입니다. 그러나 어느 때는 일을 먼저 디자인해놓고 사람을 찾기도 하고, 또 어느 때는 좋은 사람을 찾아놓고 일을 맡기기도 합니다. 주일학교에서는 그 사역의 성격이나 규모에 따라 달리 할 수 있지만, 보통은 기능이 있는 사람을 먼저 찾아놓는 것이 좋다고들 생각합니다. 그러나 사역이 기능으로만 되는 것은 아니기 때문에 좋은 인격을 갖추었는지 여부를 살펴보지 않을 수 없습니다. 보편적으로 사람을 선택할 때, 특히 주일학교에서는 인격을 보고 택하는 것이 좋습니다.

일반 목회자들 사이에 이런 이야기가 있습니다. 500명 이하의 교인을 둔 교회의 담임목사는 부목사를 뽑을 때 기능이 있는 사람, 전문성이 있는 사람보다 '좋은 사람'을 뽑으라고 말합니다. 왜냐하면 500명 이하의 성도를 둔 교회에서는 목사가 모든 일을 다 해야 할 뿐만 아니라 교회가 작아 관계지향적 성향에 익숙하기 때문에 성품이 좋은 사람을 두는 게 여러 모로 좋다는 것입니다. 그러나 교인 수가 1,000명 이상인 교회에서는 전문성 있는 기능인을 사용하는 것이 좋다고 합니다. 교회나 부서의 규모가 크면 클수록 해야 할 일도 복잡해지기 때문에 기능에 따라서 일을 정해놓고, 그 일에 준비된 사람을 배치하는 것이 교회 입장에서 볼 때 훨씬 좋기 때문입니다.

스태핑을 잘하는 요령

그러면 스태핑을 잘하기 위해서는 어떻게 해야 할까요?

먼저 주일학교에서 일어나는 일들을 정확하게 기록해두어야 합니다. 일을 맡길 때는 스태프가 수행해야 할 업무 내용job description을 정확하게 알려줘야 하는데, 이때 주일학교 사역에 대한 기록은 하나의 지침서 역할을 해줍니다. 이 기록을 바탕으로, 그가 해야 할 일에 대한 목표와 그 한계를 정확히 말해주어야 합니다. "네 마음대로 해봐" 하는 식으로 일을 맡기는 것은 그 스태프를 무시하는 의미로서, 그를 보호하거나 키워주지 않겠다는 뜻과도 같습니다.

둘째, 누군가가 교사로 지원해올 때 그 사람이 가지고 있는 달란트와 기능 등 그가 지닌 모든 특성들을 지원서에 기입해 넣도록 해야 합니다. 사역자가 교사로 지원하는 사람에 대해 많이 알면 알수록 그에게 가장 효율적인 일과 직책을 맡길 수 있습니다. 그러므로 스태프로 선택할 사람에 대해서 가능한 한 많은 정보를 가지고 있어야 합니다.

셋째, 스태프에 대한 서류심사를 하고 나서 꼭 사전 상담을 해야 합니다. 주일학교에 봉사할 교사나 평신도 지도자를 뽑을 때, 당사자의 생각이 어떠한지 꼭 알아둘 필요가 있습니다. 주위 사람들이 아무리 그 사람에 대해 좋은 평가를 하며 권유해도 직접 인터뷰를 해서 "이런 저런 일인데 할 수 있습니까?"라고 물어 직접 그에게서 감당할 수 있다는 확답을 받아내야 합니다.

넷째, 사역자가 꼭 신경을 써야 할 부분은 스태프의 자기계발을 위해 계속 그를 돌봐줘야 한다는 점입니다. 스태프가 계속 일만 하다보면 나중에는 침체되고 맙니다. 이런 의미에서 사역자는 함께 일하는 사람이 그 영역에서 계속 자기를 계발해나갈 수 있도록 도와주어야 합니다. 이를 위해서는 일을 조금씩 확대시켜주는 것도 하나의 방법입니다. 그 사람이 맡은 일들을 조금씩 늘려주거나 일을 더 잘할 수 있도록 지원해주는 것입니다.

| New SS교육지표 | 성공 스태핑을 보장하는 다섯 가지 요령 |

요령 1 스태프가 수행해야 할 업무 내용을 정확하게 하라.
요령 2 지원자의 달란트와 기능, 특성 등 모든 것을 지원서에 기입하도록 하라.
요령 3 서류 심사 후 반드시 사전 상담을 하라.
요령 4 스태프의 자기계발을 위해 계속 돌봐줘라.
요령 5 교사 각 개인의 은사를 점검하라.

다섯째, 교사 각 개인의 은사를 점검해야 합니다. 미국의 윌로우크릭커뮤니티교회에서는 은사를 점검할 때, 여섯 가지 방법을 사용한다고 합니다. 은사 점검표에는 다양한 기능들을 표시할 수 있게 해두었는데, 예를 들면 "나는 서류 분류 작업을 해본 경험이 있다" "나는 오디오 기계를 다룰 수 있다"와 같은 항목이 기재되어 있습니다.

이런 점검을 통해 각 사람이 가지고 있는 은사와 기능, 기질과 열정들을 파악해서 적절한 곳에 사용할 수 있도록 자료화한다면 스태핑 하는 데 많은 도움이 됩니다. 교회에 처음 오는 사람에게도 이런 점검을 시도하면 나름대로 교회에 이바지하고 하나님을 위해 봉사할 수 있는 방법들을 찾는 데 유익할 것입니다.

감동을 주는 탁월한 행사로 전환하라

저는 주일학교 사역을 좀더 새로운 방향에서 운영하려고 계획하면서, 주일학교에서 기본적으로 강조해야 할 사항들을 한번 정리해보았습니다. 약

다섯 가지 정도로 정리되었는데, 먼저는 가장 기본적인 서무, 회계, 총무의 행정적인 일들이 필요했습니다. 주일학교가 기본적으로 유지되려면 학생들의 출결석을 관리하고 금전의 출납을 관리하는 등의 일이 필요합니다.

또 한 가지는 예배를 잘 드릴 수 있도록 하는 일입니다. 주일 오전예배에 사활을 걸었을 때 우리에게 가장 중요했던 것은 그 예배를 효과적으로 디자인해낼 수 있는 '팀'이었습니다. 요즘은 예전과는 다르게 예배에 음악이 폭넓게 사용되므로 많은 악기 연주자들과 찬양 인도자들이 필요했고, 드라마나 비디오 이용에 따른 오디오나 조명 기기 관리도 섬세하게 다루어야 할 부분으로 부각되었습니다. 즉 예배를 잘 드리기 위해서는 늘 예배를 새롭게 기획하고, 많은 관련 팀들의 손발이 서로 잘 맞도록 팀워크를 정비해야 했습니다.

그 다음엔 주일학교에서 실시되는 각종 행사들을 잘 치르는 일입니다. 이를 위해서도 행사들을 탁월하게 치러낼 수 있는 팀이 필요했습니다. 많은 경우, 주일학교의 행사가 제대로 모양을 갖추지 못해서 기대감을 불러일으키지 못하고, 그 결과 참여율이 극히 저조하기 때문입니다. 행사 자체가 단지 연중행사의 하나로 기획되어 있어 어쩔 수 없이 치르는 듯한 인상을 받기도 합니다. 그러다보니 그 행사에 참여하지 않을 수 없는 사람만 마지못해 참여할 뿐, 행사에 뭔가 기대를 갖고 참여하는 사람은 별로 없어 보입니다.

수련회에 다녀온 아이들을 대상으로 반응을 점검해보면 이 사실을 확인할 수 있습니다. 저는 수련회에 대한 학생들의 부정적인 생각을 알고 깜짝 놀란 적이 있습니다. 아이들은 수련회에 갈 때만 되면 집에서 부모님과 싸웁니다. 부모님은 "제발 좀 가라"고 하고, 학생들은 "엄마! 제발 나한테 수련회 가라고 하지마. 작년하고 똑같은 거야. 변한 게 하나도 없어. 나 수련회 4년이나 다녔잖아"라고 대꾸합니다. 그러면 "얘야! 올해는 좀 다르다더라. 올해는 작년하고 완전히 딴판이라더라. 올해는 새로운 교역자가 와서 멋있게 한다더라"며 부모님은 다시 아이를 설득해야 합니다. "그래요. 그러면 속는 셈치고 이번 한 번만 가보죠." 그러나 이렇게 '혹시나' 해서 수련회에 간 학생들은 '역시나' 하고 돌아옵니다. 그리고 집에 와서는 "엄마! 다음부터는 절대 수련회 가라고 하지 마!"라고 외칩니다.

왜 그렇습니까? 변화가 없기 때문입니다. 체계적인 준비를 통해 제대로 기획하지 않은 채 그냥 수련회를 진행하기 때문에 아이들은 그곳에서 전혀 역동성을 느끼지 못합니다. 수련회를 무조건 바깥으로 나가서 진행하기만 하면 60, 70%는 성공한다고 여기며 프로그램 준비를 소홀히 하는 것이 많은 교회의 실정입니다. 사실, 교회에서 주일학교 행사를 치를 때 교사들이나 학생들의 마음을 완전히 사로잡아본 적이 몇 번이나 되는지 의문입니다. 이런 모습으로는 주일학교의 부흥을 기대할 수 없습니다. 이제 우리는 무슨 행사를 하든지 교사나 학생들이 흥미진진하게 참여하고, '아! 이 행사가 어떻게 진행될까?' 하는 기대감을 가질 수 있도록 기획해야 합니다.

제가 섬겼던 교회에서 교사들을 격려하기 위해 '교사 페스티벌'이라는 행사를 치른 적이 있습니다. 모든 교사들이 모여서 멋지고 감동적인 '한마당 잔치'를 가진 것입니다. 교사들은 전혀 예기치 못한 장면들이 마구 펼쳐질 때마다 "지금까지 교회에 다니면서 이런 일들을 본 적이 없다"며 아주 좋아했습니다.

그러나 저는 그때부터 고민했습니다. 내년에는 어떻게 준비할까? 결국 그 다음해에 똑같은 행사를 더 멋있게 치를 자신이 없어서 2년에 한 번씩만 갖기로 계획을 바꾸었습니다. 저는 더 잘 할 수 없다면 차라리 하지 않는 편이 낫다고 생각합니다. 교회 행사는 할 때마다 더 잘 해야 합니다. 그렇지 않으면 사람들에게 기대를 줄 수 없기 때문에 효과를 거두기 어렵습니다. 대신, 행사를 기획하게 되면 아주 꼼꼼하고 철저하게, 그리고 탁월하게 기획해야 합니다. 그리고 행사의 질적인 향상을 위해서는 각 부문의 팀워크가 매우 중요하다는 사실을 잊지 말아야 합니다.

교회 행정조직 갱신

아울러 주일학교에서 또한 강조해야 할 것 중의 하나는 교사 양육의 문제입니다. 교사도 한 사람의 양육 대상자라는 사실을 잊어선 안 됩니다. 오늘날 교사라는 직업은 교회 안에서 3D 업종 중의 하나로 여겨질 만큼 힘들고 어렵습니다. 그래서 많은 교사들이 쉬 지치고 피곤해하면서 오랫동안 봉사하지 못하고 중도에 그만둬버립니다. 사정이 이렇다보니 교사들을 격려하고 후원하는 일은 주일학교 사역에서 매우 중요한 영역이라고 할 수 있습니다. 그런데도 대부분의 교회에서는 주일학교 부장이 이런 일들을 조금씩 해왔을 뿐 그 이상의 대안이 없었습니다. 그래서 교사들에게 힘을 북돋워주기 위해 이 일을 담당하는 스태프를 따로 두는 것이 필요합니다. 그 스태프를 중심으로 교사들이 함께 모여 공부도 하고 삶을 나눌 수 있도록 교사 소그룹을 만들고, 그 소그룹을 담당할 교사 순장을 두어 교사들을 지원하도록 하는 것입니다.

다음으로, 교사 양육 문제 외에 학생들의 양육 문제 또한 재론의 여지없이 매우 중요합니다. 분반활동을 중심으로 학생들의 양육이 이루어지고 있지만, 그 외에 아이들의 관심사에 따라 활동영역을 넓혀주고, 그들이 가지고 있는 다양한 기능을 살려 스스로 발전할 수 있도록 장을 마련해주며, 그들만의 자치활동을 신장시킬 수 있는 프로그램을 지원하는 등 많은 일들이 필요합니다.

저는 이러한 주일학교의 업무 분석을 중심으로 새로운 시스템을 만들었습니다. 앞서 언급한 다섯 그룹에 이전의 부장과 같은 역할을 할 책임 있는 다섯 명의 스태프를 두었습니다. 즉 교육행정, 예배실행, 행사실행, 교사양육, 학생양육 스태프입니다. 결과적으로 기존의 부장이나 총무 제도가 없어졌습니다. 예전에는 부장이나 총무가 혼자 했던 일들을 이제는 다섯 명의 헌신된 교사들이 함께 감당할 수 있게 한 것입니다. 그들 각각의 기능과 관심을 잘 살려가면서 아이디어를 내고 실행함으로써 훨씬 더 효율적인 모습이 된 것입니다.

저는 부장제도를 반대하는 사람은 아닙니다. 부장제도도 유용하게 사용할 수 있습니다. 제가 좀 바꾸고자 했던 것은 그 용어가 세상적인 개념을 담고 있기 때문입니다. 70-80년대에 사회에서 부장은 부서의 책임자로서 일은 별로 하지 않고 결재만 하는 사람들이었습니다. 대부분의 실무는 과장이나 계장이 했습니다. 지금은 그렇지 않다는 것을 다 알고 있지만 당시에는 그랬습니다. 그러다보니 그런 의식이 용어와 함께 교회 안에 그대로 들어온 것입니다. 부장은 별로 일은 하지 않고 결재만 하는 직책이라는 의식이 암암리에 교회 안에 생긴 것입니다.

그래서 교회에서 부장을 임명할 때도 무슨 일을 해야 하는지 물으면 "특별한 것 없어. 그냥 결재하고, 특별한 행사 때 찬조금 좀 내고, 교사들 밥이나 사주고…"라는 말을 듣습니다. 교사들 중에도 부장은 밥 사는 부장인 줄 아는 사람들도 많습니다. 그래서 부장집사에게 밥 좀 사라고 압박하는 교사들도 있습니다. 부장집사가 밥 사는 사람입니까? 그렇지 않습니다. 물론 밥을 살 필요도 있겠지요. 그러나 중요한 것은 부장집사도 자신의 달란트와 은사를 가지고 주일학교에 이바지해야 하는 사람이라는 것입니다. 너무 고정된 개념이 문제가 될 것 같으면 다른 용어를 쓰는 것도 도움이 됩니다. 그렇지 않으면 부장집사라는 용어를 쓰되, 그 역할을 잘 정리하는 것이 좋을 듯합니다.

역할을 분명히 한 후 어느 정도 시간이 지나면서 각각의 스태프들이 자신이 맡은 영역에 대해 점점 전문가로 발전해가는 모습을 발견할 수 있었습니다. 제가 아는 한 장로님은 행정 스태프를 맡았는데 예배가 끝나자마자 모든 선생님들과 교역자들이 그 주간의 상황 곧 출결 상황, 결석한 학생들의 이름과 형편 등을 손에 쥘 수 있도록 하는 프로그램을 만들어 냈습니다. 어떤 스태프는 행사를 담당하면서 처음에는 일을 어떻게 해야 할지 모르고 쩔쩔맸는데, 시간이 지나면서는 어떤 행사도 두려워하지 않고 잘 치르는 능력 있는 자가 되었습니다.

이렇듯 다섯 명의 평신도 스태프들과 함께 교역자들이 교육협의회를 구성하여 매주 교육을 계획하기 위해 함께 머리를 맞대며 팀워크를 형성하여 주일학교를 운영해 간다면 훨씬 발전적인 주일학교가 될 것입니다.

세부 조직들

효과적인 사역을 위한 행정체계의 세부 조직은 다음과 같이 정리할 수 있습니다(업무에 관한 것은 부록 참고).

교육행정에는 서기팀과 회계팀, 교육정보팀, 교육자료팀, 통계팀이 있습니다. 행사 실행에는 교회행사 및 절기에 따라서 행사를 기획하는 팀이 있고, 수련회를 준비하는 팀이 있으며, 야외행사, 성례식, 특별순서, 레크리에이션, 기타 이벤트를 기획하는 팀들이 있습니다. 예배 실행에는 성가대, 찬양 율동팀, 비디오 영상 편집팀, OHP 및 슬라이드, 빔프로젝트, 시설 및 음향, 조명팀, 소그룹 진행 연구팀, 방송연극팀들이 각각 있습니다. 교

New SS교육지표	교육 행정체계 세부 조직도				
교육행정	예배실행	행사실행	교사양육	학생양육	
서기팀 회계팀 교육정보팀 교육자료팀 통계팀	성가대 찬양·율동팀 비디오영상편집팀 OHP, 슬라이드, 빔프로젝트팀 시설 및 음향팀 조명팀 소그룹진행연구팀 방송연극팀	행사기획팀 수련회 준비팀 야외행사, 성례식, 특별행사, 레크리에이션, 기타 이벤트 기획팀	교사소그룹 교사심방 교사훈련 교사세미나	학생소그룹 제자훈련 학생심방 자치지도	

사 양육에는 교사 소그룹, 교사 심방, 교사 훈련, 교사 세미나 등을 담당하는 팀이 있습니다. 학생 양육은 학생 소그룹, 제자훈련, 학생 심방, 자치 지도와 같은 부문에서 각각 일하도록 되어 있습니다.

또한 자원봉사자 영역을 확대하는 것을 생각할 수 있는데, 궁극적으로는 모든 교사들이 각자의 달란트를 가지고 맡은 부분에 이바지하도록 돕는 것입니다. 교회교육을 하다 보면 어떤 교사는 가르치는 데는 은사가 있는데 다른 일에는 서툽니다. 그런 사람은 가르치는 일에만 집중하도록 하는 것이 좋습니다. 또 어떤 사람은 가르치는 일에는 은사가 없는데 혼자서 일하는 것은 잘합니다. 그런 사람에게는 사무적인 일을 맡깁니다.

가르치는 일을 직접 수행하지 못할 사람들에게는 다른 기능의 일을 통해 교회교육을 섬기는 기회를 주는 것입니다. 오디오에 관심과 식견이 있으면 그 일을 통해 섬기게 하고, 악기 연주나 찬양에 달란트가 있으면 그것을 통해 집중적으로 섬기도록 여건을 마련해줌으로써 많은 봉사자들이 자신의 기능을 즐겁게 발휘하여 교회에 이바지하도록 하는 것입니다.

교회의 많은 직분들은 단순히 그 직분 자체를 위해 있지 않습니다. 하나님은 우리에게 은사를 주시고 그 기능을 따라 효과적으로 교회를 섬기게 하셨다는 사실을 잊지 말아야 합니다. 오늘날 교회에 필요한 것은 주어진 직분에 따라 교회를 섬기는 것이 아니라 주어진 은사와 기능에 따라 교회를 섬기는 일입니다. 교회에서 직분을 따라서만 일하게 한다면 교회에 오래 다닌 사람만이 교회를 섬길 수 있을 것입니다.

성경은 은사에 따라 섬기는 일을 강조합니다. 이런 면에서 아무리 어린 사람이라 하더라도 하나님께서 주신 달란트를 가지고 할 수 있는 영역 안에서 교회와 하나님나라를 위해 봉사할 수 있도록 도전과 기회를 주어야 합니다. 주일학교는 바로 이런 다양한 은사가 펼쳐지는 장이 되어야 합니다.

주일학교에서 봉사하는 일들을 단순히 가르치는 일에만 제한하여, 가르치는 일은 자신이 없지만 다른 일들을 통해서 봉사하고자 하는 많은 사람들에게 섬김의 기회조차도 주지 않는 일들이 있어서는 안 됩니다.

New S S 혁 신 토 의

1. 성경에서 말하는 행정의 원리를 정리해보라.
2. 느헤미야의 지도력과 업무 진행 과정의 특징을 말해보라.
3. 주일학교에서 함께 일할 스태프를 모집하는 데 유념해야 할 사항은 무엇인가?
4. 당신 교회의 행정조직을 바꾸어본다면 어떻게 할 수 있겠는가?

제12장

네가 교육 지도자냐?

교사의 교사인 교육지도자는 교회 안에서 어떤 역할을 해야 합니까? 교육목사, 교육전도사라는 직함을 가지고 있지만 혹시 무늬만 교육은 아닙니까? 교육지도자가 교회에서 수행해야 할 여덟 가지 역할을 살펴보고 지도력 계발에 필요한 요점을 정리합니다.

한국교회의 교육을 생각할 때마다 늘 안타까운 점이 한 가지 있습니다. 교회마다 기독교교육에 대해 나름대로 많은 관심을 기울이고 있기는 하지만, 기독교교육자로서 평생을 바쳐 헌신하려는 사람은 극히 드물다는 사실입니다. 한국교회의 목회자들을 보십시오. 대부분 담임목회의 길만 고집합니다. 그도 그럴 것이 신학교에서 가르치는 거의 모든 내용이 신학생들을 담임목사로 만드는 데 초점을 두고 있습니다. 사정이 이렇다보니 대부분의 사역자들은 주일학교 교육부서에 몸담고 사역하는 일을 인턴이나 레지던트처럼 전임사역을 위해 잠시 거쳐 가는 과정쯤으로 여기고, 담임목사 자리가 생기면 언제라도 옮겨야겠다고 생각합니다. 어쩌면 이런 풍조는 담임목사만 소신껏 사역하고 존경받는 목회자로 여기는 한국교회의 목회 풍토에서는 당연한 현상인지도 모릅니다.

그러나 최근 들어 한국교회의 목회 풍토에 상당한 변화가 일고 있습니다. 기존의 목회 방식으로는 한국교회의 전망이 그리 밝지 못하다는 자성 아래, 미국에서 활발하게 전개되고 있는 새로운 목회 패러다임을 한국교회에 적극적으로 도입하여 목회를 새롭게 하려는 움직임이 담임목회자들 사이에서 활발하게 일어나고 있습니다. 이런 현상은 뒤늦은 감이 있지만 그나마 참으로 다행한 일입니다. 그러나 분명히 명심해야 할 사실이 있습니다. 담임목사가 나름대로 비전을 가지고 그리스도의 몸 된 교회를 이끌어 가는 것도 중요하지만, 그와 함께 팀을 이루어 동역할 사람들이 성장하지 않는 한 목회의 성공적인 갱신은 어렵다는 사실입니다.

지금까지 한국교회는 담임목사에게만 모든 관심을 집중했습니다. 한국교회의 신문과 저널들도 하나같이 담임목사에게만 스포트라이트를 비추었습니다. 예를 들어 모 잡지에서 '차세대 지도자'를 소개하는 난이 있었는데, 거기에 나오는 목회자들 대부분이 담임목사들이었습니다. 교회를 개척하고 담임목회를 하여 짧은 기간에 큰 성장을 이룬 목회자들만 차세대 지도자로서 관심의 대상이 되었습니다.

그 담임목회자의 오늘이 있기까지 주변에서 동역했던 사람들에 대해서는 별 관심이 없습니다. 그러다보니 많은 목회자들은 담임목회를 하면서 교회를 성장시키는 것만이 교계에서 인정받을 수 있는 길이라는 생각에 어쨌든 담임목사가 되는 일에만 관심을 집중하게 됩니다. 담임목사의 일이 아닌 다른 사역에서 지도력을 발휘하는 사람들을 인정해주고 귀히 여기는 풍토가 아쉽습니다.

사실 저도 지금은 담임목회를 하고 있기 때문에 이 부분에 대해서 이야기하기가 쉽지 않습니다. "너도 결국은 담임목회 하지 않느냐"라고 한다면 할 말이 없습니다. 물론 그렇습니다. 한국교회의 풍토에서 부교역자로 평생을 보내는 것은 쉽지 않습니다. 저는 40대 중반을 완전히 넘어서면서 담임목회를 시작했습니다. 담임목회를 하기에는 많이 늦은 나이입니다. 제가 생각하기로는 40대 초반까지는 그래도 어린이와 청소년을 부여안고 씨름할 수 있다고 생각합니다. 부교역자로서 전문적인 사역을 하는 사람들이 많이 필요한 것이 한국교회의 실정이라면 이 부분에 헌신하는 분들이 많이 나와야 할 것입니다. 교회교육 사역을 하는 데 은사도 있고, 소명이 있다면 한번 충성해보시기 바랍니다. 그러면 하나님께서 또 다른 길을 열어주실 것입니다.

2인자 신학

이 세상에서는 1인자에게만 관심을 갖고 그에게 모든 초점을 맞추는 것이 어떤 면에서 당연합니다. 그러나 하나님나라는 이 세상과 다릅니다. 하나님나라는 어떤 면에서 2인자(여기서 2인자라고 할 때는 하나님의 일을 할 때의 높고 낮음의 개념이라기보다는 기능적인 측면에서 두 번째 역할을 의미하는 것으로서 부교역자들을 지칭합니다)들에 의해 든든히 세워져 간다고 할 수 있습니다. 따라서 하나님나라에서 더 빛나는 존재들은 바로 이 2인자들입니다.

이런 점에서 한국교회에 소위 2인자 신학 second man theology이 속히 정립되어야 한다고 봅니다. 신학교에서도 2인자 신학을 올바로 가르쳐야 합니다. 우리 모두는 자신도 모르는 사이에 1인자만 중요하게 생각하는 세상적인 가치관에 물들어 있습니다. 이러한 잘못된 의식을 버리고 성경적인 가치관을 회복해야 합니다. 하나님의 뜻을 이루기 위해 이 땅에 오셔서 2인자로서 사셨고 죽기까지 충성하며 구속 사역을 이루셨던 예수 그리스도의 정신을 회복해야 하는 것입니다.

2인자 신학은 예수님의 낮아지심에 그 신학적 기초를 둡니다. 가장 중요한 성경 구절은 빌립보서 2장 6-11절 말씀입니다. 우리는 이 말씀을 대할 때 "예수님께서 낮아지셨다"는 사실만 인지하고 넘어가버리는 경우가 많은데, 이 말씀에는 그보다 더 중요한 메시지들이 들어 있습니다. 먼저 6절을 보면 "그는 근본 하나님의 본체시나 하나님과 동등됨을 취할 것으로 여기지 아니하시고"라는 말씀이 있습니다. 이는 예수님의 낮아지심을 표현한 것으로서 특별히 "그가 하나님과 동등 됨을 취할 것으로 여기지" 않음으로 자신의 권리를 포기하는 모습을 보여줍니다. 예수님은 하나님으로서의 존엄성을 가지고 있었기 때문에 모든 것을 누릴 만한 권리가 있었습니다. 그럼에도 불구하고 그분은 이제 그 권리를 포기하고 낮아지셨다는 것입니다.

7절을 보면 "오히려 자기를 비워 종의 형체를 가지사 사람들과 같이 되셨고"라고 말씀하는데, 이는 자기비하의 구체적인 모습을 보여줍니다. 예수님께서 스스로를 낮추심은 단순한 낮춤이 아니고 종의 모습, 즉 사람들과 같이 되는 것으로서, 이는 종이나 사람들이 가질 수 있는 많은 제약을 받아들이셨다는 의미입니다. 그분이 하실 수 있는 일임에도 불구하고 스스로 하지 않으셨다는 뜻입니다. 또한 사람의 역할, 종의 역할도 하나님의 역할과는 전혀 다르지만 받아들이셨습니다. 그분은 하나님의 뜻을 이루기 위해 자신이 감당해야 할 역할을 기꺼이 받아들이신 것입니다.

8절을 보면 "사람의 모양으로 나타나사 자기를 낮추시고 죽기까지 복종하셨으니 곧 십자가에 죽으심이라"는 말씀이 나와 있습니다. 이는 자기희생을 말합니다. 예수님은 희생을 통해 낮아지심을 보이셨습니다. 그리고 결국 하나님께서 그를 높이셨습니다. "이러므로 하나님이 그를 지극히 높여 모든 이름 위에 뛰어난 이름을 주사"라는 9절의 말씀은 종내에는 예수님께 영광이 부여된 사실을 보여줍니다. 낮아짐의 결과가 무엇인가를 보여주는 부분입니다.

저는 이 본문이 오늘날 2인자의 역할을 하는 사람들에게 중요한 원리를 제공한다고 생각합니다. 이러한 예수님의 모습에 부교역자의 모습을 대비해보면 유사점이 많을 것입니다.

예수님의 사역에서 발견하는 부교역자 상像

예수님과 부교역자는 그 사역을 함에 있어 한편으로는 종이고, 또 다른 한편으로는 지도자라는 측면에서 유사성이 있습니다. 예수님은 이 땅에서 2인자로 사셨습니다. 독특한 것은 그분의 생애가 하나님께는 철저히 2인자이면서 또한 다른 사람들에게는 지도자라는 측면에서 부교역자와 유사하다는 점입니다. 예수님은 예언자로서 요한복음 16장에 나타난 대로 늘 하나님 아버지를 드러내는 삶을 사셨습니다. 25절에 보면 그분의 모든 관심이 하나님 아버지께 있었습니다. 이런 측면에서 예수님은 늘 아버지에게 종의 모습이었다고 말할 수 있습니다. 2인자였습니다.

그러면서도 그분은 동시에 지도자로서 당신 자신이 해야 할 일을 충실히 하셨습니다. 대제사장과 목자 되신 예수님의 역할이 그 사실을 잘 말해줍니다. 그분은 중보자로서 딤전 2:5, 또한 대제사장으로서 히 9:11-12 다른 사람을 돕는 지도자 역할을 하셨습니다.

이런 측면에서 앞서 말한 예수님의 낮아지신 태도는 부교역자들에게도 시사하는 바가 큽니다. 부교역자는 예수님처럼 자기의 권리를 포기해야 합니다. 자기가 감수해야 할 많은 역할들(비록 원치 않을지라도)을 받아들이고 감당해야 합니다. 또한 다른 사람들과의 원활한 관계를 위해 자기희생을 감수해야 합니다. 사실 부교역자가 살아가는 삶은 예수님을 닮아가는 삶이 아닌가 하는 생각이 듭니다. 부교역자의 삶 자체가 예수님처럼 많은 제약을 갖고 있기 때문입니다. 그럼에도 불구하고 많은 역할들을 다 감당해야 하니 그 자체를 귀한 삶이라고 하지 않을 수 없습니다.

부교역자들에게 위로가 되는 점은 예수님께서 받으신 영광일 것입니다. 예수님은 낮아지셨지만 결국 하나님께 영광을 받으셨는데, 아마 부교역자들도 그 사역 가운데서 낮아지는 삶을 통해 마침내 하나님께 높임을 받으리라 믿습니다. 부교역자들은 이 땅에서 담임목사에 비해 상대적으로 영광을 덜 받기 때문에 하나님나라에서는 그 영광이 더 크지 않을까 싶습니다. 부교역자들이 자기를 낮추고 자기 권리를 포기하며, 원치 않지만 자기에게 주어진 역할을 받아들이면서 희생하고 수고한다면, 비록 이 땅에서는 인정받지 못한다 해도 후에 하나님으로부터 큰 영광이 있으리라고 확신합니다.

목회 프로페셔널 시대

장차 펼쳐질 미래의 목회가 '전문목회'라는 사실을 아무도 부인하지 않을 것입니다. 목회를 해도 전문적인 부분을 강조하는 목회를 하는 것이 목회의 차별화를 위해 필요하다고들 이야기합니다.

저는 앞으로 한국교회에 군소교회도 많이 필요하겠지만 중대형(300-1,000명이 주일에 모이는 교회) 정도 되는 규모의 교회가 많아졌으면 합니다. 21세기에는 일반사회의 각 분야에서도 대형화 현상이 두드러지리라 예상되기 때문에 교회가 생존하기 위해서라도 대형화의 필요성이 전략적으로 부각될 것입니다. 또한 교회가 사회에 영향을 미칠 수 있기 위해서는 중대형의 모습을 갖춘 교회가 필요할 것입니다. 미래사회에서는 중대형교회만이 감당할 수 있는 역할들이 많아지기 때문입니다. 교회가 너무 작으면 그 그룹 안에 있는 사람들을 섬기는 일만 해도 만만치 않기 때문에 믿지 않는 사람들을 위한 일이나 대사회적인 역할을 감당하는 데 많은 제한을 받습니다.

요즘 사회를 보십시오. 점점 대형화되지 않습니까? WTO 체제에서는 사회의 여러 기관들이 서로 합병을 합니다. 미국의 경우만 해도 은행 등 많은 기관들이 서로 합병하고 있습니다. 물론 합병에 따른 여러 가지 문제점도 있지만, 규모가 커지면 다양한 서비스를 효과적으로 제공할 수 있기 때문에 더 많은 고객을 확보할 수 있습니다.

교회도 마찬가지입니다. 교회 대형화 현상은 세계적인 추세처럼 보이는데, 사람들은 앞으로 대형교회를 더욱 선호할 것 같습니다. 교회가 대형화될수록 훨씬 더 좋은 시스템을 갖출 뿐 아니라 더 나은 양육 프로그램과 교육 기회를 제공할 수 있기 때문입니다. 물론 교회가 크다고 해서 모든 서비스가 좋다고 말하는 것은 아닙니다. 그런 역할을 못하는 교회도 많습니다.

그런데 교회가 커지면 커질수록 '교육'과 '훈련'에 대한 요구는 늘어날 수밖에 없습니다. 특히, 기독교교육 전담자는 이 부분을 잘 숙지하고 있어야 합니다. 교육과 훈련을 직접 담당해야 할 사람이기 때문입니다. 사실, 작은 교회로부터 중대형교회에 이르기까지 담임목사 다음으로 2인자의 위치에 제일 먼저 요구되는 사람이 있다면 기독교교육 담당자일 것입니다.

교회가 성장한다고 해서 상담 전문가를 먼저 요구하는 예는 거의 없습니다. 요즘 가정사역이 매우 중요하게 부각되고 있습니다만, 교회가 커가면서 우선적으로 요청되는 사람 역시 가정사역 전문가보다는 기독교교육

담당자입니다. 그런 면에서 앞으로 기독교교육자에 대한 수요는 점차 늘어나리라 예상합니다. 기독교교육을 담당하는 사역자가 감당해야 할 사역의 장이 그만큼 넓어진다는 말입니다. 아니, 한국교회는 이미 전문적인 기독교교육자에 대한 갈급함을 느끼기 시작했다고 말할 수 있습니다.

제가 교회교육을 연구하고 가르치는 자리에 있다 보니 여러 가지로 다양한 내용의 전화를 참 많이 받습니다. 특히 교육 부서를 전담할 교역자를 보내달라는 요청들이 많습니다. 일반적으로 사람들은 목사님의 설교가 좋아서 교회로 모여들지만, 요즈음은 교회의 교육 프로그램을 보고 오는 경우도 많다고 합니다. 교육 프로그램이 잘 되어 있으면 처음에는 자녀들을 먼저 그 교회로 보냅니다. 부모는 여전히 다른 교회에 출석하면서 말입니다. 그러다가 나중에는 그 부모도 아이들이 출석하는 교회로 옮긴다고 합니다.

이처럼 현대로 올수록 좋은 교육 프로그램은 교회성장의 중요한 요소로 작용합니다. 더욱이 최근 들어서는 주일학교 인원이 점점 줄어드는 바람에 위기의식을 느낀 많은 담임목회자들로부터 주일학교 교육전문가를 구하는 요청이 쇄도하고 있습니다. 이런 면에서 교육사역에 헌신한 분들은 모두 자부심을 가지시길 바랍니다. 아울러 교육을 위한 분명한 사역의 비전과 방향을 정하시길 바랍니다.

기독교교육자는 전문가다

이 책을 읽는 분들은 이미 기독교교육자로서 그 역할을 감당하고 있는 사람들이라 믿고, 어떻게 자신을 계발하고 역량을 키워갈 수 있는지 그 방법을 나눠보겠습니다.

일반적으로 기독교교육자는 '담임목사의 목회를 돕는 자'로 인식됩니다. 이 말은 한편으로는 옳은 말입니다. 그러나 전적으로 충분한 정의는 아닙니다. 기독교교육자는 '담임목사의 목회를 돕는 자인 동시에 교회교육의 프로그램을 계발하면서, 설교와 목양을 한다는 측면에서는 담임목사와 동일한 역할을 하는 사람'이라고 정의할 수 있습니다. 우리는 교육 목회자로서 하나님의 말씀을 선포하고, 하나님께서 맡기신 영혼을 목양하는 목회자라는 의식을 가져야 합니다.

교회교육을 담당하는 사람들은 흔히 이런 잘못된 생각을 품기 쉽습니다. '나는 어린이나 돌보고 있다.' '나는 어린아이나 가르치고 있다.' 많은 사역자들이 교회교육을 하면서 장년사역에 끼지 못하고 밀려나 있다는 생각을 하기 때문에 스스로의 정체성을 잃어버리는 것 같습니다. 그러나 교회교육을 담당하는 사람들은 주일학교 어린이나 청소년을 맡든, 아니면 기타 여러 가지 교육 프로그램을 맡든 간에 목양사역을 하는 목회자라는 의식을 분명히 가져야 합니다.

또한 기독교교육자의 가장 큰 장점은 교육 전문가로서의 전문성에 있다는 사실을 잊지 말아야 합니다. 기독교교육자는 전문가로서 담임목사가 갖지 못한 감각을 가지고 있어야 합니다. 적어도 교육 분야에 관한 한 담임목사보다 앞서가면서 나름대로의 결정을 하고 교회교육의 전략을 세울 수 있어야 합니다. 즉 기독교교육자는 목회자가 갖추어야 할 일반적인 자질은 물론 교육가로서의 전문성도 갖추어야 합니다. 그래야 기독교교육자로서의 역할을 제대로 감당할 수 있습니다.

그러면 기독교교육자가 감당해야 할 역할에는 어떤 것들이 있을까요? 미국에 있는 '기독교교육 지도자 전국연합' NADCE, National Association of Director of Christian Education 이라는 단체는 그 역할을 다음과 같이 여덟 가지로 정리했습니다.

첫째, 기독교교육자는 교회가 바른 교육관을 갖도록 도전해야 합니다. 이것은 어떤 의미에서는 가장 중요한 역할입니다. 우리가 기독교교육자로서 나름대로의 역할을 하기 위해서는 설교할 기회가 있을 때마다 할 수 있는 대로 교육에 대한 설교를 해야 합니다. 기회 있을 때마다 교육에 대해 성도들에게 도전을 주고 성경적인 관점을 가질 수 있도록 도와주어야 한다는 말입니다.

사실 한국교회 안에서는 어린이나 청소년 교육이 중요하다고 말하면서도 기독교적인 관점으로 자녀교육을 하는 사람을 찾아보기가 그리 쉽지 않습니다. 대부분의 성도들은 세속적인 교육관을 가지고 자녀들을 키웁니다. 그러다보니 가정교육과 교회교육이 조화를 이루지 못합니다. 교회에서 아무리 발버둥을 치며 아이들을 가르쳐도, 그 아이들이 가정으로 돌아가면 많은 가르침들이 수포로 돌아가버립니다. 이런 면에서 가정과 교회가 손발이 잘 안 맞습니다. 대부분의 학부모들은 자기가 굶는 한이 있더라도 세속교육을 잘 시키려고 하면서, 교회교육에 대해서는 별 관심을 보여주지 않습니다. 그러므로 이런 성도들이 교회교육에 관심을 갖도록 교회교육 전담자가 아우성을 쳐야만 하는 것입니다.

기회 있을 때마다 교회교육을 외쳐라

저는 개인적으로 설교할 기회가 있을 때마다 성도들이 교회교육에 대해 성경적인 관점을 가질 수 있도록 교육에 관한 메시지를 많이 전하는 편입니다. 저는 유학을 마치고 돌아와서 처음으로 강단에 섰을 때 '2000년대를 준비하자' 라는 제목으로 교육에 관한 설교를 했습니다. 그 당시만 해도 2000년대, 곧 21세기에 대한 이야기가 큰 이슈가 되지 않았던 때였습니다.

그때 저는 가정에서의 교육관과 교회에서의 교육관을 대비하면서 우리는 과연 어떤 관점을 가지고 교육해야 할 것인지에 대해 도전했습니다. 그 후로도 기회가 닿을 때마다 교육에 대한 설교를 하고 있습니다.

이렇게 해야 하는 이유는 두 가지입니다. 첫째, 교회교육자야말로 교회교육을 논할 수 있는 적격자이기 때문입니다. 교회교육에 대한 성도들의 의식을 일깨우는 작업을 교회교육 담당자들이 하지 않으면 누가 하겠습니까?

둘째, 교회교육은 교회교육자의 전문 영역인 만큼 어떤 주제의 설교보다 교육설교가 가장 호소력이 크기 때문입니다. 자기가 잘 알고 관심 있는 분야에 대해 설교할 때 가장 호소력이 크지 않겠습니까? 이런 점에서 기독교교육을 하는 사람은 기회가 있을 때마다 교육에 대한 설교를 하는 것이 좋습니다.

기독교교육자의 두 번째 역할은, 교육위원회에 대해 확고한 리더십을 가져야 한다는 것입니다. 사실 장로는 교육에 관한 한 전문가가 아닙니다. 그렇기 때문에 교육위원회의 전반적이고도 목회적인 리더십은 교역자가 갖는 것이 효율적입니다. 장로들은 교육사역의 제반 사항에 대해 분명히 인식하고 그 사역을 전적으로 지원하는 역할을 감당해야 합니다. 그래야만 교육 사역이 힘 있게 펼쳐질 수 있습니다.

저는 그동안 사역하면서 교육위원회에서 함께 일하는 장로님들과 이야기를 나눌 때 어떤 갈등이나 긴장을 느끼지 않았습니다. 먼저 장로님에게 "이런 사역들을 저희들이 하고 있습니다. 교육위원회는 일 년 동안 이렇게 진행될 것입니다. 이렇게 바뀌어가고 있습니다"라고 사역 내용을 소상하게 말씀드립니다. 그러면 장로님은 "아, 그렇습니까? 목사님, 제가 잘 모릅니다. 목사님 좋으실 대로 하시죠" 하면서 전적으로 지원해주십니다. 그래서 마음껏 사역을 펼칠 수 있었습니다.

그러나 일반적인 교회교육 전담자는 처음부터 교육위원회를 마음대로 좌지우지하려 해서는 안 됩니다. 건방지게 비칠 수도 있기 때문입니다. 오히려 나이 드신 장로님에게 "장로님, 기도도 해주시고요, 이렇게 해주시면 고맙겠습니다" 하고 계속 일을 맡겨보십시오. 그러면 그 장로님은 나중에는 귀찮아서라도 일을 잘 안 하려고 합니다. 물론 은퇴한 장로의 경우는 문제가 될 소지도 있습니다. 그런 분들은 시간이 많기 때문에 이러저러한 모양으로 간섭하는 경우가 더러 있습니다. 그러나 일반적으로는 목회자가 잘만 사역하면 장로들이 일일이 간섭하는 경우는 거의 없습니다. 오히려 어떻게 하면 도와줄까를 생각합니다. 그러므로 먼저 우리 교역자들이 겸손한 자세로 장로들을 대해야 합니다.

자르고 맞추고 꿰매는 일까지

기독교교육자의 세 번째 역할은 혁신적인 교육 프로그램을 통해 담임목사의 사역을 지원하는 것입니다. 담임목사의 사역 중 상당히 많은 부분이 교육에 관한 사역입니다. 그러나 대부분의 담임목사는 그 모든 교육 프로그램을 혼자서 디자인할 수도 없고 일일이 맡아서 가르칠 수도 없습니다. 교육담당 교역자는 이런 담임목사의 필요를 채울 수 있어야 합니다. 이를 위해 기독교교육 담당자는 담임목사와 늘 좋은 관계를 형성해 놓아야 합니다.

넷째, 기독교교육자는 교회의 모든 프로그램들이 교육적 구심점을 갖도록 하는 역할을 맡아야 합니다. 교회 안에는 다양한 프로그램들이 있습니다. 그 가운데 어떤 것도 단순히 프로그램을 위한 프로그램, 행사를 위한 행사가 되어서는 안 됩니다. 교회 안의 모든 활동들은 교회가 지향하는 대로 '성도를 온전케 하고 모든 선한 일을 행하는 데 온전케 하는 일'에 그 목적을 맞춰야 합니다. 그러므로 기독교교육자는 교회 안의 모든 프로그램을 통해 교육 목적이 이루어지도록 그 방향성을 알려주는 일에 지도력을 발휘해야 합니다.

다섯째, 기독교교육자는 교회교육 프로그램의 교육적 흐름을 통합하는 역할을 감당해야 합니다. 아직도 많은 교회에서는 사사시대나 춘추전국시대 때처럼 각 부서의 담당 교역자 소견에 좋은 대로 프로그램을 진행합니다. 그래서 부서끼리는 잘 되는데 교회 전체적으로는 조화가 이뤄지지 않아 상당한 애로를 겪습니다. 이것은 개교회의 기독교교육 전반을 기획하고 조정하는 책임자가 없기 때문에 발생하는 문제입니다. 따라서 교회교육이 나름대로의 열매를 얻기 위해서는 교육의 통합된 흐름을 조정할 교육담당 교역자들의 상호 협조가 필수적입니다. 이를 위해서는 교회 안에서 이루어지는 교육을 전체적으로 통합 지도할 담당자를 세우는 것이 좋습니다.

유치부 어린이로부터 고등학생들과 대학 청년부를 비롯한 장년들의 교육에 이르기까지 서로 연계성을 갖도록 많은 노력을 기울여야 합니다. 특별히 주일학교 교육에서는 초등부 아이들로부터 청소년들까지의 교과 과정을 통합하는 데 많은 정성을 기울여야 합니다.

초등학교 6학년까지는 대체로 성경의 내용을 이해하고 머릿속에 잘 새겨 담을 수 있도록 하는 데 주력할 것을 권합니다. 중등부와 고등부의 청소년들에게는 성경적인 가치관을 심어주는 데 집중할 것을 제안합니다. 어린아이 때부터 배웠던 많은 성경 내용들을 바탕으로 성경적인 가치관을 뿌리내리게 하는 것입니다. 대략 이런 흐름에 따라 주일학교 교육이 진행

된다면 결코 실패하지 않을 것입니다. 전체적인 흐름을 살피며 교육을 진행해야 하는 기독교교육자가 통합된 안목을 가지고 있을 때, 더 좋은 교육이 좀더 효과적으로 이루어집니다.

페이스세터pacesetter인 교육자

여섯째, 기독교교육자는 교회를 위해 새로운 아이디어나 사역을 소개하고 발전시키는 역할을 감당해야 합니다. 미국의 경우는 기독교교육 분야가 상당히 강화되어 있습니다. 그렇기 때문에 담임목사들은 주로 설교만 합니다. 그만큼 기독교교육자들이 교회를 위해 이바지할 수 있는 영역이 확실하다는 뜻입니다.

어떤 면에서 기독교교육자들은 경험의 폭이 넓습니다. 기독교교육자들이 교회에 신선한 아이디어를 많이 제공할 수 있는 것도 경험이 폭넓기 때문입니다. 따라서 우리도 기독교교육자로서 교회에 이바지할 수 있으려면 경험의 폭을 넓혀야 합니다. 담임목사들은 설교나 심방을 하는 데 집중하지만, 기독교교육자는 '어떻게 하면 잘 가르칠까? 어떻게 하면 좀더 폭넓게 가르칠까?'를 생각합니다. 그러다보니 소그룹에 대한 이해라든지, 리더십과 교육 방법론에 대한 이해, 사람들의 관심을 끄는 프로그램 등에 대해 많은 경험들을 갖게 됩니다. 이런 경험들을 기초로 담임목사에게 여러 프로그램들을 새롭게 제안할 수 있습니다.

믿지 않는 사람들에게 복음을 전하는 대각성전도집회가 있습니다. 대체로 설교자가 중심이 되어 복음을 전하는 이 집회를 위해 저는 언젠가 한 가지 제안을 했습니다. 평소 기독교교육자들은 어떻게 하면 설교를 좀더 효과적으로 전할 수 있을까를 생각하는데, 이런 생각의 바탕 위에 주일학교에서 오래 전부터 시행하고 있는 문제 제기 방식을 대각성전도집회에 도입하자고 제안했던 것입니다. 그 결과, 드라마나 비디오를 통한 메시지 전달이나 열린음악회와 같은 방식의 순서를 대각성전도집회에 적용할 수 있었습니다.

일곱째, 기독교교육자는 평신도 지도자들을 훈련시켜야 합니다. 교회에서 평신도 자원봉사자들을 확보하고 그들을 교육해서 지도자 역할을 할 수 있도록 훈련시키는 일은 참으로 중요합니다. 이 일은 담임목사가 맡기도 하지만, 교육지도자도 자기의 맡은 영역에서 평신도 지도자를 키워 그들이 교역자를 도와서 효과적으로 일할 수 있도록 교육하고 훈련시켜야 합니다. 주일학교 교사훈련에 대한 더 자세한 사항은 이미 언급한 자원봉사자 확보와 훈련 전략을 다룬 부분을 참고하길 바랍니다.

여덟째, 기독교교육자는 끊임없이 하나님과의 관계를 통해 영성을 계발해야 합니다. 저도 기독교교육자로서 역할을 수행하다보니 어느덧 여러 가지 기술적인 측면만 강조하는 듯한 제 자신의 모습을 보게 됩니다. 기독교교육자는 사역의 기술들을 계발하고 아이디어를 창출해내는 데는 상당히 민감하지만 그러다보면 말씀 연구와 기도에 집중하는 경건 생활이 우선순위에서 밀려날 위험성도 없지 않습니다. 머리를 써서 아이디어를 창출해내다보면 하나님 앞에서 기도하는 시간이 줄어들 수 있고, 각 상황에 따른 가장 효과적인 접근 방법을 찾는 데 매달리다보면 성경 연구를 소홀히 할 수도 있습니다.

그러나 기독교교육자 역시 기본적으로는 하나님의 말씀을 맡은 사역자로 부름 받았기 때문에 성경 연구에 주력해야 합니다. 상황 연구는 그 다음입니다. 성경 연구에 우선순위를 두고 늘 기도에 힘쓰면서 영적인 자기 계발을 해나가야 한다는 사실은 아무리 강조해도 지나치지 않습니다. 또 이 영성을 계발하는 데 중요하게 염두에 두어야 할 것이 바로 2인자 신학입니다. 그렇지 않으면 기독교교육자로서 오랫동안 사역할 수 없습니다.

저는 목회를 하면서 이 부분을 더 많이 깨달았습니다. 담임목회를 하면 말씀과 기도에 집중하지 않을 수 없습니다. 기도하는 시간이 많아졌습니다. 말씀을 묵상하는 시간이 많아졌습니다. 이런 과정을 통해서 제 자신이 영성 있는 기독교교육자로 다시 태어나는 것을 발견했습니다. 하나님과의 바른 관계를 갖기 위해 발버둥치는 사역자가 결국 승리한다고 저는 확신합니다.

담임목사와의 관계, 철학과 조율과 열린 마음으로

다음으로 기독교교육자가 힘써야 할 사항은 인간관계를 계발하는 훈련입니다. 기독교교육자는 사역하는 가운데 많은 사람을 만나야 합니다. 가장 많이 만나는 사람은 담임목사이고, 그 다음은 다른 부교역자들이며, 그 다음은 평신도 지도자들입니다. 따라서 이들과의 인간관계를 잘 맺는 일은 대단히 중요합니다.

제가 미국 트리니티 복음주의 신학교에서 수학할 때, 학계에서 그 공로를 널리 인정받아 유명한 라이펠트 박사라는 분이 계셨습니다. 이미 은퇴했지만 그 탁월한 실력 때문에 교수와 학생들로부터 존경받는 라이펠트 교수는 언젠가 트리니티를 졸업한 많은 졸업생들을 대상으로, 졸업 후 목회를 하면서 어떤 면에서 가장 크게 부족함을 느끼는지 조사한 적이 있다고 합니다.

그때 가장 많은 졸업생들이 꼽았던 문제는 다른 사람들과의 갈등을 해소하는 능력이 부족하다는 점이었습니다. 다시 말해 관계훈련 부족이 가

| New SS교육지표 | 교회교육 지도자의 8대 역할 |

1. Challenge — 교회가 바른 교육관을 갖도록 도전
2. Leading — 교육위원회를 이끔
3. Support — 교육 프로그램을 통해 담임목사의 사역을 지원
4. Coordination — 교육 프로그램들이 교육적 구심점을 갖도록 조정
5. Integration — 교육 프로그램들의 교육적 흐름을 통합
6. Develop — 새로운 아이디어나 사역을 소개하고 발전시킴
7. Discipline — 평신도지도자들을 훈련시킴
8. Spirituality — 영성계발

장 큰 문제였습니다. 관계훈련이 잘 안 되어 있으면 그만큼 갈등도 많이 일어납니다. 그러나 대다수가 그런 갈등을 해결할 수 있는 훈련이 잘 안 되어 있었습니다. 그러다보니 중도에 사역을 그만두게 되는 이유로 담임목사와의 갈등이나 성도들과의 갈등, 또는 다른 교역자들과의 갈등이 꼽혔습니다. 목회에서의 인간관계는 그만큼 중요합니다.

그렇다면 사역자들은 각 계층의 사람들과 어떤 관계를 맺어야 할까요? 먼저 담임목사와의 관계부터 살펴봅시다. 저는 부교역자들에게 디모데전서 5장 17-20절의 말씀을 소개하고 싶습니다. 이 본문의 중심 내용은 말씀을 가르치는 자를 존경하라는 것입니다. 존경이야말로 담임목사와의 관계에서 부교역자가 갖추어야 할 가장 중요한 자세입니다. 하나님께서 담임목사를 세우시고, 그에게 하나님의 말씀을 맡기셨다는 측면에서 담임목사를 바라보고 존경해야 합니다. 물론 하인과 같은 입장에서 무조건 존경

하라는 말은 아닙니다. 특히 담임목사가 부목사를 하인 부리듯 대하는 풍토 속에서 담임목사를 존경하기란 쉬운 일이 아닙니다. 그만두고 싶을 때도 많지만 어쩔 수 없는 사정 때문에 참고 있는 이들도 있을 수 있습니다. 그러나 담임목사와의 관계가 존경에서 시작된다는 것은 부인할 수 없는 사실입니다.

둘째, 담임목사에게 대화의 상대가 되어주어야 합니다. 우리가 잘 아는 대로 담임목사는 늘 외로운 존재입니다. 그러기에 우리는 때로 담임목사를 돌본다는 의식을 가지고 다가갈 필요가 있습니다. '내가 담임목사님을 돌본다고? 어떻게 부목사가 담임목사를 돌본단 말인가?' 하고 생각하는 이들이 있을지 모릅니다. 그러나 필요에 따라서는 담임목사를 돌본다는 생각을 가지고 다가가야 합니다.

어떤 때는 담임목사가 무턱대고 화를 내기도 하고, 어떤 때는 설교를 하고 나서 의기소침해할 때도 있을 것입니다. 때로는 심방을 하고 나서 교인들과의 관계 때문에 너무 힘들어 하고 피곤해 할 수도 있습니다. 바로 이럴 때 부교역자들이 돌봐드린다는 생각으로 담임목사에게 다가가야 합니다. 그러다가 어떤 경우에는 본의 아니게 욕을 얻어먹을 수도 있습니다.

'내가 뭐 샌드백인가? 어디 풀 데가 없어서 나한테 화를 풀어?' 하고 기분 나쁘게 생각될 수도 있습니다. 그러나 담임목사의 입장에서 '저분이 이렇게 이야기할 대상이 나말고 또 어디에 있겠는가?' 라는 생각을 조금만 할 수 있다면, 금방 이해가 되고 오히려 정감이 가기도 합니다. 그렇게 해서 담임목사가 스트레스를 실컷 풀 수만 있다면 기쁘게 샌드백이 되는 것도 좋지 않겠습니까? 사실, 지금 부목사들도 담임목사가 되면 부교역자들에게 비슷한 태도를 보일 것입니다. 옆에서 묵묵히 돌보아주는 부교역자가 있을 때 담임목사가 큰 힘을 얻는다는 사실을 잊지 말아야 합니다.

그런데 이런 심정을 가지고 담임목사에게 접근할 때 염두에 두어야 할 점들이 있습니다.

첫째, 목회 및 사역 철학을 함께 조율해야 한다는 것입니다. 어느 교회에 들어가서 사역을 하든지 제일 먼저 해야 할 일은 담임목사와 목회철학을 조율하는 일입니다. 담임목사가 성취하려고 하는 것은 무엇이며, 왜 그러한 것들을 성취하려고 하는지, 무엇을 기대하는지 이해해야 합니다. 그러고 나서 그 교회에 들어가야 합니다. 이것이 잘 맞지 않는다면 담임목사와 한 팀을 이루어 동역하기 어렵습니다.

제가 유학을 마치고 돌아온 다음에 제일 먼저 했던 작업 중의 하나도, 제가 다시 정립하게 된 교육철학을 담임목사님과 공유하는 일이었습니다. 저는 담임목사님께 "교육 부서를 이끌어갈 때 이런 철학 개념들을 가지고 이끌어 가려고 합니다. 목사님 생각은 어떻습니까? 덧붙이거나 수정할 사항이 있습니까?" 하고 검토를 요청했습니다. 그래서 목사님이 "이건 내 생각하고는 다르니까 빼십시오" 하는 것은 뺐습니다. 그러나 도저히 양보하지 못할 부분이라 생각되는 곳에서는 절대 물러서지 않았습니다.

철학이 안 맞으면 함께 사역하기 어렵습니다. 철학만 합의되면 그 다음에 욕을 얻어먹고 꾸중을 듣게 되어도 담임목사와 함께 팀워크를 이루지 못할 이유가 전혀 없습니다. 동일한 철학에 따라 교육사역이 계속 진행되기 때문입니다.

둘째, 일단 사역을 시작하면 부교역자는 담임목사를 돕는 자라는 사실을 명심해야 합니다. 기독교교육자는 한 지역교회 전체의 리더십을 가질 수 있는 자가 아닙니다. 그렇기 때문에 기독교교육자는 교회의 지도자인 담임목사를 존중하고 그의 목회 사역을 돕는 일에 관심을 가져야 합니다.

셋째, 담임목사에게 항상 대화의 채널을 열어놓아야 합니다. 담임목사도 인간이기 때문에 불평이나 불만의 요소가 있을 수 있습니다. 그럴 때마다 자유롭게 이야기할 수 있는 대화의 채널을 열어놓아야 서로의 관계가 원활해집니다.

서로를 격려하고 자극하라

담임목사와의 관계 외에 기독교교육자는 다른 부교역자들과의 관계에서도 좋은 본을 보여야 합니다. 기독교교육자는 어떤 면에서 신선한 아이디어가 풍부하고 교육에 대한 감각이 뛰어나기 때문에 사역을 하다보면 담임목사의 눈에 쉽게 띌 수 있습니다. 그러다가 심방교역자나 주변의 교역자들로부터 견제를 당할 수도 있습니다. 그 부분에 대해서 당황할 필요는 없습니다. 그러나 전문가랍시고 목이 뻣뻣해져서 거만하게 굴면 안 됩니다. 오히려 겸손하게 그들의 필요를 채우려고 힘써야 합니다.

이렇게 기독교교육자는 다른 부교역자들을 도와 변화를 일으키는 기폭제 역할을 하게 될 수도 있습니다. 교회에서 변화에 가장 민감하게 대응할 수 있는 교역자가 누구입니까? 바로 기독교교육자입니다. 콘텍스트에 대해서 어느 누구보다 잘 이해하고 있기 때문입니다. 그런 면에서 기독교교육자는 어떤 사역이 필요한지, 그리고 그 사역을 어떻게 해야 할지에 대한 분명한 가이드라인을 제시함으로써 변화의 기폭제가 될 수 있습니다.

또 기독교교육자는 아이디어를 교환함으로써 다른 부교역자들의 발전을 자극할 수 있습니다. 그러므로 나름대로 터득하고 발견한 것들이 있으면 혼자만 가지고 있지 말고, 다른 교역자들과 공유하려는 태도가 필요합니다. 그렇게 서로 자극하고 격려하는 모습을 통해 부교역자들과의 관계도 훨씬 건설적으로 일궈질 것입니다.

평신도 자원봉사자들과의 관계

다음은 평신도들과 올바른 관계를 갖기 위해 기독교교육자가 어떻게 할지 살펴보겠습니다. 앞장에서 말씀드린 내용과 다소 중복되기도 하지만, 정리하는 차원에서 말씀드리고자 합니다.

먼저, 평신도 자원봉사자들을 위해 기도해야 합니다. 그들의 영육간의 필요를 위해 자주 기도하시기 바랍니다. 특히 가정, 자녀, 사업이나 직장을 염두에 두고 기도해주십시오. 그들과 원만한 관계를 맺는 데는 기도만큼 좋은 방법이 없습니다. 교사들과의 관계에서 문제가 있다면 함께 손을 붙들고 기도하는 방법밖에는 없습니다. 그러다보면 서먹서먹한 관계가 풀릴 수 있습니다.

둘째, 그들의 말을 귀담아듣고 그들의 형편을 주의 깊게 살펴야 합니다. 교사들은 자신의 형편에 대해 잘 말해주지 않습니다. 그렇기 때문에 그들의 형편을 소홀히 대하게 될 여지가 많습니다. 그러나 그들의 말에 귀 기울일 뿐만 아니라 그들이 말하기 전에 먼저 그들의 형편을 살피고 도와주어야 합니다. 그럴 때 좋은 관계가 이루어집니다.

셋째, 일보다 사람을 중요하게 여기십시오. 기독교교육자는 평신도 자원봉사자들의 인격을 항상 존중해주어야 합니다. 너무 편하게 대한다든지, 우습게 대한다든지, 어렵게 대한다면 자신도 그들에게 똑같은 대우를 받게 될 것입니다.

넷째, 도움을 필요로 할 때는 곧바로 지원해야 합니다. 예를 들어 꼭 심방을 가야 하는 적절한 시점이 있는 법인데, 그 시점을 놓치면 후에 아무리 수십 번을 심방한다 해도 별 의미가 없습니다. 교사들에게도 마찬가지입니다. 문제가 생길 때 적기를 놓치면 안 됩니다. 곧바로 처리해주어야 합니다.

다섯째, 칭찬하고 격려해주어야 합니다. 물론 책망이 필요한 경우도 있을 수 있습니다. 그럴 때는 개인적으로 조용히 불러서 책망하고, 가능한 한 칭찬과 격려를 아끼지 말아야 합니다.

여섯째, 모든 문제를 원칙에 입각하여 일관성을 가지고 처리해야 합니다. 이것은 교회에서 문제를 줄이는 중요한 방법 가운데 하나입니다. 대부분의 교역자들이 시험에 빠지게 되는 주된 이유는 무원칙적인 성향 때문입니다. 똑같은 잘못을 범했음에도 어떤 선생님은 잘 봐주고, 어떤 선생님에게는 꾸중만 한다면 인간관계에 반드시 문제가 생기게 마련입니다. 원칙을 세웠으면 정리情理에 매이지 말고 끝까지 원칙을 굽히지 않는 것이 원만한 인간관계를 위한 현명한 처사입니다.

지도력 계발을 위한 제안

마지막으로 지도자로서 지도력 계발을 위한 몇 가지 제안을 드리고자 합니다.

첫째, 상황에 따른 리더십을 계발해야 합니다. 일반적으로 현대인들이 지닌 리더십은 독재·관료적인 리더십과 신축적인 리더십, 방관적인 리더십, 민주·참여적인 리더십, 박애·독재형 리더십 등으로 분류됩니다.

독재·관료적인 리더십은 규칙이나 규율을 강조하면서 인간관계보다 조직을 중시합니다. 이런 지도자는 일의 모든 내용을 자기만 아는 것처럼 행동합니다.

신축적인 리더십은 모든 사람들을 만족시키려는 데 관심을 두고, 잘못을 범해도 그냥 봐줌으로써 갈등이 생기지 않도록 하는 스타일입니다.

방관적인 리더십은 최소의 지시를 통해 기관을 움직이는 형태로서, 리더십이 거의 없다고 해도 과언이 아닌 스타일입니다.

민주·참여적인 리더십은 다른 사람과 함께 일하면서 문제를 해결하는 스타일로, 생산성이 높고 가장 합리적인 리더십 스타일로 알려져 있습니다.

박애·독재형 리더십은 아버지 스타일로서, 모든 사람에게 만족과 행복을 주기 위해 보스처럼 자기 것을 베푸는 스타일입니다.

이렇게 각각의 리더십 스타일이 있긴 하지만, 실제로 한 사람이 가진 리더십을 어떤 특정형의 스타일로 규정짓기 어렵습니다. 그래서 폭넓은 분류를 하면서도, 대개는 자신의 리더십 스타일을 단정 지어 말하지 않고 주로 사용하는 리더십 스타일이 있다고만 말합니다. 어쨌든 위에서 언급한 리더십들은 오늘을 사는 우리들에게 적용하기엔 너무 시대에 뒤진 듯한 인상을 주기 때문에, 어느 한 리더십에 매이기보다 상황에 따라 적절한 리더십을 발휘할 수 있도록 훈련하는 게 좋습니다. 즉 다목적 리더십을 갖추는 것입니다. 상황에 따른 리더십은 허시와 브랜차드 P. Hersey & K. H. Blanchard 가 계발한 것으로서 좀더 자세히 소개하면 다음과 같습니다.

상황에 따라 지시형 리더십을 사용해야 할 때가 있습니다. 지도자를 따르는 사람들에게 일을 처리할 능력은 전혀 없고 해야 할 일은 많을 때, 지도자는 그들과의 관계성보다는 일을 마무리하기 위한 리더십을 발휘해야 합니다. 이때 지도자는 말을 많이 하는 지시형 리더십을 발휘하는 것입니다.

어떤 때는 코치형 리더십을 사용해야 합니다. 일에 대한 능력은 없지만 헌신되어 있는 사람들을 다룰 때는 그들과의 관계성이나 일 모두를 중요하게 여겨야 하기 때문에 지도자는 코치처럼 모범을 보이면서도 지도와 참견을 해야 합니다. 이때, 결정된 사항에 대해서는 함께 일하는 사람들이 명확히 이해할 수 있도록 잘 설명해주고, 그들에게 질문할 수 있는 기회도 줘야 합니다.

또한 참여형 리더십을 사용할 때도 있습니다. 어느 정도 일 처리 능력은 있지만 헌신도가 들쭉날쭉한 사람들을 대할 때, 일보다는 그들과의 관계에 비중을 두고 행하는 리더십 스타일입니다. 참여형 리더십은 말을 많이 하지는 않지만 같이 한 자리에 있어주어야 하는 것이 특징입니다. 일하는 사람들과 함께 아이디어를 나누고 그들이 결정하는 일을 도와주는 지도자상입니다.

한편 위임형 리더십이 더 적절할 때도 있습니다. 이는 따르는 사람들이 일 처리 능력도 있고 헌신도 되어 있어서 지도자가 일이나 관계 면에서 별로 신경 쓰지 않아도 될 때 사용하는 스타일입니다. 위임형 리더십은 많은 부분에서 일을 맡기는 유형입니다. 결정에 대한 권한이나 책임, 일을 진행해가는 모든 과정까지도 사람들에게 위임하는 것입니다. 이때 지도자에게 요구되는 사항은 위임한 일들에 대한 확인입니다.

이처럼 상황에 따라 리더십 유형을 바꾸는 다목적 리더십 스타일은 최근에 많이 알려지고 있는데, 기독교교육 지도자나 목회자들에게는 참으로 좋은 관점을 제공해주는 리더십이라고 생각합니다. 좀더 능력 있는 사역자가 되기 위해서라도 상황에 따라 이 네 가지 유형의 지도력들을 번갈아 사용할 수 있는 감각을 가질 필요가 있습니다.

교육자의 제일 덕목인 훈련

지도자로서의 리더십 계발을 위한 두 번째 제안은, 갈등 해결 능력을 배양해야 한다는 점입니다. 갈등 해결 능력은 인간관계의 가장 중요한 원리 중의 하나로서, 교육지도자는 특별한 훈련을 통해 이 능력을 키워야만 합니다.

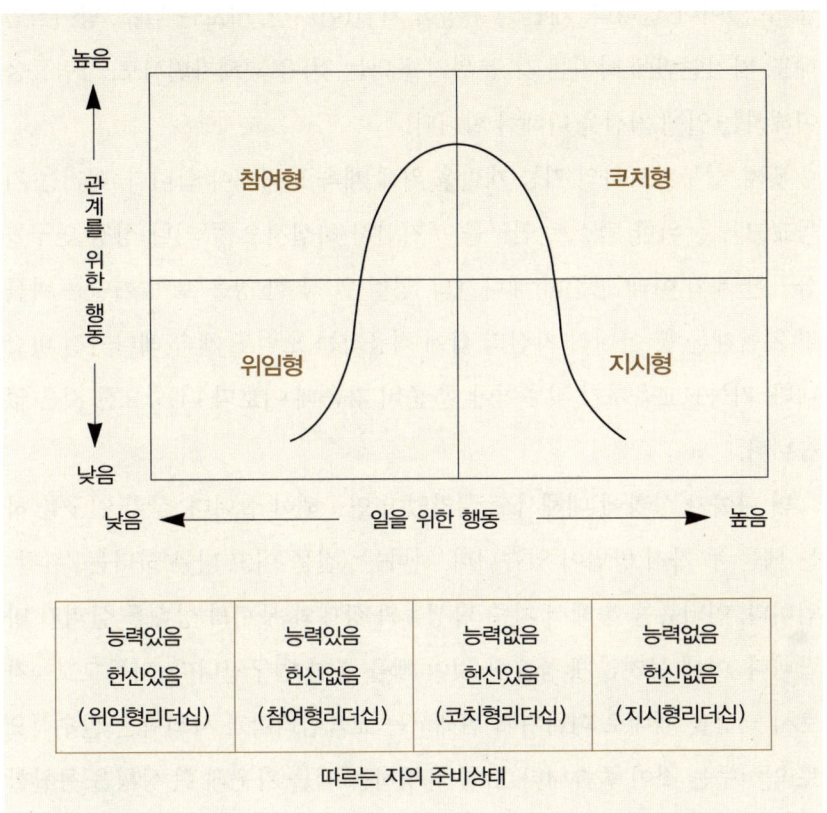

그림 12-1. 상황에 따른 리더십 유형

　교육지도자는 갈등 상황을 맞을 때 모든 싸움에서 자신이 이겨야 한다고 생각해선 안 됩니다. 무엇이든지 결정을 내릴 때도 독단으로 결정하기보다는, 가능한 한 동의를 구하면서 결정하고, 다른 사람의 마음을 상하게 했을 때는 즉시 사과하는 것을 잊지 말아야 합니다. 성공적인 인간관계를 위해 늘 열린 마음을 갖고, 사람들과 개인적으로 친해지도록 노력하는 것도 좋습니다. 사람들을 복수의 개념으로 뭉뚱그려서 보기보다는 개개인을 소중하게 여기는 단수의 개념으로 바라봐야 합니다. 또, 다양한 상황에서 사람들을 잘 관찰하여 사람들의 말이나 표정 속에 감춰진 의미들도 읽어낼 수 있어야 합니다. 개인의 부정적 기질(이기심, 비꼬는 말투, 방어적인 태도, 자기연민에 빠지는 것, 분위기를 타는 것)을 피해가면서도, 사람들을 이해하는 일에 최선을 다해야 합니다.

셋째, 실무자로서의 기능 계발을 위해 계속 노력해야 합니다. 먼저는 기독교교육을 위한 텍스트 연구를 부지런히 하십시오. 큐티나 성경 연구를 꼼꼼한 계획 아래 꾸준히 해나가되, 성경 한 장 한 장을 보며 깨달은 바를 잘 기록해둘 뿐 아니라 자신의 삶에 적용하는 노력도 계속 해나가길 바랍니다. 기독교교육자가 갖추어야 할 준비 가운데 이보다 더 중요한 것은 없습니다.

더 나아가 상황에 대해서도 끊임없이 연구해야 합니다. 상황 연구를 하는 데는 두 가지 방법이 있습니다. 하나는 '질문'이고 다른 하나는 '관찰'입니다. 인터뷰를 통해서 자주 학생들의 상태와 부서의 상태를 살피기 바랍니다. 이에 못지않게 중요한 것이 책을 통한 연구입니다. 기독교교육자로서 역량을 제대로 펴나가기 위해서는 교육심리학과 사회학은 필수적으로 익혀두는 것이 좋습니다. 요즘 유행하는 책들 가운데 현 상황을 통찰할 수 있게 해주는 책들, 이를테면 21세기나 미래에 관한 책, 또 신세대나 청소년에 대한 책들은 꼭 관심을 갖고 읽어두어야 합니다.

마지막으로 다양한 교육 방법론을 터득해야 합니다. 교육 방법론에 대해서는 앞에서 이미 충분히 이야기했습니다. 토론을 이끄는 방법들이나 소그룹을 이끄는 방법들을 충분히 숙지해서 능숙하게 대처할 수 있도록 자신을 준비해야 합니다. 그러기 위해서는 할 수 있는 대로 여러 방법들을 두루 사용해보는 것이 가장 좋습니다. 기회가 주어지는 대로 강의도 해보고, 소그룹으로 둘러앉아 선생님들과 귀납법적 성경공부를 해봄으로써

"이것이다!" 하는 확신을 가져야 합니다. 그럴 때 우리는 능력 있는 지도자가 될 수 있습니다.

주일학교에서 성공하면 장년 사역에서도 성공할 수 있다

많은 사역자들이 교육사역을 지나가는 과정으로 생각합니다. 교회교육을 위한 주일학교 사역은 열등하다고 생각합니다. 전임사역자가 되어 가능한 한 빨리 어른 사역으로 넘어갈 생각만 합니다. 그러나 제가 보기에는 어른 사역에 들어간다고 해서 모든 일이 잘 될 것이라고 생각하는 것은 너무 단순한 생각입니다. 전임사역자가 되더라도 주일학교 사역을 함께하는 것이 유익할 수 있습니다. 주일학교 사역이 갖는 장점이 있는데 계속해서 설교를 할 수 있다는 것입니다. 또한 어린이, 교사, 학부모 등 모든 연령층의 사람들을 대상으로 사역을 할 수 있다는 것입니다.

사실 주일학교 사역만 잘 해도 충분한 목회훈련이 됩니다. 어른 사역으로 넘어가면 일단 설교할 기회가 줄어듭니다. 심방사역을 통해 어른들을 알게 되고 사례비 등으로 약간의 격려를 받을 수 있을지 모르겠습니다. 그러나 사실은 목회자 훈련에 필요한 많은 것을 잃을 수 있습니다. 그래서 주일학교 사역을 잘하면 모든 사역을 잘할 수 있다는 말이 나오는 것입니다.

'내가 주일학교는 잘못해도 어른 사역은 잘할 수 있어' 라는 생각은 잘못된 생각입니다. 주일학교에서 교육사역자로 성

New SS교육지표	지도력 계발을 위한 네 가지 제안
	1. 상황에 따른 리더십을 계발하라.
	2. 갈등 해결 능력을 배양하라.
	3. 실무자로서의 기능 계발을 꾸준히 하라.
	4. 다양한 교육 방법론을 터득하라.

공하도록 힘쓰시기 바랍니다. 그러면 어떤 사역이 주어져도 성공할 수 있습니다.

New SS 혁신 토의

1. 2인자 신학을 정리하면서 그 핵심이 무엇인지 말해보라.
2. 기독교교육자의 역할을 말해보라.
3. 부교역자의 인간관계 훈련에서 담임목사와의 관계 형성에 중요하다고 생각되는 것은 무엇인가?
4. 다른 부교역자들을 위해 기독교교육자인 당신이 할 수 있는 일이 무엇인지 찾아보라.
5. 평신도 자원봉사자들에게 사역자가 할 수 있는 배려에 어떤 것들이 있는가?
6. 자신을 계발하기 위해 힘써야 할 것이 무엇인지 말해보고, 그것을 어떻게 계발해나갈 것이지 나누어보라.

N·e·w·S·S·혁·신·보·고·서

부록

부록 1 열린예배 논점 찾기
부록 2 주일학교 교육철학과
        사역 개요 샘플

▶ 참고문헌
▶ 에필로그 I
▶ 에필로그 II

부록 1

열린예배 논점 찾기

'열린예배'라는 말은 지난 수년간에 급속히 확산되어 사용된 용어이다. '열린예배'는 내가 1993년 하반기부터 사랑의교회에서 믿지 않는 사람에게 효과적으로 접근하기 위한 예배를 구상한 이후로 쓰인 것으로 여겨진다. 본래 미국에서 일어나고 있었던 구도자에게 민감한 예배Seeker Sensitive Service에서 아이디어를 얻어 실제 한국교회 안에 접목을 시도해 보려고 했던 것이다. 그래서 처음 우리가 사용했던 이름은 구도자 예배였다. 구도자 예배는 기존의 교회가 너무 믿는 사람들을 중심으로만 모든 예배를 진행하기 때문에 처음 교회에 나오는 사람들이 그 문화에 적응하기가 어려우므로 그들이 좀더 편하게 복음을 들을 수 있는 여건을 마련해보자고 해서 구상된 것이다.

나와 함께 구도자 예배를 구상하던 팀원들은 구도자 예배라는 말이 어감이 썩 자연스럽지 않다는 견해를 내게 되었고 그로 인해 다른 이름을 생각하게 되었다. 믿지 않는 사람들을 배려하는 좋은 이름이 없는가를 생각하다가 '열린'이라는 말을 사용하게 된 것이다. '열린'이라는 용어는 모든 사람들에게 우호적인 자세로 다가가든지 아니면 받아들인다는 의미를 담고 있어서 구도자를 위한 예배의 개념에 잘 맞을 것이라고 생각했다. 사실 당시에 유행하고 있었던 '열린음악회' 등과 같은 것과 혼동이 될까봐 걱정도 했지만 그 용어 자체가 믿지 않는 자에게 적극적이고 우호적이라 생각되어 사용했다. 자료를 살펴보면서 실제로 열린 Open이라는 말을 예배에 사용하고 있는가를 조사해보았는데 미국에서 출간된 몇몇의 책 중에서 이미 이 말을 사용하고 있었다. Worship Evangelism. Morgenthaler 저. Zondervan

이후로 믿지 않는 자를 위해 좀더 성육신된 예배를 지칭하면서 우리는 열린예배라는 말을 자연스럽게 사용하게 되었다. 예배에 무슨 '열린'이라는 수식어가 필요한가라는 의문이 제기되면서도 그 의도가 어느 정도 사람들에게 공감을 얻으면서 급히 확산되는 추세를 보였다. 그런데 이 열린예배는 시간이 지나면서 믿지 않는 자에게 효과적으로 접근하는 예배로서가 아니라 또 다른 스타일을 가진 하나의 예배로 그 자리를 잡아가게 되었는데, 이것은 사실 열린예배가 궁극적으로 지향하는 모습은 아니다.

최근 그 운동이 확산되면서 이에 대한 염려를 하는 지도자들이 열린예배의 문제점을 지적하게 되었고 이로 인해 열린예배는 새로운 논쟁의 불씨가 되고 있는 듯하다. 사실 한국교회 안에서 열린예배는 아직 그 모습을 정확히 구현하지 못하고 있다고 할 수 있다. 지속적으로 믿지 않는 사람들을 초청한 예배는 거의 없었기 때문이다. 열린예배로 모이는 몇몇의 그룹이 있었지만 거의 믿는 신자들 중심인 것으로 알려졌다.

이런 형편에서 몇 가지 예배에서 사용된 형식을 보고 열린예배 자체를 논할 입장은 못 되는 듯하다. 그러나 향후 열린예배의 건강한 발전을 위해 이 시점에서 그 의미를 다시 살펴보고 그 예배가 지향하는 방향성을 정리하는 일이 필요할 것이다.

열린예배와 관계해서 가장 큰 문제로 지적될 수 있는 것을 언급한다면 우리나라의 많은 지도자들이 사실 이 예배를 운영함에 있어서 그 배면에 깔린 철학이나 원리에는 별로 관심을 두지 않았다는 것이다. 주로 그 예배가 가지고 있는 몇 가지 특징 - 음악을 많이 사용한다든지, 드라마를 이용한다든지, 비디오를 이용한다든지 - 들을 이용해 새로운 예배 스타일을 접목해보자는 마음이었던 것 같다. 여기에다 미국의 몇몇 교회(윌로우크릭, 새들백교회 등)의 성공적인 성장의 모델에만 관심을 기울인 나머지 교회 성장을 위한 방법론으로 인식했던 것 같다. 열린예배는 믿지 않는 사람들에게 복음을 들려주겠다는 거룩한 의지가 그 기초가 되어야 하는데 그 기초부터 흔들린 것이다. 결국 요즘 사용되고 있는 열린예배는 그 본연의 목적을 이루지 못하고 또 하나의 젊은 층을 위한 예배로, 현대인을 위한 다른 유형의 예배로 자리매김을 하는 듯하다. 이런 것은 열린예배 본래의 취지와는 거리가 있다.

사실 열린예배의 가장 중요한 원리는 교회가 왜 이 땅에 존재하는가에 대한 물음에서 시작된다. 교회는 하나님의 부름을 받은 성도들의 모임이면서 동시에 세상의 믿지 않는 사람들을 향해 보냄을 받은 성도들의 모임이다. 이런 의미에서 신자들은 교회에서 하나님을 예배하며 동시에 믿지 않는 자들을 그 교회 안에 들어오도록 해야 한다. 교회는 믿는 자들을 위한 장이 되기도 하지만 믿지 않는 자들을 위한 장이 되기도 해야 한다.

이런 관점에서 볼 때 믿지 않는 자들을 향해 적극적으로 나아가는 것이 교회 본연의 일이다. 마태복음 28장 18절 이하의 말씀에서 우리 예수님이 강조하는 것도 바로 이것이다. 우리가 믿지 않는 자들을 향해 복음을 전하기 위해 적극적으로 나아가야 한다는 것이다. 그런데 그 본문을 주목해보라. 복음을 전하는 데 있어서 중요한 첫 번째 단계는 가는 것이다. 간다는 말은 사실 지역적인 위치를 언급하는 면도 있지만 그 지역에 사는 사람들의 입장에 내려가는 것도 포함하는 의미이다.

성경은 우리 예수님이 하나님 나라의 다른 배경을 가진 분으로서 어떻게 이 땅의 다른 여건에 있는 사람들을 찾아오셨는가에 대해 말하고 있다. 예수님은 복음을 가져다주기 위해 이 땅에 오셨는데 그냥 오신 게 아니라 이 땅 사람들의 입장에 내려오기 위해 사람의 모양을 입으신 것이다. 진정 성육신이 우리에게 보여주는 메시지가 무엇인가? 복음을 들어야 할 사람들의 입장에 내려가 보는 것이다. 이것은 이 땅에서 예수님의 사역을 이어서 복음을 전하는 일을 해야 할 우리들이 유념해 두어야 할 중요한 사역의 기초이다. 그런데 문제는 우리가 이러한 중요한 신학적 전제는 가지고 있으면서도 사실 이것을 우리의 사역 현장에 적용하는 데는 무관심하다는 것이다.

열린예배를 논함에 있어서 중요한 것은 교회가 믿지 않는 사람들을 위한 배려를 어느 정도 하고 있느냐이다.

열린예배의 출발은 바로 믿지 않는 사람에 대한 배려에서 시작되었다. 우리가 알듯이 윌로우크릭교회의 빌 하이벨스 목사가 처음 이런 예배를 시도할 때는 그가 경험한 전통적인 교회의 모습이 촉매제 역할을 했다. 기존의 전통 교회가 믿지 않는 사람들에게 그렇게 가깝게 다가가지 못했기 때문이다. 물론 많은 사역자들은 언제 교회가 믿지 않은 사람들에게 닫혀 있었느냐 이야기할지도 모른다. 그러나 믿지 않는 사람들은 그렇게 느끼고 있다. 교회 안에 있는 사람들이 아무리 "우리는 열려 있다"라고 말해도 교회 밖에 있는 사람들이 닫혀 있다면 닫혀 있는 것이다. 아무리 백화점 운영자들이 자신의 백화점은 고객을 위해 문이 활짝 열려 있고 최상의 서비스를 한다고 해도 고객이 그 서비스를 느끼지 못하면 그 백화점은 닫힌 것이다.

오늘날 사회도 고객을 향해 최선의 서비스를 하는데 교회는 죽어가는 영혼들을 향해 어느 정도 서비스를 하고 있는가? 우리는 그들에게 교회 안으로 들어오라고 외치기만 했지 사실 그들이 자연스럽게 교회에 들어오도록 얼마나 노력했는지 살펴보아야 한다. 물론 "꼭 교회가 믿지 않는 자들에게 서비스를 해야 하는가"라고 의문을 제기할지 모르겠다. 그러나 이 시대에 예수님이 오셔서 어떻게 사역을 하실지 생각해본다면 어느 정도 열린예배의 의도를 이해할 수 있을 것이다.

예수님은 분명히 복음을 선포하시면서도 사람들의 필요를 따라 접근하시면서 그들로 예수님을 알아 가도록 하셨음을 우리는 주지해야 한다. 믿지 않는 사람들이 우리가 부를 때 언제라도 올 수 있고 복음을 순순히 받아들일 수 있다면 얼마나 좋겠는가? 그러나 알다시피 그것은 그렇게 만만한 일이 아니다. 그렇다고 그들을 내팽개칠 수도 없는 것이 아닌가? 예수님의 심정으로 다가가야 한다면 그들을 향한 열정을 가지고 무언가 새롭게 접근하려는 시도들이 필요하다. 믿지 않는 자를 향한 하나님의 심정, 예수님의 심정, 바울의 심정을 우리도 갖는다면 불신자를 향해 그들의 입장을 이해하려는 점에서 출발하는 예배를 구상할 수 있다. 이런 우리의 자세를 하나님은 어떻게 생각하실까? 경건하지 못하다고 하실까? 아니면 '너무 너희들 중심이야'라고 하실까?

다음으로 중요한 논점은 교회가 믿지 않는 사람들을 향해 접근해가는 방법이 얼마나 다양한가이다.

성경은 복음을 전하고 가르침에 있어서 모든 지혜로 하라고 말씀하고 있다골 1:28. 여기서 모든 지혜로 하라는 말씀은 전도와 가르침의 대상을 향해 다양한 접근을 하는 모든 시도를 의미한다.

하나님의 말씀은 전혀 변하지 않았다. 그러므로 그 말씀의 내용을 바꾸어서는 안 될 것이다. 그러나 그 말씀을 읽는 사람들은 바뀌었다. 그 사람들이 사는 모습, 처지 등 모든 것이 바뀌었다. 그렇다면 그 사람들에게 하나님의 말씀을 소개함에 있어서 이 시대적 환경을 이용한 접근을 시도해봄직 하지 않은가? 복음이라는 영광스러운 것을 잘 담은 그릇은 시대에 적절해야 한다.

우리는 복음을 전함에 있어서 몇 가지 고정된 의식이 있다. 복음은 개인 전도를 통해서 전해지거나 아니면 교회가 특별히 전도를 위한 행사를 개최해서 전해야 한다는 것이다. 그러나 복음을 전하는 것은 어떤 형식에 고정될 수 없다. 생각해보자. 우리가 드리는 매 주일의 예배를 통해서 복음을 전하는 것은 불가능한가? 예배는 복음을 전하는 수단이 아닌가? 예배를 통해 복음을 전하는 일이 계속된다면 그것은 하나님이 영광을 받지 않을 일인가? 결코 그렇지 않다. 우리는 얼마든지 매주 복음만 전하는 예배를 디자인할 수 있고 하나님은 그 예배를 통해 영광을 받으실 것이다.

복음을 다양하게 전하는 과정을 모색함에 있어서 검토하지 않을 수 없는 것이 문화적인 요소들이다. 문화라 함은 곧 삶을 말한다. 삶을 알지 못한 상태에서 믿지 않는 사람들에게 접근한다는 것은 거의 불가능하다. 이런 의미에서 문화를 이해하고 그것을 도구로 사용하여 접근하는 일은 가치가 있다. 열린예배를 디자인함에 있어서 문화적 접근은 많은 장점이 있으므로 사역자들은 이를 효과적으로 사용해야 할 것이다.

그러나 문제는 서구의 문화를 무분별하게 예배에 접목하는 데 있다. 많은 사람들이 열린예배에 부정적인 생각을 가지고 있는 것은 이 때문이다. 서구에서 사용되는 문화적 접근을 비판 없이 사용하기 때문이다. 우리의 문화를 잘 연구하여 이용해야 하겠지만 서구 교회에서 사용하는 프로그램을 사용할 경우 그 문화적 접근의 타당성을 검토해야 한다.

열린예배하면 그 대표적인 것을 드라마로 생각하고 있다. 그래서 예배 중에 드라마를 꼭 해야 하는 것처럼 인식한다. 서구 교회에서 드라마를 이용하는 것은 이것이 그들의 문화 가운데 평이한 것이기 때문이다. 그러나 우리의 문화는 드라마 문화가 아니다. 일반 사람들이 일 년에 연극을 몇 편이나 보는가? 오히려 우리 문화는 TV를 더 선호한다. 그렇다면 비디오를 이용한 접근이 훨씬 효과적일 것이다.

설교자의 옷에 관해서도 서구 문화는 캐쥬얼 한 것을 편하게 느끼고 더 좋아한다. 그러나 우리 문화에서는 다르다. 손님을 청해놓고 정장을 하지 않는다면 우리는 어떻게 여기는가? 예의가 없다고 생각할 것이다. 이것은 오히려 사람들을 편하게 하기보다는 그들의 마음을 닫는 현상을 일으킬 수 있다.

이외의 교육적인 접근 방법도 생각해볼 수 있다. 우리에게 필요한 것은 복음을 전함에 있어서 다양한 접근이 가능함을 인식하고 이를 위해 연구하여 다양한 접근 방법들을 모색하는 것이다.

열린예배에서 언급될 또 다른 논점은 복음이 명료하게 전달되고 있느냐다. 최근 열린예배에 대한 비판의 목소리를 주목해보면 대부분이 스타일과 형식에 관한 것이다. 그것들이 전통적인 것을 대적한다는 것이다. 이것은 곧 열린예배에서 말씀의 내용을 중요하게 다루지 않아서 생긴 일이라고 본다. 말씀에서 복음이 명료하게 전해진다면 열린예배를 잘 이해할 것인데 그렇지 못하므로 다른 예배와 별로 다를 바 없이 보이면서 스타일이나 형식의 변화만 크게 부각되는 것이다. 이는 곧 열린예배를 기획하는 자들의 문제이다. 내용이 없는 형식은 변질될 수 있는 위험을 안고 있다. 곧 형식을 흥미 위주로, 혹은 구경거리로 만들어 사람 중심으로 사용할 수 있다는 것이다. 모든 형식이 사람들의 여흥에만 관심이 있는 듯 보일 수 있다.

중요한 것은 내용이다. 내용이 명료하고 잘 정리되어 중요한 것으로 인식된다면 다른 형식이나 스타일도 그 내용을 빛내기 위한 것으로 이해될 것이다. 진정 우리가 유념해야 할 것은 열린예배의 핵심은 스타일이 아니라는 것이다. 핵심은 복음의 내용이다. 우리가 하나님을 예배하는 형식은 다양할 수 있다. 그러나 내용을 잘 담지 않은 형식은 아무런 의미도 없다.

열린예배는 그 출발에 있어서 성경의 가르침에 반하는 것이라고 말할 수는 없다. 그 철학과 원리를 잘 이해하고 강조점을 분명히 할 수 있다면 열린예배는 이 시대에 하나님께 영광을 돌릴 수 있는 또 다른 그릇이 될 것이다.

부록 2

주일학교 교육철학과 사역 개요 샘플

교육철학

모든 교육활동은 분명한 교육철학을 근거로 하여 시행해야 한다. ○○○ 교회 교육철학은 다음과 같다.

1. 교육 내용에 관한 철학

하나님은 자신을 계시하는 방법으로 특별계시(성경)와 일반계시(자연)를 사용하셨다. 그러므로 모든 교육활동은 성경 전체의 내용과 자연 속에서 발견하는 모든 진리를 교육의 내용으로 사용한다. 이것은 배우고 가르치는 일에 성경을 일차적 자료로 사용하여 모든 진리를 평가하는 기준으로 삼아야 한다는 뜻이다. 또한 배운 것은 다시 성경의 조명을 통해 비판하고 그 결과를 교육활동에 이용할 수 있음을 의미한다. 이러한 과정을 통해 어린이나 청소년들이 습득한 모든 지식들을 하나님의 영광을 위해 사용할 수 있도록 인도한다.

2. 교육 대상에 관한 철학

어린이와 청소년들 역시 하나님의 형상으로 창조되었으므로 동일하게 존중해야 한다. 아울러 이들은 인간의 타락으로 말미암아 누구에게나 예외 없이 주어진 영적인 죽음에서 구원을 받아야 할 대상이다. 그러므로 가르치는 자는 그 가르침을 받는 어린이와 청소년들을 최상으로 존중하고 귀히 여기며 육적인 필요와 영적인 필요를 동시에 채워주는 일에 우선적으로 관심을 가져야 한다.

3. 교육 목표

어린이와 청소년들의 구원은 대체로 발달 과정 속에서 점진적으로 이루어지지만, 때로는 순간적인 은혜의 사건을 통해서도 이루어진다. 이렇게 영적 생명을 얻은 후에는 그리스도 안에서 계속 성장해야만 한다. 성장의 궁극적 목표는 균형 잡힌 그리스도인이 되는 것이다. 이것은 곧 하나님(예수 그리스도)을 인격적으로 알고 그분과 교제하며 사랑할 뿐만 아니라, 그 사랑을 느끼고 간직하여 그분의 말씀에 적극적으로 순종함으로써 삶의 열매를 나타내는 것을 의미한다.

4. 교사와 학생의 관계

모든 그리스도인은 하나의 지체로서 유기체(생명을 주고받는 실체)인 그리스도의 몸에 속한 자이기 때문에 다른 지체를 돌봐야 할 의무가 있다.

그러므로 가르치는 자는 다른 지체를 돌본다는 책임감을 가지고 자원하는 마음으로 어린이나 청소년을 섬겨야 한다. 이를 위해 가르치는 자는 배우는 자의 위치에서 그들의 발달단계를 잘 인지하고, 그들의 필요를 중심으로 돕는 '섬기는 지도력'을 발휘해야 한다.

5. 교육에 있어서 성령의 역할

모든 교육 활동에서 성령의 역할은 지대하다. 그러므로 교육활동에 참가하는 자들은 성령의 역할을 기다리며 겸허함과 진실함으로 섬기되 늘 성령을 의존하며 그분의 역동적인 사역을 위해 기도해야 한다.

○○○교회 교육위원회 사역 개요

1. 학생들에게 어려서부터 교회를 가까이하며 하나님의 말씀을 반복해서 들음으로써 예수님과 인격적인 관계를 맺도록 돕는다. 이를 위해 학생들이 즐겁게 교회를 찾을 수 있도록 모든 여건을 마련하고 프로그램을 디자인한다.

2. 모든 사물이나 사건들을 기독교적 관점에서 볼 수 있는 가치관을 형성시키는 데 집중한다. 이를 위해 현실적인 여러 삶의 정황들을 사실 그대로 생생하게 교실 안으로 끌어와 함께 현실을 보고, 그리스도인이 어떻게 대응할 것인지에 대해 대화와 토론을 하도록 한다.

3. 자치활동이나 특별활동을 통해 하나님께서 주신 달란트를 계발하고, 각자가 잘하는 부분이 계속 발전될 수 있도록 돕는다.

4. 세계를 품은 학생들로 자라며 세계적인 감각을 가질 수 있도록 다양한 프로그램을 계발하고, 이를 실행하는 모임에 적극 참석하도록 권한다.

5. 본교회의 자녀 양육을 중심으로 하되, 동시에 지역사회의 어린이 및 청소

년들을 그리스도께 인도하기 위해 초청하고 도전한다.

6. 교회교육은 가정교육과 연계되지 않으면 안 된다. 그러므로 부모들의 자녀교육 중 특히 신앙적인 영역에서 균형 있는 교육을 하도록 자료를 보급하고 부모들을 재교육하는 프로그램을 계속 계발한다.

7. 교회교육의 중요한 주체인 교사들의 질을 높이기 위한 기초교육, 계속교육을 계발한다.

8. 어린이 및 청소년들과 직접 만나는 여러 그룹들, 특히 현직 교육자들이 기독교적인 관점에서 학교교육을 감당할 수 있도록 돕는다.

○○○교회 사역 원리

1. 어린이 사역의 방향과 개요

(1) 목적

주일학교의 목적은 영적 기초기에 있는 어린이들에게 예수 그리스도와 좋은 관계를 맺도록 하며, 이 관계 속에서 어린이가 지, 정, 의 모든 면에서 지속적인 성장을 하여 그리스도의 가치관을 자신의 삶 속에서 실현하도록 도와주는 데 있다.

(2) 어린이 사역의 원리

① 어린이를 지도하는 자는 어린이들의 구원이 단순하고 즉흥적인 고백을 통해 이루어지기보다 교육의 현장에서 경험되는 과정을 통해 구원을 확신하게 된다고 믿는다. 교육을 통해 어린이들은 성경적인 교훈들과 그 교훈들을 이해하는 데 필요한 기초들을 접하게 되며, 성령은 이 말씀들 위에 역사해서 어린이들이 예수님을 구주로 영접하도록 준비시킨다.

② 어린이 교육은 어른 중심의 목회가 아니라 어린이 중심의 목회이다. 아동부에 참여하는 어른들은 어린이들이 가지고 있는 생각(세계관)을 알기 위해 노력할 필요가 있다.

③ 어린이들도 하나님 앞에서 중요한 존재임을 잊지 말아야 한다. 가끔 어른들은 어린이들이 하나님의 백성임을 잊는다. 어린이들은 교회 안에서 부수적인 위치를 차지하는 것이 아니라 어른과 똑같이 하나님의 자녀의 위치에 있음을 잊지 말라.

④ 어린이들의 효과적인 교육을 위해서는 창조적인 교수법 계발이 필요하다. 하나님의 말씀을 전할 때 어린이들의 주의를 집중시키고 그 말씀이 그들의 마음속에 살아 움직이게 하기 위한 창조적 아이디어를 지속적으로 계발해야 한다.

⑤ 초등부에서 가르치는 하나님의 말씀은 어린이들의 생활에 실제로 적용되는 말씀이어야 한다. 가르친 말씀이 먼 훗날 장성했을 때 적용되는 것이 아니라 지금 그들의 삶 속에 적용되어야 한다.

⑥ 교사는 어린이들에게 지식을 전달하는 단순한 홍보자가 아니다. 교사가 갖는 어린이들과의 교제(관계)는 어린이들의 영적 성장에 중요한 몫을 차지한다. 어린이들은 자란 후 선생님이 가르쳐준 내용은 잊을 수 있지만 선생님의 인격과 관심은 잊어버리지 않는다. 그러므로 교사는 어린이들과 깊은 관계를 형성해야 한다.

⑦ 교사는 어린이들을 있는 모습 그대로 받아들여야 한다. 어린이들이 교회에 나올 때는 그들이 배울 공과에 대해 선험적 지식을 가지고 나오는 것이 아니다. 어린이들에게 성경 지식이 없다고 실망하지 말고 오히려 그들이 편안한 마음을 가지고 공부에 임할 수 있도록 분위기를 조성해야 한다.

⑧ 어린이들은 매번 똑같이 반복되는 프로그램이나 과정보다는 창조적이고 변화 있는 프로그램에 더욱 재미를 느끼고 능동적으로 임한다.

아동부는 어린이들에게 하나님과 교회에 대한 첫인상을 심어주는 곳이다. 그러므로 이때의 교육 과정이 어린이들의 관심과 흥미를 유발시켰다면, 그들은 교회에 오는 시간을 기다리고 사모할 것이며 가르치는 진리들을 더 잘 받아들일 것이다.

⑨ 어린이들은 그 발달 특성상 한 가지 주제만 소화할 수 있기 때문에 매 주일의 교육은 한 가지 목표만 달성할 수 있도록 디자인되어야 한다.

2. 청소년 사역의 개요

(1) 목적

① 그리스도와의 바른 관계 형성을 통해

　a. 구원받은 자로서 바른 영적 자아상을 갖춘 청소년을 기른다.

　b. 자기의 분명한 역할을 인식하며, 하나님의 자녀로서 분명한 비전을 가진 청소년을 기른다.

② 지속적인 훈련과 성장을 통해

　a. 지, 정, 의의 균형 있는 신앙 인격을 형성한다.

　b. 사회에서 빛과 소금이 되는 영향력 있는 기독교인을 기른다.

　c. 기독교적인 가치관 교육으로 하나님나라의 백성으로서 바른 세계관을 갖고 실천하는 청소년을 기른다.

(2) 청소년 사역의 원리

① 청소년 시절이야말로 인생의 시기 중 가장 절실하게 하나님이 필요한 때이다. 자신의 내적, 외적 환경으로 인해 많은 위기에 봉착해 있는 때이므로 이를 적절히 대응, 극복하기 위해 하나님을 만나야 할 절실하고도 현실적인 필요가 있다.

② 복음의 증거는 청소년들의 삶의 방식에 맞는 방법으로 제시되어야 한

다. 즉 복음이 청소년의 삶의 정황에 맞는 언어로, 그들이 공감하는 방식으로 전해져야 설득력을 가질 수 있다.

③ 개인 구원은 하나의 사건이며, 또한 교육이라는 경험의 과정을 통해 이루어진다. 즉 구원은 특별한 사건을 계기로 경험되는 경우도 있고, 가르침과 배움을 통한 지속적인 경험의 과정을 통해 구원의 확신을 가지게 되는 경우도 있다. 따라서 복음 전도는 특별한 사건과 지속적인 경험이라는 두 가지 가능성을 염두에 두고 진행되어야 한다.

④ 청소년들은 영적 관심과 헌신의 수준이 개인에 따라 다르므로 교육의 개별성을 중시해야 한다. 다시 말해 청소년은 성장과정에 있으므로 각 개인별로 수준의 차이가 심하게 나타날 수 있으며, 교육은 그 개인의 수준과 관심의 차이에 따라 실행되어야 한다.

⑤ 소그룹을 통한 학습과 활동들은 청소년의 감정적, 육체적, 사회적, 영적인 성숙 면에서 중요한 위치를 차지한다. 소그룹 속에서 동료들과 사회성을 기를 기회를 가지며 교사나 또 다른 어른들의 세계관을 통해 세계를 이해할 수 있기 때문이다. 아울러 자신들에게 잠재적으로 감추어져 있던 다양한 은사도 계발할 수 있다.

⑥ 청소년 사역은 재미있어야 하며, 그들이 편안함을 느낄 수 있는 사교적 분위기를 창출해야 한다. 흥미를 끄는 요소는 학습의 동기를 유발시키며 청소년 사역의 역동성을 더해준다. 따라서 사역이 흥미와 역동성을 갖추도록 준비해야 하며 하나님을 영화롭게 하는 데 사역의 초점을 맞춰야 한다.

⑦ 청소년 사역은 개인의 은사에 의존하기보다는 팀 사역의 원리에 따른다. 개인의 장점과 능력에 기초한 사역이 아니라 사역을 담당하는 공동체의 다양한 은사를 기초로 하여 입체적이고도 균형 잡힌 교육의 역량을 발휘할 수 있도록 해야 한다.

⑧ 청소년들은 활동적이다. 그러므로 청소년들에게 사역에 대한 주체의

식을 고양시키고 그들이 가능한 한 빨리 사역의 많은 부분에 동참할 수 있게 해야 한다.

⑨ 청소년들은 비전이 있는 어른에게 많은 영향을 받는다. 그러므로 교사는 비전을 제시할 수 있어야 한다.

⑩ 청소년 사역은 관계 중심의 사역이다. 관계가 끊어지면 영적 성숙을 위한 어떤 시도도 더 이상 효과가 없다.

효과적인 주일학교 사역을 위한 조직 편성

조직 편성에 사용된 몇 가지 원리들

1. 은사를 중심으로 분명한 사역의 한계를 긋는다.
2. 누구나 쉽게 파악할 수 있도록 사역 내용을 교육행정, 예배 및 행사 이벤트, 목회적 양육으로 구분하여, 교사가 자신의 임무를 용이하게 파악할 수 있도록 한다.
3. 비공식적으로 모임을 가져온 교제 그룹을 '교사양육부'로 가시화한다.
4. 심방이나 교사교육을 위한 사역을 구체화하여 조직에 반영한다.
5. 부장이 중심이 되는 단일 지도체제가 아닌 은사를 토대로 한 집단 지도체제로 섬김과 집단 지도력을 세우는 데 초점을 둔다.
6. 일꾼들의 은사를 따라 사역을 결정한다.
7. 수직적 관계를 벗어나 수평적 관계를 형성하도록 지도한다.
8. 교사들이 각자의 은사나 관심 영역에서 지속적으로 성장하여 전문가가 되도록 한다.
9. 교사 소그룹이나 학생 소그룹을 양육과 심방을 위한 기초 집단으로 활용하며, 교사의 경우 이 집단을 양육 소그룹화한다.

조직표에 따른 업무 설명

1. 교육협의회

각 부서마다 교육전체를 기획, 실행, 관장하는 집단 협의체를 말한다. 이 협의체는 교역자와 교육행정, 교육실행(행사, 예배실행), 생활양육(교사양육, 학생양육)을 담당하는 평신도 지도자들로 구성된다. 이 협의회는 기존의 부장이나 교역자가 감당했던 교육기획과 실행의 역할들을 수행하며, 함께 책임지고 협력하여 일하는 집단 지도력을 발휘한다.

2. 교육행정

교육행정 스태프는 다음과 같은 일을 한다.

- 학생과 교사의 출석을 관리하고 통계를 낸다.
- 사무용품을 관리하고 배급한다.
- 회계 관리를 한다.
- 주일학교를 총괄한다.
- 교사 식사 및 학생 간식을 준비한다.
- 새 학기마다 반 편성을 한다.
- 예배 시 교사가 결석한 반에 다른 교사를 보충 배치한다.
- 교사 명찰을 관리한다.
- 교사 보고서를 수거하여 교역자에게 전달한다.
- 상품을 준비한다.
- 헌금을 관리하여 본당 예배실로 전달한다.
- 인쇄물을 주문하고 분배한다(주보, 신문, 통신문, 보고서 등).
- 부서에 필요한 각종 보고 자료를 준비하고 필요한 통계를 낸다.
- 신입 교사를 관리한다(테이프, 교사핸드북, 부서 안내지 전달).
- 교역자와 심방에 동행한다.

(1) 서기팀

학생 및 교사의 인적관리 사항에 관한 전체 업무를 관장한다(반 편성, 신입생 등반, 출석 관리, 주보 업무, 광고, 회의록 정리 등).

(2) 회계팀

교육에 필요한 일체의 재정 사항을 관리한다(헌금 입금, 당회 회계부와의 연락 업무 등).

(3) 교육정보팀

교육에 필요한 제반 정보를 수집, 관리, 제공한다(교육위원회와의 긴밀한 협조, 타교회의 현황, 세미나, 기타 연구 모임 등).

(4) 교육자료팀

교육위원회에서 제공하는 공과 학습 자료를 수시로 제공받고 기타 필요한 교육 자료들을 찾아 제공한다.

(5) 통계팀

학생들과 교사들에 대한 제반 사항들을 필요에 따라 통계로 만든다.

3. 행사 실행

행사 실행 스태프는 다음과 같은 일을 한다.
- 교사 모임을 준비한다.
- 학생 야외 활동을 준비한다.
- 성경학교 및 수양회를 담당한다.
- 학생 특별활동을 준비한다
- 교사에 관한 행사를 담당한다.
- 절기행사를 준비한다.

(1) 행사기획팀

교회력에 따른 행사들을 계획, 수립하고 실행에 옮긴다(졸업예배, 부활절, 추수감사절, 성탄절 등).

(2) 수련회(성경학교) 준비팀

수련회에 관한 지침에 따라 준비위원회를 구성하여 교육활동을 준비하고 진행한다.

(3) 야외 행사팀

계절에 따른 야외 행사나 야외 학습을 계획, 준비하여 지도하고 실행한다.

(4) 성례식팀

고등부 이상의 부서에서 계획에 따른 성례식을 준비하여 교역자들을 도와 행사를 진행한다.

(5) 레크리에이션팀

각 부서에 필요한 친교활동이나 관계훈련, 레크리에이션 등을 계획하고 실행하는 업무를 관장한다.

(6) 특별 행사팀

매월 1회에 걸쳐 정규 커리큘럼을 탈피한 프로그램의 진행을 계획하고 준비하며 진행하는 일을 담당한다.

(7) 기타 이벤트 기획팀

이상의 행사 이외에도 필요에 따라 실행에 옮겨야 할 행사들의 준비와 진행을 담당한다.

4. 예배 실행

예배 실행 스태프는 다음과 같은 일을 한다.

- VTR을 편집, 제작한다.
- 드라마를 제작, 연출하고 대본 연습을 시킨다.
- 음악팀을 관리한다.
- OHP, 슬라이드, 빔 프로젝트 등을 관리한다.
- 예배에 필요한 조명을 담당하고, 예배 분위기에 필요한 시설을 지원한다.
- 예배 질서 조성을 위해 힘쓴다(특히 소그룹 모임 때).
- 방송실을 관리한다.
- 예배 순서 담당자를 설정한다.
- 유고시 행정 스태프의 도움을 구한다.

(1) 성가대
예배 중 하나님께 드리는 찬양을 담당한다.

(2) 찬양팀
부서의 찬양 인도나 보급 등 제반 활동을 총괄한다.

(3) 소그룹 진행팀
각 소그룹 토의가 효과적으로 진행될 수 있도록 환경을 조성하는 데 힘쓴다.

(4) 율동팀
율동이나 워십 댄스 등을 지도하고 연구하며 보급하는 데 힘쓴다.

(5) 방송연극팀
필요한 드라마나 방송극 등을 제작하고 무대에 올리는 일을 관장한다.

(6) 비디오 영상 편집팀

교육을 위한 비디오나 영상자료를 준비해 활용한다.

(7) OHP, 슬라이드, 빔 프로젝트팀

교육에 필요한 재료의 제작과 수집을 통해 교육을 돕는다.

(8) 시설, 음향, 조명팀

학습 효과를 높이기 위한 음향, 조명, 기타 부대시설이나 환경을 준비해서 예배의 진행을 돕는다.

이 외에도 필요에 따라 부서를 더 둘 수 있다.

5. 교사 양육

교사 양육 스태프는 다음과 같은 일을 한다.

- 교사 소그룹 순장과의 연락을 주관한다.
- 교사 회비를 관리한다.
- 소그룹을 편성한다.
- 신입 교사를 교사 소그룹에 편성하고 순장과 연결시킨다.
- 교사 소그룹 보고서를 수거하여 교역자에게 전달한다.
- 부서별 세미나나 훈련 계획을 교역자와 협의한다.
- 교역자와 교사 심방에 동행한다.
- 교사들의 의견에 언제나 귀를 기울인다.
- 경조사와 관련된 일에 각별히 신경을 써서 경조사를 당한 교사들에게 서운한 마음이 들지 않도록 한다.

(1) 교사 소그룹

교사들을 개인의 선택에 따라 각 소그룹으로 나누어 1차적으로는 친교 집단의 기능을 감당하며, 피차 섬기고 교제하는 생활 공동체로 만든다. 이 그룹의 리더는 순장과 같은 기능을 담당하며 2차적으로는 함께 배우는 학습공동체로 발전하도록 그 성격을 규정한다. 이때 소그룹(반)을 맡지 않은 교사(행정, 행사실행, 예배실행팀 등에 소속된 교사)들을 따로 모아 소그룹을 형성하게 한다.

(2) 교사 심방

모든 교사가 교사 소그룹에 소속되어 각 리더의 지도 아래 있게 하되, 필요에 따라 리더가 1차 심방이나 상담을 담당하고 교역자가 심방을 하도록 한다. 각 교사가 교사로서의 사역을 잘 감당하도록 지도, 격려하는 데 교육 심방의 목적이 있다.

(3) 교사훈련, 세미나

교육 대상의 발달 과정에 따라서 각 부서에 필요한 교사훈련이나 교육을 정기적 혹은 일회적으로 실시한다. 이를 전담하는 교사훈련원을 두고, 교육 과정 2학기 수료 후 정교사로 인정한다.

6. 학생 양육

학생 양육 스태프는 다음과 같은 일을 한다.
- 교사 보고서를 서기팀에서 받아 교역자와 함께 학생의 상황을 점검한다.
- 결석자 및 교사 보고서에 요청된 심방 대상자에게 전화나 심방을 한다.
- 신입부를 관리한다.
- 재적을 처리한다.
- 신입 어린이의 반 편성을 관리하고, 신입부 교사를 관리한다.
- 학생자치 활동을 담당한다.
- 매주 발생하는 학생의 재적 및 어린이의 등반 상황을 파악하고 이에 알맞은 행정적인 조치를 취한다(출석부 정리).

(1) 학생 소그룹

학생들을 각 반으로 편성하여 담당 교사가 이들의 제반 신앙교육을 담당하며, 예배 중 진행되는 소그룹 토의를 맡아 진행한다. 또한 담당 교사는 학생에 대한 정보를 교역자에게 신속하게 알려주어 적절한 지도를 받도록 안내한다.

(2) 학생 심방

학생의 필요를 파악하여 효과적으로 그들을 도울 수 있도록 심방을 실시한다. 이는 교사와 담당 교역자가 함께하며, 개인 양육 차원에서 긴밀한 가정과의 협조로 교육 공조체제를 이루어 학생을 지도하기 위한 것이다. 단 1차적으로는 학생들의 가정에 전화 심방을 실시하고, 다음으로 가정 심방을 한다.

(3) 학생 훈련

학생들의 영적 성숙을 위해 제자훈련과 같은 특별한 훈련을 실시하고, 신입반을 운영할 경우 학생훈련 팀에 넣는다(제자훈련, 밀알훈련, 심성훈련, 생활훈련, 큐티훈련 등).

(4) 학생 자치 지도

학생들이 자치적으로 수행하는 여러 활동들을 지원, 지도, 감독하는 일을 한다(상급 학생들의 경우 주보부, 선교부, 도서부, 영어성경공부, 구제부 등).

주일예배 활동에 관한 안내

1. 예배 진행에 대한 이해

(1) 찬양

기도와 함께 시작되며, 이는 예배의 준비가 아니라 실제적인 예배의 시작이다. 그 주간에 배울 주제와 관련된 찬양을 선곡하여 진행한다. 이때에는 모든 학생들이 열린 마음으로 하나님의 임재를 누리며, 정돈된 분위기로 마음 깊은 곳에서 찬양할 수 있어야 한다. 교사들도 진정한 찬양을 드리는 시간으로 삼아 적극 참여한다.

(2) 주제 제기

학습 주제에 대해 드라마나 비디오 등 시청각 매체를 이용하여 가장 현장성 있는 내용으로 접촉점을 형성한다. 이 과정에서 학생들의 관심을 사로잡고, 주제에 관련된 학생들의 이슈나 질문이 잘 드러날 수 있게 한다.

(3) 설교

제기된 이슈나 질문에 대해 성경이 가르치는 원리들을 전하고 성경에 근거한 응답과 실천방법을 강구한다. 교역자 2인이 합동하여 진행할 수 있다.

(4) 토론 학습

주제 제기와 설교에 근거하여 주어진 커리큘럼에 따라 토론을 실시한다. 일방적인 전달식의 방법은 피하고, 보고 들은 설교 말씀을 토대로 하여 각 개인이 스스로 적용하도록 결단케 해주고 도와준다. 이때 학생들이 자발적으로 토론에 참여하도록 유도한다.

(5) 교제 및 축하

함께 예배하는 공동체로서 서로 사랑을 실천하고, 하나님 안에서 사귐을 가질 수 있도록 지도한다. 예배 중에 기쁘고 감사했던 일을 함께 축하하고, 기도가 필요한 사람을 위해 기도하는 시간이다.

2. 소그룹 운영 지침

(1) 하나님을 향해

① 하나님과 살아있는 관계를 유지하는 데 최우선순위를 둔다.

② 모범적인 크리스천의 삶을 살기 위해 최선의 노력을 다한다.

(2) 성경을 위한 준비

① 본문에 대해 공부한다.

   a. 깊이 읽기

   b. 본문의 각 구절이 갖는 의미 탐구 및 주제와의 연관성 발견

   c. 본문이 자신과 학생에게 던지는 의미가 무엇인지를 발견한다.

   d. 주제와 관련하여 자신의 생각을 정리한다.

② 공과 목표와 질문들

   a. 공과 목표에 대한 재확인

   b. 공과 진행을 위한 질문 작성(관찰, 해석, 적용)

     (단, 관찰과 해석은 주로 설교의 내용을 인용, 참고하여 간결하게 진행하고 적용에 중점을 둔다.)

   c. 질문은 간단명료하게 작성한다.

   d. 가장 중요하게 여겨지는 문제를 중심으로 질문을 작성하며, 개인의 상황에 맞는 질문이 되도록 신중을 기한다.

(3) 학생들을 향해

① 학생 개인의 특성과 필요들을 파악하고 그 필요에 부응하도록 가르치는 자로서 철저하게 준비한다.

② 학생 자신이 존중받고 있다는 편안한 느낌을 받도록 한다.

③ 학생들이 자신의 은사나 장점을 계발할 수 있도록 격려한다.

④ 결석한 어린이에게는 편지를 쓰거나 전화 또는 방문을 통해 보충 교육을 실시한다.

⑤ 학생들의 고민과 고충에 대해서는 반드시 교역자와 함께 상의한다.

⑥ 학생들의 삶의 문제를 이해하기 위해 개인적으로 면담하여 그들의 삶에 관한 이야기를 들어준다. 학생들을 지도하는 데 있어서 무엇보다 중요한 것이 관계를 맺는 것임을 명심한다.

| 참고 문헌 |

2장

차배근. 1990. <u>사회과학연구방법</u>. 세영사: 서울.

Spradley, James P. 이희봉 역. 1988. <u>문화탐구를 위한 참여 관찰 방법</u>. 서울: 대한교과서 주식회사

Bogdan, Robert C. and Biklen, Sari Knopp. 1982. <u>Qualitative Research For Education: An Introduction to Theory and Methods</u>. Allyn and Bacon, Inc: Boston. Massachusetts.

Borg, Walter R. And Gall, Meredith D. 1989. <u>Educational Research: An Introduction</u>. 5th edition. Longman: New York.

3장

김경훈 편저. 1994. <u>한국인트렌드</u>. 서울: 실록출판사.

이성희. 1998. <u>미래목회대예언</u>. 서울: 규장문화사.

조용수. 1996. <u>한국의신세대혁명</u>. 서울: LG경제연구원.

폴케네디. 변도은. 이일수번역. 1993. <u>21세기준비</u>. 서울: 한국경제연구소.

Garlow, Jim. 1996. "The Church Prepares for a New Day" Ministries Today. Mar/ Apr. Vol.14. No. 2.

Keller, Tim. 1996. "Preaching Morality in an Amoral Age" Leadership.Wint. Vol. 17, No. 2.

Walt Mueller. 2006. <u>Engaging The Soul of Youth Culture</u>. Downers Grove, IL: IVP.

Strommen, Merton P. and Hardel, Richard A. 2000. Passing on The Faith. Winona, MN: Saint Mary's Press.

4장

Anthony, Michael J. and Benson, Warren S. 2003. Exploring The History and Philosophy of Christian Education: Principles for the 21st Century. Grand Rapids, MI: Kregel.

Kienel, Paul A. Gibbs, Ollie E. and Berry Sharon R. 1995. Philosophy of Christian School Education. Colorado Springs, CO: Association of Christian School International.

Knight, George R. 1980. Philosophy and Education. Berrien Springs, Michigan: Andrew University Press.

Muller, Richard A. 1991. The Study of Theology: From Biblical Interpretation to Contemporary Formation. Grand Rapids, Michigan: Zondervan.

Pazmino, Robert W. 1988. Foundational Issues in Christian Education: An Introduction in Evangelical Perspective. Grand Rapids, Michigan: Baker Book House.

Thompson, Norma H. 1982. Religious Education and Theology. Birmingham, Alabama: Religious Education Press.

Seymour, Jack L. and Miller, Donald E. 1990. Theological Approaches to Christian Education. Nashville: Abingdon Press.

5장

Chafer, Lewis Sperry. 1967. He that is Spiritual. Grand Rapids. Michigan: Zondervan.

De Jong, Norman. 1969. Education in the Truth. Phillipsburg, NJ: Presbyterian and Reformed Publishing Co.

Dorr, Donal. 1990. Spirituality and Justice. Maryknoll, NY: Orbis Books.

Downs, Perry G. 1994. Teaching for Spiritual Growth. Grand Rapids, Michigan: Zondervan Publishing House.

Dunn, Richard R. 2001. Shaping the Spiritual Life of Students. Downers Grove, IL: IVP.

Dunnett, Walter M. 1988. "Scholarship and Spirituality" Journal of the Evangelical Theological Society. Vol. 31, No.1, 1–7.

Harper, J. Steven. 1987. "Old Testament Spirituality" The Asbury Theological Journal. Vol.42, No.2, 63–77.

Hestenes, Roberta. 1988. "Can Spiritual Maturity be taught?" Leadership. 12–35, Fall.

Hiebert, Paul G. 1985. "The Missiological Implications of an Epistemological Shift" Theological Students Fellowship. 8(5): 12–18.

Johnson, Susanne. 1989. Christian Spiritual Formation in the Church and Classroom. Nashville, Tennessee: Abingdon Press.

Lebar, Lois E. 1989. Education that is Christian. Wheaton, Illinois: Victor Books.

Lovelace, Richard F. 1988. "Evangelical Spirituality: A Church Historical Perspective" Journal of the Evangelical Theological Society. Vol.31, No.1, 25–35.

Nouwen, Henri J. M. 1986. Reaching Out: Double day. NY

Palmer, Parker J. 1998. The courage to teach: Exploring the inner Landscape of a Teacher's Life. San Francisco. CA: Jossey–Bass.

Roberts, Robert C. 1983, "What is Spirituality?" The Reformed Journal. Aug, 14–18.

Stone, J. David. 1985. Spiritual Growth in Youth Ministry. Loveland, CO: Group Books.

Taylor, Marvin J. 1984. Changing Patterns of Religious Education. Nashville: Abingdon Press.

Waltke, Bruce. 1988. "Evangelical Spirituality: A Biblical Scholar's Perspective" Journal of the Evangelical Theological Society. Vol.31, No.1, 9–24.

Ward, Ted W. 1982. "Biblical Metaphors of Purpose" Bibliotheca Sacra. April–June, 99–110.

Ward, Ted W. 1982. "Botanical Methaphors of Development" Bibliotheca Sacra. July–Sep, 195–204.

Ward, Ted W. 1989. Values Begins at Home. Wheaton, IL: Victor Books.

Yount, William R. 1999. Called to Teach: An Introduction to the Ministry of Teaching. Nashville, TN: Broadman & Holman.

Zuck, Roy B. 1998. Sprit–Filled Teaching: The Power of the Holy Spirit in your

Ministry. Nashville, TN: Word Publishing.

6장

릭 워렌. 김현회,박경범 번역. 1996. <u>새들백 교회 이야기:목적이 이끌어 가는 교회</u>. 서울: 도서출판디모데.

Bierly, Steve. 1997. "Sparring over Worship" Leadership. Wint. Vol. 18, No. 1.

Curtis, Edward. 1997. "Ancient Psalms and modern Worship" Bibliotheca Sacra. Jul-Sep. Vol. 154, No.615.

Frame, John M. 1997. <u>Contemporary Worship Music: A Biblical Defense</u>. Phillipsburg, NJ: Presbyterian and Reformed Publishing Company.

Francis, Dan. 1996. "The Shape of Relevancy" Worship Leader. Jul/Aug. Vol.5, No.4.

Gustafson, Gerrit. 1996. "Psalms, Hymns, and Spiritual Songs: A Paradigm for the Church of the Future" Worship Leader. May/Jun.Vol. 5, No.3.

Kimball, Dan. 2004. <u>Emerging Worship: Creating New Worship Gathering for Emerging Generation</u>. Grand Rapids, MI: Zondervan.

Liesch, Barry Wayne. 2001. <u>The New Worship: Straight Talk on Music and the Church</u>. Grand Rapids, MI: Baker Books.

Marian, Jim. 1993. <u>Leading Your Students in Worship: How to Plan and Lead Dynamic Singing to Help Students Grow Closer to God</u>. Wheaton, IL: Victor Books.

Morgenthaler, Sally. 1995. <u>Worship Evangelism: Inviting Unbelievers into the Presence of God</u>. Grand Rapids, Michigan: Zondervan.

Robey, David. 1997. "A Communication Tool of Historic Value" Torch. Sep. Vol. 19, No.1.

Stevenson, Howard. 1996. "A Architect of Worship" Leadership. Wint. Vol.17, No.1.

Warden, Michael D. ed. 2000. <u>Experience God in Worship</u>. Loveland, Co: Group.

Webber, Robert E. 1982. <u>Worship: Old and New</u>. Grand Rapids, Michigan: Zondervan.

7장

김영권, 김영필, 백명렬, 이승현, 이은식, 임명규, 최광영, 최민호. 2005. <u>아동부 전도의 광맥을 뚫어라</u>. 서울: 기독신문사.

김종준. 2000. <u>나는 유년주일학교에 생명을 걸었다</u>. 서울: 규장.

유홍설. 2006. <u>우리는 중·고등부 부흥을 열망하고 갈망했다</u>. 서울: 나침반출판사.

임출호. 2008. <u>파이프 목사의 청소년 부흥이야기 – 청소년 愛(애) 미쳐라</u>. 서울: 요단출판사.

8장

케네스 갱글과 하워드 핸드릭스. 유명복, 홍미경 번역. 1994. <u>참된 교육자를 만드는 교수법</u>. 서울: 파이디온 출판사.

하워드 헨드릭스와 윌리엄 헨드릭스. 정현 번역. 1992. <u>삶을 변화시키는 성경공부</u>. 서울: 파이디온 출판사.

Friedeman, Matt. 1990. <u>The Master Plan of Teaching: Understanding and Applying the Teaching Styles of Jesus</u>. Wheaton, IL: Victor Books.

Hendricks, Howard G. 1987. <u>Teaching to Change Lives</u>. Portland, Oregon: Multnomah Press.

Hergenhahn, B. R. 1988. <u>An Introduction to Theorise of Learning</u>. Third Edition. Englewood Cliffs, NJ: Prentice–Hall.

Joyce, Bruce and Weil, Marsha. 1986. <u>Models of Teaching</u>. Third Edition. Englewood Cliffs, NJ: Prentice–Hall.

Kolb, David A. 1984. <u>Experiential Learning: Experience As The Source of Learning and Development</u>. Englewood Cliffs, NJ: Prentice–Hall.

LeFever, Marlene D. 1985. <u>Creative Teaching Methods: Be an Effective Christian Teacher</u>. Elgin, IL: David C. Cook Publishing Co.

Lefrancois, Guy R. 1991. <u>Psychology for Teaching: A Bear will not commit himself just now</u>. Seventh Edition. Belmont, California: Wadsworth Publishing Company.

Manners, Bruce. 1996. "Battling the Worship Committee" Ministry. Oct. Vol.69, No. 10.

Yount, William R. 1996. Created to Learn: A Christian Teacher's Introduction to Educational Psychology. Nasheville, Tennessee: Broadman and Holman Publishers.

9장

론 니콜라스 외. 신재구 번역. 1986. 소그룹 운동과 교회성장. 서울: 한국기독학생회 출판부.

빌 도나휴. 송영선 번역. 1996. 윌로우크릭교회 소그룹 이야기. 서울: 도서출판 디모데.

Arnold, Jeffrey. 1992. The Big Book on Small Group. Downers Grove, IL: InterVarsity Press.

Johnson, David W. and Frank P. 1987. Joining Together: Group Theory and Group Skills. Englewood Cliffs, NJ: Prentice-Hall.

Olson, Charles M. 1984. Cultivating Religious Growth Groups. Philadelphia, Pennsylvania: The Westminster Press.

Peace, Richard. 1985. Small Group Evangelism. Downers Grove, IL: InterVarsity Press.

Richards, Lawrence O. 1987. 99 Ways to Start A Study Group and Keep It Growing. Grand Rapids, Michigan: Zondervan.

Veerman, David R. 1992. Small Group Ministry with Youth. Wheaton, IL: Victor Books.

10장

Beal, Will. 1986. "How Much Can You Expert a Volunteer to do?" Church Administration 28: 17-19, July.

Bergman, Gwen Smith. 1982. "Recruiting and Motivation: Keys to Volunteer Management" Church Administration 24:22-25, January.

Burt, Steve. 1988. Activating Leadership in the Small Church. Valley Forge, PA: Judson Press.

Chandler, John R. 1986. "The Fellowship of Volunteer Leaders" Church Administration 28:14-16, July.

Confer, Stephen H. 1981. Training Volunteers: In Preparing Educators of Adults. ed. Stanley M. Grabowski. San Francisco, California: Jossey-Bass Inc.

Daniel, Robert D. 1986. Sharing Ministry with Volunteer Leaders. Nasheville, Tennessee: Convention Press.

Hedges. Barbara J. 1983. "Recruiting and Training Volunteers" Church Administration 25:15-18, March.

Iisley, Paul J. and Niemi, John A. 1981. Recruiting and Training Volunteers. New York: McGraw-Hill, Inc.

Johnson, Douglas W. 1978. The Care and Feeding of Volunteers. Nasheville, Tennessee: Parthenon Press.

Leonard, Joe. 1986 "Developing Your Leadership Potential" Church Administration 28:3-7, January.

McGuire, Larry. 1987. "How to Nurture Church Vacation Volunteers" Church Administration 29:13-16, June.

Minking, Stanley J. 1984. Helping Laity Help Others. Philadelphia: The Westminster Press.

Oswald, Roy M. 1984. How to Prevent Lay Leader Burnout. Alban, Washington, DC: The Alban Institute, Inc.

Queen, Michael. 1989. "How to Motivate Volunteer Leaders for Effective Service" Church Administration 31:14-16. July.

Stevens, R. Paul. 1985. Liberating The Laity: Equipping All the Saints for Ministry. Downers Grove, IL: InterVarsity Press.

11장

Blanchard, Kenneth and Johnson, Spencer. 1981. The One Minute Manager. New York, NY: William Morrow and Company, Inc.

Callahan, Kennon L. 1990. Effective Church Leadership: Building on the Twelve Keys. New York, NY: Harper & Row Publishers, Inc.

Gangel, Kenneth. 1989. Feeding and Leading: A Practical Handbook on Administration in Churches and Christian Organization. Wheaton, IL: Scripture

Press Publications.

Habecker, Eugene B. 1990. Leading with a Follower's Heart. Wheaton, IL: Victor Books.

Mckenna, David L. 1989. Power to Follow, Grace to Lead. Dallas: Word Publishing.

Packer, J. I 1995. A Passion for Faithfulness: Wisdom from the Book of Nehemiah. Wheaton, IL: Crossway Books.

Rush, Myron. 1989. Management: A Biblical Approach. Wheaton, IL: Victor Books.

Schaller, Lyle E. 1980. The Multiple Staff and the Larger Church. Nashville, TN: Abingdon.

Tillapaugh, Frank R. 1982. Unleashing the Church: Getting People out of the Fortress and into Ministry. Ventura, California: Regal Books.

Westing, Harold. 1985. Multiple Church-staff Handbook. Grand Rapids, Michigan: Kregel Publications.

12장

Hersey, Paul. and Blanchard Kenneth H. 1988. Management of Organizational Behavior: Utilizing Human Resources. Englewood Cliffs, NJ: Prentice-Hall, Inc.

Lawson, Michael S. and Choun, Robert J. Jr. 1992. Directing Christian Education: The Changing Role of The Christian Education Specialist. Chicago, IL: Moody.

Stubblefield, Jerry M. 1993. The Effective Minister of Education. Nashville, TN: Broadman & Holman Publishers.

| 에필로그 I |

성령의 도우심과 역사를 기대하면서

주일학교 모델을 새롭게 디자인한 후 저는 학생들로부터 들은 이야기를 잊을 수 없습니다. 변화된 새로운 접근했을 때, 그들은 다음과 같은 말을 했습니다. 모델을 가지고 우리 학생들에게 "목사님, 우리는 프로 시대에 살고 있어요. 우리 선생님들이 하는 것은 아마추어예요. 그럼에도 불구하고 좋아요. 왜냐하면 우리 선생님들이 저런 것들을 가지고 나오기 위해 얼마나 애쓰셨는지 알기 때문이에요."

이 말은 지금까지 우리 선생님들이 별로 수고하지 않았다는 것을 뜻합니다. 단순히 입만 가지고 아이들에게 나왔다는 것입니다. 입은 열면 말을 할 수 있으니까, 토요일 저녁까지 아무 준비도 하지 않다가 주일날 와서 입을 열고 말했다는 것입니다.

그런데 이제는 선생님들이 자신들을 위해서 애쓰는 것을 알게 되었다는 것입니다. 학생들은 선생님들이 별로 준비하지 않는 모습을 보면서 자신들이 별로 대접을 받지 못하고 있다고 생각했습니다. 그런데 이제 준비하는 모습을 보면서 자신들이 대접받고 있다고 여긴 것입니다. 아이들은 주일을 준비하느라 수고하는 선생님들의 노력을 보면서 자신에 대한 자아정체감을 갖게 되었습니다. '선생님들이 나를 위해 그렇게 노력하고 애쓸 만큼 내가 귀한 존재이구나'라고 생각하면서 기뻐하는 것입니다.

저는 이런 그들의 모습을 보면서 우리가 주일을 잘 준비하기 위해 노력하는 것이 학생들에게 얼마나 중요한 영향을 끼치는지 깨달았습니다. 주일학교 교육이 학교교육에 비해 열악하고 시간도 많지 않고 보잘것없어 보이지만, 학생들에게 접근하기 위해 늘 다른 방법들을 모색하는 노력을 한다면, 우리는 우리 학생들의 삶을 변화시키는 위대한 일을 할 수 있을 것입니다.

한국교회 주일학교가 매주일 새로움을 경험케 하는 주일집회로 계속 발전하여, 우리 아이들에게 늘 하나님을 만나게 해주는 기쁨과 감격의 자리가 되었으면 합니다. 주일학교의 계속적인 발전을 위해서 앞으로 주중 프로그램을 중심으로 한 새로운 도전들이 많이 생겨나기를 바랍니다. 학생들을 중심으로 한 다양한 활동들도 계발되기를 기대합니다.

주일학교 부흥의 관건이 리더십이라는 데는 재론의 여지가 없을 것입니다. 따라서 주일학교 사역에 헌신된 리더들이 더 많이 나타나고, 그들이 장래를 염려하지 않고 힘껏 일할 수 있는 여건이 하루 빨리 조성되기를 간절히 소원해봅니다. 교회교육을 위해 헌신한 부교역자들이 제 자리를 잘 지키며 사역할 수 있도록 여건이 조금이라도 나아지는 날, 주일학교의 미래는 새로운 장을 맞게 될 것입니다.

아울러 담임목사의 역할을 더욱 강조하고 싶습니다. 저는 그동안 담임목사의 협력과 지원이 있어야만 주일학교가 부흥하고 교회교육이 살아나는 것을 보아왔습니다. 그런 의미에서 지금은 그 어느 때보다 담임목사의 관심이 필요한 때입니다.

시대적 변화와 함께 주일학교 사역의 변화도 강력히 요청되고 있는 이

때, 기독교교육자는 특별한 사명감을 갖고 계속 노력해야 합니다. 그 과정에서 때로 좌절할 수도 있겠지만, 우리 안에서 역사하시는 성령의 도우심을 신뢰하고 그분의 강한 역사를 기대하면서, 다만 지금 우리의 맡은 일에 최선을 다하자고 말씀드리고 싶습니다.

저는 친구들교회를 개척하고 아이들을 전도하여 한 명씩 키워왔습니다. 힘들지만 계속했습니다. 4년이 지난 지금 그 아이들은 어느덧 대학생이 되었습니다. 헌신적인 일꾼들이 되어가고 있습니다. 아직도 다듬어야 할 부분들이 많지만 말입니다. 하나님의 은혜입니다.

저는 소망이 있습니다. 아무리 한국교회가 어렵다 할지라도 자라나는 다음 세대를 향한 애정을 가지고 그들을 그리스도의 사람으로 키워낸다면 그들이 바로 내일의 한국교회를 세워갈 것입니다. 한 사람 한 사람을 그리스도의 사람으로 세워갑시다. 성령이 우리와 함께 일하십니다. 아울러 하나님은 우리의 수고를 잊지 않으실 것입니다.

| 에필로그 Ⅱ |

이 책을 마무리하면서 제안하고 싶은 것이 있습니다. 그것은 크리스천 가정에서 전통이 있는 크리스천 문화가 구축되도록 힘쓰자는 것입니다.

목회자와 교육자로서 고민하는 것이 있습니다. 그것은 우리가 행하는 교회교육의 영향력이 부모나 그 자녀들의 삶에서 그렇게 크게 나타나지 않는다는 것입니다. 교회에서 열심히 그들을 가르치지만 그들은 생각보다 빨리 배운 것을 잊어버립니다. 교회학교에서 배운 것들을 돌아서면서 잊어버리는 경우가 대부분이고, 제자훈련을 받은 사람들도 그렇게 오래지 않아 다시 옛날의 모습으로 돌아가는 경우를 종종 봅니다. 훈련은 행동의 변화를 목적으로 하는데 훈련을 하는 동안에는 어느 정도 행동이 변화되는 것 같다가도 훈련이 끝나면 다시 옛날의 익숙한 모습으로 돌아갑니다.

영향력 없는 기독교교육

저는 시간이 지나면서 교회교육이 우리 성도들과 학생들에게 지속적으로 영향을 끼치지 못한다는 것을 느낍니다. 초등어린이와 청소년들은 학교를 졸업하면서 상당수가 교회에 출석하지 않습니다. 젊은이들도 마찬가지입니다. 고등학교를 졸업한 후, 대학을 진학하는 사람이나 그렇지 못하는 사람이나, 대부분이 상당 기간 동안 신앙생활을 잘 하지 못하고 방황합니다. 훈련받은 성도들이 계속해서 성숙한 크리스천의 모습을 보이지 못하고 있습니다.

왜 그럴까요? 우리의 신앙교육이 몸에 익숙해지는 교육이 아니라는 것에 원인이 있지 않나 생각해 봅니다. 저는 우리 성도들과 그 자녀들이 좀더 몸에 밴 신앙, 꼭 지식이 많지 않더라도 몸에 익힌 신앙생활과 사고체계를 가질 수 없을까 고민해왔습니다. 이런 고민을 통해서 발견한 것은 오늘날 우리에게 크리스천 문화가 없다는 것입니다. 여기서 문화라고 하는 것은 삶의 행위들을 말합니다. 삶으로 몸에 밴 문화가 없기 때문에 신앙생활이 지속적이지 못하고 변동이 많다는 것입니다.

문화라 하면 단순히 음악이나 미술, 댄스 등을 생각하는데, 그렇지 않습니다. 문화는 삶의 모습이라고 할 수 있습니다. 우리에게 크리스천으로서 나타낼 수 있는 삶의 문화가 있는가, 크리스천이기 때문에 이런 때 이렇게 행한다 등과 같은 특별함이 있는가, 그래서 그런 삶의 방식으로 인해 우리가 크리스천임을 증거하고 사회에 영향을 끼치고 있는가, 이런 질문을 해봅니다. 깨닫는 것은 우리에게 이렇다 할, 삶으로 표현되는 문화 형태가 없다는 것입니다.

크리스천 가정이라고 해도 그런 가정을 표현하는 문화가 없습니다. 그러니 자녀들이 교회에서 말씀을 배워도 몸에 익지 않습니다. 교회와 가정이 너무 다르고 교회와 사회가 너무 다르기 때문에 배우는 말씀이 허공을 칩니다. 좀더 영향력 있는 크리스천을 만들어 내기 위해서는 삶으로 체계화된 문화를 익히는 교육이 필요합니다.

문화를 통해 영향을 끼치는 유대인

유대인들은 그들만의 삶의 문화가 있습니다. 오래 전부터 전통적으로 물려받은 것입니다. 그들은 어디를 가든지 그들의 문화를 따라 삽니다. 왜냐하면 그들은 문화와 전통과 종교가 있는 민족은 망하지 않는다고 믿기 때문입니다. 그래서 그들은 그들이 살아가고 있는 사회 안에서 그 사회의 시스템을 바꾸기도 합니다. 미국 같은 경우 유대인들이 많은 곳에서는 관공서의 업무도 유대인들의 삶의 일정에 따라 조정됩니다. 유대인들이 각 가정에서 지키는 절기 명절이 있는데 그때는 학교도 쉽니다. 유대인의 명절이 미국사회 달력에 포함되어 있는 것을 봅니다. 유대인들의 몸에 밴 문화가 사회에 영향력을 끼치는 것입니다.

한국 크리스천으로서 특별한 문화를 구축하자

오늘 우리 크리스천들에게는 교회 안에서만이 아니라 사회에서도 영향을 줄 수 있는, 필요하다면 사회 시스템을 바꿀 수 있는 영향력을 확보해야 합니다. 이 일을 위해서는 양보할 수 없는 삶의 문화를 갖는 것이 필요합니다. 이것이 오늘날 한국 사회에서 사는 크리스천들을 향한 시대적 요구입니다.

이런 요청을 느끼면서 오래 전부터 삶에 밴 문화를 갖도록 하는 것이 필요하다고 보았습니다. 그래서 유대인들의 교육을 연구하게 되었고, 구약 성경에 나타난 여러 교육적인 접근들을 살펴보게 되었습니다. 이를 통해 하나님은 절기를 통해 하나님의 자녀들이 살아가는 삶을 터치하셨다는 사실을 발견했습니다. 하나님께서 정한 절기를 따라 사는 삶이 하나님의 자녀들의 삶에 깊이 뿌리를 내렸습니다. 절기를 중심으로 한 삶이 하나님을 믿는 사람들의 삶이었고 그 삶은 어디를 가든, 예루살렘에서 살든 포로로 다른 나라에 가서 살든, 자신들이 거주하는 지역에서 드러났습니다.

사람들이 누군가에게 특별한 의미가 되고 싶어 하는 것처럼 하나님도 우리 모두에게 특별한 의미가 되길 원하십니다. 그래서 우리의 삶 속에 하나님과 관계된 특별한 의미의 흔적들을 남기십니다. 과거의 일들이 현재의 나에게 어떠한 의미가 되며, 미래에 어떤 소망을 주는지에 대해 관심을 가질 때, 우리는 비로소 그 특별한 의미의 보석들을 발견하는 기쁨을 누릴 수 있게 됩니다.

하나님의 역사는 그 시대에만 국한되어 있는 정지된 사건이 아닙니다. 하나님은 과거에도, 지금 현재에도, 그리고 미래에도 변함없이 우리의 삶을 주관하실 전능한 하나님이십니다. 출애굽 했던 이스라엘 백성들의 유월절 사건부터 배를 타고 바다를 건너 미국으로 갔던 청교도들의 추수감사에 이르기까지 우리는 역사를 통해 일하시는 하나님의 손길을 느껴야 합니다. 그리고 그 특별한 의미들을 새겨보고, 주어진 축복을 누려야 합니다.

저는 출애굽기를 보면서 특별한 것을 발견했습니다. 출애굽기 12장에 보면 하나님께서 이스라엘 백성들에게 새로운 달력을 주십니다. 그리고 유월절을 그 새로운 달력에 따라 지키도록 하십니다. 애굽에서 430년을 산 이스라엘 백성들, 그들은 애굽의 문화에 찌들었을 것입니다. 그들을 불러서 새로운 하나님의 백성으로 다듬는 데 있어서 새로운 문화를 만들어 가는 것입니다. 그 일을 위해서 달력을 바꾸고 그 달력에 기초해서 새로운 삶을 살도록 하시는 하나님의 손길을 보면서 중요한 것을 깨닫습니다. 새로운 문화를 만드는 데 있어서 새로운 달력과 독특한 절기 문화가 중요한 역할을 했다는 것입니다.

종교개혁 이후로 우리는 성경에서 전해 내려오는 많은 전통을 너무 쉽게 포기해 버리지 않았는가 생각해보아야 합니다. 종교개혁자들은 이미 기독교 문화권 안에서 살고 있었기 때문에 그렇게 과감하게 의식적인 것을 무시해도 되었을 것입니다. 그러나 우리와 같이 다른 종교권, 불교권이나 유교권의 영향을 받은 여건 속에서는 오히려 출애굽 하여 새로운 문화를 만들어 가는 모습을 모델로 삼아야 하지 않을까요?

크리스천 문화 구축을 위한 커리큘럼의 실례

오늘을 사는 크리스천에게는 어떤 문화가 필요할까요? 우리에게는 아직 전해 내려오는 크리스천 문화가 없습니다. 특히 가정에서는 더욱 그렇습니다. 교회적인 행사는 있지만 성경에서 강조하는바 가정에서 전해오는 삶의 문화가 없습니다. 이제 우리에게 필요한 것은 성경의 전통을 따라 우리에게 주어진 절기와 우리가 기념할 수 있는 절기를 통해서 문화를 만들어 보는 것입니다. 그래서 그 문화를 익히고 크리스천의 삶을 사는 것입니다.

이러한 이유로 우리는 크리스천의 절기문화를 새롭게 만들 필요가 있습니다. 이를 위해서는 구약 성경에서 언급된 내용과 유대인의 전통, 특히 절기와 연관된 삶의 모습 등을 연구하고 그 내용을 신약적인 입장에서 재검토하면서 기독교적인 의미와 해석을 담아 새로운 형태로 만들어야 합니다. 그렇게 함으로써 크리스천의 삶이 좀더 기독교적이 될 것이며, 크리스천 가정의 문화가 만들어질 것입니다.

저는 이러한 필요에 따라 한국적인 상황에서 기독교의 고유절기와 국가의 절기를 이용해 우리의 자녀들을 교육하며 가정의 크리스천 전통을 만들어 갈 수 있도록 돕는 커리큘럼을 제안했습니다. 「크리스천축제」라는 책으로 소개되었는데, 그 자료가 한국교회와 크리스천 가정에 유익하게 사용되기를 바랍니다.

재단법인 에듀넥스트(Edunext)
교육개발원을 소개합니다

에듀넥스트 교육개발원은 교육사역을 통해 세상을 변화시키는 크리스천을 육성하고자 2000년에 출범한 비영리단체 법인입니다. 우리는 기독교 교육사역을 통해 자라나는 세대들을 예수 그리스도가 그들의 삶의 주인이며 해답인 것을 깨닫고, 아울러 그들이 처한 환경에서 성경적인 가치관을 드러내는 능력 있고 영향력 있는 지도자로 키우고자 합니다. 에듀넥스트 교육개발원의 사역은 다음과 같습니다.

1) 리더십 계발(Leadership Development)

기독교교육의 핵심은 사람입니다. 우리는 기독교교육 사역을 위한 지도자를 육성하는 데 헌신합니다. '교회교육을 깨운다' 'SS컨설테이션' 'SS교사 아카데미' 등을 통해서 교육 지도자를 계발하고 있으며, 다음 세대의 교육에 헌신한 사람들을 지도자로 세우기 위한 장학지원을 하고 있습니다.

2) 교육자료 계발(Curriculum Development)

성경적인 가치관이 실제 삶에 잘 연결될 수 있는 현장감 있는 교육을 하기 위해서는 혁신적인 교육적 접근이 필요하며, 이에 따른 교육 자료를 계발하는 일은 참으로 중요합니다. 이를 위해 우리는 모든 계층의 신앙 성숙을 위한 교육 자료 등을 계발, 출판하며 해외의 좋은 모델이 되고 있는 교회들과 협력하여 자료 보급에 노력하고 있습니다.

3) 기독교학교 설립 및 지원(Christian School Development)
다음 세대의 리더십을 계발하기 위해서는 학교를 통한 전략적인 접근이 중요합니다. 청소년들을 효과적으로 접촉하고 복음화 하기 위해서는 학교로 가야 하나 현재는 그러한 접근이 막혀 있습니다. 이를 위해 우리는 청소년 기독학교 설립 캠페인을 벌입니다.

4) 연구 및 컨설팅(Research & Consulting)
기독교교육의 지속적인 발전을 도모하기 위해서는 기독교교육 전문가들의 연구 사역을 지원하며 격려하는 일과 컨설팅하는 일이 중요합니다. 이를 위해 우리는 교회교육에 몸담고 있는 분들을 대상으로 논문 대회를 정기적으로 개최합니다.

5) 네트워크를 통한 사역 협력(Network)
기독교교육자들 사이에 네트워크를 형성해서 자료를 공유하며 교육현장의 많은 경험을 나누는 일은 중요합니다. 이를 위해 우리는 각 교단, 교회교육 단체, 기독교교육 단체 등과 협력을 모색하며, 온라인을 통해서 현장자료들을 나누며 다양한 커리큘럼 자료를 소개합니다.

6) 크리스천 문화 계발(Christian Culture Development)
기독교교육의 본질은 삶의 변화에 있으며, 변화된 삶은 문화로 나타나게 되어 있습니다. 한국사회에는 크리스천 문화가 빈곤합니다. 이를 위해 우리는 크리스천 문화를 계발하여 한국교회와 나누기를 원하며, 문화를 통해 한국교회가 하나 되는 데 이바지하려고 합니다.

> 도서출판 에듀넥스트는
>
> 이 땅의 자라나는 다음 세대들을 능력 있고 영향력 있는 지도자로 키워 사회와 국가, 인류를 위해 섬기며 봉사할 수 있도록 하는 소망을 갖고 있습니다. 우리는 가정과 학교, 교회와 여러 사회기관 등에서 창의적이고 혁신적인 교육이 이루어지도록 필요한 자료를 개발 보급하고자 합니다. 우리의 이 모든 일은 기독교 정신에 기초합니다.

21세기를 위한 교회교육 전략
New SS혁신보고서

초판 발행 : 1998년 12월 1일
21쇄 발행 : 2005년 2월 15일
개정판 발행 : 2008년 11월 3일
개정판 4쇄 발행 : 2015년 2월 28일
지은이 : 김만형
펴낸이 : 한미애
펴낸곳 : 도서출판 에듀넥스트

주소 : 137-867 서울특별시 서초구 남부순환로 2415(서초동,하임빌딩4층)
전화 : 02)583-9138
팩스 : 02)588-0709
홈페이지 www.edunext.org

등록 2008.9.23. 제 321-2008-00123호
ⓒ 저자와의 협의 아래 인지는 생략되었습니다.
이 출판물은 저작권법에 의해 보호를 받는 저작물이므로
무단 전재와 무단 복제를 할 수 없습니다.

값 17,000원
ISBN 978-89-961685-0-8